NA
SOLITÁRIA

NA SOLITÁRIA

Quatro décadas de confinamento, resiliência, transformação e esperança.

ALBERT WOODFOX
com Leslie George

ALTA BOOKS
GRUPO EDITORIAL
Rio de Janeiro, 2023

Na solitária

Copyright © 2023 da Starlin Alta Editora e Consultoria Eireli.
ISBN: 978-65-5520-304-2

Translated from original Solitary. Copyright © 2019 by Albert Woodfox. ISBN 978-0-8021-2908-6. This translation is published and sold by permission of Grove Press an imprint of Grove Atlantic, the owner of all rights to publish and sell the same. PORTUGUESE language edition published by Starlin Alta Editora e Consultoria Eireli, Copyright © 2023 by Starlin Alta Editora e Consultoria Eireli.

Impresso no Brasil – 1ª Edição, 2023 – Edição revisada conforme o Acordo Ortográfico da Língua Portuguesa de 2009.

Dados Internacionais de Catalogação na Publicação (CIP) de acordo com ISBD

W887s   Woodfox, Albert
    Na solitária: quatro décadas de confinamento, resiliência, transformação e esperança / Albert Woodfox, Leslie George ; traduzido por Samantha. – Rio de Janeiro : Alta Books, 2023.
    448 p. ; 16cm x 23cm.

    Tradução de: SOLITARY
    Inclui índice.
    ISBN: 978-65-5520-304-2

    1. Autobiografia. I. George, Leslie. II. Samantha. III. Título.

2022-1283   CDD 920
    CDU 929

Elaborado por Vagner Rodolfo da Silva - CRB-8/9410

Índice para catálogo sistemático:
1. Autobiografia 920
2. Autobiografia 929

Todos os direitos estão reservados e protegidos por Lei. Nenhuma parte deste livro, sem autorização prévia por escrito da editora, poderá ser reproduzida ou transmitida. A violação dos Direitos Autorais é crime estabelecido na Lei nº 9.610/98 e com punição de acordo com o artigo 184 do Código Penal.

A editora não se responsabiliza pelo conteúdo da obra, formulada exclusivamente pelo(s) autor(es).

Marcas Registradas: Todos os termos mencionados e reconhecidos como Marca Registrada e/ou Comercial são de responsabilidade de seus proprietários. A editora informa não estar associada a nenhum produto e/ou fornecedor apresentado no livro.

Erratas e arquivos de apoio: No site da editora relatamos, com a devida correção, qualquer erro encontrado em nossos livros, bem como disponibilizamos arquivos de apoio se aplicáveis à obra em questão.

Acesse o site **www.altabooks.com.br** e procure pelo título do livro desejado para ter acesso às erratas, aos arquivos de apoio e/ou a outros conteúdos aplicáveis à obra.

Suporte Técnico: A obra é comercializada na forma em que está, sem direito a suporte técnico ou orientação pessoal/exclusiva ao leitor.

A editora não se responsabiliza pela manutenção, atualização e idioma dos sites referidos pelos autores nesta obra.

Produção Editorial
Grupo Editorial Alta Books

Diretor Editorial
Anderson Vieira
anderson.vieira@altabooks.com.br

Editor
José Ruggeri
j.ruggeri@altabooks.com.br

Gerência Comercial
Claudio Lima
claudio@altabooks.com.br

Gerência Marketing
Andréa Guatiello
andrea@altabooks.com.br

Coordenação Comercial
Thiago Biaggi

Coordenação de Eventos
Viviane Paiva
comercial@altabooks.com.br

Coordenação ADM/Finc.
Solange Souza

Coordenação Logística
Waldir Rodrigues

Gestão de Pessoas
Jairo Araújo

Direitos Autorais
Raquel Porto
rights@altabooks.com.br

Assistente Editorial
Mariana Portugal

Produtores Editoriais
Illysabelle Trajano
Maria de Lourdes Borges
Paulo Gomes
Thales Silva
Thiê Alves

Equipe Comercial
Adenir Gomes
Ana Carolina Marinho
Ana Claudia Lima
Daiana Costa
Everson Sete
Kaique Luiz
Luana Santos
Maira Conceição
Natasha Sales

Equipe Editorial
Ana Clara Tambasco
Andreza Moraes
Arthur Candreva
Beatriz de Assis
Beatriz Frohe

Betânia Santos
Brenda Rodrigues
Caroline David
Erick Brandão
Elton Manhães
Fernanda Teixeira
Gabriela Paiva
Henrique Waldez
Karolayne Alves
Kelry Oliveira
Lorrahn Candido
Luana Maura
Marcelli Ferreira
Matheus Mello
Milena Soares
Patricia Silvestre
Viviane Corrêa
Yasmin Sayonara

Marketing Editorial
Amanda Mucci
Guilherme Nunes
Livia Carvalho
Pedro Guimarães
Thiago Brito

Atuaram na edição desta obra:

Tradução
Samantha Batista

Copidesque
Wendy Campos

Revisão Gramatical
Hellen Suzuki
Thaís Pol

Diagramação
Luisa Maria

Editora afiliada à:

Rua Viúva Cláudio, 291 – Bairro Industrial do Jacaré
CEP: 20.970-031 – Rio de Janeiro (RJ)
Tels.: (21) 3278-8069 / 3278-8419
www.altabooks.com.br – altabooks@altabooks.com.br
Ouvidoria: ouvidoria@altabooks.com.br

Pela minha experiência, devido ao racismo institucional e individual, os afro-americanos nascem socialmente mortos e passam o resto da vida lutando para viver.

Ecos

Ecos de sabedoria que ouço frequentemente,
 a força de uma mãe repercute em meus ouvidos suavemente.
Ecos de feminilidade que brilham com intensidade pura,
 ecos de uma mãe na noite mais escura.
Ecos de bom senso que dos lábios de minha mãe saíam, jovem demais
 para entender que um beijo carinhoso constituíam.
Ecos de medo e ecos de afeição,
 Dos quais a arrogância da masculinidade não me deixava ter noção.
Ecos da angústia que comigo ainda sustento
 Enquanto a perda de minha única e verdadeira heroína eu lamento.
Ecos do útero de uma mãe,
 pulsações tão queridas,
 com as primeiras lágrimas começa minha vida.
Ecos de passos dados que ao passado remetem
 ecos da masculinidade que no espelho se refletem.
Ecos da maternidade próxima e aprazente,
 ecos de uma mãe perdida que ouvirei eternamente.

— Albert Woodfox, 1995

Agradecimentos

Com eterna gratidão e amor a Herman Wallace e Robert King, ao meu irmão Michael Mable e aos valentes e inspiradores membros do Partido dos Panteras Negras, que me aceitaram como eu era e me ensinaram os princípios e valores que salvaram minha vida.

Agradeço a todos que se reuniram em nome dos Três de Angola.

Aos incansáveis e dedicados advogados que ficaram do nosso lado e nunca desistiram, fazendo o impossível para nos ajudar nas horas mais obscuras: Scott Fleming, Nick Trenticosta, Chris Aberle, George Kendall, Sam Spital, Harmony Loube, Carine Williams, Corrine Irish, Katherine Kimpel, Sheridan England, Billy Sothern e Robert McDuff. (Também a Scott, George, Carine, Corrine e Billy, pela ajuda neste livro.)

Ao International Coalition to Free the Angola 3 — nosso comitê de suporte e consultivo —, sempre penso em vocês, por sua infindável fé, esperança, confiança e força, e pelas diversas atitudes que tomaram e pelos sacrifícios que fizeram em nosso nome.

A Anita Roddick, sinto saudades; sua paixão ainda me inspira.

A Gordon Roddick, Samantha Roddick e à família Roddick, por sua visão e seu amor, e pelo apoio da Roddick Foundation.

A Marina Drummer, por cuidar de nós e nos manter nos trilhos.

Ao meu camarada, mentor e irmão, ex-Pantera Negra, Malik Rahim, por tudo o que me deu e continua a me dar em mais de cinquenta anos de luta social.

AGRADECIMENTOS

A Tory Pegram por sua paixão, seu comprometimento e sua amizade; por me ajudar a reunir materiais para este livro (e a seus filhos, meus afilhados, muito amor sempre).

A Maria Hinds, por seu coração.

Aos meus camaradas Gail Shaw e BJ, por sua amizade, seu ativismo e por manter a chama do Partido dos Panteras Negras em itsabouttimebpp.com.

Ao artista Rigo 23, pelos murais dos Três de Angola, por fazer arte que inspira a mudança e por seu forte apoio.

A Jackie Sumell, por sua amizade, pela devoção à visão de Herman e pela exposição *Herman's House*.

A Angad Singh Bhalla, por fazer o filme *Herman's House*.

A Rebecca Hensley, por sua amizade e sabedoria durante muitas visitas.

A Anne Pruden, minha conexão no Brooklyn.

A Nina Kowalska, Ambassador of Truth.

À Anistia Internacional e à equipe envolvida na campanha dos Três de Angola: Tessa Murphy (EUA), Angela Wright (EUA), Jasmine Heiss (EUA), Everette Thompson (EUA), Kate Allen (Reino Unido), Kim Manning-Cooper (Reino Unido), Nicolas Krameyer (França) e todos os membros e apoiadores da Anistia Internacional, por suas cartas atenciosas, seu comprometimento com a justiça e por expandir a conscientização e a discussão sobre os abusos do confinamento solitário nos Estados Unidos da América.

Ao cineasta Vadim Jean, ao produtor Ian Sharples e à Mob Film Company pelos documentários *In the Land of the Free* e *Cruel and Unusual*.

Ao nosso amigo e investigador Billie Mizell e a todos os nossos investigadores no decorrer dos anos.

A Shana Griffin, Brice White, Anita Yesho, Brackin Kemp, Luis Talamantez, Ashaki Pratt e todos os outros que compareceram ao meu julgamento em 1998: vocês me deixaram de queixo caído.

A Parnell Herbert, pela amizade e pelo ativismo social, e por escrever a peça teatral dos Três de Angola.

A Bruce Allen, pelos muitos anos de dedicada amizade e apoio.

AGRADECIMENTOS

A Noelle Hanrahan, pela Prison Radio e por dar voz aos calados.

A Mumia Abu-Jamal, por sua coragem e dignidade e por ser um exemplo a ser seguido — muito obrigado por falar sobre nós.

A Emory Douglas, ex-aluno do Partido dos Panteras Negras, estimado camarada, por seu apoio e sua arte criativa em nome dos Três de Angola e de todos os prisioneiros políticos.

A todas as graduadas do Partido dos Panteras Negras que falaram e lutaram por nós e receberam a mim, Herman e King quando voltamos para casa.

À minha grande amiga, a professora Angela Bell, por ser uma guia e por nos manter a par das notícias que precisávamos saber.

A Emily Posner e Jen Vitry, por serem grandes apoiadoras e amigas valorosas.

A Yuri Kochiyama e Kiilu Nyasha, por sua amizade e seu apoio durante todos esses anos.

A Kenny Whitmore (Zulu), camarada, amigo, irmão — sua hora está chegando.

Ao representante Cedric Richmond, ao ex-representante John Conyers e aos membros do Congresso e legisladores do estado da Louisiana que lutaram por nós e tentam criar leis contra o abuso do confinamento solitário.

A Teenie Rogers, por ver além do ódio para encontrar a verdade e por ter a coragem de declará-la.

Às "gêmeas" Deidre e Donna, por seus princípios, honestidade e bravura.

A James Ridgeway, Amy Goodman, Brooke Shelby Biggs e todos os jornalistas que mantiveram nossas histórias vivas durante muitos anos.

A Richard Becker, por espalhar notícias sobre nós desde o início e ligar para a redação da WBAI — Pacifica Radio na cidade de Nova York para noticiar meu julgamento em 1998.

Ao Prison Activist Resource Center, por todo o trabalho realizado em nome de prisioneiros e para mudar as prisões, e por trabalhar com Scott Fleming para criar nosso primeiro site em 1999.

Ao coronel Nyati Bolt, por ser um verdadeiro camarada.

AGRADECIMENTOS

A Mwalimu Johnson, sua resoluta sabedoria faz muita falta.

A todas as pessoas que nos visitaram na prisão: sua amizade é inestimável.

A todos que nos escreveram, assinaram uma petição, usaram um broche, compareceram a uma audiência, levantaram cartazes e fizeram arte, música ou teatro contando nossas histórias: suas ações tocaram meu coração.

À minha família, pelo acolhimento.

À minha agente, Gail Ross da Ross Yoon Agency, que acreditou na minha história.

A Jody Hotchkiss, por sua dedicação em levar os Três de Angola a um público mais amplo.

A Leslie George por, acima de tudo, ter a coragem de me aguentar enquanto me ajudava a escrever este livro. Você pode achar que esse é seu ponto mais forte, mas isso está longe da verdade. Les é uma mulher de sabedoria e coração infinitos, isso sem falar na paciência. Seja bom ou ruim, certo ou errado, ela é sempre honesta. Não se engane, sem seu amor e apoio este livro não existiria.

À Grove Atlantic, por me acolher.

A toda a equipe da Grove Atlantic por trás deste livro, incluindo Julia Berner-Tobin, Justina Batchelor, Deb Seager e Michael O'Connor.

A George Gibson, meu editor, por sua profunda humanidade.

Eu me sinto honrado, inspirado e impressionado por todos vocês; por sua lealdade, esperança, caráter, crença na justiça e amor. Muito obrigado por estarem presentes, Herman e King. Vocês me provaram que o "Poder do Povo" é um objetivo alcançável, contanto que nunca desistamos de nosso comprometimento de servir e proteger uns aos outros.

E à minha mãe, Ruby Edwards Mable, acima de tudo: quero lhe agradecer por me dar a vida e pelas lições que me guiaram por 72 anos. Você é minha verdadeira heroína.

— Albert "Shaka Cinque" Woodfox

Sumário

Agradecimentos   ix
Prólogo   xvii

Capítulo 1   No Começo   1

Anos 1960

Capítulo 2   Os High Steppers   11
Capítulo 3   Perseguição de Carro   19
Capítulo 4   Angola, Anos 1960   23
Capítulo 5   Tempo de Cadeia   31
Capítulo 6   A Condicional e a Volta   39
Capítulo 7   Mestre Assaltante   45
Capítulo 8   Tony's Green Room   51
Capítulo 9   Fuga   55

Anos 1970

Capítulo 10   O Partido dos Panteras Negras   63
Capítulo 11   O que É o Partido?   67
Capítulo 12   Motim na Penitenciária da Cidade de Nova York   73
Capítulo 13   Reféns   79
Capítulo 14   Angola, 1971   83

Capítulo 15	Herman Wallace	91
Capítulo 16	17 de abril de 1972	97
Capítulo 17	A CFR	103
Capítulo 18	A Chegada de King	113
Capítulo 19	Guerras na CFR	115
Capítulo 20	Meu Julgamento, 1973	127
Capítulo 21	Julgamento de Herman, 1974	143
Capítulo 22	King É Incriminado	151
Capítulo 23	Gary Tyler	155
Capítulo 24	Passagem de Alimentos	159
Capítulo 25	Minha Maior Conquista	163
Capítulo 26	A Guerra da Revista Pessoal	167

Anos 1980

Capítulo 27	"Te Peguei!"	177
Capítulo 28	Chamada Médica	187
Capítulo 29	A Busca e a Farsa do Conselho de Reclassificação	191
Capítulo 30	Camaradas	197
Capítulo 31	Visita com Contato Físico	203
Capítulo 32	Maturidade	209

Anos 1990

Capítulo 33	Justiça Adiada É Justiça Negada	215
Capítulo 34	Minha Maior Perda	223
Capítulo 35	Preparação para o Meu Julgamento	229
Capítulo 36	Amite City	235
Capítulo 37	Os Ativistas	241
Capítulo 38	Meu Julgamento, 1998	245
Capítulo 39	De Volta a Angola	255

2000–2010

Capítulo 40	Ficamos Juntos	265
Capítulo 41	Prova Oculta	269
Capítulo 42	King Sai da Barriga da Besta	279
Capítulo 43	Tortura no Camp J	283
Capítulo 44	Cruel e Incomum	293
Capítulo 45	"Você Ainda Está São?"	303
Capítulo 46	2008	309
Capítulo 47	Nunca Distante	337

2011–2016

Capítulo 48	Tortura	349
Capítulo 49	Quarenta Anos	353
Capítulo 50	Homem de Aço	361
Capítulo 51	Os Fins da Justiça	381
Capítulo 52	Teorias	397
Capítulo 53	A Luta Continua	403
Capítulo 54	Um Pedido por Liberdade, Não Justiça	407

| Epílogo | 415 |
| Índice | 425 |

Prólogo

19 de fevereiro de 2016

Acordei ainda no escuro. Tudo o que eu tinha coube em dois sacos de lixo no canto da minha cela. Minha mãe costumava me perguntar: "Quando esse pessoal vai deixar você sair?" Hoje, Mamãe, pensei. A primeira coisa que faria seria ir ao seu túmulo. Convivi muitos anos com o fato de não ter me despedido dela. Esse foi um grande fardo que carreguei.

Levantei e arrumei a cama, varri e passei pano no chão. Tirei e dobrei minha calça de moletom, colocando-a em um dos sacos. Vesti o macacão laranja da prisão exigido para meu comparecimento em juízo naquela manhã. Um amigo havia me dado roupas comuns para vestir depois. Coloquei-as em cima da cama.

Muitas pessoas me escreveram durante os anos em que estive na prisão, me perguntando como sobrevivi a quatro décadas em uma cela solitária, trancado 23 horas por dia. Minha resposta era que transformara minha cela em uma universidade, um salão de debates, um curso de direito. Tomando um posicionamento e sem recuar. Dizia que acreditava na humanidade. Que me amava. Não contei sobre o desespero, a claustrofobia, a brutalidade, o medo. Eu olhava pela janela. Uma van de um canal de notícias estava estacionada rua abaixo do lado de fora da prisão, os faróis ainda acesos, embora já estivesse clareando. Poderei ir para onde quiser. Ver o céu noturno. Eu me recostei em minha cama e esperei.

Capítulo 1

No Começo

Nasci na ala "negra" do Charity Hospital em Nova Orleans, no dia seguinte ao Mardi Gras, dia 19 de fevereiro de 1947. Minha mãe, Ruby Edwards, tinha 17 anos. Meu pai desaparecera. Ela me contou que ele a deixou porque morava do lado errado dos trilhos. Moramos em Nova Orleans até os meus 5 anos e minha mãe se apaixonou por um homem chamado James B. Mable, um chef da Marinha norte-americana. Ele foi o primeiro e único homem que chamei de Papai. Eles se casaram e tiveram outros quatro filhos, uma menina e três meninos.

A família se mudou seis ou sete vezes para diferentes bases navais nessa época. O trabalho de Papai era alimentar a tripulação de qualquer navio ao qual fosse designado. Ele costumava me levar junto nos finais de semana, quando o pessoal da Marinha tinha permissão de levar a família. Eu me lembro de caminhar até a extremidade de um porta-aviões para ver a água e ele me agarrar pela camiseta para que eu não fosse levado pelos fortes ventos.

Fui uma criança rebelde. Quando tinha 7 ou 8 anos, desafiei minha mãe para uma luta. "Eu ganho de você", disse a ela. "Se eu ganhar, você terá que usar um vestido durante um dia inteiro", respondeu. Era o pior castigo que eu podia imaginar, mas concordei. Em poucos segundos ela me imobilizou. Não sei onde conseguiu o vestido, mas eu o usei. Pelo menos estava mantendo minha palavra, disse ela. "Um homem não é nada sem sua palavra", afirmou. Escutei isso a infância inteira.

Minha mãe foi meu mundo durante algum tempo. Orgulhosa, determinada e linda, ela cuidou de nós. Não sabia ler nem escrever, mas sabia somar e subtrair e era boa com dinheiro; conseguia esticá-lo até o último centavo. Crescendo no Sul sob as leis de Jim Crow, tinha bastante prática em sobreviver com muito pouco. Quando Papai tinha folga, ficávamos na pequena fazenda de seus pais, onde ele crescera, em La Grange, Carolina do Norte. Lá, meus avós plantavam melancia, repolho, milho, tabaco e batata-doce. Nos fundos havia um galinheiro e, mais atrás, uma floresta onde colhíamos morangos silvestres. Minha avó adorava pescar, mas tinha medo de barcos. Eu era o único em quem ela confiava para remar seu barco rio adentro, que chamávamos de bayou,[1] por minha mãe ser da Louisiana.

Minha avó me ensinou a limpar e cozinhar o peixe que pescávamos, e a cuidar da fazenda. Eu alimentava as galinhas e trabalhava nos campos. Muito novo, aprendi a conduzir uma tropa de mulas. Sempre que "colhíamos tabác" eu conduzia uma carroça puxada por uma mula, estreita o suficiente para passar entre as fileiras de tabaco. As laterais da carroça eram feitas de retalhos de sacos de juta pregados aos pilares que se destacavam das quinas. As mulheres no campo arrancavam as folhas e as colocavam no chão da carroça. Quando enchia, eu a conduzia até o galpão de cura onde as mulheres amarravam e penduravam o tabaco em tacos, que eram então colocados dentro do galpão em suportes. Assim que o galpão ficava cheio, o aquecimento era ligado e o tabaco era curado antes de ser embalado e vendido para as fábricas. Quando eu tinha 9 ou 10 anos, pegava carona para ir e voltar de um trabalho em uma fábrica de tabaco em Winston-Salem, 270km para ir e mais 270km para voltar. Às vezes os motoristas puxavam conversa, outras vezes, não. Meu trabalho era ajudar a rolar os barris de tabaco até uma balança. Várias crianças da minha idade trabalhavam lá.

Quando fiz 11 anos, tudo mudou. Papai foi obrigado pela Marinha a se aposentar depois de 25 anos e nos mudamos para La Grange definitivamente. Ele passou de chefe suboficial mestre, a posição de oficial não comissionado mais alta que podia ser alcançada na Marinha, a um homem negro que morava em uma fazenda na Carolina do Norte. Sem a responsabilidade e o respeito que recebera na Marinha, acabou perdendo a autoestima. Começou a beber e a descontar sua raiva e frustração na minha mãe. Papai nunca bateu em mim nem nos meus irmãos ou irmã. Ele batia na minha mãe. E, quando o fazia, ela gritava e tentava revidar, mas era uma mulher pequena. Ele a subjugava com seu tamanho e sua força. Nunca sabíamos quando ele explodiria de raiva e amargura. Não tínhamos nenhum sinal antecipado de como ele reagiria a um dia

---

[1] N. da T.: Termo utilizado no Sul dos Estados Unidos para se referir a rios.

qualquer, então vivíamos em constante confusão e medo. Um dia ele deu uma surra tão grande na minha mãe que as irmãs dele apareceram e disseram que temiam pela vida dela. Disseram que, se ela não fugisse, ele talvez a matasse. Minha mãe não queria ir, mas uma parte dela sabia que estaria em perigo se ficasse com Papai. Mais cedo ou mais tarde, a violência empregada contra ela poderia ser direcionada contra seus filhos. Ela planejou secretamente com as irmãs de Papai para nos pegar e fugir. Devido à sua educação e experiência limitadas, o único lugar em que se sentia segura era Nova Orleans, onde nasceu e foi criada. Portanto, esse seria seu destino.

No dia em que Mamãe planejou nossa partida, Papai estava pronto para sair de casa quando minha irmã Violetta, com 5 anos, disse que queria ir com ele. Meu irmão James, que tinha 3 anos, também quis ir. Mamãe falou com Violetta: "Por que não fica em casa, Vi? Eu acho que você deveria ficar." Ela era a favorita de Papai e ele disse que podia ir com ele. James também. Ficamos olhando enquanto eles saíam porta afora. Mamãe se virou para minhas tias e disse: "Num vô. Não sem meus filhos." Elas enfatizaram com a máxima veemência possível que ela precisava ir porque sua vida e as de seus filhos dependiam disso. Prometeram que alguém levaria Vi e James para ela em seguida. Foi a decisão mais difícil que minha mãe já tomou. Ela levou meu irmão Haywood, que tinha 2 anos, o bebê, Michael, que ainda não tinha completado 1 ano, e eu para a estação de ônibus Greyhound. Embarcamos no ônibus e fomos até Nova Orleans sem Vi nem James. Mamãe passou o caminho todo em meio a crises de choro. Estava cheia de raiva, medo e remorso porque achava que tinha abandonado seus dois filhos, mesmo sabendo que os veria dali a poucos dias ou semanas. Ela nunca imaginou que anos se passariam antes de vê-los novamente. Se soubesse, nossas vidas seriam diferentes, porque ela nunca teria fugido.

Na estação em Nova Orleans, Mamãe ligou para seu irmão de um telefone público. Tio Joe foi nos buscar com tia Gussie. Eles nos levaram até uma casa que ela estava alugando. Nunca me esquecerei do endereço: Rua North Villere nº 918, na comunidade Sixth Ward. Lá, tia Gussie nos conduziu por um longo corredor até dois pequenos quartos nos fundos. Um deles tinha uma lareira e se transformou em nossa cozinha improvisada. Mamãe colocou um beliche para mim e meus irmãos. E o outro cômodo, transformou em seu quarto. Para usar o banheiro, tínhamos que sair pela porta da frente e contornar a casa até o quintal dos fundos. Ele ficava em um quartinho anexo atrás da casa. Havia uma banheira em um quartinho que separava a cozinha da tia Gussie dos nossos dois quartos, mas minha mãe sempre nos fazia tomar banho em uma grande tina de metal na nossa cozinha. Ela aquecia água no pequeno fogo e despejava para nós na tina. Havia um balde no canto que usávamos como banheiro temporário durante a noite. Colocávamos óleo de pinho nele para reduzir o fedor. Uma de nossas obrigações toda manhã era esvaziá-lo.

A cidade de Nova Orleans é constituída de divisões (chamadas Wards) e morávamos na Sixth Ward, também chamada de Treme. Era um bairro negro naquela época, uma mistura de classe trabalhadora e pessoas pobres. Nós morávamos na parte pobre. A Claiborne Avenue era a rua mais movimentada de Treme, pois a maioria dos negócios da Sixth Ward ficavam lá. Era a nossa própria Canal Street, a principal área comercial de Nova Orleans. Pequenos comércios de proprietários negros, como mercearias, salões de beleza, lojas de roupa, lavanderias, barbearias, padarias e bares, se enfileiravam na Claiborne. A parte central da avenida era coberta de grama e árvores e era chamada de "zona neutra". Era o local favorito de reunião dos moradores do bairro durante a época do Mardi Gras e outros grandes feriados. Todos montavam churrasqueiras e faziam piqueniques na zona neutra. Depois da aula, meus amigos e eu jogávamos futebol americano lá, às sombras das árvores que ladeavam a Claiborne.

Quando não estávamos brincando na zona neutra, jogávamos stickball, similar ao jogo de taco, na rua. Se não estivesse muito calor, as crianças jogavam descalças, poupando os sapatos para ir à escola. Quase todas as casas da Sixth Ward eram iguais, nós as chamávamos de "casas espingardas". Se você disparasse uma espingarda pela porta da frente, o projétil sairia pela porta dos fundos. Nossa casa era uma espingarda de cano duplo. Toda casa da rua tinha uma pequena varanda ou degraus na frente onde as pessoas se reuniam. Os postes telefônicos ficavam em ambos os lados da rua com seus cabos cruzados entre eles. Não havia um prédio alto à vista, exceto por um campanário de igreja aqui e ali e pela Escola Fundamental Joseph A. Craig. Toda casa tinha um beco lateral com uma cerca. Meus amigos e eu pulávamos as cercas para cortar caminho de uma rua para a outra. Posteriormente, fazíamos o mesmo para fugir da polícia.

Minha mãe queria o melhor para nós, mas, como era analfabeta funcional, não conseguia o que se considerava um emprego normal. Então fazia bicos e o que mais fosse necessário para nos sustentar, e às vezes isso incluía se prostituir. Com apenas 28 anos quando voltamos para Nova Orleans, e apesar de ter tido cinco filhos, minha mãe ainda era uma mulher muito bonita. Trabalhou em bares e casas noturnas como barwoman, fazendo malabarismos com garrafas e lidando com bêbados. Fora de casa havia pobreza, mas dentro dela minha mãe criara um oásis. Sempre ganhou dinheiro suficiente para nos comprar roupas, colocar comida na mesa e pagar o aluguel à tia Gussie. Ela se preocupava muito com o fato de termos roupas do tamanho certo. A maioria das crianças com quem cresci usava roupas de segunda mão grandes ou pequenas demais para elas. Algumas usavam calças que acabavam nos tornozelos. Falávamos que elas estavam "esperando a enchente". Mamãe nos disse que ela queria que nossa vida fosse melhor do que a que teve quando criança. Sempre comprava algo novo para que usássemos no primeiro dia de aula. Só percebi os sacrifícios que fazia para suprir nossas necessidades básicas quando já estava bem mais velho.

Ela costumava dizer: "Não quero que meus filhos façam o que eu preciso fazer para ganhar a vida." E: "Quero que meus filhos tenham uma vida melhor." Mas às vezes nossa necessidade de sobreviver à pobreza atrapalhava. Quando o dinheiro era curto e não havia comida em casa, eu roubava pão e comida enlatada. Nunca me pareceu um crime, era sobrevivência. Em todos os outros aspectos, dávamos um jeito. Para algumas refeições, tia Gussie e eu pescávamos perca ou tainha no Bayou St. John. Se meus sapatos estivessem com a sola furada, eu colocava uma camada de jornal por dentro para poder usá-los durante mais algum tempo. Mas eu era orgulhoso, não queria que ninguém visse os buracos nos meus sapatos. Quando era hora de ajoelhar na igreja, eu me agachava e encostava apenas um joelho, para poder manter o sapato furado com a sola totalmente no chão e ninguém atrás de mim conseguir ver os buracos. Um dia, uma freira foi até o final do meu banco e falou alto para que eu ajoelhasse com os dois joelhos. Quando me recusei, ela me mandou ir para o corredor entre os bancos. Caminhei até onde ela estava e, mais uma vez, ela me mandou ajoelhar. Agora todos olhavam para mim. Se eu me ajoelhasse, toda a congregação atrás de mim veria os meus sapatos furados, então me recusei. Ela agarrou meu colarinho e tentou me forçar a ficar de joelhos. Quando resisti, ela me falou para ir embora. Voltei à igreja outras vezes com minha mãe, mas nunca me esqueci da crueldade dessa freira.

Tia Gussie frequentava uma igreja batista. Às vezes me levava a um show gospel de lá, e eu gostava das harmonias e das vozes. Tia Gussie costumava me dar um dólar toda quinta-feira para ir comprar uma "vela abençoada" na igreja. Um dia, no caminho para buscar sua vela, vi o pastor na loja da esquina. Ele segurava uma caixa cheia de velas, que custavam cinquenta centavos cada. Eu o segui. Queria vê-lo abençoar as velas e esperava que realizasse algum tipo de cerimônia ao chegar à igreja, mas ele só tirou as velas da caixa e as colocou na mesa para que as pessoas as comprassem por um dólar. Isso foi um choque, porque naquela época cinquenta centavos era muito dinheiro.

Nunca acreditei em Deus, mesmo quando criança. Não entendia a ideia de um ser todo-poderoso. Mas sempre me considerei espiritualizado. Para mim, a espiritualidade é um sentimento de conexão além de si mesmo. Tínhamos uma velha cadela chamada Trixie e, às vezes, eu sentia como se soubesse o que ela pensava. Para mim, isso era algo espiritual.

Durante o dia, meus irmãos e eu às vezes ficávamos sozinhos. Minha mãe podia estar dormindo para curar a ressaca ou exausta demais para levantar depois de trabalhar a noite toda. Muitas vezes ela só chegava em casa às 6h da manhã. De vez em quando, eu entrava escondido em seu quarto depois que ela dormia para esconder o dinheiro que tinha ganhado naquela noite, assim seu namorado não o pegaria caso aparecesse naquele dia. Não adiantava muito. Quando minha mãe se apaixonava por um homem, ela lhe dava tudo o que tinha, incluindo dinheiro.

Tia Gussie cozinhava e nos ajudava. Todos tínhamos afazeres, limpávamos o chão, passávamos nossas roupas. Lembro-me de passar roupa com um ferro antigo que era aquecido no fogão. Aprendemos a nos cuidar; sempre cuidávamos uns dos outros. Quando eu tinha 12 anos, nasceu meu irmãozinho Donald. Seu pai era um oficial da Marinha Mercante chamado Pete, que teve um relacionamento instável com minha mãe por muitos anos.

Tudo naquela época era segregado entre brancos e negros. Pessoas negras não tinham permissão para entrar em muitos lugares por causa das leis de Jim Crow. No cinema, só podiam se sentar na galeria. Éramos proibidos de nos sentar nos lugares do andar debaixo. Não podíamos ficar no saguão ou no balcão da bomboniére. Para comprar pipoca ou qualquer outra guloseima tínhamos que esperar ao lado da porta do saguão até que um lanterninha branco passasse para que pudéssemos entregar nosso dinheiro e fazer o pedido. Ele voltava com o troco e o doce ou a pipoca, ou qualquer coisa que tivesse sobrado na bomboniére.

Eu só tinha contato real com pessoas brancas quando íamos ao Bairro Francês ou à área comercial na Canal Street. Da primeira vez que senti que uma pessoa branca poderia ser uma ameaça para mim, eu estava em um ponto de ônibus na esquina da Dumaine com a Villere junto de minha mãe quando dois policiais brancos passaram em uma viatura. Ela colocou a mão no meu ombro de um jeito protetor e me colocou atrás de si. À medida que cresci, notei que os brancos chamavam negros adultos de "rapaz" ou "mocinha" e pude perceber o desrespeito camuflado.

Eu tinha cerca de 12 anos quando um branco me chamou de crioulo pela primeira vez. Eu estava esperando com outras dezenas de crianças no final da parada do Mardi Gras atrás do Auditório Municipal, onde os destaques dos carros alegóricos, que eram todos brancos naquela época, distribuíam os colares de contas ou enfeites que sobravam. Em um dos carros, o homem que distribuía as bugigangas estava segurando um colar de contas peroladas muito lindo. Achei que seria um ótimo presente de aniversário para minha mãe, então chamei: "Ei, senhor! Ei, senhor!", e estiquei o braço. Ele apontou para mim enquanto segurava o colar acima da cabeça e o arremessou em minha direção. À medida que o colar se aproximava, eu estiquei a mão e uma menina branca ao meu lado esticou a dela e pegamos o colar ao mesmo tempo. Eu não larguei. Gesticulei para o homem na alegoria e falei para ela: "Ei, ele jogou esse para mim." Disse que queria dá-lo à minha mãe. Ela olhou para o homem da alegoria, que ainda apontava para mim, e arrebentou o colar me chamando de crioulo. Nunca me esquecerei da dor que senti quando aquela menina branca me chamou de crioulo.

Naquela época, a maioria dos policiais eram brancos. Passavam por nosso bairro e levavam homens negros que estivessem de pé nas esquinas, acusando-os de vadiagem ou vagabundagem, para cumprir a meta de prisões. Uma vez sob custódia, ninguém sabia quais acusações seriam feitas a eles. Meus amigos e eu sabíamos que seria o que os policiais quisessem. Sempre soubemos que eles levavam os homens do nosso bairro apenas por serem negros, mas nunca conversamos sobre o assunto. Não teríamos conseguido articular o racismo mesmo se tentássemos. Não compreendíamos sua profundidade e sofisticação, apenas absorvíamos o mistério que o cercava.

No sexto ano frequentei uma aula de estudos sociais, na qual aprendi meu lugar no mundo. Tínhamos uma professora afro-americana para uma turma de crianças negras que moravam no mesmo bairro negro, e usávamos um livro didático que só retratava o que acontecia na parte branca dos Estados Unidos. As figuras e histórias do livro não tinham nada a ver com a nossa realidade. Não foi a primeira vez que tomei ciência de que os brancos tinham uma vida melhor. Mas foi a primeira vez que me ocorreu que todo mundo sabia disso. Foi a primeira vez que entendi que havia algo extremamente errado com o mundo e ninguém tocava no assunto.

Nessa mesma turma de estudos sociais, aprendi que mulheres como minha mãe, que trabalhavam em bares, eram consideradas uma vergonha para a sociedade. Sempre detestei os homens que minha mãe levava para casa, mas até frequentar essa aula nunca a julguei, era apenas um modo de vida. Comecei a menosprezá-la. Não percebia na época que ela não teve escolha, que trabalhava em bares para cuidar de mim e dos meus irmãos, e fui implacável. No fundo nunca parei de amar minha mãe, mas também a odiei. Um dos meus maiores arrependimentos é ter me permitido acreditar que a mulher mais forte, bonita e poderosa da minha vida era insignificante.

Nessa mesma época também comecei a ouvir histórias sobre homens da Ku Klux Klan linchando pessoas negras. Como todos os negros, eu tinha pavor da Klan. Não me aventurava muito na comunidade branca. Na maior parte do tempo, eu e meus amigos ficávamos nos bairros negros de Nova Orleans. Lá era seguro. Mais tarde foi lá que cometemos nossos crimes. Por algum tempo eu era excelente na escola, na sala de aula e nos esportes. Era pequeno para a minha idade, mas fazia parte dos times de vôlei e de futebol. Não tínhamos um time de basquete na minha escola, mas sempre jogávamos no parque. A prática de esportes era o único momento da minha vida em que eu sabia o que fazer o tempo todo. Porém, as lições daquela aula do sexto ano me abalaram de um jeito indescritível. Fiquei na escola mais três anos, mas no fundo eu já estava farto de lá. Voltei minha atenção para a rua e aprendi rapidamente que, nela, todos tinham uma escolha: ser um coelho ou um lobo. Eu escolhi ser um lobo.

Anos 1960

Onde a justiça é negada, onde a pobreza é imposta, onde prevalece a ignorância e onde qualquer classe é levada a sentir que a sociedade é uma conspiração organizada para oprimi-la, roubá-la e degradá-la, nem pessoas nem propriedades estarão a salvo.

— Frederick Douglass

Capítulo 2

Os High Steppers

Comecei a andar com outros meninos no Treme quando tinha mais ou menos doze anos. Eu trabalhava no armazém fazendo raspadinha, copos de gelo triturado coberto com xarope de cana saborizado. Quando o dono não estava olhando, eu dava raspadinhas para os meus amigos pela janela dos fundos. À noite, ficávamos sob um poste de luz na esquina da Dumaine com a Robertson e passávamos horas falando besteira, nos gabando de coisas que nunca fizemos, descrevendo garotas que nunca conhecemos. Todos me chamavam de Fox.

Depois da escola, nos encontrávamos e descobríamos maneiras de conseguir coisas que não tínhamos. Roubávamos pão de caixas que ficavam do lado de fora das lojas e entrávamos de fininho no cinema para assistir a filmes. Por dinheiro, cantávamos e dançávamos no Bairro Francês ou roubávamos flores do cemitério e as vendíamos a turistas na Bourbon Street. Para comer, nos encontrávamos na padaria da Orleans Avenue antes do amanhecer e roubávamos pãezinhos e doces confeitados de caminhões de entrega estacionados atrás de uma cerca alta com arame farpado. Pular aquela cerca era moleza, bastava ter uma fronha ou um pano para proteger as mãos. Tirávamos uma bandeja de assados da parte de trás de um daqueles caminhões, jogávamos em um saco e corríamos pelos trilhos até a Brown's Velvet Dairy para roubar leite ou sorvete de seus caminhões. Levávamos tudo para o parque e comíamos até não poder mais.

Quando ouvimos falar de um show no Auditório Municipal, escalamos o muro de trás até uma janela aberta no segundo andar, descemos correndo as escadas e cobramos a entrada das crianças pela porta dos fundos. Quando o Ringling Bros. Circus chegou à cidade, nos candidatamos a empregos diurnos para alimentar e dar água aos animais. Nosso trabalho consistia em empilhar feno na frente dos elefantes e cavalos, limpar o estrume e transportar água para os tigres enjaulados. Quando não tinha ninguém olhando, deixávamos nossos ancinhos e pás na palha, escapulíamos e encontrávamos uma porta dos fundos desprotegida, onde deixávamos nossos amigos entrarem de graça e cobrávamos a entrada dos outros.

Nunca achamos que estávamos cometendo crimes. Achávamos que estávamos passando a perna no mundo. Mas ficávamos de olho na polícia. Às vezes, vinham atrás de nós se vissem um grupo de crianças negras, independentemente do que estivessem fazendo. Tínhamos que ficar especialmente atentos no Bairro Francês, onde "batucávamos" em caixas de papelão na Bourbon Street. Naquela época, se a polícia nos pegasse, tomava nosso dinheiro e nos batia até que fugíssemos o mais rápido possível.

Minha mãe previu o futuro e tentou evitar que eu fosse para a cadeia. Dizia: "Se eu o pegar roubando ou fazendo algo errado, vou lhe dar uma surra. Não quero você roubando por aí como um criminoso idiota." Se me visse na rua com um garoto que ela achava ser um problema, ia até nós e me dizia para ir para casa. Lá, ela gritava comigo e eu respondia gritando. Não achava que ela tivesse o direito de me dizer o que fazer. Não queria que me controlasse. Algumas vezes ainda tínhamos momentos carinhosos, quando eu me sentava perto dela e conversávamos com seu braço ao meu redor. Ela adorava meu cabelo. Aos treze anos, porém, eu já não a obedecia mais. Ela me dizia para chegar em casa até um determinado horário e eu não chegava. Meus amigos e eu estávamos nos virando para sobreviver e adorávamos ser bons nisso. Eu chamo esse período da minha vida de culpa da inocência. Não sabíamos de nada.

Por volta dessa época, começamos a nos ver como uma gangue e nos autointitulamos Sixth Ward High Steppers, um nome que achávamos que nos fazia parecer vencedores. Ao fazer parte de uma gangue, defender o território é crucial. Tive que aprender a lutar. Não era um lutador nato, então a princípio eu evitava. As brigas na verdade me deixavam fisicamente mal. Quando via meninos da minha idade brigando contra meninos maiores e mais velhos, eu achava que eles tinham algo que eu não tinha. Ficava me perguntando se eu era um covarde.

Meu amigo Frank estava me pressionando para lutar contra um cara da minha idade chamado Lawrence, que me humilhava constantemente. Se eu estivesse comendo um sanduíche e ele aparecesse, ele o pegava e comia. Uma vez pegou meu cinto. Na maioria das vezes exigia que eu lhe entregasse todo o dinheiro que tinha comigo. Eu tinha pavor de Lawrence, que era maior do que eu.

"Você não pode deixá-lo fazer isso com você, Fox", disse Frank. "Quando é que vai se defender?"

A próxima vez que vi Lawrence foi no terreno neutro da Orleans Avenue. Eu estava com medo, mas dessa vez, quando Lawrence me empurrou, virei a mão e o acertei na cabeça. Foi quando aprendi que coragem não significa não ter medo, significa dominar esse medo e agir apesar dele. Lawrence e eu brigamos e não paramos até que eu me levantei e ele não. Por um tempo, brigávamos sempre que nos víamos. Até que ele desistiu. Nunca mais deixei que o medo me impedisse de fazer alguma coisa.

Não queríamos ser pegos no território de outra pessoa, mas se houvesse uma festa fora da Sixth Ward, nós arriscávamos. Se fôssemos confrontados por outra gangue, nossa resposta era ficar e lutar ou fugir. Quando membros de gangues de outras Wards invadiam nosso território, dávamos uma surra neles ou os expulsávamos. Ninguém tinha armas naquela época; as brigas eram apenas com os punhos. Os membros de gangues nunca atacavam os familiares de outros membros de gangue. Se houvesse uma rixa entre as gangues, ficava entre elas. Estava claro que a família era zona proibida. Todos honravam isso. Depois de cada briga, ainda me sentia mal e saía para ficar sozinho, mas não contava a ninguém. Quando estava no meio da minha adolescência, tinha a reputação de ser muito durão. Só eu sabia que não era assim.

Nas noites quentes de verão, quando os mosquitos quase nos devoravam, invadíamos a piscina ao lado do parque e a enchíamos de água. Acendíamos as luzes dobrando a tampa da caixa de distribuição para alcançar o interruptor. Então ligávamos a bomba e deixávamos a água correr até que a piscina estivesse cheia. As pessoas vinham de projetos habitacionais próximos para nadar. Às vezes, os funcionários do parque chegavam, desligavam tudo e mandavam todos para casa. Se a polícia chegasse, todos saíam correndo. Se uma criança fosse pega, era enviada para o centro de detenção juvenil. Um adulto seria acusado de invasão de propriedade. Na maioria das vezes, a polícia não aparecia. Quando terminávamos de nadar, esvaziávamos a piscina e apagávamos as luzes.

No geral, sabíamos como evitar a polícia. Viaturas circulavam a vizinhança todos os dias no mesmo horário, como um relógio, e não saíamos nessas horas. Se aparecessem inesperadamente, entrávamos em casa ou em um beco para evitar os policiais. Ou corríamos para nos dispersar. Corríamos e éramos perseguidos, mesmo quando não estávamos fazendo nada de errado. Fiquei muito bom em pular cercas quando era perseguido pela polícia. Se nos pegavam por algum crime real ou imaginário, nos batiam com os punhos e cassetetes ou porretes, que chamávamos de chibata, pelo barulho que faziam quando nos atingiam. Eles nos revistavam em busca de dinheiro, embolsando o que encontravam. Por um tempo, nos deixavam ir; quando ficamos mais velhos, nos arrastavam para o centro de detenção juvenil. Nunca nos ocorreu contar a alguém que eles nos batiam ou roubavam. Apenas aceitávamos. A vida era assim naquela época.

Quando eu tinha 14 anos, minha mãe me perguntou se eu queria conhecer meu pai verdadeiro, Leroy Woodfox. Fiquei surpreso porque não sabia que eles mantinham contato. Meu primeiro pensamento foi "não". Tudo o que eu sabia do meu pai biológico era que ele tinha abandonado minha mãe quando ela estava grávida de mim.

"Por quê?", perguntei.

"Ele disse que gostaria de conhecer você", respondeu. Ela me deu o endereço de sua lavanderia a seco, que ficava próxima. Eu não estava realmente curioso sobre ele, mas achei que poderia descolar algum dinheiro, então fui. Quando entrei, o vi imediatamente. Eu era a cara dele. Não me lembro do que conversamos, mas não falamos muito. Ele se ofereceu para lavar algumas de minhas roupas. Poucos dias depois, levei algumas calças que ele jogou em uma pilha de roupas no canto e me disse para voltar dali a alguns dias. Quando voltei para buscá-las, vi logo de cara que ainda estavam na pilha do canto. Eu me virei e fui embora, largando as roupas lá. Nunca mais o vi.

Uma das minhas atividades era trabalhar nos barcos de camarão na Paróquia de St. Bernard, carregando enormes sacos de camarão e ostras até um depósito. Lá, mulheres ficavam em volta de uma mesa abrindo ostras e colocando-as em latas com capacidade de 4,5L, com suco e tudo, uma atrás da outra.

Elas acabavam com um saco de ostras mais rápido do que qualquer coisa que eu já vi. Parte do meu pagamento era em ostras e camarão, que eu levava para casa. Acho que foi nesse depósito que ouvi dizer que o furacão Carla estava chegando e que, quando tocasse o chão, seria a "tempestade do século". Sempre gostei de ficar no quintal durante uma tempestade para ouvir a chuva e fiquei imaginando qual seria a sensação de um furacão. Ele atingiu o Texas no dia 11 de setembro de 1961 e gerou tornados que atingiram a Louisiana. Na manhã da tempestade, fui até o Lago Pontchartrain, nos degraus do quebra-mar onde brincava quando era mais novo. Não contei a ninguém para onde estava indo. Minha mãe teria me dado uma surra se soubesse. Na maré baixa, podíamos ver nove ou dez degraus de pedra subindo da beira da água até a costa; na maré alta, os degraus ficavam submersos. Quando cheguei lá, estava chovendo forte e a maré havia subido. Procurei um lugar para ficar. Achei que a água não ultrapassaria o paredão, mas para ter certeza cruzei a estrada do lago, me recostei em uma árvore robusta e me amarrei pela cintura com uma corda para que eu não fosse carregado.

Eu já estava completamente encharcado de chuva. Agora o vento me atingia, vindo principalmente da lateral. Em geral, o Lago Pontchartrain parece um espelho. Por muito tempo, observei ondas gigantes surgirem no lago. Quando percebi que a água tinha ultrapassado o quebra-mar, ela já havia passado da grama e estava quase na estrada ao longo da margem do lago. Fiquei surpreso ao vê-la deslizar pela estrada na minha direção. Quando a água cobriu meus pés, coloquei as mãos na corda, pronto para desamarrá-la. Ao atingir meus joelhos, eu me desamarrei e avancei contra o vento para um terreno mais alto, depois voltei para casa.

Pouco tempo depois desse episódio, meu padrasto apareceu em casa trazendo minha irmã Violetta e meu irmão James. Não os víamos há três anos. Depois de deixá-los, nunca mais vimos Papai. Minha mãe deu a Vi o beliche de cima e os meninos dividiram o de baixo, até que ela arranjou um sofá-cama para Vi dormir. Era apertado, mas, de qualquer forma, eu quase não dormia em casa. Meu irmão Michael se lembra de eu estar em casa naquela época, certificando-me de que todos haviam chegado depois da escola e que jantassem. Haywood, meu irmão mais novo, diz que eu era como um pai para ele. Mal me lembro dessa época, a vida lá fora me consumia. Logo, surgiu uma nova figura paterna para meus irmãos e irmã. Seu nome era Jethro Hamlin. Todos o chamavam de

Pop Skeeter. Ele amava minha mãe. Diziam que se Ruby falasse "Pule", Pop Skeeter perguntava: "A que altura?" Mestre carpinteiro, ele construiu armários e prateleiras em nossos dois quartos dos fundos para torná-los mais habitáveis. Deu estabilidade para minha família. Anos depois, minha mãe e Pop Skeeter se casaram. Ele ficou com ela pelo resto da vida, apesar de todas as dificuldades.

A maior parte do dinheiro que nossa gangue ganhava naqueles anos era com o estacionamento ilegal de carros, uma atividade antiga que foi passada de geração em geração. Nas noites de fim de semana, meus amigos e eu íamos ao Bairro Francês ou aos arredores do Auditório Municipal e acenávamos para os motoristas que procuravam vagas para estacionar. Em troca de um dólar, mostrávamos a eles onde estacionar, direcionando-os para vagas ilegais em becos, atrás de prédios, em colinas ou mesmo em terreno neutro. Sempre ficávamos surpresos com o fato de as pessoas estacionarem seus carros onde quer que mandássemos. Sempre dizíamos "não se esqueça de trancar o carro" para ganhar a confiança deles. Em uma noite boa, ganhávamos US$50 estacionando carros. Quando os policiais ficavam entediados, apareciam com cães em busca de alguma coisa para fazer. Eles sabiam que estaríamos lá e tentavam nos surpreender. Quando alguém os via, gritava "Polícia!" e todo mundo caía fora. Uma vez, quando eu estava fugindo, um dos cachorros me pegou. Uma das "recompensas" para um cão policial naquela época era o que chamávamos de "uma mordidinha", quando o oficial ficava parado e deixava o cachorro morder a pessoa que ele pegou, geralmente enquanto ela ainda estava deitada no chão. Esse policial deixou seu cachorro mastigar minha coxa. Às vezes nos deixavam ir embora, outras nos levavam para o centro de detenção juvenil. De vez em quando, os policiais do centro juvenil também faziam batidas na nossa operação. Alguns deles eram negros. Um deles era o Sr. Green, professor substituto de Educação Física da minha escola. Ele conhecia todos nós. "Estou de olho em você, Woodfox", gritava atrás de mim.

Não havia como ele me pegar.

"Vou pegar você na escola amanhã", gritava. "Vou ligar para a sua mãe!"

Tudo isso fazia parte do jogo. Ambos sabíamos que ele não ligaria para minha mãe. Ele não me pegaria na escola no dia seguinte, ou em qualquer dia. Era como se estivéssemos representando papéis, determinados com antecedência, sem saber o porquê. Ele provavelmente estacionava carros na minha idade.

Conversas como essa ocorreram durante toda a minha infância. A história sempre se repetia. Elas nos mantinham unidos e nos distanciavam.

Minha primeira prisão foi por estacionar carros. O centro de detenção juvenil era uma casa na Rua St. Philip. As mesas e cadeiras nas quais os oficiais se sentavam foram arrumadas no que seria a sala de estar. Os quartos foram convertidos em celas. As janelas do primeiro andar tinham grades, mas eles não achavam que alguém seria louco o suficiente para pular do segundo andar, então não colocaram grades no andar de cima. Oficialmente, não era possível sair do centro de detenção juvenil até que um adulto chegasse para liberá-lo. Às vezes, quando um dos pais chegava, ele assinava pelo filho e todos os seus amigos. Normalmente, eu não ficava sentado esperando para ver quem viria, porque não queria que minha mãe soubesse que eu tinha sido preso. Eu me espremia por uma janela parcialmente aberta de uma das celas do segundo andar, me pendurava no parapeito e me largava no chão. Se minha mãe descobrisse, ficaria zangada. Ela reclamava de mim, mas não podia fazer nada. Quando eu era mais novo, podia chicotear meu traseiro com uma vara ou com o cabo do ferro de passar, mas depois de certa idade eu não aceitava mais esse tipo de punição.

No segundo ano do ensino médio, fui suspenso por bater em uma menina. O fato aconteceu em uma assembleia escolar. Eu era o representante da minha turma, então estava no palco com a menina que era a presidente da classe. Ela me disse na frente de todos os alunos que se incomodava com a minha camiseta porque estava para fora da calça, que era a moda na época. Falei para ela cuidar da própria vida e ela me deu um tapa na cara. Sentei na minha cadeira no palco. A humilhação de levar um tapa na frente de todos se repetiu diversas vezes em minha mente durante a assembleia. Quando a reunião terminou, peguei uma cadeira dobrável de uma pilha e acertei a menina pelas costas, nocauteando-a. Felizmente, ela ficou bem, mas o diretor me suspendeu e me disse para aparecer no dia seguinte na escola acompanhado da minha mãe. Quando cheguei em casa, não lhe contei o ocorrido. Fingi ir à escola todos os dias durante um ano até que ela descobrisse.

Depois que fui expulso da escola, tive mais tempo disponível e comecei a arriscar mais. Eu entrava na casa de estranhos quando eles saíam para que pudesse ficar a sós com minhas namoradas. Invadia lojas à noite e roubava dinheiro diretamente das caixas registradoras. Nada em meus dias ou noites era planejado. Nunca considerei as consequências de meus atos.

Eu tinha muitas namoradas, mas não era fiel ou leal a nenhuma delas. Quando tinha 16 anos, saí com uma menina muito bonita, ingênua e impressionável com quem estudei no ensino médio, chamada Barbara. Eu a engravidei. Não estávamos juntos quando nossa filha nasceu em janeiro de 1964, mas quando soube que ela tinha dado à luz, fui visitá-las no hospital. A visão de um bebê recém-nascido, minha filha, era estranha para mim. Barbara a chamou de Brenda. Eu não achava que tinha sentimentos naquela época, mas algo me fez querer manter Brenda em minha vida. Concordei em me casar com Barbara. Um pastor realizou a cerimônia na sala de estar da mãe dela e nos mudamos para um pequeno apartamento no andar de baixo. Isso durou cerca de três meses até que a rua me chamou de volta e eu as abandonei.

Minha única sensação de alívio e libertação naqueles anos vinha das corridas de cavalos com meus amigos. Havia um estábulo na Rua St. Ann que abrigava os cavalos usados para puxar as carruagens de turistas no Bairro Francês. À noite, meus amigos e eu entrávamos escondidos no estábulo, pegávamos os cavalos e os levávamos até o parque. Não tínhamos selas, então corríamos sem. Corríamos com aqueles cavalos até suas bocas espumarem. O único momento da minha vida em que não tinha medo de ir para a cadeia era quando cavalgava. Meu único medo era não poder mais cavalgar.

Capítulo 3

Perseguição de Carro

No início da primavera de 1965, eu estava apaixonado por uma menina chamada Peewee. Ouvimos falar de uma festa em um grande centro comunitário em Houma, Louisiana, uma pequena paróquia a cerca de 100km de Nova Orleans, e queríamos ir. Levei Peewee, seu irmão mais novo Harold e alguns amigos até lá em um carro que me disseram pertencer ao tio deles. Eu tinha acabado de fazer 18 anos. Enquanto estávamos dentro do centro comunitário, o irmão de Peewee saiu de fininho e foi dar uma volta de carro para curtir. Durante a aventura, bateu em outro carro. Ninguém ficou ferido, mas alguém anotou o número da placa do carro no qual ele fugiu em alta velocidade e denunciou à polícia. Ele voltou para a festa e não disse uma palavra.

Mais tarde, eu estava dirigindo de volta para Nova Orleans quando um policial estadual acionou a sirene e piscou os faróis atrás da gente. Enquanto eu me preparava para encostar, do banco de trás do carro o irmão de Peewee começou a gritar: "Não encoste, não encoste!" Pelo espelho retrovisor, eu o vi agitando os braços. "Eu roubei este carro", gritou. Sem hesitação alguma, voltei para a estrada e pisei no acelerador. Alimentado pelo medo de ser preso por dirigir um carro roubado, inadvertidamente fiz o xerife me perseguir em sua viatura em alta velocidade pela rodovia por 27km, atravessando as barricadas erguidas pelos agentes do xerife e policiais estaduais à nossa frente. Eu costurava pelo tráfego da Raceland quando Peewee, que estava gritando esse tempo todo, agarrou o volante de repente e o virou para a direita. O carro fez uma curva fechada para o talude de um canal e voou sobre a água, pousando nos dois pneus dianteiros, quebrando ao meio o eixo entre eles e, de alguma forma, parando em pé. Por um momento, ninguém se mexeu. Estávamos do outro lado do canal, longe dos agentes do xerife e dos policiais estaduais. Quando vi, eles já estavam fora de seus carros empunhando suas armas e gritando para que saíssemos do carro.

Abrimos as portas do carro e corremos o mais rápido que podíamos em diferentes direções. Cheguei a uma garagem atrás de uma casa e encontrei uma grande casa de bonecas onde me escondi, colocando as bonecas em cima de mim. Os agentes entraram, olharam e foram embora. Algum tempo depois, saí da casa de bonecas e da garagem. Quando espiei pela esquina, vi Peewee, Harold e os outros parados com os policiais estaduais. Peewee estava chorando. Eu não queria que nenhum deles fosse para a cadeia. Fui até os policiais e me rendi.

Depois de sermos presos, eles nos levaram para a penitenciária de Thibodaux. No dia seguinte, falei a eles que roubei o carro, que estávamos passeando e ninguém sabia de nada. Peewee, seu irmão e seus amigos foram liberados. Fui indiciado por roubo de carro, resistência à prisão, atropelamento e excesso de velocidade; a polícia disse que eu estava a 170km/h. Fiz um acordo de confissão de culpa e fui condenado a dois anos na penitenciária de Thibodaux. Era um prisioneiro com privilégios, o que significava que tinha mais liberdade de movimento do que os outros. Fui inserido em uma equipe de trabalho para cortar grama e recolher lixo ao longo da rodovia. Depois de algumas semanas, fugi.

Como sempre, eu não estava pensando no futuro. Não tinha um plano, só queria ir para casa. Percebi que a porta dos fundos da penitenciária ficava aberta até meia-noite. Havia uma velha bicicleta sem cadeado no quintal. Os guardas assistiam à TV com os presos todas as noites. Saí uma noite enquanto os presos e os delegados do xerife assistiam a um programa na TV. Peguei a bicicleta e segui para a estrada. Depois de pedalar por algumas horas, já cansado e procurando um lugar para descansar, vi que havia alguns caminhões e equipamentos em uma pedreira ao lado da estrada. Achei que poderia tirar uma soneca na cabine da betoneira, então pedalei, entrei e deitei no banco. Foi quando vi as chaves na ignição.

Por tentativa e erro, aprendi sozinho a mudar de marcha na betoneira enquanto dirigia para Nova Orleans. Eu só conseguia chegar a 16km/h, mas era melhor do que pedalar. Quando eu estava quase em casa, parei em um sinal na esquina da St. Bernard com a Claiborne e um carro da polícia parou ao meu lado. Do canto do olho, vi os policiais ficarem surpresos ao me verem, um garoto negro e magro, dirigindo uma betoneira no meio da cidade. Eles acenaram para mim. Virei à esquerda na St. Bernard e encostei, depois pulei fora e saí correndo. Eles saíram do carro com armas em punho e começaram a atirar em mim. Corri para um terreno neutro na Claiborne e depois fui para um beco ao lado de uma casa onde poderia pular cercas e despistá-los. Quando parei para recuperar o fôlego, percebi que deixara minha carteira no painel da betoneira. Não me escondi. Fui muito burro. Estava sentado nos degraus da frente da casa de uma amiga na Sixth Ward com o filho dela no colo no dia seguinte, quando um carro sem identificação da polícia cheio de detetives de Thibodaux e Nova Orleans dobrou a esquina. Nós nos vimos ao mesmo tempo. Eu não podia correr com o filho dela no colo, então fiquei onde estava. Eles saíram do carro com as armas nas mãos e se aproximaram.

"Muito bem", disse um deles, segurando minha carteira. "Sr. Woodfox."

Eles me algemaram, me colocaram no carro e me espancaram no caminho para a delegacia central porque eu havia levado a polícia a uma perseguição. Fui mandado de volta para Thibodaux e indiciado por fuga, roubo, dirigir sem habilitação, resistência à prisão e excesso de velocidade. O juiz me disse que eu tinha uma alternativa: poderia cumprir quatro anos na penitenciária da cidade de Houma ou dois anos na Penitenciária Estadual da Louisiana em Angola, com a opção de me transferir para a prisão de segurança mínima de DeQuincy em noventa dias se tivesse bom comportamento. Eu tinha visto alguns caras da minha vizinhança voltarem de Angola durante a minha infância. Eles eram muito respeitados. Achei que seria uma honra ir para lá. Escolhi Angola.

Capítulo 4

Angola, Anos 1960

Ao fazer parte de uma gangue, aprendi que podia dominar meu medo e ainda agir. Essa lição me serviu bem em Angola. Não é possível exagerar os horrores da prisão em 1965. Angola parecia uma fazenda de escravos, o que já foi um dia. A população de prisioneiros era segregada; a maioria era negra. Os detentos afro-americanos faziam 99% do trabalho do campo com as mãos, geralmente sem luvas ou calçados adequados. Guardas brancos cavalgavam para cima e para baixo pelas filas de prisioneiros que trabalhavam, segurando espingardas no colo e constantemente gritando, dizendo "Trabalhe mais rápido, velho" ou "crioulo".

Originalmente uma das seis fazendas de criação de escravos de propriedade do comerciante de escravos norte-americano Isaac Franklin, Angola ocupava 7.200 hectares de terras agrícolas quando cheguei lá. Havia um bloco principal chamado de "grande pátio", que abrigava a maioria dos prisioneiros, e vários "campos" — complexos periféricos que continham alojamentos, blocos de celas, um refeitório e departamentos — com quilômetros de distância uns dos outros, separados por campos de plantações e pântanos. A penitenciária era cercada pelo Rio Mississippi em três lados e pela reserva de Tunica Hills ao leste. Em 1869, a viúva do traficante de escravos arrendou a terra de quatro de suas fazendas para um ex-major confederado que queria cultivá-la. Como parte de um programa legal de "arrendamento de presidiários" estabelecido em todo o Sul após a Guerra Civil, ele "arrendou" prisioneiros de Nova Orleans e outras penitenciárias da cidade para trabalhar em sua fazenda. Os detentos, muitos acusados de crimes menores, foram alojados em antigas senzalas e trabalhavam sete dias por semana. Eles passavam fome e eram espancados. Acredita-se que centenas morriam todos os anos, mas isso não afetou os negócios do ex-major confederado. Sempre havia novos condenados para arrendar. Em 1901, o estado da Louisiana assumiu o controle e comprou a terra, que se tornou a penitenciária estadual, mas sempre foi chamada de Angola, em referência ao país africano onde nasceram os escravos originais da fazenda. Para mim, era adequado: o legado da escravidão estava por toda parte; no chão sob nossos pés, no ar que respirávamos e para onde quer que olhássemos.

Quando cheguei; em junho de 1965, acho que estavam colhendo ervilhas. Todos os reclusos antes cumpriam trinta dias no Centro de Recepção (CR), localizado logo na entrada do portão de acesso a Angola. Era lá que aprendíamos as regras da penitenciária e passávamos por um médico, um assistente social e um oficial de triagem. Esse último determinava nossos empregos e onde viveríamos na prisão. Eu estava morrendo de medo, mas não demonstrei. Manter a calma pode ser a diferença entre a vida e a morte na cadeia. Cada alojamento do CR tinha cerca de cinquenta a sessenta camas e um fluxo de prisioneiros chegando e saindo. Eu não conhecia ninguém quando cheguei, mas me aproximei de um detento chamado T. Ratty, que também era de Nova Orleans.

Os seguranças e todos os oficiais em Angola eram brancos e nós os chamávamos de "homens livres". Eles vinham de gerações de famílias brancas nascidas e criadas na prisão de Angola. Parte dos oficiais vivia na B-Line, uma pequena comunidade de casas e trailers na época. Os presos lavavam os carros dos homens livres, cortavam seus gramados e pintavam suas casas. Os homens livres comandavam a prisão.

Como apenas trezentos homens livres supervisionavam mais de 5 mil presos, eles criaram outro nível de segurança, distribuindo espingardas para centenas de prisioneiros brancos e negros. Os guardas detentos, em sua maioria, supervisionavam os presos de sua própria raça. No entanto, em alguns casos, os guardas detentos brancos monitoravam os prisioneiros negros — nos campos, nas guaritas de guarda e no refeitório, por exemplo. Não havia avaliação psiquiátrica desses prisioneiros antes de serem transformados em guardas. Muitos deles foram condenados à prisão perpétua por assassinato e estupro. Ninguém era treinado. Os guardas detentos aprendiam uns com os outros. Os homens livres, que muitas vezes começaram a trabalhar na prisão depois do ensino médio, aprendiam com seus tios, pais e avós que já trabalhavam em Angola.

ANGOLA, ANOS 1960

Assim que cheguei ao CR, ouvi os prisioneiros falarem sobre o "dia da carne nova", que era quando os presos sem antecedentes eram levados do CR para a população carcerária. Era também o dia em que os predadores sexuais faziam fila e analisavam suas próximas vítimas. A escravidão sexual era cultural em Angola e a administração fazia vista grossa. Vi homens sendo estuprados no CR. Os homens livres não faziam nada para impedir. Eles queriam prisioneiros sem alma. Queriam que os prisioneiros temessem e abusassem uns dos outros; isso facilitava o controle sobre eles. Se você era estuprado em Angola, o que chamávamos de "corrompido", sua vida na prisão estava praticamente acabada. Você se tornava "a namoradinha", uma posse de seu estuprador. Você seria vendido, cafetinado, usado e abusado por seu estuprador e até por alguns guardas. Sua única saída era se matar ou matar seu estuprador. Se o matasse, ficaria livre da escravidão humana dentro dos confins da prisão para sempre, mas, em troca, provavelmente seria condenado por assassinato, então teria que passar o resto de sua vida por lá.

Os homens livres e os guardas detentos se aproveitavam dessas relações "senhor/escravo". Eles conseguiram controlar alguns dos prisioneiros mais violentos e poderosos, ameaçando transferir suas "namoradinhas" para longe deles. Se um prisioneiro fosse "bom", poderia manter sua namoradinha, e um cafetão de prisão faria quase qualquer coisa para isso. Os homens livres também usavam estupradores violentos para machucar intencionalmente outros prisioneiros, colocando-os nas celas com um preso que desejavam punir ou em situações específicas quando queriam começar brigas letais. Esses detentos eram chamados de "mestres do estupro".

Alguns oficiais, guardas detentos e homens livres que trabalhavam no CR vendiam os nomes de recém-chegados jovens e fracos a predadores sexuais da população carcerária. Eu tinha que parecer muito mais confiante do que estava para evitar que os caras tentassem qualquer idiotice comigo. Não podia parecer fraco. Não podia demonstrar medo. Então fingi. Felizmente, eu tinha uma reputação de lutador que nunca desistia. Havia prisioneiros em Angola que conheci na rua e eles me conheciam ou já tinham ouvido falar de mim. A notícia se espalha rapidamente na prisão. Os caras fofocavam e conversavam. Diziam que, se você me batesse hoje, teria que bater de novo amanhã. Teria que me bater todos os dias pelo resto da vida, se necessário. Isso me ajudou muito.

O bloco principal era dividido em dois lados, um de prisioneiros com privilégios e o que chamávamos de lado da Faixona, batizado quando os prisioneiros de segurança máxima usavam macacões com listras pretas e brancas. Por pura sorte, o oficial de triagem me colocou do lado com privilégios. No lado da Faixona, os prisioneiros precisavam caminhar dentro de um espaço determinado ou poderiam ser baleados por um guarda sentado em uma guarita. O oficial de triagem me atribuiu um trabalho: campeiro. Fui colocado em uma fila que eles chamavam de Bully 100, pois o encarregado do campo tinha a fama de fazer os prisioneiros trabalharem duro. Isso não me incomodava. Eu não tinha medo de trabalho duro. E já sabia trabalhar no campo, por ter morado com meus avós.

Quando chegou a hora do meu grupo se juntar à população carcerária, fomos embarcados em um velho ônibus escolar que nos levou ao bloco principal. Um guarda dirigiu o ônibus com outro sentado ao seu lado, ambos separados dos prisioneiros por uma grade. Acontecia muita merda no ônibus; ouvi falar de brigas, caras sendo corrompidos ali mesmo. Os homens livres na frente ignoravam tudo. Nenhum deles queria abrir a porta da grade e entrar na parte do ônibus em que estávamos.

Assim que o ônibus passou pela porta de acesso — o portão de segurança — do bloco principal, pudemos ouvir as vozes dos predadores sexuais gritando. Eles fizeram uma fila, enfiando os dedos pelo alambrado. Os homens livres permitiam que gritassem para os prisioneiros que chegavam. O ônibus parou atrás da lavanderia. Disseram-nos para descer e fazer fila. Os prisioneiros com privilégios iriam para seus alojamentos à esquerda; os de segurança média, para a direita.

Fui para a esquerda em direção à passarela; T. Ratty me seguiu. Era uma longa passarela que percorria toda a extensão do bloco principal, entre os alojamentos. Mantive o olhar em frente. Vozes gritavam: "Vou te pegar, moleque!" "Você é meu!" "Olha essa bunda!" Alguns dos estupradores procuravam os homens por quem esperavam, que foram corrompidos no CR e por cujos nomes haviam pago. Outros tentavam escolher prisioneiros fracos para intimidar. Mais perto dos alojamentos, havia mais prisioneiros do outro lado da cerca, não predadores sexuais, mas homens procurando rostos conhecidos. Avistei alguém que reconheci de Nova Orleans. Não sabia seu nome, mas ele acenou para mim e eu me aproximei levando T. Ratty comigo. O detento nos conduziu à nossa unidade, chamada Cypress. Havia quatro alojamentos em cada unidade. Fiquei no Cypress 1. Cada alojamento foi construído para abrigar sessenta prisioneiros, mas estavam sempre superlotados. Entrávamos pelo que chamavam de salão, onde havia bancos e armários. A parte principal do prédio era a área de dormir, com fileiras de camas. Cada prisioneiro tinha um beliche com um armário preso à cabeceira. A sala de TV ficava nos fundos do alojamento. Vinte e seis de nós caminharam pela passarela naquele dia. T. Ratty e eu fomos os únicos não corrompidos.

Assim que cheguei ao alojamento, fui desafiado novamente. Cada novo detento tinha que ir ao almoxarifado para pegar uma toalha e roupas de cama e, enquanto estava fora, era temporada de caça aos pertences que ele deixava na cama. Tudo era roubado, a menos que você conhecesse alguém que cuidasse das suas coisas. Eu não tinha amigos lá, mas alguns caras de Nova Orleans me conheciam, então pedi a um deles para cuidar de meus poucos pertences e ele o fez.

No almoxarifado, houve mais agitação. Pegamos nossos lençóis e um cobertor e deveríamos pegar roupas adequadas para trabalhar — luvas para campeiros, aventais para quem fosse para a cozinha. Na maioria das vezes, em vez de entregar as roupas, o preso que trabalhava no almoxarifado vendia as roupas aos outros presos. Ele pagava aos homens livres para fazerem vista grossa. Se não tivesse como permutar ou comprar as roupas, você estava sem sorte. Sempre faltavam jaquetas, botas e luvas. Supostamente, os campeiros deveriam recebê-los, mas isso raramente acontecia. Os homens livres usavam o almoxarifado como seu armário pessoal, roubando as roupas destinadas aos prisioneiros para si ou para vender fora da prisão.

Os funcionários da prisão não roubavam apenas roupas. Os de alto escalão roubavam comida e pasta de dente, sabonete e papel higiênico, qualquer coisa que quisessem e que fosse destinada aos prisioneiros. Se não usassem a mercadoria, vendiam. Sempre sabíamos quando toda a carne tinha sido levada. Durante meses, sete dias por semana, comíamos mortadela no jantar. Mortadela frita, mortadela cozida, espaguete com mortadela, sanduíches de mortadela.

Tive apenas um incidente de um prisioneiro tentando me estuprar. Seu nome era Gilbert. Eu resisti. Brigar nunca foi fácil para mim, mesmo na cadeia. Sempre foi um ato consciente que eu me obrigava a realizar. Às vezes me envolvia em brigas ridículas por causa de algo idiota, mas na maioria das vezes eu só brigava quando era necessário: quando estava me protegendo ou quando minha reputação estava em jogo. Para proteger sua reputação, era preciso se comportar de uma determinada maneira. Se alguém o desafia e você não briga, perde sua reputação; já era. O que é bom um dia não vale nada no dia seguinte. Havia todo tipo de coisas permitidas e proibidas, um verdadeiro campo minado. Não se fala com um cara de um certo modo, não se olha para ele de uma determinada maneira. Comentários como "Com quem você acha que está falando?" ou "Você estava falando comigo?" podiam levar a uma briga. Eu sempre lutava até o fim, até acabar com o outro cara, ele desistir ou alguém apartar. Na maioria das vezes tentava ficar em segundo plano, mas brigava se fosse necessário. Se você não quisesse lutar em Angola, seria comido vivo.

Nunca corrompi ninguém. Nunca estuprei ninguém na vida. Eu não roubava as coisas das pessoas na prisão, mas uma vez arrombei o armário de um detento. Ele estava tentando mandar em mim; chamávamos isso de "robotizar". Não podia deixá-lo me robotizar. Se deixasse, os outros prisioneiros deixariam de me respeitar ou tentariam me robotizar também. Como forma de retaliação, alguns de nós arrombamos o cadeado de seu armário e levamos todos os seus pertences. Eu me senti mal quando ele voltou; me sentia mal toda vez que fazia algo que ia contra minha natureza. De qualquer forma, nunca baixei a guarda. Quando eu não me preocupava com outros presos, me incomodava com a equipe de segurança.

Os homens livres e os guardas detentos tinham o poder da vida e da morte nas mãos e não respeitavam a vida. Eles tinham o poder máximo sobre a vida de cada prisioneiro. Naquela época, meados dos anos 1960, não havia mecanismos de controle; não havia supervisão. Era como se a crueldade da história de Angola, vinda da escravidão e do arrendamento de condenados, vazasse para o nosso mundo atual. Angola era administrada como uma fazenda de escravos pré-guerra. Um homem livre estapeava, humilhava, batia e gritava com um prisioneiro. Se ele respondesse, iria para a masmorra. Se resistisse fisicamente, seria espancado no caminho até a masmorra. Os homens livres atacavam os detentos em grupos e espancavam os que estivessem algemados e com contenções nas pernas. Eles faziam buracos em tacos de beisebol e os enchiam de chumbo para usar nos espancamentos.

Ser enviado para a masmorra — ser "trancafiado" — era uma ameaça constante. Ouvi histórias sobre ela, um bloco de celas não muito longe do principal. Os presos eram mantidos 24 horas por dia em uma cela compartilhada com outros presos. Isolamento total. Pão no café da manhã, almoço e jantar. Chamávamos de "buraco". Os homens livres de baixo escalão poderiam colocá-lo na masmorra por causa do jeito que você olhava para eles, ou se eles não fossem com a sua cara; se você não andasse rápido o bastante ou se andasse rápido demais. Ouvíamos repetidas vezes: "Crioulo, faça isso ou vou trancafiar você, crioulo." Ou chamavam os prisioneiros negros de "coisa". "O que você está olhando, coisa velha?" "Se mexe, coisa velha, ou vai para o buraco!" Os detentos podiam ser mantidos na masmorra por semanas. E não era preciso burocracia alguma.

É doloroso lembrar como Angola era violenta naquela época. Não gosto de falar desse assunto. Os homens livres e os guardas detentos podiam agredir fisicamente os prisioneiros como quisessem. Vi seguranças espancando presos com tacos de beisebol. Vi prisioneiros esfaqueando outros detentos do lado de fora em plena luz do dia na passarela. Em Angola, facadas eram gratuitas; os presos brigavam por causa de um jogo de futebol americano a que assistiam na TV. Qualquer um podia ter uma arma. A coisa mais fácil de se conseguir no mundo era um estoque [faca improvisada]. Homens envolviam o peito e as costas com revistas e listas telefônicas para se proteger. Usavam óculos escuros quando estavam deitados nos beliches para que pudessem parecer estarem acordados enquanto dormiam e fingir dormir enquanto estavam acordados.

Capítulo 5
Tempo de Cadeia

A maioria dos prisioneiros não tinha nada, então todos sempre lutavam para sobreviver. Eu me orgulhava dos meus corres na rua, mas algo na manipulação e nos corres constantes dos detentos me irritava. Não havia camaradagem sincera entre nenhum deles. A maior mentira do mundo é que existe honra entre ladrões. Os caras deduravam uns aos outros a torto e a direito. Não faziam isso na frente de ninguém, mas se um prisioneiro fosse isolado, nove em cada dez vezes ele fazia um acordo para se livrar dos problemas. Alguns caras se mantinham firmes e não violavam o código, e eu aprendi com eles. O código era: não caguetar, assumir suas tretas e, se fizer algo que prejudique outra pessoa — e ficar claro que ela não conseguirá se livrar do problema —, confessar. Eu me orgulhava de seguir o código. Mesmo naquela época eu tinha bom senso o suficiente de ter honra.

Toda prisão tem um mercado ilegal, e em Angola ele era épico. Nem todo mundo vai para a cadeia planejando entrar no mercado ilegal, porém, mais cedo ou mais tarde, acaba querendo alguma coisa e aparece alguém que pode lhe fornecer e você entra no jogo. Tudo é comprado ou trocado na prisão: sabonete, meias, agulhas de costura, açúcar. Anos mais tarde, quando estava na solitária, eu podia conseguir algo tão impossível quanto uma cebola na minha cela por meio do mercado ilegal de Angola.

Quase tudo podia ser comprado e quase todo mundo tinha seu preço. Por uma caixa de cigarros, era possível subornar um dos detentos que trabalhavam na administração para alterar um relatório disciplinar de algo sério, como uma briga, para algo menor, como uma discussão com um homem livre. O suborno da segurança acontecia até os mais altos níveis de escalão dos oficiais. Era assim que os traficantes de drogas presos operavam abertamente no pátio do bloco principal. Havia rumores de que alguns homens livres levavam drogas e outros tipos de contrabando para a prisão.

Os prisioneiros — na maioria brancos que trabalhavam na administração — que negociavam para os homens livres e seus superiores tinham muito poder. Era possível pagar a eles US$50 por um novo cargo de trabalho, US$20 por um novo alojamento. O oficial recebia o dinheiro e, em troca, o preso negociador tinha liberdade para fazer apostas e cafetinar outros prisioneiros sem interrupções. Os oficiais de segurança também subornavam os detentos — com trabalhos melhores, alojamento mais seguro e mais privilégios — em troca de informações. Na cadeia, o delator era fraco, subjugado; dizia aos oficiais de segurança tudo o que eles queriam ouvir.

O seu sucesso no mercado ilegal geralmente dependia do trabalho que você realizava. Os trabalhadores da cozinha se saíam melhor porque podiam obter alimentos e utensílios, que sempre tinham muita demanda. Por trabalhar nos campos, eu não tinha nada para negociar. Sobrevivi porque minha mãe sempre me deixava algum dinheiro na conta quando me visitava. Era sempre muito difícil para minha mãe conseguir dinheiro extra para me visitar, mas ela aparecia quase todos os meses. Um homem em Nova Orleans tinha um ônibus que ele dirigia até Angola uma vez por semana para as famílias de prisioneiros que não tinham outro modo de chegar lá. A viagem de ida e volta custava US$12; crianças pagavam meia. Recebíamos as visitas em um salão cheio de mesas. Minha mãe nunca perguntou o que eu fiz na rua, então não conversávamos sobre o meu caso. Nunca contei a ela que uma das razões pelas quais fugi da penitenciária de Thibodaux era que ninguém me visitava e eu queria vê-la; queria estar em casa. Nunca falei que assumi a culpa pelo irmão de Peewee. Não conversávamos sobre coisas assim. Perguntei sobre a tia Gussie, sobre meus irmãos, amigos e pessoas da vizinhança, e ela me contou tudo que estava acontecendo. Eu sempre ficava feliz em vê-la e ela sempre ficava feliz em me ver. No final de sua primeira visita, nos abraçamos e ela prometeu levar meu irmão Michael, de 8 anos, e Violetta, que tinha 13 anos, na próxima vez.

Os prisioneiros não podiam carregar dinheiro, mas cada um tinha sua conta. Seu salário — dois centavos a hora — era depositado lá junto de qualquer dinheiro recebido de amigos e familiares. Tínhamos permissão para comprar até US$10 ou US$15 em vales por mês, que podiam ser usados no armazém da cadeia no lugar do dinheiro. Os vales, além dos cigarros, eram a moeda da prisão. Os homens livres preferiam receber em vales. Quando não dávamos, eles tomavam. Os vales vinham em um bloco e eram destacados quando usados no armazém. Os prisioneiros não podiam carregar vales soltos. Alguns homens livres revistavam detentos na passarela e confiscavam todos os vales soltos que encontravam e guardavam para si. Quando um guarda revistava alojamentos ou celas, embolsava todos os vales soltos. O regulamento da penitenciária proibia que os guardas tivessem vales, mas um homem livre podia puxar um maço de cinquenta vales do bolso para pagar por itens do armazém e ninguém nem piscava.

Uma das maiores dificuldades que tive nos primeiros meses em Angola foi me acostumar à mesmice de cada dia. Nossa rotina começava quando o alarme soava por volta das 5h. Nós nos vestíamos, lavávamos o rosto e as mãos e ficávamos na fila para tomar o café da manhã. Cada unidade era chamada ao refeitório separadamente. A Unidade Oak, onde ficavam os brancos, era sempre a primeira a ser chamada. Em seguida, as três unidades negras eram chamadas alternadamente. Havia dois guardas designados para cada unidade. Um entrava no refeitório com os presos; o outro ficava na guarita ou na passarela, direcionando o tráfego e mandando os presos continuarem andando. No refeitório, havia duas entradas: uma para brancos e uma para negros. Cada detento recebia uma colher ou um garfo e ficava em uma das filas nos corredores entre as fileiras de mesas para receber comida dos prisioneiros que a serviam por detrás dos balcões térmicos. Negros e brancos formavam filas separadas porque éramos chamados ao refeitório separadamente — os brancos eram servidos por detentos brancos — e nos sentávamos em mesas diferentes. Uma vez sentados, tínhamos quinze minutos para comer. Quando os homens livres apontavam para a sua mesa, todos os que estavam nela se levantavam e saíam, colocando tudo em uma caixa de plástico na porta, exceto o talher, que entregávamos a um homem livre que era vigiado por outro guarda. Dezenas de gatos se reuniam do lado de fora das portas de saída do refeitório e muitos prisioneiros, ao sair, jogavam para eles as sobras que guardavam nos bolsos. Todos os que trabalhariam no dia prestavam contas ao seu encarregado para que fossem contabilizados. Antes do almoço, todos voltávamos aos alojamentos para a contagem, depois íamos ao refeitório para a mesma rotina no almoço. E tudo se repetia no jantar.

Depois do jantar, normalmente podíamos ficar algum tempo no pátio, se quiséssemos. Às vezes havia uma noite de filme (uma noite para prisioneiros brancos, outra para os negros). Podíamos jogar futebol americano. Às vezes, os detentos brancos e negros jogavam uns contra os outros. Muitos caras voltavam para seus alojamentos e jogavam cartas ou assistiam à TV. Isso se repetia dia após dia. Era difícil se acostumar.

Os prisioneiros brancos faziam quase todo o trabalho administrativo em Angola naquela época. Os empregos de atendentes internos eram ocupados exclusivamente por detentos brancos. Eles também tinham a maioria dos empregos nas equipes de limpeza, nas oficinas mecânicas e nas atividades remuneradas: engenho de açúcar, fábrica de conservas e fábrica de placas de automóveis. Os detentos negros ficavam principalmente no campo, apresentando-se na entrada após o café da manhã para serem levados aos campos nas carrocerias de caminhões de dezoito rodas ou em longos vagões chamados "hootenannies", que eram puxados por tratores. Nosso trabalho no campo mudava com as estações. Plantávamos repolho, algodão, espinafre, quiabo, milho e outros vegetais. E os colhíamos quando estavam prontos. Não havia máquinas agrícolas para ajudar, e a maioria de nós não tinha luvas ou calçados adequados. A colheita do algodão era um dos piores trabalhos do campo; se não fosse feita de maneira adequada, cortávamos as mãos. Certa vez, estávamos limpando um pasto e eu encontrei um filhote de coelho trêmulo no meio do mato. Não consegui avistar sua mãe, provavelmente fora morta por prisioneiros antes de mim e já estava sendo preparada sobre uma fogueira na área mais elevada, onde se preparava café e comida para os encarregados. Eu o peguei e guardei no bolso para dar à minha irmã Violetta quando ela viesse me visitar da próxima vez com minha mãe. No alojamento, eu o mantive em uma caixa de sapatos debaixo da cama. Quando dei o coelhinho a Vi, ela o chamou de Coisa. Ele se tornou um animal de estimação amado e cresceu bastante morando na casa de minha mãe.

O trabalho mais difícil que já tive na vida foi o corte da cana-de-açúcar, a principal safra de Angola. Cortar cana era tão brutal que os prisioneiros pagavam para alguém quebrar suas mãos, pernas ou tornozelos, ou eles se cortavam durante a temporada de cana, para escapar. Havia veteranos em Angola que ganhavam um bom dinheiro quebrando ossos de detentos para que eles se livrassem do trabalho. Cortar cana era uma tarefa especialmente difícil no inverno, quando estava tão frio que não dava para sentir o próprio rosto. No final do dia, empilhávamos todos os facões de cortar cana um em cima do outro. Quando voltávamos na manhã seguinte, eles estavam congelados. Tínhamos que colocá-los ao lado de uma fogueira para separá-los.

Trabalhávamos lado a lado em grupos de quatro, chamados equipes. Os dois homens de dentro eram chamados de fileira interna, os dois de fora eram chamados de fileira externa. A cada passo, você se abaixava e agarrava um colmo de cana na parte inferior com uma das mãos e o golpeava com um facão. Esses longos facões afiados tinham cabos de madeira curtos e eram difíceis de segurar por muito tempo. Tínhamos que abaixar, golpear e levantar, a cada passo, repetidamente. A fileira interna devia ficar à frente da fileira externa para cortar um caminho central no qual a fileira externa pudesse colocar os colmos de cana cortados. Éramos forçados a seguir o mais rápido possível o tempo todo. A velocidade imposta é o que dificultava tudo. Os trabalhadores mais aptos e rápidos eram colocados no grupo que ia na frente. Todo o restante deveria acompanhá-los. Dentro de cada equipe, se a fileira externa não conseguisse acompanhar a interna, o encarregado ou o homem livre começava a xingar os prisioneiros. Alguns caras simplesmente não conseguiam acompanhar, não importa o quanto tentassem. Se não conseguiam acelerar, toda a equipe era responsabilizada com uma advertência por escrito. Na época da cana, trabalhávamos sete dias por semana. Era a safra mais lucrativa de Angola; plantávamos mais cana do que qualquer outra coisa.

Nunca me acostumei com o desrespeito verbal no campo: ser chamado de crioulo e ouvir constantemente "anda logo, moleque". Era insuportável, mas eu conseguia abstrair. No entanto, não permitia que um homem livre ou um guarda detento colocasse as mãos em mim. Um dia, o encarregado do campo agarrou meu braço e eu resisti, xingando-o. Ele chamou a patrulha e mandou que me levassem para o buraco. Um homem livre apareceu em uma viatura e me levou até a masmorra. Fui acusado de desobediência grave.

Naquela época, não achei que pudesse me chocar com nada, mas a brutalidade e a dor na masmorra eram piores do que qualquer coisa que eu já tinha visto. Havia quatro ou cinco homens em cada cela de 2m por 3m. Não havia beliche, mesa ou cadeira na cela, apenas um vaso sanitário e uma pia. Todos eram despojados de suas roupas e cuecas e recebiam um macacão para vestir. Ninguém tinha pertences. Cada prisioneiro recebia duas fatias de pão três vezes ao dia. Às 17h, um guarda colocava um colchão na cela. Às 5h, ele o retirava. Normalmente, um ou dois detentos administravam a cela. Em algumas celas, os mandachuvas pegavam o colchão para si a noite toda. Durante o tempo em que não havia colchão, eles tiravam o macacão de um colega de cela e faziam uma espécie de catre para se sentar, enquanto o outro era forçado a ficar nu.

Alguns homens quase morriam de fome porque os valentões encarregados pegavam seu pão. É difícil dizer o quanto os homens livres sabiam do abuso nas celas. Mas quando olhavam pela porta para fazer a contagem, não podiam deixar de notar que alguns dos homens nas celas não estavam usando seus macacões. As autoridades nunca fizeram nada para impedir.

Na minha cela, a primeira coisa que fiz foi deixar claro que ninguém queria os problemas que surgiriam se mexessem comigo. Minha reputação de lutador que não desiste talvez tenha me ajudado mais na masmorra do que em qualquer outro lugar da penitenciária. É mais fácil lutar na masmorra do que em uma cela normal. Não há beliche nem mesa protuberantes; há mais espaço. Quando o colchão foi entregue, sugeri que o dividíssemos e ninguém me desafiou. Nós o colocamos no meio para que todos pudessem encostar a cabeça nele, ou nos revezávamos para usá-lo. Ninguém roubou o pão de ninguém. Mesmo assim, a experiência de estar na masmorra foi puro sofrimento. Havia baratas e ratos. Não havia espaço. Estávamos completamente isolados. Não podíamos ligar para casa. A única maneira de sabermos o que estava acontecendo na penitenciária era se novos prisioneiros chegassem. Era doloroso sentar e deitar naquele concreto. Quadris, joelhos, costas — tudo doeria em um momento ou outro. A masmorra pode destruir cada fragmento da dignidade e de respeito próprio de um homem. As condições adversas eram tão dolorosas que homens fortes choravam. Acabavam derrotados.

O único modo de sair da masmorra era se o coronel, que era chefe da segurança de Angola, o deixasse sair quando fazia sua ronda. Ele aparecia todos os dias, carregando uma pilha de fichas com os nomes dos prisioneiros e o que cada um tinha feito para ser mandando para lá. Passava lentamente pelas filas. Era importante para o ego do coronel ter tanto controle sobre nossas vidas. Alguns prisioneiros permaneciam lá, "sob investigação", por 30, 45 ou 60 dias. Quando o viam, alguns homens imploravam para serem liberados com uma voz infantil, chorando: "Serei bom. Por favor, me deixe sair." Eu também estava sofrendo, mas era orgulhoso demais para demonstrar. Quando ele chegava à porta da minha cela, eu virava as costas e andava para o fundo, atrás de todos os outros. Fiquei na masmorra durante quinze dias.

Eu odiava a prisão, mas naqueles primeiros meses me adaptei a Angola. Poderia ter sido transferido depois de três meses e ido para DeQuincy, uma prisão para réus primários, mas nunca preenchi a papelada. Não queria ter que recomeçar. Já conhecia a rotina em Angola; estava sobrevivendo. Muitos prisioneiros criavam vínculos pelo lugar de onde vinham. Havia um grupo de Shreveport, um de Baton Rouge, um de Lafayette. Eu estava em um grupo de caras de Nova Orleans.

Tínhamos os fins de semana de folga do trabalho, exceto na época do corte da cana. No domingo, podíamos receber visitas. Depois do jantar, havia algum tempo livre e podíamos ficar na área externa, geralmente até o anoitecer. Jogávamos futebol americano e deitávamos no pátio. Quando os homens livres começavam a gritar: "Evacuem o pátio, hora da contagem, evacuem o pátio", todos nós voltávamos para nossos alojamentos. Quando a última contagem do dia terminava, o alarme soava e eles trancavam as portas. Se você não estivesse em seu alojamento, era levado para a masmorra.

Dentro do alojamento era um caos. As brigas começavam por um jogo de cartas. Vi caras sendo espancados e estuprados no alojamento. Eu ficava longe da violência. Às vezes assistia à TV, dependendo do que estava passando. Jogava dominó. Alguns prisioneiros usavam a religião para ter esperança por saberem que nunca seriam libertados. Eles se agrupavam à noite ao lado do beliche de alguém ou iam para o salão para discutir religião e ler a Bíblia. Nós os chamávamos de "Holy Rollers". Na maioria das vezes, os outros prisioneiros e eu relaxávamos, apenas conversávamos. Noventa e nove por cento do que dizíamos era mentira. Não tínhamos absolutamente nada do que nos orgulhar em nossas vidas reais.

O músico Charles Neville fazia parte do grupo de Nova Orleans. Ele costumava tatuar a galera. Naquela época, eu me orgulhava de ter um soco de direita bastante letal, então disse a ele que queria uma caveira com dois ossos em xis na parte interna do meu braço direito. Ele usou o método *handpoke*, mergulhando uma agulha enrolada em linha na tinta de uma caneta. Quando terminou, pedi que colocasse a palavra "MORTE" em letras maiúsculas em cima de tudo.

Mas sempre tive medo. Sempre. Estava longe de casa. Constantemente presenciava atos de violência, homens sendo estuprados, e convivia com o fato de que poderia ser eu em algum momento. Em fevereiro de 1966, uma semana antes do meu aniversário, já havia cumprido um terço da minha pena de 24 meses e era elegível para liberdade condicional. Não me lembro de ter sido questionado pelo conselho. Um homem livre levou a mim e outros prisioneiros que deveriam ser soltos até o portão da frente em um velho ônibus escolar. Quando atravessei o portão, não havia ninguém esperando por mim, então comecei a andar pela estrada de 42km que levava à rodovia. Peguei uma carona até a rodoviária de Baton Rouge e peguei o ônibus Greyhound para Nova Orleans. Eu não tinha propósito, direção ou objetivos, mas tinha sobrevivido a Angola. Acreditava ter sido um teste para minha força, prova da minha coragem. Ninguém mexeria comigo agora. Logo faria 19 anos e era durão, me convenci, porque isso era necessário para sobreviver nas ruas.

Capítulo 6

A Condicional e a Volta

Não tendo aprendido absolutamente nada na prisão, exceto como me tornar um predador melhor, continuei de onde parei quando cheguei em casa. Fui primeiro à casa de minha mãe. Pop Skeeter havia mudado minha mãe, meus irmãos e minha irmã de nossos dois quartos na casa de tia Gussie em North Villere para uma casa na Bertrand Street. Era arrumada e limpa, do jeito que minha mãe gostava. Minha mãe me acolheu e alimentou. Fiquei por algumas semanas, mas não consegui me acomodar. As rotinas da minha família se tornaram estranhas para mim. Minha mãe não tolerava minhas idas e vindas. Algumas noites, quando chegava em casa, a porta estava trancada e eu dormia na varanda dos fundos. Meus irmãos me pareciam jovens demais, e eram. Às vezes assistia ao *Jackie Gleason Show* na TV com eles. Eu era mais próximo de minha irmã, que tinha 14 anos. Ela acabara de começar a sair com meninos e eu me sentia muito protetor em relação a ela.

Não demorou muito para que eu fosse morar com meu velho amigo e parceiro de corres, Frank, e andávamos com nossos velhos amigos dos High Steppers. Os cartuchos se tornaram muito populares enquanto eu estava na prisão e todos tinham um toca-fitas de oito faixas instalado sob o painel de seus carros. Roubar cartuchos dos carros se tornou uma atividade muito lucrativa. Nós os pegávamos e vendíamos para um receptador ou diretamente para caras que tinham toca-fitas. Às vezes, vendíamos os cartuchos para um cara e depois arrombávamos seu carro, roubávamos os cartuchos de volta e vendíamos para outra pessoa. Quando conseguíamos, roubávamos os toca-fitas.

Enquanto estava em liberdade condicional, tive diferentes empregos. Por um tempo, fui porteiro de um hotel. Eles nos chamavam de vermelhinhos, porque usávamos chapéus vermelhos. Levávamos os hóspedes com as bagagens até os quartos, mostrávamos como ligar e desligar o ar-condicionado e verificávamos se havia toalhas suficientes. Eu estava lá há mais ou menos um mês quando o hotel contratou uma nova recepcionista, uma jovem branca que nos chamava de "rapazes" em vez de vermelhinhos. Ela chamava um de nós e dizia aos hóspedes: "Este rapaz o levará até o quarto." Pedi a ela que não se referisse a mim como rapaz e disse que éramos chamados de vermelhinhos pela gerência, mas ela não parou. Fui até o gerente, um cara branco e jovem, e disse a ele que a nova recepcionista contratada ficava se referindo aos vermelhinhos como rapazes para os hóspedes. Pedi a ele para que falasse com ela e lhe dissesse para parar de nos chamar assim. Ele disse que o faria.

No dia seguinte, quando ela me chamou para levar um casal até o quarto, novamente me chamou de rapaz. "Eu já disse que não sou rapaz", gritei. "Eu sou um homem, porra. Leve eles para o quarto você mesma, sua filha da puta." E me afastei. O gerente me chamou e disse que eu não podia falar assim com ela e eu lhe disse para pegar no meu pau. Ele me despediu. Não dei a mínima, afinal, só estava trabalhando lá porque roubava lençóis, fronhas, cobertores, colchas e travesseiros e os vendia pela vizinhança. Se conseguisse levar os colchões, teria levado. Era um dos meus corres. Era uma forma de sobreviver, de ajudar a colocar comida na mesa e ajudar minha mãe a pagar o aluguel e comprar roupas para mim, meus irmãos e irmã. A única coisa que me chateou em ser demitido foi que eu acabara de descobrir como desatarraxar as TVs.

Depois disso, consegui um emprego como motorista em uma concessionária de automóveis. Meu trabalho era pegar os carros que precisavam de conserto, levá-los à concessionária e entregá-los prontos aos donos. A concessionária tinha um carro bem pequeno que podia ser acoplado a um carro de tamanho normal para que eu pudesse dirigir até um cliente ou voltar à concessionária após a entrega do veículo. Certa noite, na hora de fechar, o gerente me pediu para entregar um último carro a um cliente. Como estávamos fechando, ele me disse para levar o carro pequeno para casa depois da entrega e só devolvê-lo na manhã seguinte quando fosse trabalhar.

Naquela noite, minha irmã Violetta me ligou de um telefone público dizendo que um cara no cinema estava assediando ela e a amiga. Eu lhe disse para ficar lá dentro que eu iria buscá-la. Dirigi o carro da concessionária até o cinema. Quando cheguei lá, a amiga já havia ido embora com o pai, mas Vi estava lá e, quando me viu, entrou correndo no carro. Estávamos a alguns quarteirões da casa da minha mãe quando parei em uma placa de pare ao lado da rampa de saída para a autoestrada I-10. Um carro da polícia com quatro detetives estava estacionado sob o viaduto. Eles me fizeram um sinal para encostar, me separaram de minha irmã e nos levaram para a delegacia debaixo da ponte, depois me interrogaram, perguntando onde eu conseguira o carro. Contei a história e eles ligaram para o meu supervisor.

Meu supervisor corroborou minha história, mas disse que não me deu permissão para dirigir o carro naquela noite. Os policiais desligaram e me acusaram de roubo de carro. Eu disse: "Cara, você sabe que eu não roubei o carro. Eu não estava passeando. Sei que você falou com a minha irmã, ela pode confirmar, acabei de buscá-la." Não havia nada que eu pudesse fazer. O que mais doeu foi ter feito um favor ao meu supervisor e ele me apunhalar pelas costas. Vi ligou para minha mãe ir buscá-la. Eles me levaram da delegacia para a Penitenciária do Distrito de Orleans. A fiança foi fixada em US$100, mas meu oficial de condicional me deteve para que eu não pudesse sair sob fiança. Fiquei na Penitenciária do Distrito de Orleans por cerca de seis meses antes de ir a juízo. O promotor me ofereceu um acordo, diminuindo a acusação de roubo de carro para "uso não autorizado de um veículo" com crédito pelo tempo cumprido. Eu me declarei culpado, mas não fui libertado. Visto que o uso não autorizado de um veículo era uma violação da liberdade condicional, eu deveria ser mandado de volta a Angola para terminar minha pena original.

No dia anterior à minha partida, briguei com outro prisioneiro na penitenciária. Dei um soco na boca dele. Quando acabou, não percebi que um de seus dentes ficou cravado no meu punho. Na manhã seguinte, minha mão estava o triplo do tamanho de tão inchada. Como os funcionários da penitenciária sabiam que eu seria transferido, não me levaram para o hospital, me deixaram na sala de espera no andar inferior. Quando cheguei a Angola, minha mão estava verde e eu estava com febre. Um capitão do Centro de Recepção me olhou e me mandou para o hospital. Naquela época, o único médico do hospital da penitenciária era um detento, um médico branco preso por assassinar a esposa. Eles o chamavam de enfermeiro. Eu provavelmente teria perdido a mão se ele não tivesse me tratado. Ele drenou meu punho, me deu antibióticos e me manteve no hospital por quatro dias para se certificar de que toda a infecção tinha desaparecido antes de me mandar de volta para o alojamento do Centro de Recepção. Quando recebi alta, ele enfaixou minha mão e me deu o status de "impossibilitado de trabalhar", o que significava que eu não precisava trabalhar até que minha mão sarasse.

A caminho do alojamento, parei para comer no refeitório. Eu estava na fila do rango quando um guarda detento branco, que todos chamavam de Crioulo Miles, me encarou. Ganhou esse apelido porque chamava todo prisioneiro negro de "crioulo". Ele era enorme. Veio até mim e me perguntou por que eu não estava no trabalho, e eu lhe disse que estava impossibilitado por causa da mão. Ele disse algo parecido com: "Bem, tem um crioulo no campo que só tem um braço, por que você é melhor do que ele?" Respondi: "Eu tô pouco me lixando se tem um caolho com um braço só no campo, meu status é de impossibilitado. Não vou para o campo." Ele disse que depois de comer eu iria para o campo, e eu disse que não iria para o campo porra nenhuma. Ele era um guarda detento. Eu sabia que ele não tinha autoridade para anular meu status de impossibilitado. Ele ordenou que eu ficasse perto da porta do lado de fora do refeitório que levava a um banheiro usado pelos seguranças. Lá também se guardavam vassouras e esfregões usados na limpeza por detentos auxiliares.

Fui até a porta e quatro ou cinco guardas detentos brancos vieram até mim. Apontaram para alguns respingos de comida no chão que haviam caído das bandejas levadas para os prisioneiros no Corredor da Morte, que ficava ao lado do CR. Um dos guardas detentos me disse para limpar a sujeira do chão. Outro me disse para ir ao banheiro pegar o esfregão. Esse era o trabalho de um auxiliar, coisa que eu não era. Eu me recusei. Novamente me mandaram ir até o banheiro. Eu sabia o que estava prestes a acontecer, então me preparei enquanto me movia em direção ao banheiro. Em vez de entrar, me virei e comecei a dar socos. Berrei e gritei para que os prisioneiros no refeitório me ouvissem. Quando outros prisioneiros começaram a chegar, um capitão apareceu e separou a briga. Enviaram-me para o hospital porque minha mão estava sangrando. Depois que me enfaixaram, me colocaram no Red Hat, o pior e mais antigo bloco de celas de Angola. Construído na década de 1930, o Red Hat recebeu esse nome porque, antigamente, os presos desse bloco usavam chapéus de palha marcados com tinta vermelha para que pudessem ser identificados quando trabalhassem no campo. Nos anos 1970, ninguém no Red Hat trabalhava; era uma masmorra. No início dessa mesma década, foi permanentemente fechado por funcionários federais por ser uma câmara de horrores; anos depois, foi incorporado a um museu no terreno da penitenciária.

A CONDICIONAL E A VOLTA

No Red Hat, era possível ficar de pé no meio da cela e tocar as paredes à sua volta. As celas tinham 1m de largura por 1,80m de comprimento. O teto era baixo. A porta era de aço maciço até a metade, com barras que vinham do teto até a altura da cintura. O beliche era de concreto. Não havia colchão. Havia um vaso sanitário na cela, mas eles mantinham o registro de água fechado, então não funcionava. Era preciso usar um balde que ficava no canto e só podia ser esvaziado quando você fosse liberado para tomar banho a cada poucos dias. Eles queriam que você sentisse o fedor dos seus próprios excrementos enquanto comia. Todos os prisioneiros do Red Hat recebiam a mesma comida, que equivalia a uma lavagem. A cela era sufocante, quente, escura; um caixão. Havia animais e insetos daninhos. Eu estava sempre com sede. Nunca sabíamos quando eles viriam nos buscar para tomar banho. Deitei no beliche de concreto. Fiquei de pé sobre ele. Eu me mexia muito para ficar calmo. Fazia flexões e polichinelos. Fazia mil flexões; depois fazia mais. Ficava na porta da minha cela e chamava os prisioneiros nas outras celas; nós conversávamos. A noite chegava, depois amanhecia e anoitecia outra vez. As condições no Red Hat eram um teste, disse a mim mesmo. Minha raiva, meu ódio, o calor, o fedor, a sujeira, os ratos e a pressão me transformaram em algo novo. Quando o homem livre veio me liberar, o encarei em tom de desafio. Ele me levou de volta ao Centro de Recepção depois de passar dez dias em Red Hat.

Não houve nada de diferente na minha segunda vez em Angola. Fui designado ao mesmo alojamento do lado com privilégios, Cypress 1. Recebi o mesmo trabalho de campo. Eu conhecia a rotina, o pensamento. Eu tinha 100% de confiança de que não precisaria me preocupar em ser coagido, estuprado ou "pagar imposto", isto é, pagar para que alguém não intimidasse ou batesse em você ou tomasse seus bens pessoais. Todos sabiam quem era Fox e que não deveriam mexer comigo. Quando desci a passarela no dia de carne nova, quatro ou cinco caras me cumprimentaram como amigo. Desta vez, quando coloquei minhas coisas no beliche antes de ser levado até o almoxarifado, não tive que pedir a ninguém para ficar de olho. Minhas coisas ainda estavam lá quando voltei, como eu sabia que estariam.

Eu convivia muito com os mesmos prisioneiros, ouvia as mesmas histórias. Não falava muito. Quando falava, mentia, tentando criar uma aura de "durão" em que realmente não acreditava. Na prisão, nunca falamos sobre o que fomos acusados, mas sobre todo o resto. Diversas vezes. De várias formas. Em diferentes versões. O que (supostamente) fizemos, o que fizeram conosco, o que faríamos ao sair.

Os detentos se gabavam de seus corres. Se você roubou pessoas na rua com uma arma, era um mestre assaltante. Se roubou traficantes de drogas, era um mestre do roubo. Chamávamos os ladrões de lojas de "afanadores profissionais". Havia golpistas, ladrões de banco, ladrões de carros, traficantes de drogas, cafetões. As histórias na prisão são devaneios sem fim, descritas em detalhes e — nos alojamentos escuros — contadas na fluidez e no ritmo do ebonics [inglês vernáculo afro-americano]. A beleza do ebonics é que ele é muito específico e está sempre em evolução, assim como nossas histórias na cadeia.

Na prisão, fazemos parte de um rebanho humano. Nele, só existe a sobrevivência do mais apto. Nós nos tornamos instintivos, não intelectuais. É aí que está o segredo do controle do mestre. Em um momento, você é tratado como um bebê, recebendo uma colher para comer ou sendo informado sobre onde ficar. Em seguida, com total indiferença, você é contado várias vezes ao dia — não tem escolha, não tem privacidade. No momento seguinte, é ameaçado, pressionado, testado. Desenvolve um sexto sentido para sobreviver, instintos para ajudá-lo a avaliar o que acontece ao seu redor o tempo todo e ajudá-lo a fazer todos os ajustes internos necessários para reagir quando precisar salvar sua vida, mas nunca antes. Agir na hora errada pode fazê-lo perder a vida.

Depois de construir sua reputação, era preciso fazer o que fosse necessário para mantê-la; você acaba fazendo coisas que não quer porque esperam que você as faça. Eu ficava quieto o máximo que podia e tentava me encaixar no contexto geral e desempenhar meu papel. Sabia que minha sobrevivência dependia da minha habilidade de reagir de forma violenta se necessário. Mas, por algum milagre, talvez pelo amor de minha mãe, não perdi totalmente minha humanidade. Sempre tive uma postura agressiva, mas também sabia que eu não era assim.

Naquela época, se você não tivesse sido sentenciado à prisão perpétua, só precisava cumprir metade da pena; isso era chamado de "dois por um", o sistema do "bom comportamento". A cada dia que você passava na prisão e não se metia em problemas, era como se tivesse cumprido dois dias. Na minha primeira vez em Angola, cumpri oito meses — um terço da minha pena — antes de sair em condicional. Quando voltei depois de violar a condicional, meu tempo por "bom comportamento" foi recalculado; tive que cumprir metade dos meus dezesseis meses restantes. Após oito meses, fui libertado no dia 31 de agosto de 1967.

Capítulo 7

Mestre Assaltante

Eles me deram uma passagem de ônibus e US$10 no portão da frente. Ainda usando roupas da penitenciária, peguei uma carona em um caminhão de dezoito rodas cheio de produtos agrícolas indo de Angola para Baton Rouge. Depois, peguei um ônibus Greyhound para Nova Orleans. Da primeira vez que saí de Angola fiquei orgulhoso por ter sobrevivido. Desta vez eu estava entorpecido. Quando voltei, não fui imediatamente para casa ver minha mãe. Procurei Frank. Restou praticamente só nós dois. Os High Steppers haviam acabado há muito tempo. Nunca mais falamos sobre nossa velha gangue. A maioria dos caras havia se mudado ou estava na prisão. Frank era meu único parceiro de corre. Não fiquei com minha família, mas via minha mãe quase todos os dias, quando passava em casa. Ela era uma ótima cozinheira e sempre tinha feijão vermelho com arroz e joelho de porco ou outros pratos no fogão para quem aparecesse. Ela sabia que eu infringia a lei, mas não fazia perguntas. Nós simplesmente aproveitávamos a companhia um do outro. Eu gostava de ouvir suas histórias; tínhamos boas conversas. Ela se orgulhava da minha inteligência. "Rapaz, enquanto todos estão na segunda-feira você já está na sexta", dizia. Também mantive contato com a tia Gussie. Ela trabalhou descarregando barcaças no Rio Mississippi durante anos.

A Sixth Ward não mudara. Ainda era pobre, mas a vida seguiu. Crianças jogavam bola na rua, algumas descalças, respondendo a vozes que as chamavam para jantar. Eu conseguia me lembrar vagamente de tempos mais inocentes: dançar na rua atrás de uma banda de segunda linha após um funeral; recolher tampas de garrafas para ver filmes; caçar pombos para um velho chamado Reb, que morava na vizinhança — ele costumava nos pagar 25 centavos para cada pombo que levávamos para ele. Escalávamos tudo para apanhar aqueles pombos, os telhados e sob as vigas, ao redor da claraboia de um banco.

No banco, deitávamos na claraboia de vidro e observávamos os pássaros lá dentro voando abaixo de nós. Nunca nos ocorreu que poderíamos entrar no banco da mesma forma que os pombos faziam e nos fartar com o dinheiro nas gavetas dos caixas. Nunca nos ocorreu que Reb provavelmente comesse os pombos que levávamos para ele, mas era o que fazia.

À noite, eu arrombava casas e levava tudo o que pudesse carregar e que achasse que conseguiria negociar. Rádios, TVs, aparelhos de som, roupas boas. Se tivesse sorte, haveria joias ou dinheiro pela casa. Às vezes roubávamos um carro para usar durante a noite, para que pudéssemos levar tudo rapidamente para nosso receptador. Deixávamos o carro perto de onde o pegamos. Outras vezes, os roubávamos e levávamos a um desmanche para vender as peças.

Nunca fumei. Quando eu tinha 14 ou 15 anos, acidentalmente fiquei muito bêbado em um baile; não sabia que a 7-Up que bebia estava batizada com vodca. Fiquei tão mal que desmaiei e vomitei durante dois dias, até mesmo em um suéter novo que minha mãe tinha acabado de comprar para mim. Eu me senti muito mal por estragar aquele suéter. Nunca mais toquei em álcool. Quando eu tinha 20 anos, logo depois de sair de Angola pela segunda vez, deixei um cara com quem eu costumava fazer corres, chamado Leroy, me dar minha primeira dose de heroína. Eu não queria — de vez em quando tomava uns comprimidos, mas nunca usei drogas viciantes e não queria começar. Eu estava na casa dele quando ele estava injetando e começou a me provocar, dizendo que eu não aguentaria. Falei: "Que merda, eu aguento, me dê um pouco." O barato das primeiras vezes em que injetei heroína foi a melhor sensação que já tive. Mas em algum momento, parei de ter aquela sensação maravilhosa e comecei a injetar para não ficar mal.

No começo, eu era um usuário de fim de semana. Achei que estava lidando bem com a droga porque nunca ficava mal durante a semana. Então fui preso por alguma coisa e, enquanto estava na Penitenciária do Distrito de Orleans, meu nariz começou a escorrer e eu tive cãibras. Um amigo do bloco me disse: "Cara, você é dependente." Eu neguei. Ele falou: "Eu sei como é a abstinência."

Fiquei tão mal que fui levado para o Charity Hospital. Ouvi o guarda dizer ao médico que eu era um viciado imprestável. Eles me deram uma injeção para a náusea e eu deveria voltar para tomar uma injeção todos os dias, mas não me levaram mais ao hospital. Larguei a dependência na cadeia. Quando me livrei da acusação e fui solto, voltei a me picar. Foi assim que eu soube que era viciado. Eu não estava chapando, injetava para ser normal, para funcionar. Nas ruas de Nova Orleans, comprávamos um papelote de heroína misturada por US$12. Alguém me contou que poderíamos conseguir heroína pura por US$2 o papelote em Nova York, então, em 1968, comecei a dirigir para Nova York com um amigo para comprar drogas. Nós as comprávamos no Harlem e às vezes injetávamos no Central Park. Levávamos o resto embora conosco.

Uma noite, arrombei um carro e estava vasculhando o porta-luvas quando encontrei uma arma. Eu a encarei em minhas mãos, coloquei-a na cintura e me afastei rapidamente do carro. Um novo sentimento tomou conta de mim, uma confiança que nunca sentira na vida. Imaginei que minhas chances de sobrevivência tinham aumentado 100%. A ironia e a estupidez disso tudo era que eu não tinha ideia do que fazer com ela. Nunca tinha disparado uma arma na vida. Não disse nada a ninguém por semanas. Eu a mantinha escondida embaixo da camisa. Uma noite, me aproximei por trás de um cara na rua, tirei a arma da minha cintura e apontei para sua cabeça. Gritei: "Me dá seu dinheiro, filho da puta!" Eu estava muito nervoso, mas tentando não transparecer. Depois de um tempo, isso se tornou normal, como tudo o que a gente faz. Quando precisava de dinheiro, saía e pegava de uma pessoa que estava andando pela rua. Eu era um mestre assaltante. Depois passei a roubar traficantes de drogas. Ia até eles no beco ou na esquina onde vendiam e os obrigava a me levar para onde escondiam seus estoques, ou ia até a casa deles e os ameaçava. Eu era um mestre do roubo.

Depois de mais ou menos um ano viciado em heroína, não queria mais ficar chapado. Minha namorada na época se chamava Slim. Pedi a ela que me ajudasse a me livrar das drogas. Compramos mantimentos e fomos para o nosso apartamento. Eu a avisei que ia ficar mal, vomitar e cagar nas calças, mas que não importava o quanto eu ficasse mal, o que eu dissesse a ela ou o que eu fizesse, ela não deveria me deixar sair do apartamento. Eu disse: "Estou falando sério, Slim, não importa o que eu diga, não importa o que eu faça, não me deixe sair. Faça o que precisar para me impedir de sair." Ela prometeu.

Depois de algumas horas eu estava suando, fedendo, passando mal. É claro que mudei de ideia. Tentei sair. Falei para ela me deixar ir. Mas Slim foi fiel à sua palavra. Na semana seguinte, brigamos e nos atracamos no chão, na cama, por todo o apartamento. Ela se manteve firme. Quando eu estava fraco demais para brigar, fiz com que ela se sentisse culpada, como o merdinha nojento e lamentável que eu era. Disse que, se ela me amasse, não me deixaria sofrer. Falei tudo o que conseguia pensar para fazê-la sentir pena de mim. Ela não cedeu. Finalmente, comecei a ter apetite. Slim me deu leite morno e canja de galinha. Vomitei tudo. Meu estômago estava muito dolorido e sensível para me deixar comer. Meus ossos doíam. Em mais ou menos duas semanas, pouco a pouco passei a me sentir melhor. Depois disso, nunca mais toquei em drogas.

Escrever sobre essa época da minha vida é muito difícil. Roubei pessoas, as assustei, ameacei, intimidei. Roubei de pessoas que não tinham quase nada. Meu povo. Pessoas negras. Invadi suas casas e peguei bens pelos quais trabalharam arduamente; tirei as carteiras de seus bolsos. Bati nelas. Eu era um porco chauvinista. Eu me aproveitei das pessoas, as manipulei. Nunca pensei na dor que causava. Nunca senti o medo ou o desespero que as pessoas sentiam perto de mim. Quando recordo, percebo que a única conexão humana real que tive naquela época vinha de minhas visitas com minha mãe e as horas que passei em sua casa com minha família, mas eu não pensava assim. Sua casa não era nada mais do que uma parada para descansar. Eu só pensava em mim mesmo. No ano e meio após ter sido libertado de Angola pela segunda vez, de agosto de 1967 a fevereiro de 1969, eu entrava e saía da prisão. Por contravenções, como furto em lojas ou multas de trânsito, eu era levado para a Casa de Custódia, que chamávamos de Casa de Cu. Por acusações de roubo e agressão, eu era levado para a Penitenciária do Distrito de Orleans.

    Cada vez que ia para a prisão distrital era pior do que a anterior. Era extremamente superlotada, imunda e perigosa. Eu não era um valentão, mas nunca recuava, então me envolvi em muitas brigas. Certa vez, para me punir e "me colocar no meu lugar", os oficiais da prisão me colocaram no C-1, um bloco que abrigava prisioneiros gays, delatores e outros prisioneiros que pediam para mudar de bloco por medo. Os oficiais estavam tentando macular minha reputação de "bad boy", dar a impressão de que eu era um alcaguete ou que alguém havia me amedrontado. As janelas eram vedadas do lado de fora com placas de metal porque o bloco ficava no 1º andar. Havia quatro beliches em cada cela, quinze celas de cada lado do corredor. Durante o dia, as portas das celas ficavam abertas e podíamos ir até um cercado no final do corredor chamado de salão ou ficar na cela. À noite, éramos trancados em nossas celas. O bloco era sufocante e nada higiênico, nunca era limpo. Quando alguém apareceu para limpar o bloco depois de algumas semanas, não fez nada mais do que empurrar a sujeira de um lado para o outro com um esfregão e um balde de água suja. A comida era intragável. O ar era tão ruim que era difícil de respirar.

Pior ainda, eu acreditava que, quanto mais tempo eu ficasse por lá, mais isso prejudicaria minha reputação. Algumas pessoas poderiam começar a pensar que eu era um covarde. Tudo o que um detento tem é sua reputação e sua palavra. Como forma de protesto e para fugir do calor e da sujeira, alguns presos começaram a falar em se cortar. Eu não queria me juntar a eles, mas decidi fazê-lo. Isso poderia me tirar de lá. Talvez com mais do que alguns prisioneiros no hospital ao mesmo tempo, alguém fizesse alguma coisa para nos ajudar. Escrevi um bilhete em um pedaço de papel para minha mãe, dizendo que estava no hospital, e coloquei seu número de telefone nele. Dobrei o papel com duas moedas de cinco centavos dentro e enfiei na cinta.

Vários detentos se cortaram. Cortei meu braço direito e meu pulso esquerdo com uma lâmina de barbear. Naquela época, não existiam barbeadores descartáveis, então eles eram distribuídos, usados pelos prisioneiros e devolvidos aos seguranças. Sempre verificavam se as lâminas ainda estavam nos barbeadores quando eles eram devolvidos, mas de uma forma ou de outra as lâminas podiam ser adquiridas no mercado ilegal dentro da prisão. Cerca de oito ou dez de nós se cortaram. Um prisioneiro gritou para os guardas e eles entraram, xingando, e nos deram toalhas para enrolar os ferimentos. Antes de nos algemarem, peguei o bilhete na mão e, quando chegamos ao hospital, o entreguei a alguns negros que estavam de pé perto da mesa de recepção; um deles pegou meu bilhete e ligou para minha mãe.

Como ela morava a uma curta distância do Charity Hospital, chegou em cerca de 15 minutos com meus irmãos e minha irmã. Tentei falar com ela e lhe contar sobre as péssimas condições do C-1, mas os guardas que nos levaram até lá pediram que se afastasse. Por cima dos ombros de um guarda, pedi que ela ligasse para a prisão no dia seguinte e relatasse o que estava acontecendo, mas não adiantou muito. Depois que a equipe do hospital suturou nossos ferimentos e nos enfaixou, eles nos mandaram de volta para a penitenciária distrital e fomos colocados no mesmo bloco, C-1. Cortar os braços foi um ato inútil.

Nada mudou. Fiquei lá por mais alguns meses, aguardando a decisão sobre uma acusação de roubo, quando fui solto para dar lugar a outros prisioneiros. Era uma prática comum na época — e é até hoje — que a promotoria mantivesse prisioneiros com casos fracos, ou até mesmo inexistentes, na prisão para que se desesperassem, na esperança de que se declarassem culpados. Porém, se precisassem de espaço durante esse período para novos detentos, eles reexaminavam esses casos e soltavam todos que achavam que não conseguiriam condenar. Lembro-me de ter ficado muito aliviado quando me livrei da acusação e voltei para a rua. Achei que estava livre.

Capítulo 8

Tony's Green Room

Depois de roubar pessoas nas ruas e traficantes de drogas, comecei a roubar bares e mercearias durante o horário de expediente. Entrava em um bar, apontava a arma para o barman ou alguém sentado no bar e gritava: "Ninguém se mexe, filhos da puta. Mato vocês." Gritava para que todos colocassem carteiras e relógios em um saco de papel ou fronha. Mandava que se deitassem no chão e saía correndo. Isso se transformou no meu trabalho; era o meu corre, uma forma de me sustentar, me encaixar e manter minha reputação.

Dava à minha mãe um pouco do dinheiro que roubava, mas gastava a maior parte em besteiras. Nunca gostei de joias, mas costumava me vestir bem. Certa vez, troquei uma van cheia de cigarros que obtive em um assalto por um Thunderbird 1963 vermelho e branco e algum dinheiro de um de meus receptores que tinha uma concessionária de carros usados. Eu gostava do meu Thunderbird, mas adorava Corvettes. Acontece que minha vizinha tinha um Corvette 1963 e adorava Thunderbirds. Às vezes trocávamos de carros.

Nunca estuprei ninguém, mas fui acusado de estupro duas vezes. A primeira foi porque eu me meti com uma mulher casada. O marido dela descobriu e, para se vingar de mim, obrigou-a a mentir para a polícia e dizer que eu a estuprara. Como não havia provas e a mulher mudou sua história diversas vezes, a promotoria reduziu a acusação de estupro para lesão corporal qualificada. Eu me declarei culpado para evitar ficar na Penitenciária do Distrito de Orleans por dois ou três anos à espera do julgamento. Fui condenado a dezoito meses na prisão distrital, mas já estava lá há nove meses, então fui solto pelo programa dois por um.

A segunda vez que fui acusado de estupro foi em um caso de "limpeza dos registros" da polícia. Fui preso por uma acusação — assalto à mão armada —, mas quando me prenderam, a polícia me acusou de todos os roubos, furtos e acusações de estupro não resolvidos que tinham. Chamávamos isso de limpeza dos registros. Era uma prática comum da polícia naquela época e continua sendo hoje. Todos sabiam. Para a polícia, não importava se o promotor conseguiria fazer a denúncia ou não. Ela só queria limpar seus registros. A promotoria não se importava; podia usar as acusações adicionais para intimidar e pressionar os acusados a aceitar acordos judiciais em vez de ir a julgamento. Homens inocentes sempre faziam acordos judiciais e iam para a prisão em vez de ficarem na penitenciária distrital por dois anos ou mais esperando o julgamento.

Na noite em que fizeram a limpeza de registros comigo, eu tinha sido preso por um assalto à mão armada. No dia 13 de fevereiro de 1969, Frank, um amigo nosso chamado James e eu saímos do apartamento de Frank, viramos a esquina e fomos roubar o Tony's Green Room. Alguém do lado de fora nos viu entrar segurando armas e chamou a polícia. No meio do assalto, a polícia entrou e começou a atirar. Escutei Frank gritar, fora baleado no rosto. Com toda a agitação, escondi minha arma e fingi ser um cliente. Quando a polícia falou para evacuarem o local, eu saí pela porta e fui para casa.

A namorada de Frank, sem saber que eu estivera com ele, me ligou, aflita, pedindo para que fosse com ela ao hospital. Ela me disse que Frank tinha levado um tiro. Corri para a casa dela a pé porque deixei meu Thunderbird na frente do prédio de Frank. No caminho, bolei um plano para ir com ela ao hospital, descobrir onde Frank estava e voltar mais tarde para libertá-lo. Entrei no apartamento para buscá-la. Saímos e fomos até o carro. Quando abri a porta, a polícia saiu correndo de trás de carros estacionados e de um beco com as armas em punho. James tinha fornecido meu nome e a descrição do meu carro à polícia. Depois de me prender, nos levaram de volta ao apartamento da namorada de Frank. Eles me colocaram no quarto e ela na cozinha. Enquanto alguns deles me batiam e chutavam no quarto, pude ouvir os outros na cozinha ameaçando tomar os filhos dela e perguntando o que ela sabia sobre o assalto. Ela chorava e dizia que não sabia de nada.

A polícia me levou para a delegacia central. No andar de cima, me colocaram em uma sala e me interrogaram sobre o assalto. Neguei saber qualquer coisa sobre o assunto e contei uma história de que estava lá apenas para ajudar a namorada de Frank a chegar ao hospital. Havia quatro ou cinco detetives na sala. Primeiro, um deles me bateu na cabeça com um grande livro de couro. Depois de levar várias pancadas na cabeça enquanto continuava a negar tudo sobre o assunto, um dos detetives veio por trás de mim e colocou um saco plástico em volta da minha cabeça, torcendo-o no final para que nada de ar entrasse. Quando estava quase desmaiando, eles tiraram o saco. Depois de fazer isso várias vezes, eles me cercaram, me levantaram e me bateram por todo o corpo e entre as pernas. Apesar de estar com muita dor, ainda neguei saber qualquer coisa sobre o assalto. No dia seguinte fui transferido para a penitenciária distrital e foi quando descobri que havia sido acusado de assalto à mão armada e outras coisas, incluindo furto e vários estupros.

O promotor retirou todas as acusações contra mim por falta de provas, exceto o assalto à mão armada ao Tony's Green Room. No entanto, todas aquelas outras acusações falsas permaneceram na minha ficha. Com o passar dos anos, pensei em pedir que os excluíssem, mas continuei adiando. Essa decisão me assombraria décadas depois. Ofereceram-me um acordo pelo roubo no Tony's Green Room. Se eu me declarasse culpado, pegaria quinze anos, mas teria que cumprir apenas a metade — sete anos e meio. Não aceitei. Sabia que estaria correndo um risco se aguardasse um julgamento. Os juízes eram conhecidos por adicionar mais tempo à sentença de homens considerados culpados, para desencorajar outros homens de irem a julgamento. Mas eu não queria voltar a Angola por um ano, muito menos sete e meio. Se houvesse uma chance de não ir, eu queria aproveitar. Encontrei com o defensor público que me representou apenas uma vez antes do meu julgamento. Fui considerado culpado.

Depois disso, a promotoria me acusou como criminoso habitual, o que significava que poderiam aumentar minha pena. O estado da Louisiana aprovou uma das primeiras leis dos "três strikes" do país, exceto que na cidade de Nova Orleans estava mais para "um strike, dançou" nos termos da lei do criminoso habitual. Se você tivesse pelo menos uma condenação por crime em Nova Orleans e fosse acusado novamente e considerado culpado, sua pena poderia ser aumentada até prisão perpétua, mesmo em caso de crimes não violentos. Eu sabia quando fui sentenciado que seria "largado na cadeia para sempre", como chamávamos.

Capítulo 9

Fuga

Durante meu julgamento e depois de ser considerado culpado, fui detido na Penitenciária do Distrito de Orleans em um bloco com um velho amigo que estava prestes a sair. Ele me ajudou a bolar um plano de fuga. A sala do fórum onde eu deveria ser sentenciado, chamada Section B, era uma sala acrescentada à parte de cima do fórum por causa da superlotação. O elevador não chegava lá; era preciso subir um lance de escadas. Meu amigo já conhecia o local e me disse que poderia se vestir como um advogado, entrar e deixar uma arma no banheiro para mim. O banheiro ficava nos fundos do fórum, onde os prisioneiros eram mantidos.

No dia da sentença, 9 de outubro de 1969, enfaixei meu pulso direito para fazer parecer que estava machucado e pedi ao guarda que não me algemasse naquele pulso "dolorido". Ele algemou pelo pulso esquerdo e me colocou no final da fila de prisioneiros que estavam algemados uns aos outros. Minha mão direita ficou livre. Meu amigo se vestiu de terno e gravata naquela manhã e, carregando uma maleta, não teve problemas para entrar no fórum e seguir para o terceiro andar. Eu estava sentado com os outros prisioneiros quando o vi entrar na sala dos fundos e no banheiro. Depois que o vi sair, falei ao xerife que precisava usar o banheiro, então ele me tirou da fila de prisioneiros e me acompanhou até lá. Eu estava nervoso, mas tive semanas para pensar nesse momento. Sabia que era hora do tudo ou nada. Dentro do banheiro, abri o porta-toalhas de papel. Meu amigo tinha deixado uma maldita Luger alemã lá dentro. Eu esperava uma arma pequena e fácil de esconder. Enfiei a Luger na cintura da calça e abri a porta. Achei que a arma escorregaria pela frente das minhas calças a qualquer momento enquanto voltava para o meu lugar e era algemado na fila de prisioneiros.

Um por um, os prisioneiros do meu grupo eram soltos para comparecer perante o juiz, depois eram trazidos e algemados novamente. Quando chegou a minha vez, fiquei diante do juiz com a arma escondida nas calças e escutei, com as mãos esticadas ao lado do corpo, enquanto ele me insultava. Ele me chamou de animal e me sentenciou a cinquenta anos. De volta ao meu lugar, fui novamente algemado ao fim da fila. Descemos em fila um pequeno lance de escadas até o elevador, seguidos por um policial.

Quando as portas do elevador se abriram no segundo andar, todos nós entramos. Um policial desarmado estava sentado ao lado do painel de controle. Assim que as portas se fecharam, puxei a arma da cintura com a mão livre e segurei contra sua cabeça. Falei para manter as portas fechadas e nos levar para o porão ou eu atiraria nele. Não era a minha intenção, mas foi o que eu disse. Mandei o outro policial soltar minha algema e usá-la nele e no operador do elevador para prendê-los no corrimão. Enquanto fazia isso, alguém no porão pressionava continuamente o botão de chamar o elevador. Quando chegamos ao porão, as portas do elevador se abriram e surgiram dois policiais armados. Por menos de um segundo, todos nós congelamos, mas o choque de verem um prisioneiro no elevador com uma arma me deu uma vantagem momentânea e eu a aproveitei. Ordenei que entrassem no elevador e mandei o policial fechar as portas. Apontei a Luger para os dois policiais e mandei que me entregassem suas armas, que joguei no poço do elevador por uma abertura no chão. Depois algemei os dois policiais ao corrimão. Eu me voltei para os outros prisioneiros e perguntei se algum deles queria ir; um cara, branco, disse que sim, então soltei suas algemas.

Quando as portas do elevador se abriram novamente, nós dois saímos correndo. Tínhamos que passar por outras portas para chegar à rua. Assim que saí, corri o mais rápido que pude na direção do cruzamento da Tulane com a Broad, onde um amigo de infância me disse que estaria estacionado. Pulei no banco traseiro de seu carro e me cobri com um cobertor.

Meu amigo me levou a um apartamento onde passei a noite. De lá, assisti ao desenrolar da minha caçada policial na televisão. O prisioneiro que fugiu comigo já havia sido capturado. Por algum motivo, a polícia achou que eu estava escondido em um quarteirão de casas velhas e vazias e cercaram a área. Chamaram minha mãe e ela foi até o local onde achavam que eu estava escondido. Eu a vi chorando no noticiário; eles disseram que ela estava implorando para que eu me entregasse. Anos depois, meu irmão me contou que mamãe correu até as casas abandonadas não para ajudar a polícia a me encontrar, mas para implorar que não me matassem. Na manhã seguinte, meu amigo atravessou a fronteira do estado até o Mississippi comigo. Peguei um ônibus para Atlanta. Depois de ficar na surdina por alguns dias, embarquei em um ônibus Greyhound para a cidade de Nova York.

Fora o número de telefone de alguém do Harlem que um amigo me deu para ligar quando chegasse lá, eu não tinha plano algum. Estava tão deslocado que não tinha graça nenhuma. Fui a um bar e restaurante para usar o telefone público de lá. Depois que disquei o número, dois policiais entraram pela porta da frente. Desliguei o telefone e fui embora. Nunca mais tentei. Meus amigos me deram um pouco de dinheiro antes de eu deixar Nova Orleans. Encontrei um quarto barato em um motel que mulheres usavam para prostituição.

O Harlem havia mudado desde a última vez que estivera lá para comprar drogas. Parecia haver menos prostituição e uso de drogas visíveis nas ruas, menos brutalidade. Observei homens e mulheres da minha idade usando jaquetas de couro e boinas se moverem pelo bairro, vendendo jornais e conversando com as pessoas. Eles escoltavam mulheres nos "dias de ordenado" para pegar suas compras, protegendo-as de serem roubadas no caminho até a loja. Eu não conseguiria ter descrito isso na época, mas eles estavam unificando o Harlem, aproximando as pessoas. Descobri que eram membros do Partido dos Panteras Negras. Eu nunca tinha visto negros orgulhosos e sem medo assim antes. Eram tão confiantes, mesmo perto da polícia. Estava acostumado a ver uma determinada expressão nos olhos de pessoas negras, medo, principalmente quando estavam perto de policiais. Esses Panteras não se intimidavam. Em vez disso, era a polícia que parecia assustada. Eu queria conhecer as lindas irmãs Panteras que usavam cabelos afro e saias acima dos joelhos. Passei pelo escritório dos Panteras no Harlem, dei uma olhada, peguei um jornal e saí.

Em poucas semanas, eu estava ficando sem dinheiro quando ouvi falar de um bookmaker que operava em uma mercearia no centro da cidade. Em novembro ainda era temporada de futebol americano; apostei em um jogo, US$100 em uma aposta 10 para 1. O time que escolhi venceu. No dia seguinte, fui à mercearia buscar meus ganhos e o açougueiro que trabalhava lá disse que eu tinha que subir para pegar meu dinheiro. Por burrice, eu o segui. Assim que entramos no apartamento, ele e o proprietário me atacaram por trás e me bateram quase até a morte. Depois chamaram a polícia e disseram que eu tentei roubá-los. Quando a polícia chegou, meus olhos estavam fechados de tanto inchaço e eu perdia e recobrava a consciência, mas conseguia ouvir o açougueiro dizendo aos policiais que eu os ameacei com uma arma. Tentei falar que ele estava mentindo, mas não consegui mover meu queixo. De qualquer forma, a polícia não estava interessada na minha história. Eles me levaram para o hospital. Mais tarde, quando perguntaram meu nome, forneci o nome de um de meus amigos de infância mais antigos, Charles Harris.

Logo após receber alta do hospital, fui levado à presença do juiz para a formalização da acusação. Uma audiência de fiança foi marcada e um defensor público foi designado. Essa rapidez era desconhecida na Louisiana, onde você podia ser preso sob uma acusação e ficar na prisão por semanas até que fosse formalizada.

Do fórum, me levaram para a Casa de Custódia de Manhattan, conhecida como Tumbas, um prédio alto. Foi um choque. Angola era uma fazenda. Do lado de fora das Tumbas, não dava para saber que era uma penitenciária municipal. Fui levado de elevador a um bloco de celas no oitavo andar. As Tumbas eram integradas. Para mim, sendo do Sul, foi estranho no início ter um companheiro de cela branco. Ele não reclamou por ter um companheiro de cela negro. Eu também não. Fora isso, não era muito diferente de Angola. Prisão é prisão. Primeiro você entende a rotina, o que não leva muito tempo, porque todos os dias são iguais. Depois, aprende a cultura e como jogar nas entrelinhas. Quanto mais rápido fizer isso, mais rápido se ajustará. Em qualquer prisão, há sempre uma hierarquia. Os fortes mandam nos fracos, os inteligentes, nos fortes. Todas as ameaças, jogos, manipulações, histórias e bullying eram os mesmos nas Tumbas, supervisionados com o mesmo tipo de crueldade e indiferença pela administração da penitenciária.

As condições eram péssimas — sujeira, superlotação e precariedade. Não havia camas suficientes, então os detentos eram obrigados a dormir no chão das celas e no salão comum. Os vasos sanitários entupiam e as equipes de manutenção podiam levar dias para consertar o encanamento. Os prisioneiros com privilégios deveriam fazer a limpeza, mas isso raramente acontecia. A comida era a pior que já comi; a mesma coisa todos os dias, cozida e sem tempero. Havia infestação de percevejos e piolhos. A segurança borrifava o chão, as paredes, os lençóis e os colchões com veneno. A cada poucos meses, os prisioneiros eram despidos e pulverizados contra percevejos e piolhos.

Logo depois que cheguei, um prisioneiro do bloco tentou me intimidar. Tudo começou no chuveiro; ele fez comentários sobre meu corpo. Continuei tomando banho; me sequei, coloquei minha roupa e fui para o salão. Ele estava sentado em uma mesa jogando cartas. Peguei um balde de esfregão, fui até ele e abri sua cabeça com uma pancada. Ele foi levado ao hospital, onde foi tratado, e retornou ao mesmo andar e bloco de celas onde eu estava. Agora ele, e todo mundo, sabia que não devia mexer comigo. Eu esperava ser colocado na masmorra por causa disso, mas nunca fui punido. O detento disse às autoridades que foi atingido pelas costas e não sabia por quem. As Tumbas eram violentas, mas nem de longe como Angola. Em Angola, os homens se esfaqueavam por causa de uma partida de dominó. Nas Tumbas, quando tinha briga, geralmente o motivo era maior.

Como tinha mentido sobre minha identidade, não pude escrever ou ligar para minha mãe. Ela era a única pessoa que eu conhecia que me mandaria dinheiro. Comecei um pequeno negócio de lavanderia para sobreviver. Eu lavava cuecas, camisetas e meias dos caras e eles me pagavam com itens do armazém. Também havia muito dinheiro circulando nas Tumbas. Em troca de dinheiro, eu cortava cabelos com navalha e pente. Quando economizei o suficiente, bancava o agiota, emprestando dinheiro aos prisioneiros. Eles me pagavam com juros. Como de costume, eu ficava na surdina, mas não tolerava nenhuma ameaça ou baboseira. Um mês se passou após o outro, 1969 virou 1970. Continuei a afirmar que era Charles Harris. Eu sabia que um dia acabariam descobrindo minha verdadeira identidade, mas eu dizia a mim mesmo "nunca se sabe o que pode acontecer". Sempre há esperança.

Anos 1970

Entenda que o fascismo já está presente, que pessoas que poderiam ser salvas já estão morrendo, que outras gerações morrerão ou viverão vidas incompletas, pobres e medíocres se deixarmos de agir. Faça o que deve ser feito, descubra sua humanidade e seu amor na revolução... Junte-se a nós, renuncie a sua vida pelo povo.

— George Jackson

Capítulo 10

O Partido dos Panteras Negras

Em abril de 1970, o *New York Times* noticiou um questionário feito com 907 prisioneiros que aguardavam julgamento nas Tumbas. "Mais de quatro em cada dez prisioneiros disseram ter visto um guarda agredir um detento", relatou o jornal. "Menos de um em cada dez disse que tinha um colchão e um cobertor nos primeiros dias nas Tumbas. Cerca de metade disse ter obtido um colchão e um cobertor uma semana ou mais depois de entrar, geralmente de outro prisioneiro que estava saindo da prisão. Nove em cada dez prisioneiros que tinham cobertores disseram que estavam imundos. Mais ou menos metade dos presidiários disse que um total de três homens eram atribuídos a celas destinadas a apenas um; uma grande proporção dos entrevistados se queixou da presença de ratos, baratas e piolhos de corpo e uma grande escassez de sabão."

Naquela primavera, três novos prisioneiros foram colocados no bloco do 8º andar das Tumbas. Eles se apresentaram como membros do Partido dos Panteras Negras para Autodefesa. Infelizmente, só me lembro do nome de um deles — Alfred Kane —, mas nunca me esqueci dos homens em si. Eles me ensinaram os primeiros passos. Percebi que tinham o mesmo orgulho e confiança que vira nos Panteras nas ruas do Harlem. A mesma coragem, mas também bondade. Quando falavam com alguém, queriam saber o nome. "Do que você precisa?", perguntavam. Em poucos dias, comandavam o bloco, não à força, mas por dividirem sua comida. Eles nos tratavam como se fôssemos iguais a eles, como se fôssemos inteligentes e nos faziam perguntas. "Todos sabem ler? Vamos ensiná-los." Marcavam encontros e convidavam todos a participar. Eu estava cético, mas curioso, então fui. Os conceitos de que falaram iam além da minha compreensão: economia, revolução, racismo e a opressão dos pobres em todo o mundo. Eu não entendia nada, mas continuei assistindo às reuniões.

Com o tempo, descobri que eles eram parte dos 21 Panteras, presos no ano anterior com outros dezoito membros do Partido dos Panteras Negras na cidade de Nova York. Treze deles estavam em processo de julgamento, indiciados por um total de mais de cem acusações, incluindo conspiração para matar policiais e bombardear lojas de departamentos, delegacias de polícia e o Jardim Botânico de Nova York no Bronx. A fiança para cada um deles foi fixada em US$100 mil, um valor exorbitante naquela época. Eles nos disseram que eram inocentes. As acusações e a fiança alta foram invenções para tirá-los das ruas, de modo que não pudessem fazer o trabalho do partido em seus bairros. Esse trabalho incluía programas de café da manhã para crianças antes de irem para a escola, formação de parcerias com empresas locais para apoiar o programa de café da manhã e outros projetos comunitários, distribuição do jornal do Partido dos Panteras Negras e realização de reuniões em bairros negros para recrutar mais membros. Quando soube da prisão ilegal, das acusações forjadas e da fiança excessiva, fiquei surpreso por não estarem zangados. Eles agiam como se nem estivessem na cadeia. Contaram-nos sobre grandes negros da história e grandes conquistas dos afro-americanos. Falaram em fornecer assistência médica aos negros de suas comunidades. Disseram que o país tratava os negros de uma forma terrível e que a mudança estava para chegar. Eu não conseguia entender como isso poderia acontecer. Não achava que uma pessoa pudesse fazer diferença. Então, um prisioneiro do bloco me deu um livro chamado *A Different Drummer* [sem publicação no Brasil], de William Melvin Kelley, que abriu minha mente.

Li o livro inteiro em dois dias. Depois reli. A história se passa em um estado fictício do Sul dos Estados Unidos e apresenta um personagem principal, Tucker Caliban, que é descendente de um grande e poderoso africano. Esse homem, trazido no casco de um navio negreiro, era tão forte que foi preciso toda a tripulação do navio para contê-lo. Depois de ser arrastado do navio acorrentado, ele se libertou; pegando as correntes nas mãos, fugiu dos traficantes, liderando um bando de escravizados fugitivos que libertavam outros escravizados, até que foi baleado e morto. Seu filho bebê foi levado para o cativeiro. As gerações entre o filho do africano e os avós de Tucker nasceram na escravidão. Conforme a história se desenrola, a escravidão acaba, mas Tucker não é libertado. Ele trabalha para os descendentes da família proprietária de seus antepassados. Mora em uma pequena cidade racista do Sul.

Ele tenta encontrar a paz comprando terras de uma antiga plantação, mas o incomoda só poder comprar o que um membro da família permite que compre. Ele constrói uma casa e planta suas próprias safras, mas parece errado trabalhar a terra onde seus ancestrais foram escravizados. Parece errado que sua vida ainda esteja ligada à família que era dona de seu povo. Ele quer uma vida que não seja ditada por brancos. Quer controlar o próprio destino, mas também sabe que não pode ser alguém diferente e viver sua antiga vida ao mesmo tempo. Tucker cobre sua terra com sal para que nada mais cresça lá, mata seu gado e ateia fogo em sua casa, que é totalmente destruída. Ele, a esposa e o filho se mudam para o Norte. "Tucker estava sentindo seu sangue africano", diz um personagem branco. Suas ações são uma epifania para outros negros da cidade que se sentiam igualmente presos. A notícia se espalha e uma migração em massa de negros acaba deixando o estado.

Eu sabia como Tucker se sentia. Como ele, eu queria destruir meu passado. Houve uma época em que meu maior sonho era ir para a penitenciária de Angola. Talvez só tenha tido permissão de sonhar isso. Para sobreviver em Angola, me tornei um homem que agia contra a sua verdadeira natureza. Agora eu queria ir tão longe quanto minha humanidade me permitisse. Depois de ler *A Different Drummer*, pela primeira vez na vida comecei a acreditar que um homem poderia fazer a diferença.

As palavras proferidas pelos Panteras começaram a fazer mais sentido para mim. Eles nos explicaram que o racismo institucionalizado era a base de departamentos de polícia, júris, bancos, universidades e outras instituições totalmente brancas nos Estados Unidos. Disseram ser proposital e deliberado, e não só os negros eram marginalizados, mas pessoas pobres em todo o mundo. No bloco, no refeitório, no pátio, comecei a ver os negros ao meu redor como se fosse a primeira vez. Pensei no meu bairro, onde três em cada quatro crianças eram ladrões insignificantes. Éramos todos muito pobres. Eu estava muito acostumado com esse fato. Era ilegal frequentar lugares aonde iam os brancos. O racismo era a norma. A Lei dos Direitos ao Voto só foi aprovada quando eu tinha 17 anos. Embora os negros pudessem votar antes disso, geralmente éramos intimidados e informados por homens brancos poderosos em quem e no que votar. Não tínhamos conhecimento da história do povo africano e de suas contribuições para a civilização. Não sabíamos nada sobre cientistas, estadistas, historiadores e escritores afro-americanos. Sem conhecer a história dos negros, não sabíamos nada sobre nós mesmos.

Pensei na minha mãe, vivendo sob as leis desumanizantes de Jim Crow em um mundo de supremacia branca que não se importava com ela. Todos os livros didáticos em uma sala de aula de crianças negras no Sul já tinham sido usados — doados por escolas brancas regidas pelas leis de Jim Crow. Desatualizados e gastos, muitos deles traziam comentários cruéis e racistas sobre negros escritos à mão nas margens. Minha mãe costumava nos contar que faltou a muitas aulas porque só ia quando tinha sapatos. Eu a julguei muito por não saber ler.

Pensei nos prisioneiros mais violentos e degenerados que encontrara em Angola e Nova York. Não consegui odiá-los. Sem educação formal, foram cercados pelo racismo e pela corrupção na prisão, ameaçados e muitas vezes vítimas de violência e espancamentos por causa de sua raça, mal alimentados e forçados a viver na sujeira e a trabalhar até a morte. Tratados como bichos, eles se tornaram subumanos, animais. Comecei a entender todos os princípios que eu estava aprendendo com o Partido dos Panteras Negras. Queremos liberdade. Queremos poder para determinar o destino da nossa Comunidade Negra. Queremos o fim do roubo de nossas comunidades negras e oprimidas pelos capitalistas... habitação decente, própria para o abrigo de seres humanos... terra, pão, moradia, educação, roupas, justiça, paz. Eu não compreendi apenas com minha mente, senti no coração, na alma, no corpo. Foi como se uma luz se acendesse em uma sala dentro de mim que eu não sabia que existia.

Capítulo 11

O que É o Partido?

> [Se] qualquer homem branco no mundo disser: "Dê-me a liberdade ou a morte", o mundo inteiro aplaude. Quando um homem negro diz exatamente a mesma coisa, textualmente, ele é julgado como criminoso e tratado como tal.
>
> — James Baldwin

O Partido dos Panteras Negras para Autodefesa foi iniciado em outubro de 1966 em Oakland, Califórnia, por dois estudantes universitários — Huey Newton e Bobby Seale — que queriam eliminar a brutalidade policial de seus bairros. Nos anos 1960, a polícia fazia batidas regulares em bairros negros armada com revólveres, cães e aguilhões para gado. Pessoas negras eram assediadas, intimidadas, perseguidas, espancadas, baleadas e mortas diariamente pela polícia em seus bairros. Newton e Seale criaram um programa que chamaram de "observação policial" para monitorar a atividade da polícia em seus bairros. Eles começaram a portar armas de fogo, adquiridas legalmente, nos incidentes policiais em bairros negros, afirmando serem para legítima defesa, para proteger os moradores do bairro se necessário. Newton carregava livros de direito em seu carro. Ele escreveu em sua autobiografia: "Às vezes, quando um policial estava assediando um cidadão, eu me afastava um pouco e lia as partes relevantes do código penal em voz alta para todos que conseguissem ouvir. Com isso, estávamos ajudando a educar aqueles que se reuniam para observar esses incidentes. Se o policial prendesse o cidadão e o levasse para a delegacia, nós o seguíamos e pagávamos a fiança imediatamente. Muitas pessoas da comunidade a princípio não conseguiam acreditar que estávamos apenas cuidando de seus interesses. Ninguém nunca lhes deu qualquer apoio ou ajuda quando a polícia os assediava, mas lá estávamos nós, Negros orgulhosos, armados com revólveres e com a compreensão da lei. Muitos cidadãos saíam da prisão e iam direto para o Partido, e as estatísticas de assassinato e brutalidade cometidos por policiais em nossas comunidades caíram drasticamente." O Partido dos Panteras Negras para Autodefesa cresceu a partir disso.

É um mito comum que o Partido dos Panteras Negras foi uma organização racista. O ódio racial nunca foi ensinado no Partido. No final dos anos 1960, os Panteras Negras de Illinois, Bob Lee e Fred Hampton — presidente da filial de Illinois —, formaram uma aliança com um grupo de jovens brancos do pobre North Side de Chicago, cujas raízes remontavam aos apalaches. O grupo branco se autodenominava Organização dos Jovens Patriotas e usava bandeiras dos estados confederados em seus casacos. Como o Partido dos Panteras Negras, a Organização dos Jovens Patriotas foi formada para combater a brutalidade policial em bairros pobres. Os Panteras entraram em contato com os Jovens Patriotas porque partilhavam objetivos em comum: igualdade de oportunidades, bem como o fim da supremacia branca, do racismo, da discriminação habitacional e da brutalidade policial. Os Jovens Patriotas começaram a usar broches com os dizeres BLACK POWER em suas jaquetas. Lee e Hampton formaram outras alianças multirraciais — com os Jovens Senhores e o Native American Housing Committee, entre outros. Hampton chamou esse movimento incipiente de Coalizão Arco-íris. Nunca saberemos o que poderia ter sido. Fred Hampton, aos 21 anos, foi assassinado em sua cama pela polícia em uma operação na madrugada de 1969 em sua casa em Chicago. Sua noiva, que estava grávida e deitada ao lado dele, também foi baleada. Jesse Jackson usou a frase de Hampton quando criou a Coalizão Nacional Arco-íris para sua corrida presidencial em 1984.

O Partido dos Panteras Negras não era uma organização violenta. Se verificarmos o histórico, veremos que qualquer tipo de violência em que os Panteras estiveram envolvidos foi uma resposta a um ataque. Bobby Seale disse: "Nossa posição era: se não formos atacados, não haverá violência; se trouxer violência até nós, nos defenderemos." Uma das regras estabelecidas pelos líderes do partido era: "Nenhum membro do partido usará, apontará ou disparará uma arma de qualquer tipo contra alguém desnecessária ou acidentalmente."

O QUE É O PARTIDO?

"A índole de uma pantera é que ela nunca ataca", disse Huey Newton. "Mas se alguém a ataca ou a encurrala, a pantera avança para acabar com o agressor ou com o ataque." Mesmo assim, a grande mídia pintava os Panteras como uma milícia violenta. A visão de homens negros portando armas legalmente foi tão aterrorizante para o sistema que até mesmo a Associação Nacional de Rifles da América (NRA, na sigla em inglês) apoiou uma medida para revogar a lei de armas da Califórnia que permitia ao público portar armas carregadas ostensivamente. Em 1967, um deputado republicano de Oakland apresentou o projeto de lei que se tornou a Lei Mulford. Para protestar contra o projeto de lei, que os membros do partido sabiam ter sido criado para impedi-los de patrulhar legalmente seus próprios bairros, trinta Panteras Negras usando boinas e jaquetas de couro se reuniram nos degraus do capitólio do estado da Califórnia em Sacramento, portando suas armas legalmente. Alguns membros do partido entraram no plenário da câmara e foram presos. Do lado de fora do capitólio, Bobby Seale leu uma declaração contra a revogação da lei de armas. Em parte, ele disse: "O Partido dos Panteras Negras para Autodefesa recorre ao povo norte-americano em geral e aos negros em particular para prestar atenção no racismo da Assembleia Legislativa da Califórnia que está considerando uma lei que visa manter os negros desarmados e impotentes ao mesmo tempo que as agências policiais racistas em todo o país intensificam o terror, a brutalidade, o assassinato e a repressão de pessoas negras." Dois meses depois, o governador Ronald Reagan, membro de longa data do NRA e defensor dos direitos do proprietário de armas, sancionou a Lei Mulford.

Grande parte da violência atribuída ao Partido dos Panteras Negras foi causada por funcionários infiltrados do FBI. Apenas um ano depois que Bobby Seale e Huey Newton fundaram o partido e lançaram seu Programa de 10 Pontos, em 1967, o diretor do FBI, J. Edgar Hoover, expandiu a operação secreta de "truques sujos" da agência conhecida como COINTELPRO — sigla em inglês equivalente a Programa de Contrainteligência —, criada em 1956 para combater o comunismo, a fim de monitorar e atacar o Partido dos Panteras Negras. O FBI gastou milhões de dólares para se infiltrar no Partido dos Panteras Negras, criar discórdia e desconfiança entre seus membros, assassinar e prender seus líderes, impedir a arrecadação de fundos para programas comunitários e advogados e vazar informações falsas para a imprensa e autoridades policiais, tudo para destruir o partido. (Foi um informante do FBI, agindo como guarda-costas de Fred Hampton, de 21 anos, que supostamente armou o assassinato de

Hampton pela polícia de Chicago.) O FBI vigiava constantemente os Panteras e assediava seus familiares e qualquer um que apoiasse o partido. Táticas semelhantes às do COINTELPRO foram usadas pela polícia local e promotorias de todo o país para perseguir membros do partido: acusá-los de crimes que não cometeram e manter os Panteras na cadeia, separando-os do partido e perturbando as redes de liderança e comunicação dentro da organização. A prisão dos Panteras manchou suas reputações e pôs em dúvida os motivos do Partido dos Panteras Negras para o público em geral. As prisões distraíram os membros do partido nas ruas, forçando-os a levantar fundos — que normalmente iriam para a comunidade — para usar no pagamento de fianças e contratar advogados para os Panteras que eram perseguidos pela polícia, pelos promotores públicos e pelo sistema judicial. (No final, o FBI venceu; o partido só acabou oficialmente em 1982, mas foi sendo dizimado de dentro para fora desde o início dos anos 1970).

Quando os Panteras erguiam o punho cerrado, era pela união. Quando levantamos a mão aberta, os dedos ficam separados, estamos vulneráveis. Quando fechamos os dedos e a mão se fecha em punho, temos um símbolo de poder e unidade. A grande mídia transformou a saudação dos Panteras de um punho cerrado levantado simbolizando o Black Power [ou poder negro] em uma crítica contra outras raças, o que nunca foi a intenção, em vez de um chamado pela unidade, o que realmente era. O punho erguido era pela unidade entre os Panteras, unidade dentro das comunidades negras e unidade com qualquer um que travava as mesmas lutas pelo povo, pelo fortalecimento, pela igualdade e pela justiça.

Inúmeros movimentos populares pelos direitos humanos em todo o mundo levantaram os punhos como forma de protesto e solidariedade, e pessoas de fora parecem compreender essas lutas pelos direitos humanos. Porém, quando pessoas negras erguiam o punho, isso era visto como algo diferente, uma ameaça. Lembro-me de Tommie Smith e John Carlos, atletas afro-americanos que ganharam medalhas de ouro e bronze nos 200 metros rasos nos Jogos Olímpicos de Verão de 1968 na Cidade do México. Depois de levantarem seus punhos e abaixarem a cabeça no pódio, eles foram duramente criticados pela imprensa norte-americana. Foram chamados de "renegados", que eram "furiosos, sórdidos, feios"; suas ações foram descritas como um "insulto" e um "constrangimento" para os Estados Unidos. Algumas pessoas queriam tomar suas medalhas. Quantas pessoas souberam que eles se baseavam em uma plataforma de direitos humanos bem elaborada, criada pelo Projeto Olímpico pelos Direitos Humanos, a organização de atletas negros não profissionais à qual pertenciam?

O QUE É O PARTIDO?

Smith e Carlos ergueram os punhos pelo direito de Muhammad Ali de protestar contra a Guerra do Vietnã e de se recusar a atender ao recrutamento, e pela devolução de seu cinturão de campeão que lhe fora tomado. Levantaram os punhos para exigir a remoção de Avery Brundage, o antissemita e supremacista branco chefe do Comitê Olímpico Internacional (COI), responsável por resistir ao boicote dos EUA às Olimpíadas de 1936 na Alemanha nazista. Levantaram os punhos para exigir que o COI contratasse mais treinadores afro-americanos e para protestar contra a inclusão de países governados pelo apartheid nos Jogos Olímpicos. Ficaram descalços para chamar a atenção para a pobreza em comunidades negras nos Estados Unidos e usaram colares e lenços no pescoço para protestar contra o linchamento. Smith, que quebrou o recorde mundial naquela corrida de 200 metros, e Carlos sacrificaram a fama pessoal, futuros patrocínios e possivelmente empregos para se posicionarem contra o apartheid, a Guerra do Vietnã, a discriminação, a pobreza, o linchamento, o racismo, o antissemitismo e a supremacia branca — mas o que a maioria das pessoas viu, e muitas condenaram, foram dois homens negros que ousaram erguer os punhos.

A frase "Power to the People" [Poder ao Povo] foi um grito de guerra para que negros e todas as pessoas destituídas de poder se unissem e lutassem pelo que não tínhamos: igualdade na educação, oportunidades, justiça, tratamento e respeito. Em vários momentos, os membros do partido se referiram à polícia, aos políticos, promotores e juízes como "porcos". Eu também. É uma referência que vem do livro *A Revolução dos Bichos*, de George Orwell, em que um dos personagens, um porco, é um oportunista corrupto e sedento por poder que se volta contra seus seguidores e trai os princípios da democracia. Nas ruas, a palavra "porco" era — e ainda é — usada para descrever qualquer oficial corrupto, qualquer pessoa no poder que traiu o povo, qualquer policial brutal com pessoas, brancas ou negras. Policiais negros que machucavam pessoas, promotores negros que incriminavam pessoas eram, e são, porcos. Quando não temos poder, costumamos usar a linguagem como mecanismo de defesa. Vivíamos em um mundo em que um negro que defendia outros negros podia ir para a cadeia. Em muitos casos, a linguagem era tudo o que tínhamos.

Quando comecei a me interessar pelo partido, estava agindo mais com base nas emoções do que no intelecto. Eu era um babaca com um senso de consciência recém-descoberto. Minha capacidade de formar teorias e compreender ideias era muito limitada naquela época. O Programa de 10 Pontos do partido foi meu guia para fazer a coisa certa. Fiquei impressionado com os princípios, embora não entendesse sua profundidade. À medida que comecei a me educar, passei a entender cada vez mais as forças sociais — principalmente as econômicas — que levaram Bobby Seale e Huey Newton a formular o Programa de 10 Pontos. Mesmo não entendendo o que estava por trás dele quando o li pela primeira vez, eu sabia o que dizia.

Programa de 10 pontos do Partido dos Panteras Negras

1. Queremos liberdade. Queremos poder para determinar o destino de nossa Comunidade Negra.

2. Queremos emprego para o nosso povo.

3. Precisamos acabar com a exploração do homem branco na Comunidade Negra.

4. Nós queremos moradia, queremos um teto que seja adequado para abrigar seres humanos.

5. Nós queremos uma educação para nosso povo que exponha a verdadeira natureza da decadente sociedade norte-americana. Queremos uma educação que nos mostre a verdadeira história e a nossa importância e papel na atual sociedade norte-americana.

6. Nós queremos que todos os homens negros sejam isentos do serviço militar.

7. Nós queremos o fim imediato da BRUTALIDADE POLICIAL e ASSASSINATO do povo preto.

8. Nós queremos a liberdade para todos os homens pretos mantidos em prisões e cadeias federais, estaduais e municipais.

9. Nós queremos que todas as pessoas pretas, quando trazidas a julgamento, sejam julgadas na corte por um júri de pares do seu grupo ou por pessoas de suas comunidades pretas, como definido pela Constituição dos Estados Unidos.

10. Nós queremos terra, pão, moradia, educação, roupas, justiça e paz.

Capítulo 12

Motim na Penitenciária da Cidade de Nova York

Os Panteras foram removidos do meu bloco depois de alguns meses. Enquanto o verão escaldante avançava na cidade de Nova York, a vida nas Tumbas superlotadas continuava horrível. A comida era insalubre. Os blocos estavam imundos. Não conseguíamos toalhas ou outros suprimentos; os presos tiveram que contratar advogados para receber cuidados médicos. As tensões estavam aumentando. Havia 14 mil encarcerados na cidade de Nova York em 1970. Mais da metade nem mesmo havia sido considerada culpada de um crime — esperavam por um julgamento ou o comparecimento perante um juiz. As Tumbas foram construídas para 900 prisioneiros, mas havia pelo menos 1.500 detentos lá. As celas ficavam tão lotadas que, durante as refeições, os prisioneiros tinham que se revezar para sentar à mesa da própria cela ou alternar entre sentar-se no chão ou ficar de pé enquanto comiam. Todos sabíamos que a prisão estava no limite. O boato que corria naquele verão era que um protesto estava por vir.

O protesto irrompeu em agosto. Começou acima de nós, no 9º andar. Ouvimos batidas fortes e, de repente, as gigantescas janelas de vidro do bloco acima de nós explodiram como bombas no chão. Os homens no andar de cima gritaram para nós pelo encanamento, nos dizendo como empurrar as janelas do nosso andar: arranquem os tampos das mesas do salão e usem as pernas das mesas como aríetes para derrubar as vidraças. Os prisioneiros se empoleiravam nas janelas abertas, gritando para os espectadores lá embaixo. Alguns escreveram em lençóis e os penduraram do lado de fora do presídio. No meu bloco, os prisioneiros fizeram tiras com os lençóis e os amarraram ao redor das barras dos portões trancados na frente do bloco de celas para que os oficiais de segurança não conseguissem usar suas chaves para abrir os portões. Empilhamos colchões contra os portões. Esses policiais levariam apenas alguns segundos para entrar quando quisessem, mas parecia uma boa ideia na hora. O desespero nos obriga a fazer coisas irracionais. Os funcionários da prisão finalmente concordaram em se encontrar com os representantes dos detentos de cada andar na biblioteca. Fui com outros dois ou três homens do 8º andar.

Os prisioneiros do 9º andar assumiram a liderança e leram uma lista de queixas que haviam escrito. "Nós, os detentos do 9º andar da penitenciária municipal Tumbas, de Manhattan, Nova York, apresentamos uma reclamação formal das queixas e solicitamos sua atenção ao assunto", leu um prisioneiro. Ele prosseguiu, observando que os presos tinham que esperar, em média, de oito meses a um ano por um julgamento. As fianças eram extremamente altas. Os prisioneiros não tinham direito a audiências preliminares — ou a qualquer outro tipo. Eram pressionados pela Legal Aid Society, a agência financiada pelo estado que representa a maioria dos prisioneiros, a fazer declarações de culpa. Os presos não tinham acesso aos livros jurídicos da biblioteca. Os cobertores estavam sujos; os colchões, infestados de percevejos; as celas construídas para um acomodavam três. A cozinha servia pão mofado, batatas podres e pratos mal cozidos feitos a base de ovo em pó. A prisão estava "repleta de piolhos de corpo, baratas, ratos e camundongos". Os prisioneiros tinham que usar as roupas com as quais chegavam à prisão por muitos meses.

Nossa demanda mais urgente, declarava a carta, era o fim da violência excessiva contra os prisioneiros, em grande parte dirigida a detentos negros e porto-riquenhos, por oficiais usando "porretes, cassetetes, punhos e pés", que espancavam prisioneiros até ficarem inconscientes, após o que, médicos da prisão, em conluio com os oficiais, redigiam relatórios de acidentes falsos.

O detento leu: "É uma prática comum que um preso seja escolhido... porque não ouviu o policial chamar seu nome, porque o policial não gostou da aparência deste ou daquele preso, pela maneira como o detento andou, porque o policial traz a confusão de seus problemas pessoais para o trabalho e, junto de outros policiais, espancam o detento indefeso até deixá-lo inconsciente, muitas vezes deixando sequelas físicas, mentais ou ambas."

"Esses atos", continuou ele, "não aconteceriam e não poderiam acontecer sem o conhecimento e consentimento do Comissário de Correção, do Comissário de Correção Assistente, do Diretor da Penitenciária Tumbas, dos Vice-diretores da Penitenciária de Tumbas e dos Capitães da Penitenciária de Tumbas". E acrescentou: "Rejeitamos todas as negações oficiais [no sentido de] que tais coisas não acontecem aqui, visto que sofremos esses ataques sádicos." Era de conhecimento geral de todos os funcionários daquela sala, e de todos os detentos, que nada acontecia na prisão sem que seus funcionários tivessem conhecimento. Como diz o ditado, o prisioneiro leu: "Nenhuma folha de uma árvore poderia amarelar sem o conhecimento e consentimento silencioso da própria árvore."

Os prisioneiros encerraram o depoimento pedindo que não houvesse repercussão de qualquer espécie contra os presos que participaram do protesto e que a lista de queixas fosse divulgada à imprensa. Nem todos os participantes do protesto foram espancados depois que voltamos aos nossos blocos, mas o esquadrão de capangas, um grupo de cinco ou seis agentes penitenciários em coletes e capacetes brandindo cassetetes e bastões, foi primeiro até o 9º andar. Muitos detentos foram transferidos para outras penitenciárias, inclusive eu. O documento apresentando as queixas e exigências dos presos, que os detentos do 9º andar escreveram e leram em voz alta para as autoridades prisionais, não foi divulgado pelas autoridades à imprensa.

Fui levado para a Casa de Custódia do Queens, que chamávamos de Novo Queens. Como nenhuma atitude foi tomada pelas autoridades para melhorar as condições dos prisioneiros em agosto, não foi surpresa para nenhum de nós quando as Tumbas irromperam novamente dois meses depois. As instalações no Brooklyn, no Bronx e no Queens, onde eu estava, participaram em solidariedade. Desta vez, os protestos duraram mais de uma semana. Os jornais locais noticiaram que, durante a rebelião, 1.400 prisioneiros mantiveram 23 reféns. Meu bloco não fez reféns, mas barricamos o final do bloco com colchões e armários. Nossas demandas incluíam: não mais do que dois homens por cela, o direito de exercer a liberdade religiosa e seguir as diretrizes dietéticas relacionadas, condições mais sanitárias, alimentos possíveis de ingerir, assistência médica adequada e fiança acessível. Uma das exigências dos prisioneiros era que as audiências de fiança fossem públicas, para mostrar que os prisioneiros negros e porto-riquenhos sempre recebiam fianças excessivamente mais altas por pequenos delitos do que os réus brancos. Após oito dias, tropas de choque invadiram as penitenciárias da cidade.

Os guardas e a polícia retomaram a prisão da cidade com força bruta. Em Novo Queens, não houve como contê-los. Não chegamos nem perto disso. Tínhamos uma parede de colchões e caixas. Eles tinham armas de gás, escudos, porretes e machados. Arremessaram latas de gás lacrimogêneo no bloco, atravessaram nossa barricada e lançaram mais gás em nós. Esse gás, destinado a ser usado em ambiente externo para controlar tumultos, era cegante em lugares fechados, queimando nossos olhos, bocas, narinas e pulmões e quase impossibilitando a respiração. Enquanto estávamos sufocando e desorientados, eles nos forçaram a voltar para as celas do bloco, nos batendo com cassetetes e tacos de beisebol.

Recebemos ordens de nos despir nas celas. Enquanto nos despíamos, guardas com cabos de machado, cassetetes, porretes e tacos se alinharam de cada lado do corredor do lado de fora de nossas celas. Um por um, fomos chamados pelo número da cela e mandados para o salão. À medida que cada detento era forçado a sair para o corredor, ele era espancado e cutucado nos genitais com cassetetes; recebia uma enxurrada de golpes de tacos e porretes. Os homens nas primeiras quatro celas tinham a distância mais curta a percorrer. Quanto mais longe era a sua cela, mais apanhava. Eu estava na nº 15, a última do bloco. Quando chegaram à minha cela, segurei meus genitais com uma das mãos, coloquei o outro braço sobre a cabeça e saí correndo. Alguns prisioneiros à minha frente caíram e os guardas os pisotearam. Vi prisioneiros inconscientes sendo arrastados para o salão. Corri pelo chão escorregadio com o sangue de cabeças, bocas e rostos detonados. A cada passo na corrida, eu só conseguia pensar: "Não caia, não caia", repetidamente. Senti golpes por todos os lados.

Consegui chegar ao salão sem cair, mas fui severamente espancado. Sentia uma dor terrível no braço esquerdo. O sangue escorria de uma ferida aberta no topo da minha cabeça. No salão, eles nos agruparam como animais e nos obrigaram a deitar uns em cima dos outros enquanto os guardas faziam comentários cruéis e racistas como: "Põe esse pau nele, crioulo." Os prisioneiros que se recusaram a deitar sobre os outros homens foram impiedosamente espancados. Eu não queria ficar na base dessa pilha, então corri e pulei em cima dos corpos empilhados. Outros prisioneiros gemiam: "Senhor, me ajude. Não me deixe morrer. Não consigo respirar." Alguns deles gritavam.

Os gritos dos outros prisioneiros foi o que mais me feriu. Eu sentia dores físicas, mas a maior dor era ver os homens subjugados. Eu entendia sua agonia e seu sofrimento, mas na minha cabeça, não importa o que aconteça, não devemos ultrapassar um determinado limite. Chorando, implorando, chamando alguns dos guardas de "chefe", dizendo: "Por favor, não me bata", "Por favor, cara, tenha misericórdia de mim" ou "Eu vou me comportar". As coisas que diziam eram tão degradantes. Para mim, foi humilhante ver homens reduzidos a isso. Eu estava com muita dor, mas estava decidido a não implorar para aqueles animais. Não imploraria; não pediria nada. Mesmo enquanto gritavam comigo, era cutucado com cassetetes, com o sangue escorrendo da minha cabeça, eu não falei nada.

Enquanto éramos forçados a ficar amontoados no salão, os guardas entraram em nossas celas e jogaram fora nossos bens — óculos, fotos, cartas. Quando terminaram de destruir nossas celas, recebemos ordens de voltar ao bloco de celas, onde colocaram cinco ou seis homens em cada uma. Não havia espaço para todos se sentarem e estávamos gravemente feridos. Aquela noite foi uma agonia. No dia seguinte, me levaram ao Hospital Lenox Hill, onde um médico engessou meu braço quebrado e suturou minha cabeça. De volta à prisão, novamente colocaram cinco de nós em cada cela. Ficamos assim por mais ou menos uma semana.

Depois de quatro ou cinco dias, eles voltaram com sanduíches de pasta de amendoim e geleia. Não sei quanto tempo demorou até recebermos uma refeição quente. Demorei muito para me recuperar. Até hoje tenho problemas no quadril por ter sido atingido por um taco, uma cicatriz no couro cabeludo onde abriram minha cabeça, mas nunca me arrependi de participar do protesto.

Fui transferido de volta para as Tumbas e estava sentado no salão esperando por uma audiência quando um guarda me disse que meu advogado estava lá para me visitar. Eu não tinha um advogado. Quando entrei na sala, o advogado disse: "Charles?" Ele me ofereceu um acordo feito para um verdadeiro Charles Harris, que estava preso em algum lugar de Nova York. Ele me informou que, se eu confessasse minha culpa por uma acusação de roubo, poderia me conseguir de dois a três anos em Rikers Island, mas eu tinha que fazer o acordo naquele mesmo dia. Eu ouvira prisioneiros falando sobre as equipes de trabalho em Rikers e como eram levadas para trabalhar nas ruas todos os dias. Achei que poderia fugir se conseguisse um emprego em uma dessas equipes de trabalho. Eu me declarei culpado. Naquele dia, mais tarde, me levaram para Rikers. Depois de processado, me disseram que eu trabalharia em uma equipe de limpeza de ruas no Brooklyn. Pela primeira vez em meses, me senti esperançoso.

Naquela noite houve uma nevasca. Quando acordei na manhã seguinte, as janelas estavam brancas pela neve. Não tínhamos permissão para sair para trabalhar em nossas equipes. No dia seguinte, mais neve. Eles nos mantiveram lá dentro por uma semana. Eu estava no salão quando ouvi um agente penitenciário chamar: "Onde está Charles Harris, também conhecido como Albert Woodfox?" O resultado das minhas digitais finalmente voltou. Eles me tiraram do bloco e me colocaram em uma cela única em uma ala vazia.

No começo, ser segregado dos outros não me incomodou. Eu estava muito ocupado me preocupando com a possibilidade de ser morto pela polícia quando voltasse para Nova Orleans. Achei que me matariam por fugir. A ideia de voltar para Angola também pesou. Mas a essa altura meu bloco de consciência havia sido elevado pelo Partido dos Panteras Negras e me tornei politizado. As coisas seriam diferentes. Eu não sabia como, mas era o que achava. Agora que eles sabiam quem eu era, finalmente poderia escrever para minha mãe. Contei-lhe que fora capturado, que estava na cadeia. Ela conseguiu que alguém escrevesse por ela para me responder uma vez. Antes que pudessem me mandar de volta para Angola, eu precisava ser julgado pela falsa acusação de roubo qualificado apresentada pelo agenciador de apostas. Fui mandado de volta para Tumbas.

Em meados de maio de 1971, ouvi no rádio que 13 dos 21 Panteras que haviam sido julgados, incluindo os que conheci no 8º andar, foram exonerados de todas as acusações. O presidente do júri, James I. Fox, levou vinte minutos para ler o veredito "inocente" 156 vezes. Os Panteras me disseram para fazer agitação, educar. Comecei a pensar em como conversar com os prisioneiros sobre as condições em que vivíamos.

Fui rapidamente considerado inocente no meu julgamento por roubo qualificado porque, enquanto eu estava na prisão, o agenciador de apostas e o açougueiro do Harlem que armaram para mim foram presos por intimidar e incriminar outras pessoas como fizeram comigo, o que veio à tona durante meu julgamento. Lutei contra a extradição para Nova Orleans e perdi, então, em junho de 1971, fui colocado em um avião de volta. Por fora, nada mudara desde o dia em que escapei do tribunal, vinte meses antes. Eu era um homem negro com uma longa pena a ser cumprida. Por dentro, no entanto, tudo mudara. Eu tinha moral, princípios e valores que nunca tive antes. Olhando pela janela do avião, vi através da janela da minha alma. No passado, eu havia errado. Agora, faria o certo. Nunca mais seria um criminoso.

Capítulo 13

Reféns

Minhas ações nos motins da prisão de Nova York se tornaram parte de meu registro permanente. Fui rotulado como militante. Quando cheguei à Penitenciária do Distrito de Orleans, eles me colocaram no C-1, que agora chamavam de "bloco dos Panteras". Da última vez que estive lá, me cortei para sair. Dessa vez era totalmente diferente. Menos da metade do bloco estava cheio, e abrigava apenas membros do Partido dos Panteras Negras. Fiquei nervoso no começo porque não conhecia ninguém. Mas eu também sabia que esses homens não eram detentos comuns. Ainda era sufocante, quente, sujo e escuro. As janelas ainda estavam lacradas, revestidas por fora com placas de aço. Os Panteras eram todos da filial de Nova Orleans do partido e estavam na cadeia aguardando julgamento por terem se defendido de um ataque policial à sua sede, localizada nos conjuntos habitacionais Desire, meses antes. Com o passar dos dias, observei os homens se comportarem da mesma forma que os Panteras de Nova York, com equilíbrio e determinação, focados na autoeducação e autodisciplina. Entre os Panteras que conheci, estavam Ronald Ailsworth (Faruq) e Donald Guyton (Malik Rahim), ambos cofundadores da filial de Nova Orleans. Não demorou muito para que nos entendêssemos. Nas reuniões diárias, Malik partia os livros em seções para dar a cada um de nós uma parte para ler, de modo que pudéssemos relatar aos outros o que havíamos aprendido. Debatíamos e conversávamos sobre a sociedade e o mundo. Eles conseguiram que seus amigos — os Panteras locais da filial de Nova Orleans — me visitassem. Os Panteras de Nova Orleans compareciam às nossas audiências. Conseguíamos contrabandear exemplares do jornal do Partido dos Panteras Negras para o nosso bloco. Tornei-me mais franco ao expressar minhas opiniões do que era em Nova York.

Um dia, sugeri que limpássemos o bloco. A Penitenciária do Distrito de Orleans sempre foi um chiqueiro imundo, infestado de ratos, com banheiros quebrados, comida estragada e celas superlotadas. Todos mantínhamos nossas celas imaculadas e limpávamos o salão, mas o resto do bloco não era limpo há meses. Em nossas reuniões, praticávamos a crítica coletiva, então, se alguém tivesse alguma reclamação ou quisesse falar sobre algo, o assunto era apresentado a todos. Mencionei que nosso bloco era uma desgraça. "Como podemos viver em um bloco tão imundo e sujo como este?", perguntei. "Não deveríamos ter mais orgulho?" Todos concordaram e nos dias seguintes limpamos as celas vazias.

Em qualquer dia da semana, os prisioneiros eram convocados para comparecer em juízo e transferidos de seus blocos para uma cela de transferência no 2º andar da penitenciária, onde ficavam sentados até a hora de serem conduzidos por uma série de corredores até o fórum. Lá, eram levados para pequenas celas provisórias localizadas na parte de trás de cada sala de audiências. Em um dia normal, podia haver de vinte a trinta presos sentados no cercado da penitenciária. Em dias de fórum, tínhamos a chance de conversar com detentos que não estavam em nosso bloco e usamos esse tempo para falar sobre o Partido. Certa vez, na cela provisória, Faruq cantou uma música do Partido dos Panteras Negras chamada "Power to the People" [Poder ao Povo]. Todos os prisioneiros se juntaram a ele.

> Power, power, all power to the people.
> We're going to pick up the gun and put the pigs on the run.
> There just ain't enough pigs to stop the Black Panther Party.[1]

Alguns prisioneiros batiam palmas, outros mantinham o ritmo batucando nos bancos de metal em que estávamos sentados. Os guardas nos mandaram parar, mas continuamos cantando. Eles voltaram com gás lacrimogêneo e lançaram sobre todos nós. Quando chegou minha vez de comparecer diante do juiz, meus olhos ainda estavam fechados de tão inchados e lágrimas escorriam pelo meu rosto que ardia. Havia tanto gás em mim que o policial que me algemou passou mal ao me acompanhar pelo corredor.

---

[1] "Poder, poder, todo o poder ao povo / Vamos pegar as armas e botar os porcos para correr / Simplesmente não há porcos suficientes para deter o Partido dos Panteras Negras" [em tradução livre].

Quando os policiais me levaram para dentro da sala de audiências, não caminhei até a mesa onde deveria me sentar. Fui até o meio da sala, na frente do público — alguns deles eram Panteras — e levantei minhas mãos algemadas com os punhos cerrados na altura do meu peito, o mais alto que pude por causa das algemas da cintura, e gritei: "Vejam o que esses porcos racistas fizeram." Dois policiais correram até mim em poucos segundos, me arrastando para fora quando ouvi o juiz gritar: "Tire-o daqui." Os Panteras na plateia se levantaram e gritaram em meu favor: "Deixe esse homem em paz." Nos fundos, os policiais me socaram e chutaram. Eu não consegui me defender porque minhas mãos estavam algemadas à cintura, mas eu os xinguei, praguejando. O juiz entrou e disse aos policiais que parassem de me bater e limpassem o gás de mim. Eles me trouxeram toalhas de papel úmidas para limpar o corpo e o cabelo e me deram um macacão novo. Antes de voltar para a sala de audiências, o juiz me falou para não fazer mais cena.

Acreditávamos que, por estarmos presos, estávamos na vanguarda da luta social e era nossa responsabilidade responder a essas questões. Nossa lista de queixas era longa e semelhante ao que acontecia nas Tumbas. Os homens da penitenciária distrital ficaram meses detidos sem serem processados; não receberam fiança, ou ela fora fixada em um valor alto demais; eles não tinham acesso a livros jurídicos; eram forçados a dormir no chão, três ou mais por cela. A penitenciária estava infestada de baratas, piolhos e ratos. A comida era nojenta. Conversamos entre nós sobre como fazer essas histórias chegarem além dos muros da prisão. Eu sabia por minhas experiências em Nova York que tínhamos que fazer mais do que chamar a atenção da administração da penitenciária: precisávamos falar diretamente com a mídia; caso contrário, noticiariam apenas um lado, o das autoridades prisionais. Decidimos fazer um refém e não soltá-lo até que pudéssemos falar com a imprensa. Também exigiríamos falar com a primeira mulher afro-americana a ser eleita para a Câmara dos Representantes da Louisiana, a deputada Dorothy Mae Taylor, que trabalhava pela reforma penitenciária naquela época.

Passamos um bilhete resumindo nossos planos para outro bloco por meio de um atendente e eles responderam que fariam um refém no mesmo dia. Prenderíamos dois guardas ao mesmo tempo, um de cada bloco.

Na manhã de segunda-feira, 26 de julho de 1971, um jovem agente penitenciário negro levou alguns Panteras que iriam a julgamento até a passarela, onde ficavam guardadas suas roupas pessoais, e nós o confrontamos. Não o machucamos, dissemos: "Olha, cara, precisamos prender você. Não resista. Vamos colocá-lo em uma cela nos fundos para sua própria segurança. Se você vier conosco, não usaremos força." Ele nos entregou suas chaves. Abrimos o cofre que continha os controles das portas das celas e as abrimos. Levamos o guarda para uma cela. Perguntamos se queria alguma coisa. Então fechamos e trancamos a porta.

Pressionei o botão do interfone e informei aos seguranças que trabalhavam na área de processamento na parte frontal da prisão que tínhamos feito um guarda como refém e queríamos conversar com a mídia e com Dorothy Mae Taylor para falar sobre as condições da penitenciária. Eles disseram: "Não o machuquem, não machuquem o guarda." Eu falei que só o machucaríamos se eles invadissem o bloco. Repórteres e câmeras tiveram permissão de entrar no pátio de exercícios. A deputada Taylor chegou. Arrancamos a placa de metal de uma das janelas para que pudéssemos conversar. Ela pediu para ver o guarda que estávamos mantendo como refém, então o levamos até a janela. Ela perguntou se ele havia sido ferido de alguma forma. Quando ele disse que não, ela concordou em falar conosco. Lemos nossa lista de queixas para ela. Depois que libertamos o guarda, a deputada Taylor leu nossas exigências em voz alta para a imprensa.

Pouco depois, fui informado por oficiais da penitenciária que seria transferido de volta para Angola. No bloco, discutimos se deveríamos resistir ou não, mas, como grupo, decidimos que eu deveria ir e recrutar Panteras para a filial de Nova Orleans. Mais tarde, Malik me disse que recebera notícias de Oakland e que deveríamos começar uma nova filial do partido — uma filial prisional — em Angola.

Antes de deixar a Penitenciária do Distrito de Orleans, fiz um juramento no C-1 para me tornar membro do Partido dos Panteras Negras. No meu último dia lá, um dos Panteras me deu uma cópia de *O Livro Vermelho*, uma coleção de citações de Mao Tse-tung. Eles pediram: "Não se esqueça do partido. Não se esqueça do que ele representa. Não se esqueça do Programa de 10 Pontos e dos princípios do partido. Eduque. Agite. Seja forte. Mantenha-se firme."

Capítulo 14

Angola, 1971

A prisão é projetada para acabar com o espírito e destruir a determinação de alguém. Para isso, as autoridades tentam explorar cada fraqueza, desmantelar cada iniciativa, negar todos os sinais de individualidade — tudo com a ideia de erradicar aquela centelha que nos torna humanos e quem somos individualmente. Nossa sobrevivência dependia de entender o que as autoridades estavam tentando fazer conosco e compartilhar essa compreensão com os outros.

— Nelson Mandela

Nada mudara em Angola. A escravidão sexual ainda fazia parte da cultura da penitenciária. A violência ainda era uma ameaça constante. Ainda usavam guardas armados em blocos de celas, em guaritas, a cavalo nos campos. Esfaqueamentos e espancamentos aconteciam todos os dias. Angola era a mesma, mas eu não. Cheguei com ordens para começar uma filial do Partido dos Panteras Negras. Disseram-me para resistir, educar, agitar. Quando ingressei no partido, dediquei minha vida à luta social. Dei minha palavra de que viveria de acordo com os princípios do partido. Eu estava preparado para sacrificar minha vida para cumprir minha palavra.

A penitenciária ainda era segregada. Fui colocado em um alojamento para negros no Centro de Recepção. Eu estava lá há cerca de uma semana quando vi um prisioneiro chamado Joseph Richey seguir um menino de dezessete anos até o banheiro. Na prisão, aprendemos os sinais do que está acontecendo antes mesmo de acontecer. Peguei emprestada uma faca de um detento no alojamento, coloquei debaixo da camiseta e fui para o banheiro. Richey estava com o menino no chuveiro, ameaçando-o, tentando fazê-lo tirar a roupa. "Que porra está acontecendo?", perguntei.

"Não é problema seu", disse Richey. "Você não tem nada a ver com isso."

Falei: "Estou transformando em problema meu." Caminhei em direção a eles. "Você não vai estuprar esse garoto." Eu olhei para o menino e disse: "Pode sair, não vai acontecer nada aqui." A princípio, o menino não se moveu, então avançou lentamente em minha direção encostado contra a parede, passou por mim e saiu pela porta.

Tirei a faca que estava sob a camiseta. Richey puxou sua arma e eu falei: "Vamos logo." Eu dei uma investida contra ele, que recuou e largou a faca. Informei-lhe que, enquanto eu estivesse no alojamento, ele não estupraria aquele garoto ou qualquer outra pessoa. Quando saí do banheiro, subi em uma mesa no salão e anunciei: "Todos os estupradores filhos da puta daqui estão avisados: vocês não vão estuprar ninguém enquanto eu estiver neste alojamento." Posso dizer com orgulho que depois que impedi Joseph Richey de estuprar aquele menino, nenhum prisioneiro foi estuprado no alojamento do CR em que eu estava.

Depois de trinta dias, fui levado ao conselho de classificação e designado para trabalhar na copa, lavando panelas e frigideiras usadas no refeitório e na cozinha. Dessa vez, eu não fiquei do lado dos prisioneiros com privilégios; ficaria no bloco principal. A caminhada foi longa por uma passarela coberta para evitar a chuva. As grades percorriam ambos os lados. Havia quatro unidades no caminho, cada uma composta de quatro blocos de alojamentos retangulares de feitos de concreto. Cada alojamento continha cerca de sessenta prisioneiros. Dois alojamentos de cada unidade ficavam de frente um para o outro. A porta da frente de cada um se abria para a passarela. As laterais tinham enormes janelas que iam do nível da cintura até o teto, e havia passagens estreitas de cada lado do alojamento que levavam aos fundos. Entre dois dos alojamentos em cada unidade do lado esquerdo da passarela — alojamentos 1 e 2 — havia uma guarita. A passarela e todos os prédios eram elevados, cerca de 1m ou 1,2m acima do chão. Quatro ou cinco degraus desciam para o pátio entre as unidades.

Oficialmente, os detentos não podiam se reunir na passarela, mas às vezes o faziam ou ficavam em grupos ao lado dela, no gramado entre as unidades. Cada guarita tinha espaço para dois policiais se sentarem. Um dos guardas de cada unidade costumava ficar na passarela, mantendo-a livre e, às vezes, revistando prisioneiros, vasculhando seus bolsos, forros de jaqueta e sapatos em busca de contrabando, quando passavam por ele, enquanto o outro ficava sentado na cabine.

Cada unidade tinha o nome de uma espécie de árvore. Os prisioneiros brancos viviam nos alojamentos Oak [Carvalho], a primeira unidade da passarela. Em seguida, vinham as unidades exclusivamente negras: Pine [Pinheiro], Walnut [Nogueira] e Hickory [Carya]. Toda a área, incluindo um enorme pátio sem árvores e um almoxarifado, logo após o portão de segurança, era cercada por um alambrado de 3,6m com arame farpado em cima. Os homens livres e os guardas detentos operavam as guaritas com vista para a passarela e o pátio. Havia um campo de beisebol no pátio e outra área no alto de uma pequena colina onde jogávamos futebol americano. O refeitório e o centro de controle ficavam do outro lado do portão de segurança, que chamávamos de "portão do alcaguete", em uma das extremidades da passarela.

Falei sobre o Partido dos Panteras Negras para prisioneiros em meu alojamento e na passarela. Expliquei o Programa de 10 Pontos. "Queremos liberdade; queremos o poder de determinar nosso próprio destino", disse a eles. Eu carregava *O Livro Vermelho* para onde quer que eu fosse. "Não roubem", declarei aos homens, lendo, "nem mesmo uma agulha ou um pedaço de linha das pessoas". Alguns dos caras que já me conheciam, me observavam, pensando que eu ainda estava no jogo, tentando descobrir o que eu pretendia. Outros se sentiram ameaçados e me evitavam. Falei com os homens sobre o que os Panteras me ensinaram: "Na prisão, primeiro eles reduzem seu valor como ser humano, depois destroem sua determinação." Falei que eles precisavam se reeducar, que tínhamos que nos unir e trabalhar juntos. Eu disse que eles tinham que parar de estuprar e esfaquear uns aos outros. "Eles querem que vocês lutem entre si para que não resistam. Vocês merecem algo melhor do que o que estão recebendo."

Levei um tempo para recuperar o ritmo e aprender a falar com os presos. Por tentativa e erro, aprendi que a melhor maneira de alcançar cada homem no pátio era em seu próprio nível de consciência. Comecei a falar muito sobre a comida e o quanto era ruim. Aprendi que fazer perguntas era mais eficaz do que dar palestras, então fiz muitas perguntas. "Como vocês se sentem sem roupas de chuva quando precisam trabalhar no campo?", perguntei. "Como vocês se sentem comendo mortadela refeição após a outra quando vemos caminhões trazendo frango e carne bovina destinados a nós?" "O que vocês acham de receber dois centavos por hora?"

Ao mesmo tempo, eu ainda estava integrando o código de conduta recém-aprendido à minha vida cotidiana. Eu tinha a paixão idealista de um revolucionário, mas aos 24 anos, depois de cinco anos entrando e saindo de quatro penitenciárias diferentes, eu tinha a maturidade emocional de alguém muito mais jovem. Se um cara fizesse algo comigo ou me ameaçasse, eu retaliava. Mas eu estava determinado a seguir em frente, e sempre retornava aos princípios do partido. Com o tempo, percebi que minha conduta pessoal — a maneira como me comportava — era quase mais importante do que qualquer coisa que eu falava. Os Panteras me ensinaram que não se combate fogo com fogo, mas com água. Entendi que isso significava que, se um prisioneiro me desafiasse ou ameaçasse, eu teria que encontrar o oposto dentro de mim para lidar com aquele indivíduo e usar os ensinamentos e valores do Partido dos Panteras Negras em vez de recorrer à violência.

Trabalhei no refeitório, um prédio enorme que abrigava a cozinha, as despensas e os congeladores onde os alimentos eram armazenados; uma padaria; um açougue onde os presidiários recebiam treinamento vocacional; uma sala vazia na parte de trás para os trabalhadores descansarem entre os turnos; e, bem no fundo, a copa. Sempre havia uma enorme banheira de água fervendo na copa. Usávamos botas de borracha que subiam até os joelhos, aventais de borracha que iam do pescoço até o topo das botas e luvas de borracha isolante para trabalhar com a água escaldante. Primeiro, abaixávamos as panelas e frigideiras para mergulhá-las na água fervente, usando cabos de vassoura quebrados, depois as levantávamos da mesma maneira, jogando-as em um canto onde as enxaguávamos com uma mangueira potente. Depois de enxaguadas, as colocávamos em prateleiras de secagem. Normalmente éramos três trabalhadores e nos revezávamos na banheira de água fervente, às vezes éramos apenas dois. Tínhamos que trabalhar rápido, mas eu era muito cuidadoso, nunca me queimei.

Na maior parte da penitenciária, negros e brancos não trabalhavam juntos. Mas no refeitório os trabalhos eram mistos. Os brancos tinham os trabalhos "melhores", cozinhando e atuando como atendentes na despensa; os negros faziam a limpeza e serviam no balcão térmico. (Os detentos brancos tinham seu próprio balcão térmico e eram servidos por prisioneiros brancos.) A maioria de nós trabalhava dezesseis horas por dia, em dias alternados, e entre as refeições podíamos sair e voltar para nossos alojamentos ou para o pátio, ou podíamos ficar na sala dos fundos. Era diferente para os trabalhadores negros do refeitório na frente, que serviam a comida, limpavam o chão e as mesas enquanto os presos comiam e serviam Ki-suco e outras bebidas. Eles eram forçados a trabalhar dezesseis horas por dia, seis ou sete dias por semana, e entre as refeições não podiam sair. Depois de algumas semanas trabalhando na copa, comecei a ficar no refeitório entre meus turnos para conversar com os trabalhadores de lá. "O que vocês estão fazendo é trabalho escravo", disse a eles. "Não deveria haver regras diferentes para vocês e para o resto." Sugeri que elaborassem uma petição e enviassem ao diretor.

Na sala dos fundos da cozinha, também conversei com prisioneiros brancos. "Vocês têm um trabalho melhor por serem brancos e isso os beneficia individualmente, mas como grupo ainda sofrem", falei. "Somos todos vítimas da mesma corrupção, brutalidade, espancamentos e escravidão sexual permitidos pela administração. Todos vivenciamos as mesmas condições degradantes e desumanas na masmorra. A mesma falta de assistência médica. Todos nós, prisioneiros brancos e negros, sofremos pelos mesmos motivos." Eles ouviram o que eu tinha a dizer. Senti que estava progredindo.

Em agosto, briguei com um homem livre. Não me lembro do que se tratava, mas fui colocado no Red Hat por alguns dias. Lá fora a temperatura estava na casa dos 32°C. Dentro da cela de 2m x 3m no Red Hat, parecia o dobro. Sentei-me no beliche de concreto. Eu me levantei e o suor escorria de mim apenas por pensar. Às vezes eu me sentia enganado, sabendo que nascer negro praticamente determinava onde eu terminaria. Achei triste ter que ser preso para descobrir que havia grandes afro-americanos neste país e neste mundo, e para encontrar modelos que eu deveria ter tido na escola. O que me ajudou foi saber que não era mais um criminoso. Eu me considerava um prisioneiro político. Não no sentido de ter sido encarcerado por um crime político, mas por causa de um sistema que falhou terrivelmente comigo como indivíduo e cidadão neste país. Isso se consolidou em mim no Red Hat.

Lembro-me do dia em que fui libertado, 21 de agosto de 1971, porque foi o dia em que George Jackson, marechal de campo do Partido dos Panteras Negras, foi baleado e morto por guardas na penitenciária de Soledad, na Califórnia. Depois de ficar trancado naquele caixão fedido do Red Hat por três dias, não achava que minha decisão de defender os princípios do Partido dos Panteras Negras pudesse ficar mais forte. Quando soube do assassinato de George, meu comprometimento só aumentou.

Algumas semanas depois, eu estava ouvindo rádio quando soube que os presos da penitenciária de Attica, no interior do estado de Nova York, haviam tomado 42 funcionários da prisão como reféns. Lá, as condições eram notoriamente ruins há muitos anos. Ouvi rumores sobre isso quando estava nas Tumbas. Os prisioneiros recebiam um balde de água e uma toalha suja uma vez por semana no lugar de um banho; não tinham sabonete, assistência médica ou alimentação adequada; e havia uma grave superlotação. Tentei achar notícias sobre a revolta no rádio, mas no interior da Louisiana não havia nenhuma. Dias depois, descobrimos que o governador de Nova York, Nelson Rockefeller, ordenou que os guardas da prisão e vários departamentos de polícia retomassem o controle de Attica. Soubemos mais tarde que os detentos foram enganados por funcionários da prisão, que informaram que haveria uma negociação para acabar com o motim e a situação de reféns. Enquanto os helicópteros pairavam sobre o pátio da prisão na manhã de 13 de setembro, os presos esperavam que membros do Departamento de Correções e do gabinete do governador pousassem no pátio para falar com eles. Em vez disso, os prisioneiros foram obrigados a colocar as mãos na cabeça e deitar no chão. Dos helicópteros, jogaram gás lacrimogêneo de uso militar no pátio. Sem qualquer aviso, mais de quinhentos policiais estaduais uniformizados e armados, junto de centenas de guardas nacionais, xerifes e policiais de vários condados do norte do estado de Nova York, invadiram o pátio e atiraram indiscriminadamente, atingindo prisioneiros desarmados e reféns. Os presos que formaram um círculo protetor em torno dos reféns foram mortos a tiros. No total, 10 reféns e 29 detentos foram mortos.

Nenhum dos reféns foi morto por prisioneiros, mas no dia do massacre as autoridades declararam que os detentos cortaram a garganta de quatro reféns e castraram outro. Um oficial disse a repórteres do lado de fora da prisão que "viu" o refém ser castrado "com seus próprios olhos". No dia seguinte, o legista local, Dr. John Edland, revelou a verdade: os dez reféns foram mortos por balas de policiais. Nenhum deles teve a garganta cortada ou fora castrado. O governador ordenou outras duas autópsias, que corroboraram as descobertas de Edland. Em troca de sua integridade e bravura, Edland e sua família receberam ameaças de morte. Ele foi chamado de traidor e de "amante de negros".

Só ficaríamos sabendo de tudo isso muito mais tarde, mas, com base em minha experiência como prisioneiro, eu sabia que o que acontecera em Attica não fora como o que estava sendo relatado no rádio na época. Após o massacre no pátio da prisão, começou o tratamento bárbaro dos prisioneiros que sobreviveram. Fiquei frustrado e com raiva e senti muita dor pelos homens massacrados e brutalizados em Attica. No entanto, mesmo estando horrorizado que esses homens, esses seres humanos, estivessem sofrendo tamanha brutalidade nas mãos das autoridades do estado de Nova York, eu sempre voltava a um pensamento: os prisioneiros de Attica haviam se unido. As divisas que geralmente segregavam os detentos — raciais, religiosas, econômicas — pareciam ter desaparecido para 1.280 homens naquele pátio de prisão. Isso validou o que aprendi com o Partido dos Panteras Negras. A necessidade de ser tratado com dignidade humana atinge a todos. E a chave para a resistência é a unidade.

Capítulo 15

Herman Wallace

Ouvi o nome de Herman Wallace pela primeira vez quando estava na Penitenciária do Distrito de Orleans. Como eu, ele viera de Nova Orleans, foi preso por assalto à mão armada e seu mundo mudou depois de conhecer membros do Partido dos Panteras Negras na prisão. Enquanto eu aprendia com os Panteras de Nova York nas Tumbas, ele aprendia sobre o partido com os Panteras na penitenciária distrital. "Na prisão, conheci o presidente Mao, Marx e Engels, Chou En-lai, Fidel, Che, George Jackson, Ho Chi Minh, Kwame Nkrumah e, especialmente, Frantz Fanon", escreveu Herman certa vez. "Aprendi todo um novo modo de pensar." Ele jurou seguir os princípios do Partido dos Panteras Negras de Huey Newton e Bobby Seale, como eu fiz. Nunca o conheci nas ruas, mas o avistei na penitenciária distrital. Estávamos em blocos diferentes, mas nos cruzávamos de vez em quando no caminho de ida ou volta do fórum ou durante convocações de advogados. Todos o chamavam de Hooks por causa do seu caminhar com as pernas arqueadas. Eu era conhecido como Fox, mas ele sempre me chamou de Albert. Erguíamos os punhos algemados na altura da cintura em solidariedade quando nos víamos. "Poder ao povo", bradávamos.

Quando voltei para Angola, Herman estava lá, mas estava no Camp A, inacessível a partir do bloco principal onde eu estava alojado. Um dia, ouvi dizer que o departamento de saúde havia interditado o Camp A e Herman estava entre os prisioneiros transferidos para o bloco principal. Fui procurá-lo na passarela e o encontrei no alojamento Pine 1. Ele sorriu ao me ver e nos abraçamos. Herman tinha um daqueles sorrisos que ilumina o rosto de uma pessoa por completo. Ele era aberto e sem reservas comigo, o que me fez confiar nele. Em temperamento, éramos opostos. Hooks era um cara extrovertido, agressivo e ousado, e eu era mais reservado e diplomático, introvertido. Mas tínhamos os mesmos objetivos, moral e princípios. Ele me contou sobre a organização de prisioneiros no Camp A. Eu lhe contei o que estava fazendo. Ambos sabíamos que ninguém queria que fizéssemos nada daquilo — nem os homens livres, nem os poderosos detentos mandachuvas que ganhavam dinheiro com a prostituição de outros presos, nem os detentos que traficavam drogas ou qualquer pessoa que lucrasse com a corrupção desenfreada em Angola. Nós dois sabíamos que haveria retaliação, que teríamos que fazer sacrifícios. Pude ver que ele estava disposto a aceitar isso e ele viu o mesmo em mim. Juntos, nos propusemos a criar uma filial do Partido dos Panteras Negras em Angola. Até hoje não entendo como ou por quê, mas acreditávamos ser invencíveis.

Realizamos reuniões do partido no pátio onde jogávamos futebol americano. Enquanto os homens jogavam a bola uns para os outros no campo à noite, Herman e eu conversávamos com eles. "Para serem libertados, vocês devem primeiro se libertar", disse Herman aos homens. "Vocês não merecem ser tratados como escravos", falei. "Vocês não são propriedade, são homens", dissemos. "Vocês precisam encontrar a dignidade e o orgulho dentro de si", falei a eles. "Eu sou a prova de que é possível."

Explicamos o conceito de racismo institucional e como ele contribuiu para que fossem presos — como os departamentos de polícia e os tribunais discriminavam os negros. Contei a eles: "Eu costumava achar que sempre era preso por falta de sorte, mas não era azar. Eu era marcado por ser negro, por isso continuava sendo preso." Dissemos a eles que precisávamos nos unir como um grupo contra a administração porque era a única maneira de fazer mudanças; não tínhamos poder quando cuidávamos apenas de nós mesmos. Repassamos diversas vezes os princípios do Partido dos Panteras Negras. Número 1: "Queremos liberdade. Queremos poder para determinar o destino de nossa Comunidade Negra." Número 4: "Nós queremos moradia, queremos um teto que seja adequado para abrigar seres humanos." Número 7: "Nós queremos o fim imediato da brutalidade policial e assassinato do povo preto." Número 9: "Nós queremos que todas as pessoas pretas, quando trazidas a julgamento, sejam julgadas na corte por um júri de pares do seu grupo ou por pessoas de suas comunidades pretas." Herman e eu percebemos que muitos desses homens nunca tinham escutado que eram bons. Os oprimidos sempre acreditarão no pior sobre si mesmos, escreveu Frantz Fanon, e descobrimos que isso é verdade.

Estávamos muito cientes do mercado de escravizados sexuais que existia em Angola, mas no início estávamos tão ocupados tentando organizar os prisioneiros que não nos concentramos nisso. Então, um dia, eu estava sentado na minha cama quando um menino que foi estuprado por outro prisioneiro se sentou à minha frente. Quando olhei para o seu rosto, percebi, pela primeira vez na minha vida, as consequências brutais do estupro. Eu estava vendo o rosto de uma pessoa que teve sua dignidade tomada, seu espírito derrotado e seu orgulho destruído. Foi um dos momentos mais comoventes da minha consciência recém-descoberta. Em seu rosto, vi um ser humano que estava totalmente devastado. Antes, eu pensava no estupro como uma violência física e sentia que era meu dever, como Pantera Negra, tentar evitá-lo. Agora, via que o estupro ia muito além de um ato físico. Ele causava a completa destruição de outro ser humano.

Senti uma nova consciência em meu íntimo de que prejudicar outro ser humano — de qualquer forma — era moralmente errado e completamente inaceitável, e com isso veio muita vergonha, porque fui inundado por memórias de brigas e de ferir pessoas fisicamente. Eu fui violento e cruel para sobreviver nas ruas. Com o reconhecimento de que estava errado, veio uma grande dor. E um novo princípio moral nasceu dentro de mim: não fazer mal. Esse foi um momento profundo para mim como homem e como ser humano. Era a minha evolução interna.

No dia seguinte, fui procurar Herman. Abri a porta de seu alojamento e gritei que precisava falar com ele. Paramos na passarela perto do alambrado e contei a ele o que havia acontecido e o quanto eu estava zangado e triste; como, pela primeira vez, percebi a sensação de que algumas das coisas que fiz a outros seres humanos durante a vida foram um ataque a toda a humanidade. Ele disse que se sentia da mesma forma e discutimos o que fazer a respeito. Mais tarde naquele mesmo dia, falamos sobre o assunto com os detentos que compareceram ao nosso encontro no campo de futebol. Dissemos a eles que, como Panteras, tínhamos que nos posicionar contra o estupro. Não apenas dizer que era errado, mas fazer algo para impedir que acontecesse. Os presos concordaram em nos ajudar. Começaríamos tentando proteger os novos detentos que chegassem em Angola. Os detentos negros eram levados de ônibus para o bloco principal vindos do Centro de Recepção às quintas-feiras. Nesses dias, encontraríamos os novos presos e os escoltaríamos até seus alojamentos. (O estupro descontrolado acontecia em ambas as populações nos dias de chegada de carne nova, mas detentos brancos e negros passavam pela passarela em dias diferentes.)

Herman e eu o chamamos de "esquadrão antiestupro". Estabelecemos diretrizes para os outros presos que quisessem se posicionar conosco: trabalhar em pares, nunca sozinho. Usar a violência apenas como último recurso. Todas as quintas-feiras, no dia de carne nova, nos armávamos e descíamos à passarela, nos apresentávamos aos novos prisioneiros e informávamos que agora estavam sob a proteção do Partido dos Panteras Negras. Nós os escoltávamos até o alojamento para o qual foram designados e explicávamos o tipo de jogos que um preso fazia para agredir sexualmente ou estuprar outro detento, ou coagi-lo a se tornar um escravizado sexual. "Não peça nada emprestado", dissemos a eles. "Não aceite nada que lhe seja oferecido, não peça favores, não aceite favores. Se fizerem isso, estarão dando abertura para ficar em dívida com predadores sexuais." Dissemos para nos procurassem se precisassem de alguma coisa. Nós os ajudaríamos a encontrar o que precisassem — sabonete, pasta de dente, desodorante ou "zuzus", o termo que usávamos para guloseimas como salgadinhos e doces. Se encontrássemos alguém ameaçando outro prisioneiro de estupro, nós o impedíamos. Às vezes, bastava dizer alguma coisa — "Irmão, deixa disso, siga em frente" ou "Isso não vai acontecer" — e já era o suficiente. Outras vezes, tínhamos que lutar. Espalhamos que se mexessem com alguém sob nossa proteção, a pessoa teria que lidar com o Partido dos Panteras Negras. À medida que a presença do partido crescia na ala, sabíamos que os prisioneiros "mandachuvas" — aqueles que tinham negócios lucrativos de apostas, drogas e prostituição dentro da prisão — estavam nos observando. Nunca confrontei nenhum deles diretamente, mas sempre andávamos em grupos de dois ou três. Isso não evitava que fôssemos atacados, mas fazia com que nos sentíssemos melhor.

Onde quer que estivéssemos, no alojamento, no trabalho, na fila do rango, na passarela, Herman e eu falávamos sobre o Partido dos Panteras Negras. Alguns caras faziam comentários como: "Droga, cara, você só fala disso, os Panteras." Eu não neguei. Para mim, era sempre os Panteras. Nossa lista de inimigos era longa. Não eram apenas os presos cafetões e traficantes de drogas, brancos e negros, que nos odiavam. Os dedos-duros também nos rondavam, tentando obter informações que pudessem vender. Os agentes de segurança nos ouviam. Sabíamos que éramos uma ameaça ao status quo. Às vezes, eu tinha medo de ser morto. Mas acreditava que aquilo pelo que lutava era mais importante do que eu. Nunca me ocorreu parar o que estávamos fazendo.

Herman e eu passamos cerca de seis ou sete meses juntos no bloco principal. Durante esse tempo, formamos a primeira filial oficial do Partido dos Panteras Negras atrás das grades. Não era uma filial comum. Não tínhamos material de leitura para distribuir ou compartilhar. Não podíamos dar aulas políticas diárias. Não podíamos observar os homens para monitorar o desenvolvimento de sua consciência política ou conduta moral. Não podíamos exigir que os homens lessem duas horas por dia, como os Panteras faziam nas ruas. Alguns homens que compareciam às nossas reuniões compreendiam imediatamente os conceitos do Partido dos Panteras Negras, se comprometiam a honrá-los e realmente o faziam. Muitos dos que aderiram inicialmente não tiveram força ou vontade para continuar. A maioria dos homens que compareciam às nossas reuniões não assumia nenhum tipo de compromisso com o partido, mas eu gostava de pensar que eram influenciados pelo que conversávamos.

Capítulo 16

17 de abril de 1972

Em 17 de abril de 1972, eu me vesti, escovei os dentes e esperei o homem livre destrancar a porta e gritar "Rango" para anunciar o café da manhã. Normalmente havia dois homens livres designados para cada unidade. Durante as refeições, um guarda ficava na passarela direcionando o tráfego enquanto o outro, geralmente o mais experiente, ia para o refeitório com os presos da sua unidade. Quando abriram as portas dos alojamentos de Hickory naquela manhã, todas as outras unidades já haviam sido destrancadas e a passarela estava lotada. Caminhei até o refeitório com um prisioneiro chamado Everett Jackson. Eu não o conhecia, mas ele era assistente jurídico e pedi que me ajudasse com meu caso. Um detento chamado coronel Nyati Bolt também caminhava conosco. Pudemos ver que havia um congestionamento à nossa frente; os presos estavam se aglomerando no portão do alcaguete. Ouviu-se a notícia de que havia um "piquete", palavra que usávamos para indicar a greve de trabalhadores no refeitório. Não fiquei surpreso. Conversei com os trabalhadores da cozinha sobre seus direitos durante semanas. Eles se recusavam a trabalhar até falarem com o diretor. Depois de cerca de cinco ou dez minutos, o alarme soou e todos os que estavam na passarela foram mandados de volta aos alojamentos para esperar o fim do piquete. Os presos que estavam andando pelas dependências ou levantando pesos também tiveram que voltar para seus alojamentos quando o alarme soou. As portas foram trancadas assim que entramos. Eu me deitei no beliche. Cerca de vinte minutos depois, o alarme do rango tocou, as portas foram destrancadas e fomos novamente para a passarela.

Desta vez, a fila andou rapidamente porque a greve acabara. Mais uma vez caminhei até o refeitório com Everett. Lá, nos sentamos juntos. Bolt sentou-se conosco. Em algum momento, percebi que um preso chamado Chester

"Noxzema" Jackson também estava na nossa mesa. Ele não era um amigo, ou um Pantera, mas queria ser um Pantera Negra e perambulava pelos arredores de onde quer que Herman e eu estivéssemos. Chester Jackson, que fora "namoradinha" e um alcaguete conhecido, tentou se passar por membro do partido antes de chegarmos a Angola. Usava uma boina preta e tinha uma pantera desenhada em sua jaqueta. Pedia a todos que o chamassem de "Pantera", mas não adiantou. Todos o chamavam de Noxzema. Ele não era um Pantera, e Herman e eu não confiávamos nele, mas tínhamos uma atitude de "esperar para ver" com todos. Foi isso que os Panteras nos ensinaram. E, estando na prisão, não tínhamos outra escolha.

Eu não estava trabalhando naquele dia, então, depois do café da manhã, acompanhei Everett até o centro de controle, onde ficava o escritório de aconselhamento dos detentos, para pegar a papelada de que precisava. Ele me deixou na passarela e entrou para pegar os papéis, depois os trouxe de volta e os entregou para mim em menos de dez minutos. Voltei pelo portão do alcaguete, desci a passarela até meu alojamento e voltei a dormir.

Acordei com o estrondo dos alarmes e muitos gritos do lado de fora do alojamento. Um homem livre estava à porta, gritando: "Levantem todos, seus crioulos. Vão para a passarela e façam fila. Saiam." Saí e fiquei atrás de centenas de outros prisioneiros. Homens livres corriam pelo pátio carregando metralhadoras e rifles.

Estávamos no fim da fila e, a princípio, nenhum de nós sabia o que estava acontecendo. Achei que talvez tivesse algo a ver com um incidente do dia anterior, quando um homem livre foi atacado em uma guarita na passarela. Um detento caminhou até a guarita e jogou gasolina no guarda de vinte anos que estava na cabine, Mike Gunnells, enquanto outro atirou um material em chamas dentro da cabine, incendiando as roupas do guarda. (Gunnells disse que viu o prisioneiro Rory Mason acendendo um pedaço de papel, mas não identificou quem jogou a gasolina. Apenas Mason seria julgado e condenado pelo crime.) Mas também sabia que poderia ser qualquer coisa. Angola era um terreno fértil para o caos naquela época. Havia as brigas diárias no pátio por causa da prostituição, das drogas e dos jogos de azar. Havia os conflitos diários entre carcereiros e homens livres racistas contra os presos. Havia uma batalha contínua nos bastidores dentro da administração — um jogo de poder entre o atual diretor, C. Murray Henderson; seu braço direito, o administrador Lloyd Hoyle; e as antigas famílias de Angola que dirigiam a prisão há gerações. O chefe da segurança, Hayden Dees, que vinha de uma longa linhagem de famílias de Angola, era diretor interino e esperava ser nomeado diretor antes de Henderson ser contratado. A contratação de Henderson, que era do Tennessee, em 1968, foi um desagradável choque para a "velha guarda". Henderson era um estranho. Segundo todos os relatos, Dees fora enganado.

As tensões aumentaram entre Henderson e Dees quando o Departamento de Justiça começou a investigar a penitenciária em resposta a um processo de um detento em 1971. Um preso chamado Hayes Williams e três outros detentos processaram o governador e o secretário do Departamento de Segurança Pública e Correções da Louisiana, alegando que as condições de vida precárias em Angola violavam seu direito constitucional contra punições cruéis e incomuns. Depois que o processo de Williams foi ajuizado, advogados do Departamento de Justiça se envolveram e o diretor Henderson foi pressionado a integrar as populações carcerárias, livrar-se dos guardas detentos e criar registros disciplinares e de alojamento adequados para os presos. Henderson, por sua vez, tentava forçar Dees a fazer essas mudanças, mas sem sucesso. Dees era a pessoa mais poderosa em Angola naquela época, administrando a prisão em todos os sentidos, exceto no papel, e ele queria administrar as coisas como uma fazenda, como sempre foram.

Começou a circular entre os prisioneiros a notícia de que um segurança havia sido morto. Isso não surpreendeu ninguém. Havia também uma centena de crimes ou brigas em que um guarda poderia esbarrar que poderiam resultar em sua morte. E havia mil razões pelas quais um preso seria pressionado até o seu limite e explodiria em um surto de raiva, vingança e violência contra um homem livre em Angola. Trabalhar no campo sem luvas, ser espancado enquanto está algemado, receber 32 centavos por dia de 16 horas de trabalho, falta de assistência médica — os detentos eram forçados a usar remédios caseiros, que aprenderam a fazer com suas famílias, para tratar seus ferimentos. Os homens eram forçados a abaixar a cabeça e suportar constantes desrespeitos, xingamentos, ameaças e violência física por parte de funcionários da prisão e agentes de segurança. Só conseguimos chutar um cachorro uma determinada quantidade de vezes antes de ele se virar e atacar.

Enquanto isso, havia também uma ampla luta pelos direitos humanos e civis nos Estados Unidos naquela época, e um número cada vez maior de prisioneiros e grupos de detentos faziam o que fazíamos com o Partido dos Panteras Negras, manifestando-se e pedindo resistência. Fora da prisão, alguns legisladores negros pressionavam pela reforma penitenciária. Em fevereiro daquele ano, dois meses antes do assassinato do guarda, o deputado norte-americano John Conyers, de Michigan, discursou em uma audiência nacional sobre a reforma penal realizada em Nova Orleans, organizada pela representante do estado de Louisiana Dorothy Mae Taylor e a Black State Legislators Association. A aparição de Conyers ganhou a primeira página do jornal porque ele chamou todos os prisioneiros negros nos Estados Unidos de "presos políticos", porque "eles vieram de um ambiente onde o crime propiciava a sobrevivência". Dois ex-presidiários negros que falaram na audiência descreveram atrocidades em Angola. Um deles, Andrew Joseph, disse que testemunhou guardas atirando em uma reunião de prisioneiros que protestavam contra a comida ruim, sacrificando detentos "como se fossem cachorros". Outro, Lazarus Smith, disse que viu "até sessenta homens" morrerem em consequência da falta de tratamento de ferimentos em Angola. Falou que certa vez apunhalou um prisioneiro em uma briga e um guarda "cavalgou (o homem ferido) pelo terreno até que ele morresse".

Nada dessa publicidade foi bem recebida pelos responsáveis de Angola. Apesar de sua rixa, Henderson e Dees pareciam concordar no seguinte: nenhum negro tinha o direito de se manifestar contra a brutalidade e as más condições de Angola. (Os oficiais da prisão impediram com sucesso a deputada Taylor de visitar Angola mais de uma vez.) Qualquer preso que reclamasse ou resistisse tornava-se um "militante" aos olhos deles e tinha que ser sacrificado, quer tivesse convicções políticas quer não.

Em retrospecto, quando chegou a notícia de que um guarda havia sido morto naquele dia, eu deveria saber imediatamente o que estava para acontecer, mas não me dei conta. Lentamente, a fila se moveu em direção ao almoxarifado, onde Hayden Dees interrogava um por um dos presos com as autoridades locais.

Quando cheguei à porta do almoxarifado, Dees e um xerife local chamado Bill Daniel estavam de pé atrás do balcão com três ou quatro homens livres de cada lado deles. Dees olhou para mim quando entrei. "Woodfox, seu crioulo filho da puta, você matou Brent Miller", gritou.

"Não, eu não matei", respondi.

O subdelegado Daniel puxou um revólver de baixo do balcão e o apontou para o meu rosto. "Vou estourar a porra dos seus miolos, crioulo", afirmou. "Se acha que estou com medo de você por ser um Pantera Negra, você não sabe quem eu sou, seu filho da puta. Vocês, Panteras Negras, precisam levar seus traseiros para St. Francisville, vamos lhes mostrar o que é bom."

17 DE ABRIL DE 1972

Eu não demonstrei medo. "Cara, é melhor você tirar essa porra de arma da minha cara", falei.

Eles me xingaram e me mandaram tirar a roupa. Tirei o moletom cinza, o jeans azul e as botas de borracha que estava usando e eles jogaram minhas roupas em uma pilha no canto. Alguém me entregou um macacão branco esfarrapado para vestir. Eles algemaram meus pulsos à cintura com uma tira de couro e colocaram restrições em cada um dos meus tornozelos, conectados por uma corrente. Eu estava descalço. Com um guarda de cada lado, um deles carregando uma metralhadora, fui acompanhado porta afora, passando pelo portão do alcaguete até o refeitório, onde viramos à direita e passamos pelo centro de controle até a masmorra. Na escada da masmorra, eles me bateram. Em seguida, meio que me empurraram, meio que me carregaram escada acima e me trancaram no chuveiro na frente do bloco. Fecharam a porta do chuveiro e removeram as algemas pelas grades. Eles sabiam que, se tirassem as algemas no chuveiro, eu me defenderia deles. Homens foram levados para lá o dia todo. Os golpes, apelos e gritos dos detentos na escada ecoavam pelas paredes. Alguns prisioneiros xingavam os guardas e tentavam revidar; outros imploravam por misericórdia. Eles colocaram cinco homens em celas feitas para um, mas não colocaram ninguém no chuveiro comigo.

Eu não conhecia Brent Miller, exceto de vista, mas conhecia a família Miller. Ele e seus irmãos foram criados em Angola, e várias gerações da família passaram pela penitenciária. Seu pai administrava a fazenda de porcos da prisão. Isso explicava as surras. Eles não queriam justiça, queriam vingança. Eles que se fodam, pensei. Qualquer sentimento humano que eu pudesse ter sentido por Brent Miller ou pela família Miller tinha acabado de ser arrancado de mim na base da surra.

Eu me perguntei onde Herman estaria. Nós sempre soubemos que um dia eles encontrariam uma desculpa para nos tirar da passarela. A subitaneidade de ser trancafiado me lembrou de que na prisão tudo pode mudar em um piscar de olhos. A noite toda, homens livres e delegados levaram prisioneiros para as masmorras, os espancaram na escada e os enfiaram em celas como sardinhas. Eu ainda estava sozinho no chuveiro. Não sei quanto tempo se passou antes que o irmão mais velho de Brent Miller, Nix, e sete ou oito outros homens livres chegassem ao bloco.

"Lá está aquele crioulo, no chuveiro", gritou, apontando para mim. "Abra a porta do chuveiro", gritou para o homem livre.

O homem livre falou: "O diretor disse para não deixar ninguém entrar no chuveiro." Eu o ouvi dizer algo como: "Se você quiser abrir, vou deixar a chave na caixa e você pode abri-la sozinho."

Nix e seus amigos já estavam caminhando na minha direção.

"Seu crioulo filho da puta, você matou meu irmão", ele gritou.

Eles estavam parados na frente do chuveiro agora.

"Venha até a grade, filho da puta, venha para a porra da grade", ele gritou.

Eu respondi gritando: "Perdeu a porra do juízo? Eu não vou até a grade. Entre e me pegue."

Alguns dos presos nas outras celas começaram a fazer barulho, bater nas celas e gritar. "Deixe esse filho da puta em paz", gritavam, sacudindo as grades. "Venham aqui para *me* pegar."

Eu estava de pé, olhando para a porta do chuveiro, esperando que ela se abrisse a qualquer momento. Estava furioso demais, muito cheio de adrenalina para ter medo. Eles poderiam ter me tirado da cela e me espancado até a morte. Eu me defenderia com todas as forças. Um dos guardas do bloco deve ter chamado um superior, porque alguém apareceu e ordenou que Nix e seu grupo saíssem de lá.

Depois que eles saíram, eu me sentei no chão, encostei na parede de concreto e observei a entrada do bloco. No começo, achei que eles tinham me levado para a masmorra para me fazer de exemplo. Sabia que eles não tinham nenhuma evidência, nenhuma prova, nada que me ligasse ao assassinato de Brent Miller. Eu não matei aquele homem. Mas quanto mais eu ficava sentado no chuveiro, mais acreditava que eles poderiam tentar me incriminar. Eu fui o primeiro a ser preso. Eles me acompanharam em plena luz do dia pelo pátio até a masmorra, com guardas armados de cada lado. A essa altura, todos na prisão sabiam que eu estava marcado. Eles não precisavam de provas.

Mais tarde, soube que Brent Miller havia sido morto a facadas no alojamento Pine 1. Ele tinha 23 anos. Anos depois, ex-detentos disseram aos nossos investigadores que os presos que viviam em Pine 1 puderam voltar para seus alojamentos naquela noite; o sangue de Brent Miller ainda estava no chão.

Capítulo 17

A CFR

No dia seguinte, homens livres vieram até o chuveiro e colocaram grilhões em meus tornozelos. Meus pulsos foram algemados à cintura com uma tira de couro. Essas restrições se tornariam o padrão para mim nas décadas seguintes. Eles me acompanharam até um carro e eu entrei. Um capitão ao meu lado começou a me dar cotoveladas no peito, rosto e costelas. Eles me levaram a um prédio logo após o portão principal que abrigava o Centro de Recepção e o Corredor da Morte. Dentro havia um bloco de celas chamado Cela Fechada Restrita, ou CFR: outro nome para confinamento solitário. Na escada, eles me espancaram violentamente. Eu não conseguia revidar ou me defender por causa das algemas. Tentei não cair para que não me chutassem, mas eles me fizeram tropeçar. Um deles me chutou no olho. Agarraram-me e me arrastaram escada acima, ainda me socando e chutando, e me levaram para um dos blocos na CFR, que mais tarde descobri ser o bloco B. Abriram o portão de segurança que levava ao bloco e me conduziram à cela 15; me colocaram lá dentro e continuaram a me socar e chutar. Quando saíram, fecharam a porta e me disseram para ir até as grades. Aproximei-me das grades e levantei minhas mãos algemadas para que pudessem retirar as algemas. Eles removeram todas as restrições através das grades.

Dentro da cela, havia um beliche vazio preso a uma parede à esquerda, um vaso sanitário e uma pia de cerâmica presos à parede dos fundos e uma pequena mesa de metal e um banco presos à parede do lado direito da cela. Não havia colchão ou cobertor. Comecei a me examinar em busca de ferimentos. Meu corpo estava gravemente machucado pelo espancamento, mas eu ainda conseguia me mover pela cela sozinho. Caminhei para me esquecer da dor. A cela tinha quase três metros de comprimento por dois metros de largura. Eu conseguia dar quatro ou cinco passos da frente ao fundo da cela. Quando ouvi a porta de segurança se abrir no final do bloco, fiquei nas grades e escutei, tentando reconhecer vozes.

Gritei bloco abaixo para perguntar aos presos seus nomes quando os seguranças foram embora. Eles gritaram de volta. Eu não os conhecia. No final da tarde, os guardas levaram Herman e o colocaram na cela ao lado da minha. Ele havia sido gravemente espancado na masmorra e nas escadas da CFR. Eu não conseguia enxergá-lo, mas ficamos em nossas grades um ao lado do outro e conversamos. Herman ficara alojado no Pine 1 e conhecia Brent Miller. Naquela manhã, ele havia deixado o Pine 3, onde estava alojado agora, foi tomar café da manhã e estava trabalhando na fábrica de placas quando todos foram movidos para o interrogatório. Ele disse que várias pessoas devem tê-lo visto no refeitório e na fábrica de placas naquela manhã. Conversamos sobre como poderíamos informar nossas famílias e os membros do partido sobre o que aconteceu conosco. Ambos pensamos que o Partido dos Panteras Negras nos salvaria e que haveria um movimento para nos libertar. Achei que haveria protestos em massa nas ruas. "O povo se revoltará e não nos deixará ser condenados", disse Herman. Éramos ingênuos a esse ponto. (Não sabíamos, mas naquela época o COINTELPRO do FBI, trabalhando com outras agências federais, a polícia local, os promotores e o sistema judiciário, havia praticamente destruído o partido. Ainda existia um jornal dos Panteras Negras e membros obstinados em todo o país, inclusive em Nova Orleans, mas a infraestrutura e a unidade do partido como o conhecíamos haviam sido arruinadas. Herman e eu ainda não sabíamos disso; nem sabíamos o que era a COINTELPRO.) Homens livres iam até o bloco para nos insultar, dizendo que íamos morrer na cadeira elétrica. Eles nos disseram que passaríamos para o início da fila, à frente de todos os outros que esperavam sua execução.

As surras nos prisioneiros em retaliação à morte de Brent Miller não pararam conosco. Os administradores da penitenciária sentiram a necessidade de restabelecer o controle da prisão e escolheram fazer isso por meio do medo e do uso da brutalidade. Ouvimos boatos de que os prisioneiros foram espancados durante vários dias e que os funcionários da prisão permitiram que delegados locais e fazendeiros de fora da penitenciária entrassem para "ajudar". Alguns homens foram arrastados de suas celas no meio da noite para serem "interrogados". Um detento chamado Shelly Batiste escreveu um relato sobre o abuso e conseguiu mandá-lo para fora da prisão. Foi publicado no jornal dos Panteras Negras:

> Os prisioneiros foram espancados impiedosamente... largados para sofrer com ferimentos na cabeça e no corpo e queimaduras graves sem cuidados médicos. Estávamos todos trancados em celas de 1,5m x 2,5m (em grupos de quatro, cinco, seis etc.). Não conseguimos dormir porque há apenas um colchão em cada cela. A comida está fria e foi reduzida. Não podemos tomar banho... Os guardas visitaram a masmorra durante várias noites seguidas, arrastaram os Irmãos para fora de suas celas, arbitrariamente, por parecerem o que chamam de militantes, e depois espancaram esses Irmãos sem dó. Um Irmão em Angola, Wayne, foi espancado tão violentamente que teve que ser levado a um hospital em Baton Rouge, e um guarda verifica sua cela a cada hora para ver se ele ainda está vivo. Os outros que não foram espancados quase até a morte foram obrigados a se sentar enquanto dois, três ou quatro porcos cortavam seus cabelos em todas as direções e, em seguida, eram obrigados a rastejar para suas celas. O tratamento de choque consiste em tacos de beisebol, canos de ferro, cabos de picareta, gás lacrimogêneo e spray de pimenta borrifados nos rostos dos Irmãos, para que aqueles que tentam se defender dos golpes não consigam enxergar. Os Irmãos que não foram presos, mas continuaram a trabalhar no campo, trabalham sete dias por semana; tiros são disparados contra eles. Não podem sair da linha, são espancados com tacos e obrigados a dizer que são "putas"; e, após esses atos sádicos, são forçados a terminar o trabalho com machucados terríveis.

No dia em que Brent Miller foi morto, o vice-diretor Lloyd Hoyle foi entrevistado pelo *Times-Picayune* de Nova Orleans e disse a um repórter que não havia explicação para o incidente. Na manhã de 18 de abril, o jornal publicou seu relato. "O que precisamos lembrar", disse Hoyle, "é que temos uma população bastante adversa aqui em cima. Pode haver uma infinidade de coisas". Hoyle também afirmou que não havia informações que ligassem o incidente do guarda que fora queimado no barracão no dia 16 com o assassinato de Miller.

Em algum momento naquele dia ou na manhã seguinte, o diretor Henderson contou aos repórteres uma história diferente. Na edição da tarde do jornal *State-Times* do dia 18 de abril — um dia depois que o vice-diretor Hoyle disse aos repórteres que "pode haver uma infinidade de coisas" por trás do assassinato do guarda —, o diretor C. Murray Henderson foi citado dizendo que "militantes negros" assassinaram Brent Miller e que sua "investigação" sobre a morte de Miller já havia revelado "quatro ou cinco principais suspeitos". (Dado o momento em que esse relato foi publicado, Henderson culpou os "militantes negros" antes mesmo de todos os detentos negros na passarela terem sido interrogados. Nenhum preso branco tinha sido entrevistado até aquele momento.) Henderson também disse ao jornal que no domingo anterior, o dia em que o guarda foi queimado e um dia antes de Miller ser morto, oficiais da penitenciária "interceptaram" uma carta datilografada endereçada ao *Sunday Advocate* de Baton Rouge, assumindo a imolação do guarda Mike Gunnells naquele dia. (Uma carta da qual o vice-diretor Hoyle aparentemente não tinha conhecimento.) O diretor Henderson disse que, nessa carta, os funcionários de Angola foram considerados "culpados" de "racismo extremo" em um "tribunal popular" supostamente realizado no mesmo dia em que o guarda foi queimado. Teoricamente, a carta dizia que o público era tão culpado quanto "os porcos racistas que nos mantêm presos", e dizia que "mais está por vir". Estava assinada por: "O Exército de Vanguarda, Vida Longa ao Envolvimento na Prisão de Angola."

Eu nunca tinha ouvido falar do Exército de Vanguarda e não acredito que a carta, se é que existiu, fora escrita por um detento. Nenhum prisioneiro negro tinha acesso a uma máquina de escrever em 1972. Não havia máquinas de escrever nos alojamentos para negros, nem no refeitório ou na cozinha onde eu trabalhava, nem na fábrica de placas onde Herman trabalhava, e certamente nem no pátio ou nos campos. Os únicos prisioneiros que podem ter tido acesso a uma máquina de escrever eram detentos atendentes, e todos eles eram brancos. As autoridades prisionais tinham um modo de identificar os presos pela caligrafia; eles tinham amostras em arquivo de cada detento em Angola. Da mesma forma, tinham acesso a todas as máquinas de escrever da penitenciária e poderiam ter testado cada uma para ver onde a carta fora datilografada. Se uma carta que dava às autoridades o motivo da morte de Miller tivesse sido interceptada no domingo, o vice-diretor não saberia disso na segunda-feira quando falou com os repórteres? A carta nunca foi apresentada em nenhum julgamento relacionado ao assassinato de Brent Miller.

Na declaração dada ao *State-Times* que foi publicada no dia seguinte ao assassinato de Miller, dia 18 de abril, o diretor Henderson também disse que acreditava que a "greve de trabalhadores presidiários" no refeitório ocorrida na manhã do assassinato de Miller fora encenada como uma "tática de distração" para afastar os guardas da passarela. Naquele dia, os guardas não foram retirados da passarela, sempre havia apenas dois guardas por unidade nela. O protocolo-padrão era que, durante as refeições, um dos guardas acompanhasse os prisioneiros até o refeitório e o outro ficasse na passarela. Isso não mudou na manhã da greve. Mais tarde, um dos guardas que ficou na passarela aquela manhã afirmaria nem saber que havia uma greve dos trabalhadores da cozinha. Henderson, se contradizendo no final do artigo do *State-Times*, admitiu o seguinte: "O homem [Brent Miller] estava supervisionando, sozinho, quatro alojamentos em uma área que originalmente exigia cinco oficiais. Tivemos um problema crônico ao deixar um homem sozinho em uma área como aquela. Constantemente pedimos fundos adicionais para contratar mais supervisores, mas não temos conseguido." A alegação de Henderson de que "militantes" mataram Miller, insinuando que foi morto por ser branco, vingou. No dia seguinte ao artigo, a rádio Associated Press fez uma chamada sobre o assassinato: "Militantes Acusados pelo Assassinato, Apoiadores do 'Black Power' São Culpados em Angola."

Os homens livres chegaram ao nosso bloco e cortaram o cabelo afro de todos, dizendo que havia uma nova norma de que todos deveriam ter cabelos curtos. Por fim, deram para cada um de nós um colchão, um cobertor e alguns de nossos pertences. Comecei a receber bilhetes na minha bandeja de comida dizendo coisas como: "Você vai morrer", "Coma esta comida e sentirá o gosto do meu pau" ou "Esta comida vai te matar", todas assinadas com "KKK". Joguei a comida fora. Recebi muitas cartas com ameaças. Eu sabia que vinham de dentro da prisão porque não havia selos nos envelopes. Procurei vidro moído na comida da minha bandeja durante um ano, mesmo quando não havia bilhete.

Ficávamos 23 horas por dia trancafiados. No início, ignorei a pressão da cela. Havia muita coisa acontecendo. E nunca, nem por um momento, imaginei que ficaria confinado a uma área tão pequena por mais do que algumas semanas ou meses, no máximo. Uma vez por dia, geralmente pela manhã, todas as dezesseis portas de nossas celas se abriam ao mesmo tempo e éramos liberados para o bloco por uma hora. Durante esse tempo, podíamos tomar banho e andar de lá para cá pelo corredor. Às vezes, eu olhava pela janela em frente à minha cela. Não havia pátio externo de exercícios para prisioneiros da CFR. Alguns prisioneiros da CFR não saíam há anos. Não podíamos fazer ou receber ligações. Não tínhamos permissão de ter livros, revistas, jornais ou rádios. Não havia ventiladores no bloco; não tínhamos acesso a gelo nem água quente nas pias de nossas celas. Não tínhamos como aquecer água. Não preciso dizer que não tínhamos permissão para participar dos programas educacionais, sociais, vocacionais ou religiosos nem para fazer artesanato (em couro, pintura, marcenaria) como passatempo. Ratos subiam pelo ralo do chuveiro no final do corredor e corriam pelo bloco. Jogávamos coisas neles para impedi-los de entrarem em nossas celas. Os ratos apareciam à noite. Quando houve uma invasão de formigas-de-fogo, elas estavam em todos os lugares ao mesmo tempo, em roupas, lençóis, correspondência, artigos de toalete, comida.

Nossas refeições eram colocadas no chão do lado de fora das celas. Passávamos as mãos pelas barras para puxar as bandejas por baixo da porta da cela. Sempre que éramos retirados do bloco, mesmo que apenas para nos deslocar até a passarela, éramos forçados a nos despir, nos curvar e abrir as nádegas para uma "revista visual de cavidades" e, depois de nos vestirmos, éramos totalmente contidos com algemas e correntes. Quando voltávamos para a cela, éramos revistados novamente quando retiravam nossas algemas. Se fôssemos levados para fora da penitenciária — para um hospital ou fórum —, uma caixa preta era colocada sobre nossas mãos algemadas. Isso era muito doloroso, porque não era possível mover as mãos com a caixa preta.

Se existir uma palavra que descreva os anos seguintes da minha vida, seria "desafio". Na época, os detentos brancos praticamente comandavam a CFR, supervisionados por homens livres que entravam e saíam durante o dia. Esses guardas detentos tratavam os prisioneiros alojados na CFR com brutalidade. Gostavam de nos ameaçar e insultar, mas só faziam isso se estivessem do lado de fora de nossas celas ou se estivéssemos algemados; eles não eram burros de pôr as mãos em nós se não fosse assim. Eles odiavam a mim e a Herman porque não tolerávamos seus comentários racistas. Se vinham nos insultar, respondíamos no mesmo nível. Nada que saísse de suas bocas poderia nos machucar. Não conseguiam chegar aos pés do nosso vocabulário e não podiam nos impedir. Respondíamos. Éramos desdenhosos com eles. Resistíamos às ordens. Se atacassem um prisioneiro, sacudíamos as grades e gritávamos. Qualquer ato de resistência terminava da mesma forma: quatro ou cinco deles entravam na cela e nos atacavam. É uma sensação incrível ficar de pé quando você sabe que vai apanhar; você sabe que haverá dor, mas seus princípios morais não o deixam recuar. Sempre morri de medo. Às vezes, meus joelhos tremiam e quase cediam. Eu me obriguei a aprender a não ceder ao medo. Essa foi uma das minhas maiores conquistas naquela época. Não deixei o medo me dominar. Dizia: "Vai se foder, entra aqui. Um de vocês não vai embora, seus filhos da puta." Não se briga para vencer, mas para que, da próxima vez que se olhar no espelho, não baixe os olhos de vergonha. Eles nunca vinham sozinhos. Estávamos sempre em menor número. Eu tinha medo, mas era mentalmente forte.

Depois de algumas semanas, o diretor Henderson me chamou para fora da cela para falar comigo. Não me perguntou onde eu estava na manhã em que Brent Miller foi morto, o que eu estava fazendo ou com quem estava. Não me perguntou sobre a carta que supostamente foi "interceptada" na noite anterior ao assassinato de Miller, assinada pelo "Exército de Vanguarda". Ele me perguntou por que matei Brent Miller. Respondi que não o matei. Ele me perguntou por que eu odiava os brancos. Eu disse que não os odiava. Quando voltei para minha cela, tinha certeza de que Herman e eu seríamos incriminados.

No dia 5 de maio de 1972, Herman e eu fomos indiciados juntos com Chester Jackson, de 31 anos, e um prisioneiro chamado Gilbert Montegut, de 21 anos. Herman tinha 29 anos; eu tinha 25. Nós sabíamos por que estávamos sendo acusados — as autoridades queriam acabar com o Partido dos Panteras Negras em Angola. Só podíamos supor que Chester Jackson estava sendo acusado porque os oficiais acreditavam que ele participava do partido. Nenhum de nós conhecia Gilbert Montegut, que foi acusado porque estava no lugar errado na hora errada. Hayden Dees prendeu Montegut na CFR por supostamente ser um "militante", junto de vários outros prisioneiros, semanas antes de Miller ser morto. Dees foi forçado a libertar ele e vários outros detentos da CFR uma semana antes de Miller ser morto porque se recusou a preencher a papelada adequada. Com a pressão do governo federal nos funcionários estaduais, Henderson e Hoyle pediram durante meses que Dees preenchesse a papelada dos prisioneiros que estavam trancafiados. Ele se recusou, mesmo depois de receber um ultimato de Hoyle — se não preenchesse a papelada, os prisioneiros seriam novamente liberados para a população geral. Uma semana após a liberação dos prisioneiros, Miller foi assassinado. Dees culpou Hoyle imediatamente, dizendo que um dos assassinos deveria ter vindo do grupo liberado da CFR. Quando Dees disse aos homens livres que Miller morreu porque Hoyle liberou todos os "militantes" da CFR, os guardas ficaram furiosos, pedindo que Hoyle fosse demitido. Um dos irmãos Miller o atacou, empurrando-o por uma porta de vidro, e ele teve que ser hospitalizado em Baton Rouge devido aos ferimentos.

Montegut foi o escolhido desse grupo para ser acusado e indiciado pelo assassinato de Brent Miller porque Hayden Dees mandou. (Mais tarde, soubemos que alguns presos fizeram declarações afirmando que Montegut estava com os presos que jogaram gasolina e atearam fogo no guarda em sua guarita. Ele nunca foi formalmente acusado ou indiciado por isso. Rory Mason foi o único detento condenado por esse crime.) Quando Montegut foi recolocado na CFR, ficou no meu bloco e eu o conheci. Ele não era militante.

Quase trinta anos depois, um ex-prisioneiro chamado Billy Sinclair, que fora editor da premiada revista de Angola, *The Angolite*, por muitos anos, escreveu para um de meus advogados que uma das razões pelas quais ele acreditava que Herman e eu éramos inocentes era "o caráter" de Gilbert Montegut e Chester Jackson. Ele os descreveu como "bandidos mesquinhos, incapazes de formar um único pensamento político, quem dirá possuir uma ideologia política". Sinclair continuou: "Concluir que Hooks ou Woodfox teriam se unido em qualquer tipo de conspiração criminosa para matar um guarda prisional com esses dois indivíduos é espantoso."

Não demorou muito para eu e Herman percebermos que a maioria dos chamados "militantes" colocados em nosso bloco na CFR — os homens liberados com Gilbert Montegut antes de Miller ser morto — estava mentindo. Eles podiam correr pelo pátio se autointitulando revolucionários, mas não eram. Muitos desses caras ainda estavam no jogo. Eles discutiam de pé nas grades, o que chamávamos de "luta na gaiola". Faziam apostas. A cada 23 horas, quando todas as portas do bloco se abriam, ocorriam brigas. Um dos homens podia se esgueirar para a cela de outro prisioneiro que estava no chuveiro, vasculhar seu cubículo e roubar coisas.

Herman e eu conversamos sobre essa hipocrisia e sabíamos que os homens que agiam eram profundamente falhos. Conversamos sobre os Panteras que conhecemos na prisão. Lembrei-me de como eles conseguiram mudar tudo ao seu redor por meio de sua própria conduta. Herman e eu começamos a fazer reuniões de quinze minutos no bloco quando estávamos todos em nossa hora de soltura. Um ou dois prisioneiros compareceram. Conversamos com eles sobre como melhorar as condições. Perguntamos do que precisavam. Pouco a pouco, mais homens compareceram às reuniões. Perguntamos a eles que tipo de bloco eles queriam, que tipo de conduta gostariam de ver um do outro. Com base nisso, criamos uma lista de normas para reger a convivência.

Hooks e eu tínhamos a sorte de ter familiares que nos visitavam com regularidade. Na CFR, os detentos não podiam se sentar à mesa com os visitantes. Só podíamos ter visitas sem contato. Cada prisioneiro se sentava em uma cabine e havia uma tela de alumínio com padrão de diamante entre ele e seu visitante. Éramos mantidos totalmente algemados durante a visita. A primeira coisa que minha mãe me perguntou ao me visitar foi se tinham me batido ou ameaçado. Ela tinha medo de que me machucassem. Menti e disse que estava tudo bem. Eu não queria que ela tivesse que lidar com o que eu estava passando. No final das visitas, ela deixava todo o dinheiro que podia em minha conta. Às vezes podia deixar US$15 ou US$20, às vezes mais. (Quando meu irmão e minha irmã entraram na adolescência e começaram a ganhar dinheiro trabalhando, eles também deixavam o que podiam.) No final de nossas visitas, minha mãe se levantava e me beijava pela tela.

Outros homens do bloco também tinham visitas regulares que colocavam dinheiro em suas contas. Herman e eu pedimos a eles que juntassem seu dinheiro ao nosso para o benefício do bloco. Eles concordaram. Da vez seguinte em que estávamos fora de nossas celas, anunciamos que, se todos seguissem as normas criadas em conjunto, todos poderiam comprar um item do armazém a cada semana, que seria pago com o dinheiro conjunto. Todas as semanas passávamos um pedaço de papel pelo bloco e cada homem escrevia o que queria; uma barra de chocolate, chinelos de banho, cuecas, tabaco, salgadinho, um espelho, o que fosse. No dia do armazém, pedíamos tudo o que estava na lista e cada prisioneiro recebia seu item. Se alguém violasse as normas do bloco, não receberia seu item naquela semana. Foi assim que impedimos que os caras roubassem uns dos outros.

No bloco, praticamos artes marciais juntos, lemos em voz alta, tínhamos aulas de matemática e de ortografia. Todas as sextas-feiras, realizávamos uma prova de ortografia ou matemática. Conversávamos sobre o que estava acontecendo no mundo, encorajávamos debates e conversas. Dizíamos que cada um deles tinha voz: "Defenda a si mesmo, sua autoestima, sua dignidade." Mesmo a pessoa mais bruta e insensível geralmente responde quando enxergamos sua dignidade e humanidade e pedimos que veja por si mesma. Afirmamos: "Os guardas vão retaliar, mas enfrentaremos isso sempre juntos."

Capítulo 18

A Chegada de King

Algumas semanas depois que Herman e eu fomos colocados na CFR, ouvimos que Robert King, que se juntou ao Partido dos Panteras Negras na Penitenciária do Distrito de Orleans, fora colocado em uma cela em outro bloco. Eu o conheci quando tinha 18 anos, em um alojamento de Angola. Os outros prisioneiros me disseram que ele era um Holy Roller, um pregador da Bíblia, e eu o evitei. Fisicamente imponente, ele nunca usou sua força para intimidar ninguém. Passava muito tempo em seu beliche, lendo a Bíblia. Dizia gostar da fluidez do texto. Gostava das parábolas e do Sermão da Montanha. Ele tentou falar comigo, mas eu estava envolvido no jogo, na sobrevivência. Eu achava que ele estava totalmente fora da realidade. No dia em que saiu em liberdade condicional, eu lhe disse: "Agora posso dizer que vivi para ver o último dos veteranos voltar para casa." Ele tinha 23 anos. King se tornaria um boxeador semiprofissional nas ruas — era chamado de Speedy King — e teria vários empregos até ser acusado e condenado por um assalto que não cometeu. (O criminoso foi descrito como sendo muito mais velho, com uma compleição e aparência diferentes.) Ele foi condenado a 35 anos. Depois de se juntar ao partido na Penitenciária do Distrito de Orleans, ele se envolveu em protestos. Ao chegar em Angola, puseram-no diretamente na masmorra, acusado de "brincar de advogado". Depois, foi transferido para o Red Hat e, em seguida, para o bloco D da CFR.

Escrevi um bilhete dizendo que Herman e eu estávamos no bloco B, perguntando se ele precisava de alguma coisa. Nos dias seguintes, Herman e eu pagamos com tabaco e doces para os presos com privilégios fazerem as trocas de cartas com King. Sabíamos que os homens livres e os guardas detentos brancos o assediariam por ser um Pantera. Ele esperava isso e respondeu que não tinha problema. Antes de chegar à CFR, eu não confiava nem esperava que, exceto por Herman, alguém pudesse seguir comigo até o fim. Havia muita turbulência e brutalidade. Nas cartas de King, vi sua força. Vi sua moralidade, sua integridade. Eu acreditava que podia confiar nele. Sentado em minha cela, pensei na época em que o conheci. Percebi que, quando ele tentou falar comigo tantos anos antes, seu interesse era que eu visse além de mim mesmo e das influências das ruas para criar um ser humano diferente. Ele ainda queria isso para os homens ao seu redor. Fiquei imaginando se meu primeiro encontro com King nos colocou no caminho para nos encontrarmos novamente. Quem sabe que estranhos poderes estavam em jogo, pensei. Herman, King e eu, os Panteras Negras em Angola, estávamos em uma situação terrível, mas agora éramos três.

Depois de cerca de um mês na CFR, eu estava sentado no meu beliche quando comecei a suar e as paredes da minha cela começaram a se mover na minha direção ao mesmo tempo. Minhas roupas pareciam apertar meu corpo. Tirei a camiseta e a calça, mas ainda sentia como se estivesse sendo espremido, estrangulado. O teto estava me comprimindo. Era difícil de respirar, pensar, enxergar. Eu me forcei a ficar de pé. Dei alguns passos, tentando não cair. No fundo da cela, me virei e voltei em direção à porta. Virei e continuei, andando para lá e para cá por vários minutos, talvez uma hora. Por fim, fiquei tão cansado que deitei na cama e adormeci. Depois de isso acontecer algumas vezes, comecei a reconhecer quando começava; minhas roupas me apertavam e eu suava, o ar me sufocava. Às vezes durava cinco ou dez minutos; outras vezes, horas. A única coisa que ajudava era andar de um lado para o outro. Normalmente, não acabava até que eu estivesse exausto de andar e precisasse me deitar. Continuei tendo episódios como esse, que depois descobri ser claustrofobia, o tempo todo em que estive preso. Por cerca de três anos, dormi sentado, encostado na parede, acreditando ajudar a evitar ataques de claustrofobia. Parecia amenizá-los, mas eles nunca pararam.

Capítulo 19

Guerras na CFR

Jogar gás lacrimogêneo nos prisioneiros era a primeira reação da segurança para lidar com qualquer detento em Angola que exigisse ser tratado com dignidade. O gás incapacita o prisioneiro para que os guardas possam entrar facilmente na cela e surrá-lo. Jogaram gás em nosso bloco muitas vezes e os guardas entravam correndo em nossas celas, nos atacavam, chutando e socando, nos forçando a ficar no chão ou no beliche para que pudessem nos algemar. Sempre que nos batiam, tentavam causar o máximo de dor possível. Gostariam de quebrar alguma parte de nossos corpos, se possível. É muito difícil se defender com algemas, mas eu fazia tudo o que conseguia. Cuspia, mordia, dava cabeçada nos guardas. Em seguida, nos levavam para a masmorra e registravam uma infração. Em seu bloco, King também não aceitava desaforo dos agentes de segurança, então era atacado com gás e levado para masmorra da CFR como nós. Nos anos 1970, jogavam gás lacrimogêneo na gente com tanta frequência que todos os prisioneiros da CFR quase ficaram imunes a ele. Era sempre doloroso no início, mas depois que a primeira nuvem de gás se dissipava, esquecíamos dele até que um homem livre chegasse no bloco para fazer a contagem usando uma máscara de gás. Isso nos fazia rir.

Nossa resistência nos deu uma identidade. Nossa identidade nos deu força. Nossa força nos deu uma persistência inabalável. Minha determinação de não ser derrotado era mais forte do que qualquer outra parte de mim, mais forte do que qualquer coisa que fizeram comigo. Os prisioneiros ao nosso redor viram como Herman, King e eu respondíamos aos guardas detentos e homens livres que nos insultavam, como nos recusávamos a entrar nas celas quando queríamos falar com um supervisor. Eles viram que também lutávamos por eles. Por condições melhores e mais respeito.

Conversamos com os homens, explicando por que precisávamos protestar, mostrando a eles que tínhamos influência. Poderíamos nos recusar a voltar para nossas celas quando nossa hora acabasse, nos recusar a devolver as bandejas após uma refeição. Poderíamos "sacudir" (chacoalhar as portas de nossas celas) ou "abalar" (bater em nossas mesas ou pias com sapatos) e isso seria ouvido no andar de baixo pelo supervisor de campo. Poderíamos nos recusar a sair das celas na hora estabelecida, a comer a próxima refeição, ou escrever uma reclamação formal de queixas e todos a assinarem. Não inventamos o sacudir e o abalar, mas mostramos aos homens que havia mais força se fizéssemos isso como um bloco unido, em vez de como indivíduos. Às vezes, qualquer uma dessas ações, se todos fizéssemos juntos, era o suficiente para fazer um oficial de alto escalão do bloco falar conosco. Antes de realizar qualquer ação como um bloco unido, chegamos a um consenso, porque geralmente a segurança retaliava. Na maioria das vezes lutávamos para obter suprimentos ou tornar as condições mais humanas, mas se o guarda do bloco fosse apenas um babaca e nos sacaneasse constantemente, votaríamos para removê-lo e faríamos um pedido oficial para quem quer que estivesse no comando da prisão: ou troca o guarda ou nos transfere.

A resposta geralmente começava com a aparição de um tenente ou capitão nos ameaçando e dizendo algo como: "Por que diabos vocês estão fazendo todo esse barulho? Nós vamos jogar gás em vocês, seus filhos da puta." E nós dizíamos: "Cara, estamos tentando conseguir papel higiênico há alguns dias. Essa galera não nos dá a porra do papel higiênico." Ele podia apenas dizer "beleza, sem problemas" e ir embora. Então, após passada uma hora, e depois duas horas, sem nenhuma notícia, começávamos a sacudir as barras novamente. Quando nos dávamos conta, a fumaça escura e amarelada do gás lacrimogêneo estava rolando pelo bloco. Ou, às vezes, logo depois de sair, ele jogava gás no bloco. De vez em quando, os oficiais de alto escalão chegavam e transformavam o bloco todo em uma masmorra. Passavam de cela em cela pegando cada prisioneiro, o algemavam — se resistisse, era alvejado com spray de pimenta e espancado — e o levavam até a passarela do lado de fora do bloco. Então, iam até sua cela e jogavam para o corredor tudo o que havia lá, o trancavam de volta na cela e seguiam para o próximo detento, repetindo todo o processo. Depois de esvaziar todas as celas, eles juntavam os pertences de todos em uma pilha no final do bloco e vivíamos sob as regras das masmorras. A pilha ficava lá até que pudéssemos sair no horário determinado, quando a vasculhávamos para encontrar todos os nossos pertences e colocá-los de volta nas celas. O que não era nosso, erguíamos e perguntávamos: "De quem é isso?" e entregávamos. Isso levava dias.

Em outras ocasiões, o capitão em serviço aparecia e conversava com bom senso de fazer o que era certo. Certa vez, estávamos reclamando de que não havia comida suficiente em nossas bandejas, o capitão apareceu e disse ao sargento do bloco: "Pegue essas bandejas e coloque comida nelas." Outra vez, depois de nos servirem leite azedo e vencido durante vários dias, retivemos nossas bandejas após uma refeição, nos recusando a passá-las por debaixo das portas, e informamos ao guarda que as manteríamos até que conseguíssemos falar com um nutricionista. O capitão de plantão levou alguém para falar conosco.

A forma mais eficaz de protestar era a greve de fome. Se não comêssemos por três dias, os funcionários da prisão eram obrigados por lei a notificar o Departamento de Segurança Pública e Correções da Louisiana. Da mesma forma que os homens livres não queriam que oficiais de alto escalão fossem convocados ao bloco, estes não queriam que oficiais estaduais fossem chamados à penitenciária. Eles poderiam encontrar mais coisas erradas além da reclamação original. Um dia, votamos por fazer uma greve de fome para conseguir o papel higiênico que não estava sendo distribuído. Apenas a ameaça de uma greve de fome, daquela vez, fez o guarda do bloco distribuir o papel higiênico.

Nossas vitórias eram poucas, mas cada vitória compensava as perdas anteriores. Vencer era como uma injeção de adrenalina. Tivemos que lidar com alguns prisioneiros que, de repente, queriam sacudir suas grades por qualquer coisa. Eles diziam: "Cara, o pãozinho doce dele é maior do que o meu" ou "Só ganhei um pedaço de pão e ele ganhou dois". Tive que falar com esses detentos e fazê-los entender que não deveriam protestar de forma mais extrema para resolver qualquer problema. Podíamos resolvê-los de outro modo. Se jogassem gás em um homem, mesmo que fosse apenas spray de pimenta em sua cela, isso afetava todo o bloco, pois o gás se espalha. Não existe jogar gás em apenas um prisioneiro; sempre que faziam isso com um de nós, todos sentíamos.

Herman e eu estávamos no mesmo bloco da CFR por cerca de um mês quando um homem livre apareceu na porta da minha cela e me disse para fazer as malas. Perguntei o porquê e ele disse: "Você será transferido." Eu falei: "Não, não serei." Ele foi embora. Falei com Herman: "Cara, eu não vou, vou brigar com esses filhos da puta."

Sabíamos que eles voltariam com gás lacrimogêneo. Hooks passou a mensagem pelo bloco para avisar a todos enquanto eu procurava alguma coisa na minha cela para usar como arma de defesa quando eles entrassem. Peguei o motor do meu ventilador e coloquei dentro de uma meia que coloquei dentro de outra. Escondi a meia no cós traseiro da calça quando sete ou oito homens livres apareceram segurando tacos de beisebol caseiros, bastões táticos e porretes de couro. Um deles carregava correntes e algemas para colocar em mim.

Herman e o restante do bloco começaram a sacudir as barras e a gritar com eles. "Deixe esse homem em paz." "Não o ataquem, filhos da puta." Abriram minha porta e me disseram para sair. Quando me recusei, um homem livre segurando um porrete caminhou em direção à minha cela e eu levantei o braço segurando a meia. Um guarda gritou: "Cuidado, ele tem algo na mão", e puxou o homem livre para fora da cela. Fecharam a porta novamente. O capitão Hilton Butler apareceu com um lançador de gás CS e começou a atirar diretamente contra mim. Um dos cartuchos de gás atingiu meu peito. Um gás muito forte, do tipo criado para ser usado ao ar livre para dispersar multidões, enchia minha cela. Eu conseguia ouvir os outros prisioneiros do bloco gritando comigo: "Enfia a cabeça na privada! Enfia a cabeça na privada!" Enfiei minha cabeça no vaso sanitário e dei a descarga. Geralmente, o vácuo criado quando a água sai do vaso fornece uma lufada de ar, mas não foi o suficiente. Comecei a chutar o vaso até quebrá-lo. Eu me inclinei e coloquei o rosto diretamente acima do buraco onde ficava o cano. Entre tomadas de fôlego, eu pegava pedaços do vaso sanitário e os jogava em Butler para impedi-lo de apontar a arma de gás diretamente para mim. Ele se posicionou na frente da cela de Herman, ao lado da minha, e enfiou a arma pelas barras da minha cela, atirando às cegas. Hooks o xingava e gritava para que parasse e jogava tudo o que podia em sua direção. Não lembro quanto tempo tudo isso durou, mas, por fim, Butler parou de atirar.

Depois de um tempo, Butler me disse que, se eu saísse e os deixasse me algemar, eles não me atacariam ou bateriam em mim. Não acreditei nele, mas estava quase desmaiando. Estava sendo sufocado pelo muco em minha garganta, não conseguia abrir os olhos. Eu não queria morrer na minha cela. Quando abriram a porta, fui para o corredor e deixei que me algemassem. Eles não me bateram. Caminhando pelo bloco, pude ver que todos os que estavam nas outras celas passavam mal por causa do gás. Ouvi a voz de Herman atrás de mim, rouco de tanto gritar e ainda gritando. Eles acabaram transferindo King e Herman também. Enquanto lutavam para me transferir, disseram a King que ele seria movido para o bloco B. Ele não resistiu porque queria estar no mesmo bloco que Herman e eu. Primeiro, eles o colocaram no que chamávamos de bloco curto, no primeiro andar, que tinha treze celas, enquanto realizavam a minha transferência. Eles me colocaram na antiga cela de King no bloco D. Em seguida, mudaram King para o bloco B. Mais tarde, levaram Herman para o bloco A. Naquela noite eles removeram os colchões de todas as celas da CFR, transformando-a em uma masmorra para punir todo mundo por minhas ações.

Eles acharam que conseguiriam impedir nossa organização nos separando, mas tudo o que fizeram foi espalhar nossa influência. Onde quer que nos colocassem, começávamos de novo: organizando nossos blocos, reunindo recursos, educando prisioneiros, dando exemplo com nossa própria conduta. Dessa forma, ensinávamos aos homens o poder da união. Nossos esforços funcionaram melhor em alguns blocos do que em outros; dependia dos homens. Certa vez estive em um bloco com um prisioneiro perigoso, um verdadeiro valentão, mas com uma mentalidade de escravizado doméstico. Ele não protestava conosco. Sempre que fazíamos greve de fome por alguma coisa, ele pegava a comida das bandejas dos outros presos que não comiam. Os prisioneiros começaram a cuspir na comida para impedi-lo de fazer isso.

Em junho de 1972, ficamos sabendo que a Câmara dos Representantes da Louisiana havia aprovado uma série de projetos de lei da deputada Dorothy Mae Taylor que eliminariam os guardas detentos em Angola, fariam integração racial nas penitenciárias e implementariam protocolos de saúde que seriam supervisionados pelo Departamento de Saúde da Louisiana. As autoridades estaduais e penitenciárias não implementariam nada disso por muitos anos, mas a deputada Taylor era persistente. Há muito lutava por melhores condições na Penitenciária do Distrito de Orleans e em Angola e estava acostumada a ser criticada por isso pelo sistema racista branco. Uma semana depois da morte de Brent Miller, o chefe administrativo da Guarda Nacional da Louisiana, o tenente-general David Wade, que em certa época de sua carreira supervisionou programas correcionais no estado, chegou a culpar a deputada Taylor pela morte de Miller. "Estou muito perturbado pelo estrago que ela fez... provocando agitação em Angola", declarou ao *Times-Picayune* de Nova Orleans. "Como resultado, um guarda foi morto na semana passada." Nessa mesma entrevista, Wade chamou a deputada Taylor de "falsa" e afirmou: "Ela está interessada em aparecer na televisão e criar muitos problemas." Quando ela visitou a prisão, ele disse: "Eles [referindo-se aos prisioneiros negros] vão à loucura." A deputada Taylor nunca parou de insistir nas reformas. Sua coragem, como uma mulher negra vivendo e trabalhando no racista "mundo do homem branco" do Sul nos anos 1960 e 1970, foi notável e ainda me inspira.

Naquele verão, fomos indiciados pelo assassinato de Brent Miller. Dois homens livres foram até a minha cela, me contiveram e me acompanharam até uma van estacionada do lado de fora do portão. Herman, Gilbert Montegut e Chester Jackson já estavam lá. Eu entrei e ficamos lá sentados com a porta aberta quando Nix, o irmão de Brent Miller, apareceu em uma caminhonete e derrapou até parar ao nosso lado. Ele saltou cambaleando de bêbado e gritando, exibindo uma espingarda: "Onde estão aqueles filhos da puta? Vou matar vocês, crioulos." Ele mirou nossas cabeças. Não me mexi. Nenhum de nós se moveu. Os homens livres parados ao redor do carro gritavam para Nix: "Para, Nix, você não quer fazer isso", disse um deles. "Abaixe a arma." Outro gritou: "Eles vão morrer na cadeira elétrica. Se você matar eles, será preso." Eu olhava diretamente para a longa estrada que levava ao portão de entrada de Angola quando vi um carro vindo em nossa direção com uma luz piscando no topo. Era Hilton Butler, o capitão que disparou as granadas de gás em nosso bloco. Ele dirigiu até o portão da frente e saltou do carro, com seus cabelos ruivos e um charuto na boca. "Nix, Nix, seu filho da puta", gritou. "Eu não falei para você não trazer a porra da sua bunda para cá para se meter em problemas? Vá para casa!" Ele tirou a arma das mãos de Nix. "Eles mataram meu irmão", gritou Nix. Butler segurava a arma com uma das mãos, com o braço esticado perpendicular ao corpo e disse: "Leve o seu traseiro para casa antes que acabe preso." Nix entrou em sua caminhonete e foi embora, então deu meia-volta e voltou nos xingando pela janela. Poucos minutos depois, deu no pé. Nenhum de nós disse nada. Eles fecharam as portas da van e nos levaram para um tribunal em St. Francisville, onde ouvimos as acusações apresentadas contra nós e um defensor público foi designado.

GUERRAS NA CFR

Herman, King e eu lutamos tantas vezes com a administração durante os anos 1970 que agora tudo se embolou em minha mente. Qualquer um dos nossos protestos pode ter durado algumas horas ou um dia inteiro, e houve alguns que duraram dia e noite. Quebrei pelo menos três ou quatro vasos sanitários na CFR ao longo dos anos antes de serem trocados por vasos de aço inoxidável. Por volta dessa época, eles atiravam gás na gente com tanta frequência que um capitão chamado ao bloco de King devido a um protesto de prisioneiros perguntou a ele: "O que vocês querem? Eu tinha tanto gás em mim ontem à noite que minha esposa não me deixou deitar na cama."

Na adaptação à vida cotidiana na cela com o passar dos meses e anos, cada aspecto da sobrevivência era uma luta. Conseguir ler naquele ambiente, com o barulho. Reconhecer os sinais de quando um prisioneiro se comportaria mal, quando eu precisaria me defender ou impedir que algo acontecesse. Fazer exercícios todos os dias dentro dos limites da cela. Eu me tornei a prova viva de que podemos sobreviver ao pior e mudar a nós mesmos e ao nosso mundo, não importa onde estejamos. Por trás de nossa resistência nos blocos, Herman, King e eu sabíamos que apenas a educação nos salvaria. Ainda me surpreende que nós três tenhamos chegado à mesma conclusão sentados em nossas celas em blocos diferentes. A educação e o olhar para fora, para além da prisão. Se não quiséssemos nos tornar vegetais, tínhamos que continuar aprendendo e manter nossas mentes concentradas no mundo fora de Angola.

Às vezes, um homem livre deixava um jornal entre as barras da primeira cela do meu bloco e ele era passado de mão em mão, para qualquer um que quisesse ler. Sempre que havia um jornal no bloco, eu o lia. Quando finalmente pudemos ter rádios e jornais, ouvi muitas notícias. Eu assinei o jornal. Nós três assinamos, e tínhamos discussões e debates acalorados sobre o que estava acontecendo no mundo, travados por meio de bilhetes e cartas que passávamos uns aos outros ou, às vezes, íamos para a masmorra a fim de conversar. Naqueles dias, um prisioneiro podia dizer ao sargento do bloco que estava com dor de cabeça ou que estava com problemas e precisava ficar sozinho para pensar e poderia ser colocado na masmorra. Só havia uma masmorra no prédio que abrigava a CFR e o Corredor da Morte. Eram duas celas grandes. Eles não colocavam nós três na mesma cela, mas dois de nós ficávamos em uma e o terceiro na outra. Conseguíamos passar um tempo juntos, conversamos e debatemos muito na masmorra.

Durante esse tempo, começamos a aprender direito sozinhos. Sabíamos que apanhar continuamente não mudaria nada. Nunca seríamos capazes de nos igualar a eles fisicamente. Havia um prisioneiro no bloco D chamado Arthur Mitchell que teve muito sucesso movendo ações contra a prisão. Por esse motivo, os guardas não mexiam com ele. Peguei um dicionário de termos jurídicos emprestado com Arthur e comecei a examinar os livros de direito na biblioteca da penitenciária.

Eu lia a jurisprudência dia e noite, em pé, sentado ou deitado em meu beliche. Às vezes, sentava no chão da minha cela com quatro ou cinco livros de direito abertos ao meu redor. Ouvi boatos sobre um prisioneiro branco no Corredor da Morte chamado Big John ser muito bom em direito e escrevi uma carta para ele contando sobre o meu caso. Eu sabia que tinha um problema: o grande júri no condado de West Feliciana, onde fica Angola, responsável pelo meu indiciamento, fora composto apenas de homens brancos. Mulheres e negros foram excluídos. Isso era uma violação constitucional. Big John me ajudou por meio de cartas trocadas entre nós, transportadas por prisioneiros com privilégios ou, às vezes, por um detento que dava conselhos jurídicos e que circulava por ambos os blocos. Peticionei em causa própria, sem advogado, para anular a acusação porque o grande júri havia excluído mulheres e negros. E me esqueci completamente do assunto. Herman, King e eu estávamos lutando por nossas vidas na CFR. Afastei meus pensamentos da minha acusação inconstitucional e até mesmo do meu julgamento que se aproximava. Ambos pareciam distantes. Eu não tinha experiência suficiente em direito para saber. Estava concentrado em aprender como usar a lei para aliviar nossas vidas cotidianas. Anos mais tarde, eu descobriria que o tribunal nunca tomou uma decisão sobre minha petição.

Antes que pudéssemos abrir um processo relacionado às condições da prisão, tínhamos que mostrar que tentamos resolver qualquer problema entrando com o que era chamado de "reclamação formal" junto ao diretor. Se não obtivéssemos uma resposta em duas semanas, poderíamos entrar com um processo nos tribunais. Em 1985, esse processo complicou muito mais. O Departamento de Segurança Pública e Correções da Louisiana estabeleceu um novo procedimento de reclamação, chamado de procedimento de remediação administrativa (ARP, na sigla em inglês), que exigia que o prisioneiro denunciando abuso ou qualquer outro problema registrasse a queixa primeiro com o oficial responsável pelo campo ou bloco de celas onde estava alojado. Se a questão fosse recusada, ele teria que apresentá-la ao diretor. Se o diretor recusasse, teria que fazer a denúncia no Departamento de Segurança Pública e Correções da Louisiana. Se não obtivesse êxito, teria que entrar com o que era chamado de "pedido de revisão" no tribunal estadual. Se fosse negado, então poderia entrar com o processo no tribunal estadual. No entanto, se um prisioneiro alegasse violação constitucional — por exemplo, punição cruel e incomum, falta de igualdade de tratamento ou do devido processo legal, violando a 8ª ou 14ª Emendas —, ele poderia pular o preenchimento do pedido de revisão no tribunal estadual e ir diretamente para o tribunal federal, mas ainda teria que passar pelo processo de ARP no sistema prisional. Ao instituir esse novo procedimento, a pedido do Departamento de Correções e dos legisladores, os oficiais conseguiram aumentar o tempo que um prisioneiro levaria para ser ouvido no tribunal de seis meses a um ano. Era uma técnica para desacelerar o processo e dissuadir os presos de abrir processos civis contra abusos e condições precárias.

Por mais de cem anos, juízes estaduais e federais se recusaram a julgar abusos de prisioneiros em seus tribunais pois, legalmente, de acordo com a 13ª Emenda da Constituição dos Estados Unidos, os prisioneiros são escravizados do estado. A mesma emenda que aboliu a escravidão em 1865 — "Não haverá, nos Estados Unidos ou em qualquer lugar sujeito a sua jurisdição, nem escravidão, nem trabalhos forçados" — inclui a sentença "salvo como punição de um crime pelo qual o réu tenha sido devidamente condenado". Os juízes usavam essa frase como desculpa para não lidar com violações e abusos contra prisioneiros. Tinham até um nome para isso: "doutrina não intervencionista." Na década de 1960, o Supremo Tribunal Federal começou a tomar decisões que davam direitos constitucionais aos prisioneiros, abrindo as portas para que eles processassem funcionários estaduais no tribunal federal.

Demorei um pouco para entender os termos legais e a linguagem usados nos tribunais e como o sistema judicial funcionava. Se me deparasse com uma passagem nos livros de direito que não conseguia entender, eu a lia várias vezes. Lia uma única passagem quarenta ou cinquenta vezes até que, de alguma forma, fosse capaz de absorver seu significado.

King peticionou alegando não ter permissão para sair e fazer exercícios — não ter seu tempo de pátio — com base na 14ª Emenda, que trata de igual proteção, salientando que os detentos do Corredor da Morte tinham permissão de usar o pátio, e nós estávamos alojados sob as mesmas condições. Se os prisioneiros do corredor da morte usarem o pátio não era uma "ameaça à segurança", observou, não deveria ser uma ameaça que os detentos da CFR o utilizassem. Herman e eu peticionamos contra outras condições que considerávamos violações ao nosso direito constitucional de não receber punições cruéis e incomuns. Nossas primeiras ações judiciais no início dos anos 1970 — e todas as ações judiciais de prisioneiros em Angola naquela época — foram reunidas sob o que todos chamavam de ação Hayes Williams: a ação movida por Hayes Williams e outros três prisioneiros em 1971, que descrevia como as condições em Angola violavam os direitos dos detentos com base nas emendas 8ª e 14ª que trata da proibição de punições cruéis e incomuns e da garantia ao devido processo legal. Em junho de 1975, após o julgamento do processo de Hayes Williams, o juiz federal E. Gordon West considerou Angola culpada de violar os direitos das emendas 8ª e 14ª dos prisioneiros. Ele escreveu que as condições em Angola "chocariam a consciência de qualquer pessoa sensata" e colocou a prisão sob controle federal. A justiça federal ordenou que Angola e o Departamento de Segurança Pública e Correções da Louisiana melhorassem as condições e descentralizassem as penitenciárias. Levaria dois anos até que um acordo judicial fosse homologado com novas regras e diretrizes sob as quais os administradores de Angola seriam forçados a operar.

A primeira ação que ganhei, por volta de 1974 ou 1975, foi contra a norma do Departamento de Correções que não permitia que detentos usassem quaisquer peças de roupa com nomes de marcas ou logotipos. Naquela época, não era possível encontrar moletom sem logotipos. Isso era um incômodo desnecessário para os prisioneiros. Apresentei uma reclamação afirmando que deveríamos poder usar calças de moletom com logotipos, e o diretor recusou. Pedi ao tribunal que revisse essa decisão e ganhei. Na decisão, a juíza disse aos administradores o quanto essa norma era ridícula; mas não com essas palavras. Ela disse que não fazia sentido pois era quase impossível comprar qualquer peça de roupa que não tivesse algum logotipo ou marca.

Entre peticionar contra queixas, ir ao tribunal e nossos protestos constantes nos blocos para sermos tratados com compaixão, gradativamente conquistamos privilégios que não eram permitidos antes na CFR. Com o tempo, recebemos permissão para ter ventiladores individuais, rádios e livros em nossas celas. Pudemos assinar jornais e revistas. Em meados dos anos 1970, obtivemos telas contra mosquitos nas janelas. Em algum momento do final dos anos 1970, Herman, King e eu conseguimos permissão para compartilhar um toca-discos. Só conseguíamos transferi-lo entre os blocos quando havia um capitão decente em serviço; ele precisava dar o aval para que um guarda o levasse de um bloco para o outro. Cada um de nós o usava por alguns dias e depois o passava para os prisioneiros do bloco que quisessem utilizá-lo. Para transferi-lo entre as celas do bloco, o deixávamos do lado de fora da nossa porta no final de nossa hora fora da cela e um homem livre ou um atendente o levava para a cela do prisioneiro seguinte. Por fim, pudemos ter toca-fitas nas celas. Qualquer um ou todos esses privilégios podiam ser cancelados a qualquer momento — e eram. Então, protestávamos novamente.

Capítulo 20

Meu Julgamento, 1973

Na época em que fui a julgamento, em 1973, o Partido dos Panteras Negras vinha lutando há muito tempo. A COINTELPRO causara muitos danos ao partido em todo o país: encarcerando os Panteras, matando-os, colocando-os uns contra os outros, plantando evidências falsas, demonizando-os para a sociedade e ameaçando suas famílias. A jovem organização nunca teve a chance de resolver as diferenças filosóficas e as lutas internas enquanto estava sob constante ataque. Os líderes do partido Huey Newton e Eldridge Cleaver se separaram em 1972 e Cleaver deixou o país. Panteras de todo o país começaram a se esconder para sobreviver; alguns estavam sob vigilância constante.

Após a nossa acusação em 1972, Malik Rahim reuniu os Panteras de Nova Orleans e outros ativistas na casa de sua mãe e iniciou um comitê de apoio para nós chamado Free the Angola 4 [Libertem os 4 de Angola]. Chester Jackson e Gilbert Montegut não eram membros do partido, mas para quem estava do lado de fora eram ligados a nós como Panteras. Em junho daquele ano, fomos citados no jornal dos Panteras Negras. Os Panteras de Nova Orleans realizaram eventos a fim de arrecadar fundos para contratar advogados e distribuíram folhetos sobre nós. Marion Brown, Althea Francois, Shirley Duncan e outros Panteras de Nova Orleans, muitos deles estudantes universitários, nos visitaram. À medida que nosso apoio crescia, os ativistas locais Harry "Gi" Schafer e sua esposa, Jill, um casal branco, se juntaram ao nosso comitê de apoio e rapidamente assumiram funções de liderança. Eles comandavam a Students for a Democratic Society (SDS) no campus da LSU em Nova Orleans desde 1969. Um deles se ofereceu para ser o tesoureiro do nosso comitê. Advogados negros de Baton Rouge foram a Angola para nos encontrar. Um jovem advogado branco chamado Charles Garretson, recém-saído da faculdade de direito, também nos visitou.

Em 1973, na época de meu julgamento, nosso comitê de apoio não existia. A arrecadação de fundos havia parado; o dinheiro desapareceu. Para nós, do lado de dentro, parecia que todos haviam seguido a vida. Só em 1975, quando alguém me enviou um artigo sobre Gi e Jill Schafer, fiquei sabendo que eles eram informantes do FBI que desmantelaram nosso comitê de apoio propositalmente. Receberam US$16 mil por ano para se infiltrar, tumultuar e destruir a SDS na LSU, agindo como espiões e agentes provocadores, inventando histórias para incitar desconfiança entre os estudantes e manifestantes antiguerra e importunando muitos deles a tomarem ações mais radicais do que pretendiam, o que acarretou suas prisões. Como um projeto paralelo, eles assumiram o comitê de apoio aos Quatro de Angola e contribuíram para o seu fim. No verão de 1972, Huey Newton, enquanto tentava centralizar as atividades dentro do partido, chamou os membros da divisão do Partido dos Panteras Negras de Nova Orleans para Oakland e enviou membros de Cincinnati para substituir os de Nova Orleans. Ninguém na comunidade confiava nas pessoas de Ohio, que eram todas estranhas. Com o Panteras de Nova Orleans em Oakland, os Schafer ganharam mais poder em nosso comitê. A partir de documentos obtidos do FBI por meio da Lei de Liberdade da Informação, ficamos sabendo muitos anos depois que seu trabalho era sabotar qualquer tentativa de arrecadar fundos para conseguir advogados para nós, e foi isso o que fizeram.

Os advogados negros que vieram de Baton Rouge desapareceram logo depois do dinheiro. O jovem advogado branco Charles Garretson ficou conosco, concordando em nos representar mesmo sem receber por isso. Ele era leal e bem-intencionado — mais de trinta anos depois de nos representar, ele escreveu aos meus advogados oferecendo-se para testemunhar a meu favor em um novo julgamento —, mas em 1973 ele era jovem e inexperiente, e enfrentava uma boa e velha rede de conexões em que praticamente todos se conheciam ou moravam no mesmo bairro, e estavam determinados a me condenar, não importava o que acontecesse. Ele não teve chance alguma.

Meu julgamento começou em West Baton Rouge um dia após a seleção do júri no início de março de 1973. (Herman, Gilbert Montegut e Chester Jackson seriam julgados em 1974.) Fui representado por Garretson, que assumiu meu caso *pro bono*, do contrário eu estaria sozinho. Tinha certeza disso. Minha mãe não tinha dinheiro para ir a Baton Rouge e, mesmo que tivesse, não teria onde ficar. Quando cheguei, a primeira coisa que vi do lado de fora do tribunal foi um grupo fortemente armado de guardas penitenciários de Angola e policiais do distrito de Iberville. Havia dois policiais armados de pé no telhado. Lá dentro, havia guardas armados encostados nas paredes. O júri exclusivamente de brancos já estava sentado quando entrei algemado, ladeado por dois policiais. Minhas algemas foram removidas na mesa de defesa. Os promotores eram John Sinquefield e Leon Picou.

As testemunhas especializadas foram as primeiras a depor. De acordo com o legista, Brent Miller foi esfaqueado 32 vezes por volta das 7h45 do dia 17 de abril de 1972. Ele morreu quatro minutos depois, às 7h49. Tinha feridas nas costas, no peito, nas laterais do corpo e na perna. Seu corpo foi encontrado em uma poça de sangue no "salão", que ficava logo após a porta de entrada; os prisioneiros passavam pelo salão de cada alojamento para entrar nos cômodos onde seus beliches ficavam enfileirados. Havia uma impressão digital clara e identificável na porta que não combinava com as de Herman, as de Gilbert Montegut, as de Chester Jackson ou as minhas. Ela não correspondia a nenhum dos investigadores ou detentos que carregaram o corpo de Miller para fora do alojamento. Quando o policial estadual responsável por identificar a impressão foi questionado se a havia comparado com as impressões digitais de outros presidiários que ficavam na passarela, ele disse: "Não, não comparei." Não havia sangue em nenhuma das camas ou no cômodo em que ficavam. O outro guarda designado para os alojamentos de Pine naquele dia, Paul Hunter, afirmou que, quando voltou do refeitório após o café da manhã, entrou no Pine 1 e encontrou o corpo de Miller no chão do salão. De acordo com os investigadores, Miller "parecia ter caído contra uma mesa no salão e, então, no chão".

Um detento chamado Hezekiah Brown foi a principal testemunha do estado contra nós. Na casa dos sessenta anos e sem alguns dentes, Brown parecia um velho inofensivo no depoimento, mas estava cumprindo sua terceira ou quarta sentença em Angola por estupro qualificado. Era fortemente envolvido no comércio sexual em Angola, e um informante conhecido por ser um puxa--saco. Ele engraxava os sapatos dos guardas no escritório do tenente e rumores na penitenciária diziam que Brown era o aviãozinho dos traficantes de drogas na passarela. As drogas eram supostamente colocadas em sua caixa de engraxate enquanto estava no centro de controle e levadas consigo para seu alojamento a fim de serem coletadas. Ele fazia café para os homens livres. Todos na penitenciária sabiam que não podiam acreditar em uma palavra do que ele dizia. (Décadas mais tarde, Billy Sinclair, o antigo editor da revista *Angolite*, escreveu sobre Brown para um de meus advogados: "Eu estava no corredor da morte com Hezekiah Brown; na verdade, estávamos no mesmo bloco. Ele foi, até o dia de sua morte, um mentiroso patológico e impiedoso. Era um dedo-duro desprezível no corredor da morte que repetidamente fornecia informações falsas e inventadas sobre outros presidiários condenados para pessoas livres apenas para receber café e comida extra. Ele vendia informações em troca de benefícios pessoais.")

Brown morava no alojamento Pine 1 e em seu depoimento afirmou ter visto o assassinato. Disse que estava sozinho no alojamento quando Brent Miller entrou para tomar uma xícara de café e se sentou em sua cama, que ficava no final do corredor, mais próxima da entrada do salão. Brown afirmou que se inclinou para ligar a cafeteira quando entrei no alojamento com Herman Wallace, Gilbert Montegut e Chester Jackson. Garantiu que estávamos com lenços cobrindo o rosto e armados. Disse que agarrei Miller por trás e "o cutuquei" pelas costas com uma faca e os outros começaram a esfaqueá-lo, então o arrastamos da cama até o salão, onde o esfaqueamos ainda mais. Segundo ele, depois eu "saí correndo" do alojamento seguido de Herman, Jackson e Montegut, deixando Brown sozinho com o corpo de Brent Miller, e a porta se fechou atrás de nós. "Quando escutei a porta *batê*", declarou, "*sube* que eles tinha ido embora, bem, eu, eu não sei o que fez eu me *mexê*, mas me movi e fui pra porta". Ele disse que, quando abriu a porta do alojamento, o vento o "fez recobrar os sentidos" e percebeu que estava de pijama. Quando questionado sobre o quão longe foi antes de perceber que estava de pijama e voltar, declarou: "Ah, eu nem, eu nem cheguei a sair debaixo do... eu nem bem saí pela porta, sabe, e já *vortei*."

Brown afirmou que quando se virou para voltar para dentro a fim de trocar o pijama e passou por Miller: "Ele estava deitado lá, foi quando o último suspiro saiu de seu corpo." Ele disse que vestiu calças e uma camisa, passou novamente pelo corpo de Miller e saiu do alojamento. Do lado de fora, ele falou que virou à direita para ir até a unidade de plasma sanguíneo (localizada atrás do almoxarifado, logo após o portão do alcaguete), "certeiro como um suiriri em direção à toca". Quando questionado sobre quem mais estava na passarela depois que Brent Miller foi morto, disse que não viu ninguém. Quando questionado sobre a cor do lenço cobrindo o meu rosto, Brown declarou: "Devia ser vermelho ou azul." Ele decidiu que era azul.

No interrogatório, Brown admitiu que, quando foi questionado pela primeira vez por policiais, ele lhes contara outra história. Primeiro disse aos investigadores que estava na unidade de plasma sanguíneo o tempo todo. "Poucos dias depois", admitiu no depoimento, o acordaram à meia-noite e o levaram a uma sala com o subdelegado Bill Daniel, o diretor C. Murray Henderson e "a administração". Lá, as autoridades lhe disseram que "sabiam" que ele estava em Pine 1 durante o assassinato de Brent Miller, disse ele, e "me contaram tudo o que aconteceu". Foi quando deu uma nova declaração às autoridades, dizendo que eu matara Brent Miller com Chester Jackson e Herman Wallace. Ele não mencionou Gilbert Montegut na declaração que deu naquela noite, mas o acrescentou em uma terceira declaração dada mais tarde. Brown afirmou que ninguém lhe prometeu nada em troca de seu testemunho.

Joseph Richey, o prisioneiro que eu havia impedido de estuprar um jovem prisioneiro no CR, também testemunhou contra mim. Ele disse que viu Brent Miller entrar no Pine 1 quando estava em seu alojamento, Pine 4, que ficava em frente. Declarou que viu, em seguida, Leonard "Specs" Turner sair correndo do alojamento, seguido por mim, Herman, Chester Jackson e Gilbert Montegut, contradizendo a "testemunha ocular" Brown, que nunca mencionou Leonard Turner. Richey afirmou que nossos rostos não estavam cobertos, novamente contradizendo Brown. Questionado se eu me virei para a esquerda ou para a direita ao sair, ele disse que não sabia, mas que, ao sair pela porta, dei de cara com um carrinho que estava na passarela, usado para recolher o lixo. Richey disse que, quando Hezekiah Brown nos seguiu para fora de Pine 1, ele estava usando um pijama azul e "se movendo o mais rápido que podia com sua perna [ruim]", descendo a passarela em direção ao refeitório antes de parar, se virar e voltar para o alojamento, contradizendo Brown mais uma vez, que disse não ter saído do alojamento de pijama, mas retornado para se trocar assim que abriu a porta, quando o vento "[o] fez recobrar os sentidos". Richey continuou sua declaração contando que ainda observava o alojamento depois de Brown voltar para lá e o viu ressurgir depois de trocar de roupa. Afirmou que ele próprio entrou no Pine 1 e, quando viu o corpo de um oficial de segurança caído com múltiplas facadas, não se virou e saiu correndo, mas caminhou até o corpo de Brent Miller e ficou lá "por um minuto e meio", depois saiu do alojamento e caminhou até a lateral do Pine 1, acendeu um cigarro e "esperou" que os seguranças encontrassem o corpo de Miller.

Um detento chamado Carl Joseph "Paul" Fobb, que trabalhava na copa comigo e era quase completamente cego em 1972, também contradisse Brown (e Richey). Declarou que estava "do lado" do alojamento Pine 2 quando, "por volta das 8h05" (dezesseis minutos depois do horário da morte de Miller fornecido pelo legista), ele me viu entrar no Pine 1 sozinho e mais ou menos "cinco ou dez minutos" depois, sair de lá sozinho, com um pano na mão que joguei no alojamento Pine 4, em frente ao Pine 1, onde Joseph Richey, de acordo com seu próprio testemunho, estaria. (Paul Fobb afirmou não ter visto Richey naquela manhã. Richey declarou não ter visto Paul Fobb.) Nenhum "pano", que eu supostamente joguei, foi apresentado como prova em meu julgamento. Fobb disse não ter visto Herman, Chester Jackson ou Gilbert Montegut e nem Hezekiah Brown. Afirmou que eu fui a única pessoa que viu saindo do Pine 1 depois que Miller foi morto e que ficou "chocado" ao me ver, uma estranha escolha de palavras, já que naquele momento ele não saberia que um homem livre acabara de ser morto. Declarou que eu usava uma camisa azul da prisão e uma camiseta branca por baixo. Também disse que não havia sangue em mim quando saí do Pine 1.

Fobb, que reconheceu estar completamente cego de um olho devido à catarata, admitiu em seu depoimento que estava com o outro olho "machucado". No testemunho, tentou descrever duas declarações desconexas que deu nove meses depois do assassinato sobre o motivo de eu ter supostamente matado Miller. (Ele deu as declarações nove meses depois de ser transferido de um alojamento para um bloco de celas mais hostil.) Afirmou ter visto "duas ou três" discussões entre mim e Brent Miller e que o viu me "arrastar" de Pine 4 porque eu não tinha permissão para estar lá. Afirmou ter me ouvido dizer a um "comparsa" não identificado que "eu peguei cinquenta anos" e que "daria um corretivo naquele imprestável", referindo-me a Miller. Declarou que foi ideia minha fazer uma greve dos trabalhadores da cozinha como forma de distrair os homens livres, a fim de afastar os guardas da passarela naquele dia para que eu pudesse matar Brent Miller. "Bem, esse era o plano", declarou ele, "pra *tirá* os homem livre da passarela, pra ele ter uma chance de *fazê* o que tinha que *fazê* e eles *voltá* pra ronda". Esse depoimento corroborou a "teoria" que o diretor Henderson dera aos repórteres no dia seguinte ao assassinato de Miller, nove meses antes de Fobb dar seu depoimento a Henderson.

Sentado à mesa da defesa, todos pareciam mentirosos para mim, mas Paul Fobb se destacou como o mais surreal. Todos sabiam que aquele homem não enxergava. Uma das minhas testemunhas faria uma declaração sobre como Fobb sempre esbarrava em tudo. (Anos depois, meus advogados fizeram uma especialista revisar as cirurgias oculares de Fobb antes de 1972, bem como seus registros médicos, e ela disse que a visão dele estava tão ruim na época do assassinato de Miller que ele não conseguiria ter identificado uma pessoa que estivesse a nove ou doze metros de distância.) Ele não teria me identificado ao sair correndo do alojamento Pine 1, muito menos saber se eu estava ou não usando uma camiseta branca sob a camisa de botões da prisão que ele afirmou que eu estava usando. Ao dizer que eu, sozinho, fui o único que saiu correndo de Pine 1 naquele dia, ele contradisse a principal testemunha da acusação, Hezekiah Brown, e também Joseph Richey. Fobb disse que não havia sangue em mim depois que eu supostamente esfaqueei um homem 32 vezes sozinho. A greve dos trabalhadores da cozinha não "tirou os guardas" da passarela. O protocolo prisional padrão posicionava um guarda de cada unidade no refeitório durante as refeições e outro na passarela, direcionando o tráfego ou sentado na guarita.

Ao contrário do testemunho de Paul Fobb, eu não tinha problema algum com Brent Miller. Eu o conhecia de vista e tinha conhecimento da família Miller, mas nunca conversei com ele. Os prisioneiros não podiam entrar nos alojamentos uns dos outros, mas às vezes entravam e saíam por curtos períodos. Alguns homens livres não se incomodavam com isso; outros, sim. Nunca recebi uma infração (relatório disciplinar) por entrar em um alojamento. (Se os homens livres estivessem seguindo o protocolo, as portas dos alojamentos estariam trancadas o tempo todo quando os prisioneiros não estivessem indo e vindo do trabalho ou das refeições, mas geralmente não trancavam as portas.) Brent Miller nunca falou comigo. Eu nunca falei com ele. Ele nunca me expulsou de um alojamento. E nunca escreveu um relatório disciplinar sobre mim.

O mais ilógico de tudo, para mim, foi o testemunho de Fobb de que, de alguma forma, eu estava sempre falando de um "plano" para matar um guarda alto o suficiente para que ele ouvisse. Como foi que ele ouviu todas essas conversas que supostamente tive com meu suposto "parceiro de derrota"? Se eu quisesse machucar ou matar um homem livre, não teria falado sobre isso alto o suficiente para ser ouvido claramente com o barulho das panelas batendo e da água corrente na copa. Não teria falado sobre isso depois de um turno sentado em meio a prisioneiros brancos e negros que eu não conhecia ou confiava. Não teria falado sobre isso perto de Paul Fobb.

Além disso, eu queria perguntar ao júri: mesmo se eu tivesse o poder de orquestrar uma greve dos trabalhadores da cozinha sem estar presente, como eu saberia de antemão que Brent Miller não estaria entre os guardas que supostamente seriam "retirados da passarela"? Os guardas não costumavam passar o tempo em alojamentos de detentos. Como eu saberia que Brent Miller estava no Pine 1? Mais tarde, efetivamente, os funcionários da penitenciária e o estado da Louisiana usaram o fato de Miller estar no alojamento naquela manhã como um motivo para negar os benefícios e a indenização à esposa por seu assassinato.

Não me surpreendi com as mentiras de Fobb. O que me incomodou foi a ideia de que o júri o levaria a sério. O mesmo me ocorreu sobre Hezekiah Brown. Ninguém na prisão seria idiota o suficiente para atacar e matar um segurança na frente de um dos maiores dedos-duros de Angola e deixá-lo vivo.

Eu tive esperança um dia, mas depois vi o quanto as contradições das testemunhas de acusação não pareciam importar para o júri. Vi como todos os que participaram do julgamento — promotores, advogados, juiz, guardas — pareciam se conhecer além da vida profissional. Com base em suas conversas e interações, era fácil ver a amizade pessoal entre alguns deles. Quando o júri estava presente, realizavam os procedimentos de um julgamento. Quando o júri saía, eles riam e conversavam. Alguns almoçavam juntos. Fiquei imaginando se estavam todos trabalhando juntos para me condenar.

Nenhum dos outros guardas que estava na passarela naquela manhã, no portão do alcaguete, direcionando o tráfego ou em suas cabines, foi chamado para testemunhar que viu a mim, Herman, Chester Jackson ou Gilbert Montegut na passarela. Nenhum deles foi chamado para corroborar que viu qualquer uma das testemunhas da acusação que alegaram estar presentes.

No dia em que Brent Miller foi morto, eu estava usando o que usava na maior parte do tempo: calça jeans, um moletom cinza e botas de borracha, necessárias para trabalhar na copa. No meu julgamento, Bill Daniel, que era subdelegado em St. Francisville na época, declarou que tirou de mim uma jaqueta verde do exército, uma calça azul e sapatos marrons de cadarço, que foram registrados como prova.

Cada testemunha de acusação me descreveu usando algo diferente. Hezekiah Brown, que primeiro disse que não se lembrava bem do que eu estava vestindo, afirmou que eu estava usando "roupas da penitenciária", o que significava camisa e calça azuis. Brown foi a única testemunha que disse que eu tinha um cachecol ou lenço cobrindo rosto. Joseph Richey declarou que eu estava usando uma "camisa de botão azul e macacão, ambos do uniforme" e que estava "sem jaqueta" e "definitivamente nada" cobria meu rosto. Paul Fobb, que era legalmente cego, de algum jeito "viu" que eu estava usando uma camiseta branca por baixo de uma camisa azul de botão fornecida pela penitenciária e "jeans do uniforme". Ele disse que eu não tinha nenhum lenço cobrindo o rosto ao entrar ou sair de Pine 1. Apenas ele declarou que eu estava usando um chapéu por cima do meu afro.

A mancha de sangue na jaqueta verde que o policial disse que eu estava usando naquele dia era tão pequena que não conseguiram saber o tipo. Havia uma mancha de sangue na calça azul e outra nos sapatos marrons; ambas eram tão pequenas que o laboratório criminal não conseguiu determinar se o sangue era de um humano ou de um animal.

Uma faca caseira com várias camadas de fita adesiva como cabo foi registrada como a arma do crime. O guarda que encontrou a faca em Pine 1 disse que ela estava coberta de sangue quando a encontrou. Um especialista em perícia forense do laboratório criminal declarou que, quando o laboratório recebeu a faca, havia menos de três gotas de sangue nela, o que não é suficiente para identificar o tipo sanguíneo. Não havia nenhuma evidência que a ligasse ao assassinato de Brent Miller. Acho estranho que nunca tenha havido sangue suficiente em qualquer um dos itens apresentados como evidência para dizer se era sangue humano ou animal, ou identificar se era o meu sangue, o de Brent Miller ou de qualquer um dos outros homens acusados.

Uma impressão digital com sangue, clara e identificável, foi encontrada na porta de entrada do alojamento Pine 1. A acusação também apresentou quatro impressões digitais simultâneas da mesma mão e duas impressões palmares parciais. Nenhuma delas correspondia às minhas, de Herman, de Chester Jackson ou de Gilbert Montegut. Também não coincidiam com os prisioneiros que removeram o corpo de Miller ou com as impressões digitais dos investigadores. Nunca foram comparadas às de todos os prisioneiros que viviam na passarela, apesar de a penitenciária ter suas impressões digitais arquivadas.

Os três homens que testemunharam contra mim — Brown, Richey e Fobb — foram transferidos para alojamentos melhores. Richey e Fobb foram transferidos de Angola para uma penitenciária mais confortável que ficava no quartel da polícia estadual. Richey ganhou até licenças de fim de semana e teve tanta liberdade ao longo dos anos que roubou três bancos enquanto estava na prisão, e foi condenado por tais crimes. Fobb recebeu licença médica, normalmente reservada a prisioneiros que têm menos de seis meses de vida, e passou anos fora da prisão. Foi acusado de vários crimes durante esse tempo, incluindo violência doméstica. Brown foi transferido para o alojamento mais confortável de Angola, conhecido como "canil", onde os cães farejadores da prisão eram alojados e treinados. Em 1986, sua sentença de prisão perpétua foi reduzida e ele foi solto.

Três testemunhas depuseram a meu favor. Foi preciso muita coragem para esses homens se apresentarem, porque foram imediatamente transferidos para alojamentos mais hostis e restritivos depois de darem seus depoimentos. Um deles foi colocado na masmorra. A primeira testemunha da minha defesa foi o coronel Nyati Bolt, que morava no meu alojamento, Hickory 4, e afirmou que caminhou comigo e com outro detento chamado Everett Jackson até o refeitório quando o alarme soou pela primeira vez às 7h. Ele esperou conosco na fila durante a greve dos trabalhadores da cozinha e voltou para Hickory 4 conosco quando nos disseram para retornar aos alojamentos. Ficamos no alojamento por cerca de vinte minutos, disse ele, até mais ou menos 7h35, quando o alarme soou novamente e nós voltamos para o refeitório e comemos juntos. Depois do café da manhã, ele afirmou que deixou Everett Jackson e eu parados na passarela conversando, pouco depois das 8h, e voltou pelo portão do alcaguete até a sala da caldeira, onde trabalhava.

No interrogatório feito pelo promotor, Everett Jackson declarou que só me conhecia há cerca de três semanas. Ficávamos no mesmo alojamento, mas não conversamos até eu fazer perguntas sobre meu mandado de segurança. "Woodfox e eu conversamos sobre a possibilidade de eu escrever para ele um mandado de segurança nessa mesma manhã, então é por isso que estávamos juntos naquele dia", disse ele. Ele repetiu tudo o que Bolt disse, acrescentando que, depois que Bolt nos deixou na passarela após o café da manhã, eu o acompanhei até o centro de controle, bem em frente ao refeitório, onde ele entrou no escritório de assistência jurídica para obter os documentos legais para me entregar. Demorou "oito ou dez minutos", disse Jackson.

Quando desceu do escritório de assistência jurídica, ele me entregou os papéis e voltou para o trabalho no escritório de assistência jurídica de presidiários.

O promotor John Sinquefield perguntou a Everett Jackson sobre o tempo transcorrido entre a primeira e a segunda chamadas para o café da manhã.

Sinquefield: Você voltou para o alojamento; o Sr. Woodfox esteve com você todo esse tempo?

Jackson: Sim, esteve. Ele estava comigo esse tempo todo.

Sinquefield: Vocês não fizeram uma parada no Pine 1, fizeram?

Jackson: Negativo.

Sinquefield: Vocês não pararam por lá e bateram em um porco ou nada disso.

Jackson: O que é um porco, hein?

Sinquefield: Bateram?

Jackson: O que é um porco?

Sinquefield: Acho que é gíria de rua geralmente usada em referência a um policial, segurança ou coisa parecida, correto?

Jackson: Não, não paramos em momento algum e não batemos em um porco.

Sinquefield: Mas você sabe o que é um "porco".

Jackson: Não sei qual é a sua definição de porco; sei qual é a minha.

Sinquefield: Qual é a sua definição?

Jackson: É um pequeno animal de quatro patas.

O juiz interrompeu a linha de questionamento de Sinquefield, dizendo para não usar o termo "porco" em seu tribunal. Quando continuou, ele perguntou a Everett Jackson se eu matei Brent Miller.

Jackson: Não. Negativo.

Sinquefield: Ele não saiu da sua presença em nenhum momento?

Jackson: Não, não saiu.

Sinquefield: Você não o viu com alguma faca ou coisa parecida?

Jackson: Não.

Sinquefield: Não viu sangue nas roupas dele?

Jackson: Negativo.

Sinquefield: Ele não disse nada sobre matar ou esfaquear alguém lá em Pine 1?

Jackson: Não, não para mim, ele não disse.

Sinquefield: E você não o viu fazer nada?

Jackson: Não.

Sinquefield: Não ouviu ninguém gritando e implorando por ajuda?

Jackson: Não.

Sinquefield: ... ou nada parecido em Pine 1?

Jackson: Não, não.

Sinquefield: Você acha que teria ouvido se tivesse acontecido?

Jackson: Certamente teria. E aproximadamente outros 3 mil também.

* * *

Sinquefield: Ele não deu uma escapada em momento algum?

Jackson: Não tinha como.

Sinquefield: Será que ele não foi lá e cometeu o assassinato em Pine 1 enquanto você não estava olhando?

Jackson: Ele não fez isso.

Everett Jackson foi questionado sobre o motivo de não estar mais trabalhando no meu caso. "Ele está em uma parte da prisão e eu em outra", disse ele. "Não posso vê-lo ou falar com ele, portanto, não posso entrar com a ação."

Ao ser inquirido pela defesa, ele afirmou que foi transferido para um bloco de celas do alojamento depois de dar a declaração de que estava comigo na manhã do assassinato de Brent Miller.

Herbert "Fess" Williams, que ficava no Pine 4, também testemunhou em minha defesa. Ele disse que estava lá, na passarela, entre 7h45 e 8h e que não viu na passarela naquela manhã nem a mim nem qualquer das supostas testemunhas que a acusação disse que estavam lá. O trabalho de Herbert Williams era recolher lixo nos quatro alojamentos Pine e ele subia e descia a passarela com seu carrinho procurando lixo. Na manhã do assassinato de Brent Miller, Williams declarou que não saiu de Pine 4 na primeira chamada para o café da manhã. Quando soou o alarme para a segunda chamada, por volta das 7h35 ou 7h40, ele afirmou que saiu de seu alojamento e caminhou em direção ao refeitório, procurando seu carrinho de lixo, que disse não estar onde costumava deixar, no gramado próximo ao Pine 4. Disse que também não estava na passarela, em frente ao alojamento Pine 1 (contradizendo Joseph Richey, que declarou que eu esbarrei no carrinho de lixo quando saí correndo de Pine 1) e não estava em nenhum outro lugar visível, então ele começou a procurar caminhando em direção ao refeitório, pois, às vezes, detentos aleijados o usavam para chegar até lá. Em seu depoimento, ele afirmou que no caminho até o refeitório esbarrou com Hezekiah Brown vindo em sua direção, segurando um saco plástico contendo açúcar. Ele disse que sabia que era açúcar porque: "Eu tentei tomar dele." Ele disse que Brown estava usando "o que parecia ser a parte de cima de um pijama".

Williams declarou que, depois de afirmar às autoridades que eu não estava no local do assassinato de Miller, ele foi colocado na masmorra e "interrogado" mais quatro vezes. Na masmorra, onde ficou em uma única cela com quatro ou cinco outros homens e nenhuma cama, ele perdeu os dentes quando outro prisioneiro "acidentalmente" lhe deu uma cotovelada. Depois foi colocado em um bloco de celas onde ficava trancado 23 horas por dia. Quando meu advogado, Charles Garretson, lhe perguntou no depoimento sobre sua experiência de ser "questionado" por oficiais prisionais, Williams o corrigiu e disse que foi "interrogado" cinco vezes. Ele repetiu várias vezes que não me viu na passarela naquela manhã, e também não viu Herman, Chester Jackson ou Gilbert

Montegut. Depois da segunda vez em que foi interrogado, "eles me trancaram", disse ele.

"Onde trancaram você?", perguntou Garretson.

"Me trancaram em confinamento solitário."

"Por quanto tempo?"

"Estou lá desde então. Ainda estou lá."

"Você está em confinamento solitário?"

"Sim, senhor."

Os promotores Picou e Sinquefield contestaram e tentaram fazer com que Williams dissesse que não fora colocado em confinamento solitário. Williams declarou que inicialmente foi colocado na masmorra por duas ou três semanas, depois no bloco de celas que, para ele, não era diferente da masmorra — ou do "confinamento solitário" —, tirando o fato de que no bloco de celas ele tinha uma cama.

Então, do nada, Picou perguntou a Williams: "Você sabe quem eu sou?", lembrando Williams que ele era promotor distrital de West Feliciana, que "incluía a penitenciária Angola". E perguntou novamente a Williams se ele esteve na passarela naquela manhã. E Williams disse que sim.

"E você estava bem naquela área?", perguntou Picou.

"Eu estava bem naquela área."

"Você não foi tomar café da manhã."

"Eu não fui tomar café."

"Todos foram tomar café da manhã, exceto uma, duas ou três pessoas, talvez; isso é verdade?"

"Eu não sei sobre um ou dois; eu não fui."

"Mas você estava lá."

"Eu estava bem ali nas proximidades."

"Quem mais — quem mais estava lá?"

"Tinha um rapaz branco naquela área."

MEU JULGAMENTO, 1973

"Qual o nome dele?"

"Não sei o nome dele. Ele nem mora lá. Ele mora pra cima — nos alojamentos acima de nós."

O promotor mudou de assunto. O prisioneiro branco, que pode ou não ter estado na passarela na manhã em que Brent Miller foi morto, nunca mais foi mencionado.

Um prisioneiro chamado Larry Robinson declarou ter visto Hezekiah Brown na unidade de plasma sanguíneo às 7h45, exatamente na mesma hora que Brown afirmou testemunhar o assassinato de Brent Miller. Quando questionado sobre como ele sabia que eram 7h45, Robinson respondeu que havia conferido seu relógio porque estava tentando se livrar do trabalho de campo naquela manhã e deveria estar no portão de segurança às 7h45. Outra testemunha a meu favor, Clarence Sullivan, que trabalhava na copa, declarou que Paul Fobb não conseguia ver mais do que alguns metros à frente e estava sempre esbarrando em tudo.

* * *

No final do meu julgamento, os jurados foram instruídos pelo juiz a "cobrar do Estado o ônus da prova" e que "se as provas não estabelecessem sem margem para dúvidas" que eu era culpado de matar Brent Miller, o júri deveria dar um veredito de inocente. Enquanto eu estava lá sentado olhando para o júri, não tinha dúvidas de que me considerariam culpado. Eles deliberaram por menos de uma hora. O veredito foi culpado. Eu seria condenado à prisão perpétua. Lembro-me de pensar que eles não conseguiriam me destruir. Eu não os deixaria me destruir, não importa o que acontecesse.

Depois do meu julgamento, fiquei detido no tribunal até escurecer. Eles me colocaram em uma van da penitenciária e dois policiais se sentaram, cada um de um lado, no banco de trás com espingardas no colo. Dois policiais armados se sentaram na frente. Nenhum deles me disse nada sobre para onde iríamos, mas percebi que não seguíamos para Angola. Estávamos indo para a floresta. Imaginei se estavam procurando um lugar para me matar. Depois de algum tempo, eles pararam em frente à Penitenciária do Distrito de West Feliciana. Os dois da frente desceram e pouco depois voltaram para o carro. Nada me foi dito diretamente. Depois disso, me levaram para Angola. Não sei se tinham um motivo oficial para me levar até lá ou se estavam apenas tentando me aterrorizar.

"Querido, você está bem?", minha mãe me perguntou em sua primeira visita depois que fui condenado.

Eu tinha voltado a Angola. Estávamos na sala de visitas da CFR. Menti para ela através da tela que nos separava.

"Sim, mamãe, está tudo bem. Vou ficar bem", disse a ela. Não deixei transparecer nenhuma preocupação em meu rosto ou em minhas ações.

"Vou conseguir um novo julgamento", falei.

Eu não acreditava nisso, mas não queria que minha dor e sofrimento afligissem minha mãe ou minha família. Quando minha família me visitava, eu sempre fazia de tudo para estar com a melhor cara possível.

De volta à minha cela, fiz o mesmo. Fui incriminado por assassinato, perseguido no julgamento e injustamente condenado. Mas eu não me sentia como um cordeiro sendo sacrificado. Eu me sentia como um membro do Partido dos Panteras Negras. Na verdade, me tornei mais revolucionário do que antes. Em setembro daquele ano de 1973, escrevi a um amigo:

> Eu vejo a Amerikkka... e suas mentiras, seu capitalismo, imperialismo, racismo, sua exploração, opressão e o assassinato dos pobres e oprimidos como algo muito radical. Em minha opinião, quem vê essas situações como algo diferente de extremo é um burguês mesquinho ou um capitalista idiota!! A história nos ensinou que a revolução é violenta, mas um acontecimento de vida extremamente necessário. Revolução representa derramamento de sangue, mortes, sacrifícios, sofrimentos, e nada pode ou vai mudar isso. A distribuição de panfletos é apenas um método de evitar o inevitável. É função das forças revolucionárias deste país criar a revolução em vez de tentar evitá-la.

Capítulo 21

Julgamento de Herman, 1974

Depois da minha condenação em 1973, Herman escreveu para o NAACP LDF (NAACP Legal Defense and Educational Fund) sobre o fato de termos sido indiciados por um grande júri que excluiu mulheres e negros. Um advogado do NAACP LDF chamado Norbert Simmons o visitou e concordou que ele tinha bases para uma ação. Concordou em representar Herman nessa questão e entrou com uma petição para anular sua acusação. O juiz Edward Engolio, da 18ª Vara Federal, deferiu o pedido, o que significa que todos os denunciados por aquele grande júri em particular — 26 pessoas ao todo — teriam as denúncias rejeitadas. A princípio, os advogados do estado recorreram da decisão. Depois, o estado desistiu da apelação e indiciou novamente todos os acusados por aquele grande júri em particular (exceto eu; como já havia sido condenado, não fora levado em conta). Havia outro problema na seleção do novo grande júri que recebeu a denúncia contra Herman, Chester Jackson e Gilbert Montegut novamente, mas isso só viria à tona anos depois. Enquanto isso, a petição que apresentei no ano anterior sobre a mesma questão ainda não havia sido decidida, mas o direito era ainda muito novo para mim para que eu conseguisse entender que era legalmente exigido que todos os pedidos pendentes fossem analisados antes do julgamento.

Herman, Jackson e Montegut foram julgados juntos em East Baton Rouge. Charles Garretson, que me representou, foi o advogado deles. No segundo dia de julgamento, Garretson, Herman e Montegut estavam sentados à mesa da defesa após uma pausa para o almoço, quando Chester Jackson entrou atrás do promotor e sentou-se à mesa da acusação. Ele havia se transformado em testemunha de acusação, o que, descobrimos mais tarde, sempre fora seu plano.

De acordo com autoridades estaduais, ele dera uma declaração que implicava Herman e eu no assassinato de Miller dois dias depois de este ser morto. Não tínhamos a menor ideia. Garretson também não e tinha menos de meia hora para se recompor antes de arguir o homem que até então estivera defendendo. O conhecimento de que eles haviam dobrado Jackson e o convencido a testemunhar contra Herman e Montegut deixou Garretson totalmente abalado. (Mais tarde, ele diria: "[Eu] estava em completo estado de choque... Foi muito difícil reunir forças para manter o profissionalismo e a sanidade e exigiu inteligência para seguir em frente após essa pausa para o almoço.")

Jackson declarou que eu e ele caminhamos em direção ao refeitório para tomar café da manhã sozinhos e paramos antes de chegar lá "para esperar" Herman. "Depois [de passarmos] cerca de dez minutos" em pé na passarela, disse ele, Herman chegou e me perguntou se eu estava com "as armas". O promotor Ralph Roy, que estava arguindo Jackson, lhe perguntou se ele não quis dizer "a arma", no singular? Jackson mudou sua resposta, dizendo que Herman perguntou sobre "a arma". Ele continuou, dizendo que nós três nos viramos e voltamos para a passarela, saindo dela entre dois alojamentos Oak enquanto Herman "procurava um homem livre para matar". Quando Herman voltou, ele nos disse que havia "um homem" sentado em uma cama em Pine 1, disse Jackson. E falou que, quando entramos no alojamento, todos cobrimos nossos rostos com lenços e que Brent Miller estava na cama, virado para a "frente do prédio" conversando com Hezekiah Brown (o oposto do que este havia declarado).

Jackson disse que não entrou imediatamente no alojamento, mas ficou no salão, que ele chamou de "saguão", quando Herman e eu entramos. Ele falou que estava "se escondendo" de Hezekiah Brown porque Brown era seu "amigo", afirmou. Descreveu a parede atrás da qual se escondeu como "concreto sólido", através da qual, declarou, "não se pode ver nada", e ainda, desse ponto de vista, disse que me viu passar por Miller depois de entrar no alojamento para ficar atrás dele, agarrá-lo em um "ataque surpresa" e esfaquear a frente de seu corpo. (Brown disse que eu esfaqueei Miller pelas costas.) Jackson declarou que, depois que Miller foi esfaqueado, ele se levantou e tentou sair pela porta, mas Herman o empurrou de volta para o alojamento. Nessa altura, disse Jackson, "todo mundo" começou a esfaquear Miller, e foi quando Jackson disse que chegou do salão. Jackson afirmou que, quando nos encontrou esfaqueando Miller, eu lhe entreguei uma faca e, sob minhas ordens, ele também o fez. Declarou que, enquanto esfaqueávamos o guarda, Leonard "Specs" Turner, que estava nos fundos do alojamento, passou por nós e saiu do prédio. Em seguida, disse Jackson, Hezekiah Brown saiu pela porta da frente do prédio enquanto Jackson esfaqueava o guarda, tudo isso contradizendo Brown, Richey e Fobb. Jackson estimou que a luta com Miller durou "dez ou onze minutos".

Ele afirmou que, ao sair do prédio, "foi quando todas as pessoas dos outros alojamentos chegaram no Pine 1 e eu simplesmente fui trocar de roupa". Jackson informou que quando ele, Herman e eu saímos de Pine 1, corri "pela lateral" do alojamento, e ele e Herman caminharam até Pine 3, transversalmente a Pine 1, onde ele tirou as roupas ensanguentadas e as colocou em uma lata de lixo no canto do alojamento. (Nunca foram encontradas roupas ensanguentadas em nenhuma lata de lixo em nenhum alojamento após a morte de Miller ou, se foram, nunca foram apresentadas como evidência.) Jackson disse que Herman encontrou algumas roupas limpas "atrás de uma cama" e trocou suas roupas ensanguentadas. Quando questionado sobre o que Herman fez com as roupas sujas de sangue, Jackson respondeu: "Ele as deixou lá." E depois: "Não sei dizer exatamente o que ele fez com elas." Quando o promotor o questionou: "Ele saiu com elas?" Jackson mudou sua resposta: "Ele saiu com elas", afirmou, "pela porta, sabe, em direção à porta... Ele fez uma trouxa e as levou".

A declaração de Jackson não só contradisse o testemunho de Hezekiah Brown em todos os sentidos, mas também a declaração que deu às autoridades dois dias depois que Miller foi morto. Naquela declaração (que só obtivemos anos depois), Jackson disse que estava descendo a passarela quando viu Herman e eu parados no pátio perto dos alojamentos Pine. Ele disse que eu estava usando um chapéu marrom, "tipo um boné de caça", por cima do meu afro. Disse que se aproximou de mim e de Herman e, depois que Herman foi embora, eu disse a Jackson que "mataria um porco". Então Herman voltou e disse que havia um "otário" sentado no Pine 1. Jackson disse que se afastou em direção ao refeitório. Alguns minutos depois, afirmou que ouviu gritos e voltou pela passarela até Pine 1. Na declaração de 1972, Jackson disse que olhou por uma janela e viu Herman e eu esfaqueando Brent Miller. Disse que *entrou* no alojamento onde Miller estava sendo atacado e Herman o empurrou para o lado enquanto saíamos do prédio. Jackson disse que nos seguiu porta afora. Nessa versão, ele não esfaqueou Miller e não mencionou Gilbert Montegut em nenhum dos relatos.

Interrogado pela defesa, Jackson declarou que foi interrogado quatro vezes no período entre o assassinato de Miller no dia 17 de abril e a noite de 19 de abril, quando finalmente deu o depoimento no qual disse que assistiu pela janela enquanto Herman e eu esfaqueamos Brent Miller. Durante seu primeiro interrogatório, disse às autoridades que não sabia de nada. No dia seguinte, afirmou, foi "pego" e "colocado no buraco". Declarou ter sido interrogado pelo diretor Henderson, o capitão Hilton Butler e o subdelegado Daniel. Quando questionado se havia apanhado, respondeu: "Me acertaram... Não foi um encontro agradável quando me trancaram pela primeira vez." Inadvertidamente, ele sugeriu que podem tê-lo "acertado" com tanta força que precisou de um médico. Declarou que, em 19 de abril, disse ao seu advogado para "ir ao hospital, tentar me arranjar um médico... Eu falei que estavam me atormentando". Quando inquirido, pela acusação, se as autoridades apontaram uma arma contra sua cabeça durante o interrogatório, que foi o que contou a Herman e Gilbert Montegut nos meses que antecederam o julgamento, Jackson declarou que "nunca disse isso a sério".

Jackson não mencionou Montegut nenhuma vez e os promotores estaduais não perguntaram sobre ele, embora sua principal testemunha, Hezekiah Brown, o tenha identificado no local esfaqueando Miller. Quando Garretson questionou Jackson, ele perguntou se Montegut havia esfaqueado Brent Miller. Jackson respondeu: "Bem, não sei dizer com certeza. Não posso lhe dar uma resposta definitiva sobre isso." Ele declarou que Montegut não estava presente conosco na passarela e "nem durante a briga". Ele negou que o promotor tenha concordado em reduzir suas acusações a homicídio culposo em troca do testemunho e afirmou que, quando os promotores o colocaram junto de Hezekiah Brown em uma sala no dia anterior ao julgamento de Herman (que Garretson descobriu no primeiro dia de seu julgamento), eles "nunca discutiram nada" sobre os seus depoimentos ou o que acontecera no dia da morte de Miller.

Ao depor, Hezekiah Brown repetiu o testemunho bem ensaiado que deu em meu julgamento — eu me aproximei por trás de Miller e o puxei contra meu corpo, apunhalando-o pelas costas; saí correndo do alojamento com Herman, Jackson *e Gilbert Montegut*, e Leonard Turner não estava lá — contradizendo tudo o que Jackson falara. Qualquer coisa que divergisse de sua história, ele não parecia "lembrar". Quando Garretson perguntou se o meu corpo, o de Herman ou o Montegut chegou a tocar o corpo de Miller enquanto o esfaqueamos,

Brown afirmou não saber. Quando questionado se havia muito sangue, disse que não sabia porque "não estava prestando atenção a sangue nenhum". (Não havia sangue na cama de Brown, onde ele afirmou que Miller estava sentado enquanto foi esfaqueado, e o cobertor e o lençol não estavam amassados.) Ao tentar determinar a hora da morte, Garretson perguntou a Brown se o sol já tinha nascido quando ele saiu do alojamento. Brown respondeu que não sabia.

Sem querer, Brown deu um pequeno detalhe que sustentava nossa alegação de que fomos incriminados e que não havia surgido no meu julgamento. Ele declarou em meu julgamento que, quando foi interrogado pelas autoridades durante seu segundo interrogatório "eles me contaram o que aconteceu". No julgamento de Herman, Brown deixou escapar que na noite em que foi retirado de sua cama à meia-noite e levado para uma sala para ser interrogado uma segunda vez, "pastas" de prisioneiros "selecionados" — possivelmente minhas, de Herman e de Jackson — já estavam sobre a mesa quando ele entrou e foram dadas a ele. No julgamento de Herman, Brown também deu a entender que acrescentou Gilbert Montegut à sua declaração mais tarde sob coação. "Eu sabia que, se dissesse não, eu não sabia de nada na época... Eu ia ser punido por isso", afirmou. "Eu ia ser jogado em uma das celas, e eu... estava em uma das celas do corredor da morte... não aguentava mais."

Outra testemunha da acusação, um detento chamado Howard Baker, contradisse Chester Jackson *e* Hezekiah Brown. Baker declarou que estava passando por Pine 1 quando viu Herman sair pela porta do alojamento "com sangue no moletom e na frente da calça" e "você sabe, o suficiente para ficar facilmente visível se olhassem para ele", e que, ao sair de Pine 1, ele viu Herman virar *à direita* em direção ao refeitório. Baker também afirmou não ter visto Chester Jackson, Gilbert Montegut nem eu, mas viu um preso chamado Pedro seguir Herman para fora do alojamento, "dois ou três segundos" depois, "por volta das 7h55 ou 8h". Baker também disse que não viu Hezekiah Brown, Leonard Turner, Paul Fobb ou Joseph Richey naquela manhã, só Herman e Pedro. Ninguém havia mencionado Pedro em nenhuma declaração ou depoimento antes disso.

Baker seguiu contando que depois que Herman — ainda coberto de sangue — virou à direita saindo de Pine 1, ele passou pelo almoxarifado e pelo portão do alcaguete, que era operado por um agente de segurança, e então pelo refeitório até outro portão, operado por outro agente, para chegar à fábrica de placas, onde trabalhava, sem ser questionado. Na entrada da fábrica, ele se reportou a um guarda, fornecendo seu número de identificação e alojamento — um requisito para todos os detentos. Cerca de "seis minutos depois", Baker afirmou, ele entrou na fábrica e Herman, ainda usando suas roupas ensanguentadas, lhe pediu a chave de uma caixa que continha roupas de trabalho. Baker disse que entregou a chave e Herman vestiu roupas limpas e colocou as ensanguentadas "em cima da caixa". Então, declarou Baker, Pedro entrou na fábrica com as roupas ensanguentadas e falou com Herman. Ele disse que, nesse momento, Herman pegou as roupas sujas de sangue e as levou para uma fornalha na frente da fábrica e as queimou.

Baker só apresentou sua história depois de viver nas condições brutais do bloco B por vários meses. Os registros da penitenciária que nossos advogados obtiveram anos mais tarde mostraram que, depois de dar sua declaração contra Herman, Howard Baker foi transferido para um alojamento no Camp A, onde trabalhou como "assistente de segurança". Depois disso, foi transferido para o canil, a mesma área altamente valorizada e de baixa segurança que abrigava Hezekiah Brown. No banco das testemunhas, Baker afirmou que se dispôs a contar sua história meses depois que Miller foi morto "por causa da consciência". Anos mais tarde, ele retrataria seu depoimento, dizendo que achava que ninguém acreditaria em sua declaração contra Herman porque não havia fornalha na fábrica; não havia onde queimar roupas na fábrica e "todo mundo sabia disso".

Ao depor, Joseph Richey repetiu que viu Leonard Turner saindo de Pine 1, seguido por mim, Gilbert Montegut, Chester Jackson e Herman. Só que desta vez, em vez de dizer que esbarrei no carrinho de lixo (que não estava na passarela, de acordo com Herbert "Fess" Williams, que testemunhou em meu julgamento), Richey declarou que, quando saímos do alojamento, a porta "bateu no carrinho de lixo" e ficou aberta, então ele conseguia enxergar dentro do alojamento, e viu um corpo caído no chão dentro de Pine 1. Disse que depois que Hezekiah Brown saiu do alojamento, Richey entrou, caminhou até o corpo de Brent Miller, saiu e esperou, do lado de fora, que o corpo fosse encontrado.

Herman tinha cinco testemunhas de álibi. Uma delas, Gerald Bryant, trabalhava na cozinha e declarou que não só viu Herman no refeitório às 7h30 ou 7h45 daquela manhã, mas também lhe entregou alguns livros. Outro detento, Clarence Jones, que afirmou ter servido café da manhã a Herman naquela manhã enquanto trabalhava no refeitório, disse que viu Bryant entregar livros a Herman. Houve testemunhas que declararam ter caminhado com Herman direto do refeitório até a fábrica de placas. Garretson mostrou ao juiz e ao júri a escala de trabalho da fábrica, provando que Herman havia entrado no trabalho antes das 8h no dia 17 de abril. O prisioneiro Henry Cage declarou que, quando chegou ao trabalho na fábrica, por volta das 8h, Herman já estava lá trabalhando.

Quanto a Gilbert Montegut, várias testemunhas, incluindo um capitão, afirmaram tê-lo visto no hospital, bem longe de Pine 1, antes e depois do café da manhã no dia em que Miller foi assassinado. O depoimento do capitão Wyman Beck salvou Montegut. Por ter sido designado para trabalhar no hospital naquele dia, ele afirmou ter visto Montegut lá na hora em que o corpo de Miller foi encontrado. Beck também disse que os funcionários da prisão lhe telefonaram naquela manhã e disseram para mandá-lo de volta. Um funcionário da penitenciária afirmou ter visto Montegut no hospital entre 7h30 e 8h e corroborou com o depoimento do capitão de que um diretor telefonou para o hospital naquela manhã pedindo que ele fosse enviado de volta. Nenhuma explicação foi dada sobre por que ele fora chamado.

As mesmas informações forenses que surgiram no meu julgamento foram transmitidas ao júri. Resumindo: nenhuma roupa, nenhuma arma, nenhuma evidência física que ligasse qualquer um de nós ao assassinato de Brent Miller. Havia uma impressão digital em sangue clara e identificável que não correspondia à minha, à de Herman, à de Montegut ou à de Jackson.

De volta à CFR, Robert King e eu acompanhamos o julgamento de Herman nos jornais. Quando li que Chester Jackson testemunhou contra Herman, fiquei enojado com sua traição. Lembrei-me da primeira reunião que nós quatro tivemos com nosso advogado, quase dois anos antes. Lembrei-me de pensar que havia algo de errado com a maneira como Jackson agia. Não estava agitado; apenas se recostou na cadeira. Na época, eu me perguntei se era o nervosismo ou se havia sido corrompido. Agora eu sabia. Ele mentiu sobre mim e Herman, sabendo que éramos inocentes, para salvar o próprio traseiro. Também mentiu para todos nós e nosso advogado por dois anos. O júri todo branco não deliberou por muito tempo. Herman foi considerado culpado pelo assassinato de Brent Miller. Gilbert Montegut foi dado como inocente. Em troca de seu depoimento, Chester Jackson aproveitou o acordo de confissão de culpa oferecido e se declarou culpado por homicídio culposo.

Herman foi condenado à prisão perpétua e enviado de volta à CFR, mas não ao meu bloco. Agora já sabíamos que nunca nos colocariam no mesmo bloco na CFR novamente. Naquele ano, e durante décadas, tentaram se colocar entre mim e Herman, tentaram acabar com a nossa conexão. O que não perceberam é que, a cada atitude que tomavam contra nós, mais fortes e unidos ficávamos. Depois de sermos coagidos e mentirem sobre nós, depois de nossos julgamentos tendenciosos e condenações injustas, sabíamos que seria assim para o resto da vida. Esse conhecimento nos deu uma nova determinação, uma nova força e um novo sentido de dedicação à nossa causa. Havia uma lealdade e devoção muito fortes entre nós. Usávamos uma expressão do programa de TV *Jornada nas Estrelas* para descrever nosso vínculo: "Separado de mim, mas nunca distante. Nunca e sempre tocando e tocado." Assumimos essa citação. Trinta anos depois, eu ainda assinava minhas cartas para ele: "Nunca distante." Podiam nos colocar onde quisessem, e o fizeram, mas nunca conseguiriam interferir no nosso relacionamento. No final de seu julgamento, havíamos nos aproximado muito em pouquíssimo tempo, como Panteras, camaradas e homens. Enviei um bilhete a Herman, perguntando se precisava de alguma coisa. Ele respondeu que não, estava bem.

Anos depois, descobrimos que, menos de um mês após a condenação de Herman em janeiro, no dia 15 de fevereiro de 1974, o diretor C. Murray Henderson começou a escrever cartas para conseguir a libertação imediata de Hezekiah Brown.

Capítulo 22

King É Incriminado

Entre o meu julgamento e o de Herman, Robert King foi injustamente condenado pelo assassinato de um prisioneiro de seu bloco. Ele foi incriminado pelo mesmo motivo que Herman e eu: punição por ser militante, agressivo, franco e resistente — e para dar às autoridades um motivo para nos manter presos. King era um líder, um Pantera, um agitador. Para as autoridades penitenciárias isso significava que ele era um "criador de casos". Ele era o detento de seu bloco que respondia aos homens livres quando falavam com prisioneiros de forma desrespeitosa. Era ele quem se recusava a voltar para a cela se estivesse protestando contra as más condições. Não parava de falar quando era mandado "calar a boca". Não abaixava a voz quando diziam que estava falando "alto demais". Reagia quando era atacado pelos agentes de segurança. Falava com os outros prisioneiros sobre a luta contra condições desumanas. Sua coragem, determinação e força influenciavam outros prisioneiros.

O assassinato ocorreu no bloco, quando eles ainda permitiam que os prisioneiros saíssem na hora livre ao mesmo tempo. Dois detentos do bloco de King, August Kelly e Grady Brewer, começaram a brigar; ambos estavam armados. Durante a briga, Brewer esfaqueou Kelly e o matou. Não havia dúvida de que Brewer, sozinho, esfaqueara Kelly e que o fizera em legítima defesa. Uma dúzia de testemunhas viu o que aconteceu. Havia um guarda no final do bloco que imediatamente se aproximou e viu Brewer com a arma. Brewer estava coberto de sangue e disse às autoridades que esfaqueou Kelly em legítima defesa. Apesar disso, indiciaram todos os prisioneiros por assassinato. Fizeram isso para coagir alguém a falar e funcionou: eles encontraram um prisioneiro disposto a depor contra King. Ele e Brewer foram acusados pelo assassinato de August

Kelly e seriam julgados juntos. O detento que depôs contra King (e que mais tarde se retrataria, dizendo que estava no chuveiro quando Kelly foi morto) foi transferido da CFR e recebeu o status de prisioneiro com privilégios.

Antes de seu julgamento no verão de 1973, o advogado nomeado pelo estado se reuniu com eles apenas uma vez. Grady Brewer ficou preocupado que uma reunião não fosse suficiente para que o advogado preparasse uma defesa adequada para eles. Ele expressou seus temores ao juiz, em audiência pública, diversas vezes. O juiz lhe mandou parar de falar, mas ele continuou, pedindo ao juiz um novo advogado. Finalmente, o juiz disse que se ele falasse mais uma vez, seria amordaçado. Brewer falou novamente e foi amarrado e amordaçado, assim como King, que não dissera uma palavra. Suas mãos foram algemadas nas costas e suas bocas, seladas com fita adesiva. Eles foram forçados a permanecer assim durante todo o julgamento. Devido ao depoimento mentiroso do detento que fora coagido pelas autoridades, King foi considerado culpado junto com Brewer. Eles foram condenados à prisão perpétua. Ambos foram mandados de volta para a CFR e, por um tempo, King ficou no meu bloco.

Em 1974, sob a direção de Elayn Hunt, a primeira mulher diretora do Departamento de Segurança Pública e Correções da Louisiana — e com base no projeto de lei redigido pela deputada Dorothy Mae Taylor —, Angola finalmente proibiu o uso de guardas detentos e integrou a prisão. Os guardas detentos foram transferidos para um campo isolado, longe do restante da penitenciária, para sua própria proteção, e lá permaneceram até que fossem soltos ou morressem. Quando integraram a CFR, os presidiários brancos foram retirados de seu bloco e colocados em diferentes blocos, antes apenas para negros. Dois homens brancos foram selecionados para morar no bloco D, onde eu estava. Um deles, um supremacista branco e membro da Ku Klux Klan, se recusou a ser colocado em um bloco com prisioneiros negros, dizendo que preferia ir para a masmorra, e foi onde o colocaram. Ele foi substituído por outro detento branco. Um deles, chamado Pelts, foi colocado ao meu lado.

Não houve problema algum na integração do bloco D. Conversei com os dois homens sobre como administrávamos o bloco coletivamente, como um grupo. Informei-os sobre as regras de conduta que estabelecemos. Disse que não importava se o preso fosse branco ou negro, apenas queríamos que todos seguissem as regras e fossem respeitosos uns com os outros. Pelts e eu nos tornamos amigos. Ele não tinha família que o visitasse e não tinha dinheiro. Sempre me lembrava dele quando fazia o pedido no armazém e, se ele precisasse de alguma coisa, eu comprava. Ele adorava sorvete. Um dia recebi um rádio novo do meu cunhado e dei o meu antigo a Pelts. Ele me disse que ninguém nunca fora tão gentil com ele antes.

No dia seguinte, estávamos nas grades conversando e ele me agradeceu novamente. Eu disse: "Sem problemas, cara, estou feliz por você poder aproveitar." Nós dois voltamos para nossas celas e logo ouvi o detento do outro lado de Pelts, um homem que chamávamos de Shelby, gritando para o bloco: "Pega o homem livre, pega o homem livre." Peguei meu espelho e fui até as grades. Eu conseguia ouvir uma respiração ofegante e estrangulada e inclinei meu espelho para que pudesse ver dentro da cela de Pelts. Ele estava de joelhos entre o banheiro e o beliche, lutando para respirar. Seu rosto estava vermelho-vivo. Havia uma veia enorme, da grossura de um dedo, saltada em seu pescoço. Ele parecia congelado, mas continuava tentando levantar a cabeça. Ele ergueu os olhos e encontrou os meus no espelho. "Aguenta aí, cara", eu disse a ele. "A ajuda está chegando, Pelts, eles estão chegando. Aguente firme." Em seus olhos, senti que ele estava dizendo: *Se eu conseguir levantar minha cabeça, ficarei bem.* Nunca vi um ser humano lutar tanto para fazer algo e não conseguir. Ele caiu no chão e morreu de um infarto fulminante. Foi a primeira vez que alguém com quem eu tinha amizade morreu. Isso me abalou. Coloquei essa dor no fundo da minha mente, para que não pudesse me afetar. Era tudo o que eu podia fazer.

Em algum momento entre 1974 e 1975, um diretor foi chamado por um protesto no bloco de King e, ao sair, olhou em volta e falou ao sargento: "Onde diabos estão as TVs? Traga umas p*rras de TVs pra cá!" A única coisa pela qual nunca brigamos foram os televisores. Eles instalaram as TVs nas paredes em frente às celas em todos os blocos da CFR; a princípio, uma para cada cinco celas. (Mais tarde, havia uma TV para cada três celas.) Nos dias de semana, as TVs eram ligadas às 6h e desligadas à meia-noite; nos fins de semana ou feriados, ficavam a noite toda ligadas.

Depois que ganhamos as TVs, eles pararam de nos deixar sair das celas no mesmo horário. Por um tempo, permitiram que apenas três prisioneiros saíssem ao mesmo tempo, mas três detentos ainda podiam ser muito poderosos quando se recusavam a voltar para suas celas ou resistiam a outras ordens, então eles mudaram as regras e apenas um de nós tinha autorização para sair de cada vez. A partir de então, cada um de nós era liberado da cela em um horário diferente, em uma escala ao longo do dia. As TVs causaram muita desunião no bloco; os presos começaram a gostar de programas diferentes e brigavam para decidir a quais programas assistir.

Em 1974, a Suprema Corte da Louisiana reverteu a condenação de King, alegando que o juiz "abusara de seu poder de decisão" ao permitir que amarrassem e amordaçassem King e Brewer durante o julgamento. King foi julgado novamente em 1975. Em seu segundo julgamento, não foi amordaçado, mas permaneceu algemado e forçado a usar um macacão da prisão. No julgamento, Grady Brewer depôs que matou sozinho August Kelly, em legítima defesa, e a "testemunha" anterior do estado contra King se recusou a testemunhar contra ele. Apesar disso, King foi condenado de novo, dessa vez ao encarceramento de vida, e voltou para a CFR.

Capítulo 23

Gary Tyler

Por volta dessa época, entre 1974 e 1975, após constantes protestos, os prisioneiros da CFR receberam tempo de pátio. Alguns presos da CFR não saíam há décadas. Eles construíram seis cercados retangulares longos com tela para alambrado e arame farpado em cima. Eles se estendiam a partir de um portão de entrada. Visto de cima, parecia uma mão com seis dedos. Conseguimos o pátio por uma hora — no lugar da hora de bloco — três vezes por semana, se o clima permitisse. Era um grande alívio estar do lado de fora. Alguns dias, quando chegava ao pátio, eu corria em círculos e não parava até acabar a hora.

O departamento de recreação colocou uma pilha de pesos em uma extremidade de cada pátio e nos deu pequenas bolas de futebol de plástico para jogar. Jogávamos a bola uns para os outros por cima das cercas, mas, quando ficavam presas no arame farpado, se rasgavam facilmente e ficavam inutilizáveis. Herman teve a ideia de fazer uma bola com meias velhas. Ele colocou trapos em uma meia, a dobrou de determinada forma e colocou em outra meia e isso lançou o fenômeno da bola de meia. Todos começaram a fazer bolas de meia; nós as chamávamos de "bordoadas". Logo que saíamos para o pátio já começávamos a correr atrás delas. Eu conseguia jogar uma a três cercados de distância. Sempre as jogávamos na parte oposta do cercado onde o prisioneiro estava, para que ele tivesse que correr atrás. Se não conseguisse pegar a bola ou a deixasse cair, tinha que fazer vinte flexões ou supinos. Na maioria das vezes, os homens livres não nos incomodavam no pátio. Éramos barulhentos e xingávamos uns aos outros quando estávamos jogando bola. Às vezes, no verão, eu saía, desabotoava a parte de cima do meu macacão, enrolava as pernas da calça e deitava na grama a hora inteira.

Uma vez, no inverno, quando saí para o pátio, estava um frio de rachar e a grama estava coberta por uma fina camada de gelo. O homem livre fez algum comentário do tipo: "Que pena que você não vai para o pátio hoje." Não gostei de seu tom condescendente, então me abaixei, tirei os sapatos e corri descalço na geada. Muitos fizeram isso, para dar a impressão de que éramos invencíveis, perseverantes, que não éramos de recuar, que o valor de nossa luta era mais importante do que nossa própria segurança, nosso próprio conforto, nossas próprias vidas e nossa própria liberdade. Por fim, revestiram todos os pátios com concreto para que pudéssemos sair mesmo se o pátio ficasse alagado pela chuva. Era ótimo sentir a amplitude do lado de fora e respirar o ar puro. Mas nada disso aliviava a pressão de saber que voltaríamos para a cela.

Em 7 de outubro de 1975, Herman, King e eu ouvimos no rádio que um estudante negro de dezessete anos chamado Gary Tyler fora condenado por atirar e matar um menino branco de treze anos. Ele foi condenado à morte e seria o prisioneiro mais jovem dos Estados Unidos no corredor da morte. Ele estava sendo levado para Angola. Ouvimos boatos na prisão de que, quando Gary chegasse a Angola, alguns dos homens livres o colocariam no buraco com um "mestre do estupro" — um detento "especializado" em estuprar jovens prisioneiros. Nós não permitiríamos que isso acontecesse.

No dia em que levaram Gary para Angola, nós três fomos para a masmorra. A da CFR não era tão lotada quanto a masmorra da prisão principal, normalmente não mais do que dois ou três detentos por cela. Eles colocaram Gary na cela ao lado da nossa com dois outros caras. Não me lembro de tudo o que foi dito, mas informamos àqueles homens que Gary estava sob nossa proteção. Um dos detentos saiu naquela noite. Nós nos apresentamos a Gary e dissemos quem éramos: membros do Partido dos Panteras Negras. Ele poderia entrar em contato conosco e estaríamos lá para ele, para tudo o que precisasse. Acho que passamos dois ou três dias lá com ele. Contamos que ele agora vivia em um mundo de luta violenta, que chamávamos de "luta armada", porque era assim. Eles tinham porretes, tacos e armas de gás. Tentamos prepará-lo para sobreviver. Dissemos que ele precisava se armar de conhecimento e se concentrar no que estava acontecendo na sociedade e não nas merdas que aconteciam dentro da prisão. Ele nos contou sua história, como fora incriminado pelo assassinato de um menino branco.

Gary foi uma das dezenas de crianças negras colocadas em ônibus e enviadas para escolas brancas na Louisiana para integrá-las em 1974. Um dia, mais de cem alunos e adultos brancos da escola de Gary, a Destrehan High School, pararam o ônibus que transportava os alunos negros, jogando garrafas, pedras e gritando insultos racistas. Durante o tumulto, Timothy Weber, um estudante branco de treze anos presente na multidão, morreu baleado. O motorista disse que o tiro veio de fora do ônibus. O ônibus e os alunos foram minuciosamente revistados e nenhuma arma foi encontrada. Os estudantes negros foram levados à delegacia e interrogados. Gary foi acusado de perturbar a paz quando resistiu às ameaças na delegacia e, em seguida, foi acusado de assassinato. Foi espancado. Mais tarde, uma arma foi "encontrada" no assento em que Gary Tyler estava sentado. Anos depois, aquela arma foi identificada por oficiais do distrito policial como proveniente de um campo de tiro frequentado pela polícia. Por fim, as testemunhas que depuseram contra Gary se retrataram, alegando terem dado declarações falsas porque foram ameaçadas e intimidadas pela polícia.

Aos dezessete anos, com força e elegância, Gary suportou a tortura inimaginável de ser condenado à morte e ficar preso no corredor da morte por um crime que não cometeu. Quando sua sentença foi mudada para "perpétua sem liberdade condicional", ele suportou mais de sete anos de confinamento solitário na CFR, depois passou mais de trinta anos na população geral de prisioneiros em Angola como mentor, líder e professor. Em 2012, a Suprema Corte dos Estados Unidos decidiu que a sentença de prisão perpétua sem liberdade condicional para jovens infratores era inconstitucional e, quatro anos depois, a Corte decidiu que a decisão poderia ser aplicada retroativamente. Tyler foi libertado da prisão em abril de 2016. Gary Tyler não para de me inspirar. Após sua libertação, começou imediatamente a trabalhar para ajudar as pessoas da sua comunidade.

Capítulo 24

Passagem de Alimentos

Uma das práticas mais degradantes da CFR era servirem as refeições no chão. Não havia uma abertura grande suficiente nas portas das celas para que as bandejas passassem, então os atendentes colocavam nossas bandejas de comida no chão do lado de fora das celas e tínhamos que puxá-las por debaixo das portas. Nós nos demos conta disso em algum momento de meados dos anos 1970. O bloco estava mais sujo do que o normal, não era limpo há uma semana. King estava na cela ao lado da minha e começamos a conversar. "Cara, não dá para acreditar. Eles estão passando a comida pela sujeira como se fôssemos cachorros."

"Eles estão nos tratando como se fôssemos animais no zoológico."

"Não sou um maldito animal, sou um homem."

"Isso é degradante e desumano."

"Quando vamos exigir ser tratados como homens?"

Falamos com Herman e ele disse: "Vamos!" Apresentamos uma reclamação formal ao diretor nos queixando sobre sermos alimentados no chão como animais. Solicitamos que abrissem passagens para comida nas portas de nossas celas para que pudéssemos ser alimentados como seres humanos. Pedimos que nos desse uma resposta em duas semanas. Passamos os dias seguintes conversando com os outros prisioneiros de nossos blocos, criando um consenso. Não tivemos resposta do diretor e decidimos fazer uma greve de fome. Circulamos uma carta em todos os blocos da CFR pedindo o apoio dos detentos. Todos em todos os blocos confirmaram sua participação.

Eles ainda entregavam nossas refeições três vezes ao dia. Quando colocavam as bandejas no chão, do lado de fora das celas, as deixamos lá. Só bebíamos água das pias de nossas celas. Depois de mais ou menos uma semana sem comer, eu não tinha muita energia para fazer nada. Depois de duas semanas, parei de sair para o pátio. Sentávamos no chão perto das grades e conversávamos muito. Parece loucura, mas falávamos de comida. Descrevíamos nossos pratos favoritos em detalhes uns aos outros, refeições que nossas mães e esposas preparavam, nossas comidas favoritas. Alguém dizia: "Cara, ninguém sabe fritar costeleta de porco como minha mãe, com a carne soltando do osso" ou "Minha mãe fazia o melhor feijão vermelho do mundo". Conversamos sobre qual seria a primeira coisa que comeríamos quando saíssemos da prisão. De vez em quando, um atendente vinha às nossas celas para dedurar um cara do bloco que pegou um pouco de comida da bandeja. Deixávamos isso passar. Não queríamos chamar a atenção de ninguém para que depois um se virasse contra o outro. É muito difícil resistir à comida posta na sua frente quando você está morrendo de fome. Ainda mais difícil porque a qualidade da comida melhorou misteriosamente durante aquelas semanas. Eles serviam frango frito, salsicha e peixe frito — não as refeições normais. Pelo menos uma vez por dia, um dos oficiais ia até o bloco e dizia algo como: "Está pronto para comer agora? Você vai comer?" Alguns detentos simplesmente diziam não, alguns botavam a boca no trombone e diziam: "Cara, o que parece? Por que está me perguntando essas merdas idiotas? Não, eu não vou comer." Então o policial dizia algo como: "Cara, só estou fazendo meu trabalho", e ia embora.

Depois de algumas semanas, dois dos blocos da CFR começaram a comer novamente. O bloco D, onde King e eu estávamos, e o bloco A, onde Herman estava, mantiveram a greve de fome. Foi extremamente doloroso, às vezes lancinante. Quando o corpo não é nutrido, ele começa a se alimentar de si mesmo, pelo menos é o que parecia. Depois de cerca de quarenta dias, King, Herman e eu escrevemos uns aos outros perguntando por quanto tempo continuaríamos com isso. As maçãs do rosto e clavículas de todos se projetavam do corpo por causa da perda de peso.

Bem quando estávamos discutindo outras estratégias para fazer com que a penitenciária fizesse passagens para alimentos, a administração enviou um detento do bloco A para falar comigo e com King. Ele disse que os oficiais de segurança queriam saber o que seria necessário para acabar com a greve de fome. Dissemos que queríamos que fizessem as aberturas nas portas. King acrescentou que, enquanto esperássemos que as passagens fossem feitas, queríamos poder segurar nossas bandejas através das grades enquanto comíamos, em vez de arrastar nossa comida por debaixo das portas imundas. No dia seguinte, os supervisores do campo chegaram ao bloco e anunciaram que fariam as passagens para a comida e que poderíamos ficar de pé e comer nas grades se quiséssemos. Concordamos, sem saber que comeríamos de pé em nossas grades pelo próximo ano e meio. Nossa greve de fome durou 45 dias. Depois que paramos com a greve de fome, a primeira refeição servida foi o café da manhã. Ficamos parados na porta de nossas celas enquanto eles distribuíam as bandejas e eu estava prestes a estender a mão pelas barras para pegar a minha quando vi que era mingau de aveia. Eu odiava mingau de aveia. Depois de esperar tanto tempo, eu poderia esperar mais algumas horas até o almoço.

No início, segurávamos nossas bandejas através das grades com uma mão e nos alimentávamos com a outra, até que King teve a ideia de fazer tipoias com tiras de camiseta ou outro tecido que pudéssemos pendurar nas grades e apoiar as bandejas enquanto comíamos. Alguém teve a ideia de colocar papelão na tipoia para fazer uma prateleira e todos nós copiamos. Alguns caras decoraram elaboradamente seu papelão. Levamos semanas para recuperar nossas forças. Ao longo de dezoito meses, os oficiais da penitenciária abriram as passagens nas grades de quase todos os blocos de celas antes de chegarem na CFR. Eles esperavam nos dobrar durante esse tempo para que desistíssemos e comêssemos a comida passada pelo chão novamente, mas não tiveram sucesso. Quando começaram a fazer as aberturas na CFR, fizeram nos blocos A, B e C antes de chegarem ao D, onde King e eu estávamos. Quando finalmente chegaram ao nosso bloco, fizeram as passagens nas portas de todas as celas, exceto quatro delas. Disseram que o material acabou. No bloco D, todos nós — mesmo os prisioneiros que conseguiram as aberturas nas portas — continuamos a comer em pé. Semanas depois, ameaçamos outra greve de fome se eles não terminassem de fazer passagens para alimentos no nosso bloco. Mais tarde nesse mesmo dia, vimos pela janela um caminhão chegando com o equipamento de soldagem. Eles terminaram o trabalho. As autoridades penitenciárias esperavam acabar com a união do nosso bloco que mantivemos por dezoito meses, mas não conseguiram.

Um ano depois, King foi enviado a um programa de punição chamado Camp J por resistir a revistas pessoais. No Camp J, eles ainda empurravam as bandejas por baixo das portas das celas na hora das refeições. King teve que começar tudo de novo, educando os outros prisioneiros sobre seus direitos. Ele se recusava a tocar na comida de uma bandeja que fosse posta no chão. Os oficiais penitenciários não o permitiram pendurar uma tipoia na porta e comer nas grades no Camp J. Então ele conversou com os atendentes que levavam a comida individualmente, e a maioria permitiu que ele pegasse a bandeja direto com eles com a mão estendida através das grades e com a outra mão ele retirava os pratos de papel com comida, dobrando-os para passá-los entre as grades para dentro da cela. Ele comeu assim por dois anos. Eles abriram as passagens para comida no Camp J depois que King foi transferido de volta para a CFR.

Em 1977, as autoridades prisionais finalmente divulgaram o "decreto de estipulação e consentimento", assinado por funcionários estaduais e federais, delineando as mudanças que seriam feitas para descentralizar as prisões estaduais, reduzir a superlotação e melhorar as condições em Angola. O governo federal controlaria as prisões estaduais da Louisiana nas décadas seguintes.

Um novo diretor, Ross Maggio, foi nomeado e recebeu crédito por acabar com muito do poder das famílias que trabalharam em Angola por gerações. A violência ainda prevalecia na prisão principal e nos campos externos, mas com o tempo tornou-se menos sangrenta, uma vez que a prisão começou a usar detectores de metal para revistar os prisioneiros. Os guardas os usavam para revistar os homens antes de entrarem nos alojamentos e no terreno, achando facas e outras armas escondidas por lá. Nos anos seguintes — durante décadas —, Angola se apresentaria repetidas vezes ao tribunal por violar o decreto de consentimento, não realizando as melhorias ou políticas acordadas pelo estado. Vinte anos após a decisão do juiz, a penitenciária ainda estava sob controle federal porque o governo nunca cumpriu totalmente suas obrigações de satisfazer as metas e os padrões do acordo. Só em 1998, quando os republicanos aprovaram uma lei no Congresso que permitia que qualquer funcionário eleito entrasse com um processo no tribunal federal para dissolver um decreto de consentimento, se "a maioria" de suas condições tivesse sido cumprida, Angola saiu do decreto de consentimento de Hayes Williams. Quando ele tinha acabado de ser publicado, solicitamos uma cópia. Na época não sabíamos que recebemos propositalmente uma versão editada que suprimia os privilégios da CFR.

Capítulo 25

Minha Maior Conquista

Depois de anos na prisão e no confinamento solitário, eu já tinha experimentado todas as emoções que o Departamento de Segurança Pública e Correções da Louisiana queria — raiva, amargura, a vontade de ver alguém sofrer do jeito que eu estava sofrendo, o fator de vingança, tudo isso. Mas também me tornei algo que eles não queriam ou esperavam — autodidata. Eu me perdia em um livro. A leitura foi algo positivo para mim. Foi minha salvação. Bibliotecas, universidades e escolas de toda a Louisiana doaram livros a Angola e, pelo menos uma vez, a ignorância obstinada da administração da penitenciária valeu a pena, porque havia muitos livros radicais na biblioteca da prisão: livros que não teríamos autorização de receber pelo correio; que nunca teríamos dinheiro para comprar; dos quais nunca tínhamos ouvido falar. Herman, King e eu fomos atraídos primeiro por livros e autores que falavam de política e raça — George Jackson, Frantz Fanon, Malcolm X, Marcus Garvey, Steve Biko, *Soul on Ice* de Eldridge Cleaver, *From "Superman" to Man* de J. A. Rogers. Lemos tudo o que pudemos encontrar sobre escravidão, comunismo, socialismo, marxismo, anti-imperialismo, movimentos de independência africanos e movimentos de independência de todo o mundo. Eu marcava esses livros no formulário de pedido da biblioteca e não esperava recebê-los até que de fato chegaram. Encostado na parede da cela, sentado no chão, na cama ou na mesa, eu lia.

Os detentos bibliotecários cuidavam desses livros. Anos depois, desisti de uma ação porque um dos prisioneiros que trabalhava na biblioteca me pediu. Eu estava processando a prisão por censurar um livro sobre a COINTELPRO que não me permitiram receber pelo correio. O detento bibliotecário foi ao meu bloco para falar comigo. Ele disse que temia que, se o processo fosse levado adiante, a administração fizesse um inventário da biblioteca da penitenciária e nós perdêssemos muitos livros. Ele me disse que garantiria que eu conseguisse uma cópia do livro que eu queria, e realmente o fez.

À medida que comecei a ler mais, comecei a aprender sobre a história mundial e norte-americana: a rebelião de escravizados de 1791 no Haiti liderada por Toussaint Louverture, as greves dos mineiros de carvão e os movimentos sindicais e trabalhistas nos Estados Unidos, o massacre de nativos norte-americanos realizado pelo presidente Andrew Jackson enquanto eles eram removidos de suas terras ancestrais. Enquanto lia, fiz um exame de consciência. As palavras do líder comunista revolucionário vietnamita Ho Chi Minh reverberaram em mim quando li que ele disse ao exército francês invasor algo como: "Estamos dispostos a morrer numa razão de dez para um, e vocês?" Isso me atingiu em cheio, aquela disposição para o sacrifício.

Quando li *Soledad Brother*, de George Jackson, vi como, embora tivesse sido ridicularizado pelo sistema, nunca usou isso como desculpa para não protestar. Eu estava no bloco D quando li esse livro em minha cela. "A natureza da vida", escreveu ele, "a luta, a revolução permanente; essa é a situação na qual nascemos. Existem outros povos nesta terra. Ao negar sua existência e nos internalizar em nosso sofrimento e ao aceitar qualquer forma de racismo, estamos assumindo a característica do nosso inimigo. Estamos nos resignando à derrota... A história avança, não devemos deixá-la escapar da nossa influência *desta vez*!!!!"

Malcolm X me ensinou a ver o todo, a conectar os pontos.

Solicitei biografias e autobiografias de mulheres e homens, mesmo que não concordasse com suas políticas ou princípios. Estudá-los me ajudou a desenvolver meus próprios valores e meu próprio código de conduta. King também era um grande leitor; lemos muitos dos mesmos livros e os discutimos. Ele também adorava ficção e literatura e leu Shakespeare, Charles Dickens e todos os livros de J. R. R. Tolkien repetidas vezes. Ambos lemos tudo o que foi escrito por Louis L'Amour. Eu adorava filosofia, geografia, economia, biologia e outras ciências. Sempre encontrava algo valioso em tudo o que lia. Gostava até de livros de escritores religiosos como Madre Teresa, embora eu não fosse religioso. Ela escreveu que, para ser real, um sacrifício deve doer e nos esvaziar. Eu conseguia me identificar com isso. Ela escreveu que, mais do que nossas próprias fraquezas, devemos acreditar no amor.

MINHA MAIOR CONQUISTA

Minha maior conquista em todos os meus anos na solitária foi ensinar um homem a ler. Seu nome era Charles. Nós o chamávamos de Goldy porque sua boca era cheia de dentes de ouro. Ele ficava a algumas celas de distância da minha no bloco D. Percebi que ele não sabia ler, mas tentava esconder. Eu conhecia os sinais porque minha mãe fazia as mesmas coisas para esconder o fato de não saber ler. Um dia contei a ele sobre minha mãe, sobre suas realizações. Disse a ele que ela não sabia ler ou escrever e perguntei se ele sabia. "Não é nada para se envergonhar", falei. Ele me disse que nunca aprendeu a ler porque não foi à escola. "Quando eu era criança, não tínhamos nada", disse ele. "Tínhamos que correr atrás."

"Se quiser aprender", eu lhe falei, "eu posso ensinar, mas não dará certo a não ser que você realmente queira aprender". Ele disse que queria. Usamos um dicionário. Eu ficava na frente de sua cela durante minha hora de soltura e ele vinha até a minha na hora dele e passávamos pela leitura de palavras usando os fonemas no final de cada página. Falei que o *e* invertido, soa como "é", e passei por todos aqueles símbolos e sons com ele em cada palavra. Entre nossas duas horas por dia, disse a ele que me procurasse se precisasse de ajuda. "Sempre que você não conseguir entender uma palavra, é só gritar, Goldy, não importa a hora. Dia ou noite, se tiver uma pergunta, é só falar." Nos meses seguintes, ele aceitou minha oferta.

"Fox!", ele gritava, a qualquer hora da noite.

"O quê?", eu respondia.

"Não consigo falar essa aqui", ele gritava.

"Soletre", eu gritava de volta.

Ele falava letra por letra.

"Olhe os fonemas no final da página", eu gritava de volta. "O que você acha que é?" E fazíamos isso até ele entender. Algum tempo depois, eu ouvia: "Ei, Fox!"

"Diga, Goldy. O que foi?", eu dizia.

"Qual é essa daqui?", ele falava.

A primeira vez que ouvi Goldy ler uma frase de um livro, eu disse a ele o quanto estava orgulhoso por tudo o que aprendera. Ele me agradeceu e eu disse para agradecer a si mesmo. "Noventa e nove por cento do seu sucesso foi porque você realmente queria ler", falei. Em um ano, ele estava lendo coisas de nível de ensino médio.

O mundo agora estava aberto para ele.

Capítulo 26

A Guerra da Revista Pessoal

Em setembro de 1977, eu já tinha aprendido o suficiente sobre escravidão para ver uma conexão entre as revistas pessoais desnecessárias para prisioneiros da CFR e como homens e mulheres afro-americanos eram tratados como escravizados. Forçados a se despir no leilão antes de serem comprados e vendidos, homens e mulheres negros tinham seus corpos, bocas e órgãos genitais inspecionados em busca de doenças como se fossem gado. Essa é uma das experiências mais humilhantes pela qual um ser humano pode passar. Éramos revistados toda vez que saíamos do bloco, antes e depois, embora estivéssemos totalmente algemados aonde quer que fôssemos e sempre na presença de um ou dois guardas que observavam cada movimento nosso. A revista sempre envolvia uma inspeção visual de cavidades. Depois de tirar as roupas, tínhamos que abrir a boca, levantar os testículos, levantar os pés para mostrar as solas, virar, nos curvar e abrir as nádegas. Os detentos da CFR estão entre os homens mais isolados e restringidos em Angola. A possibilidade de um homem totalmente vestido conseguir esconder contrabando no ânus enquanto está algemado na parte da frente à cintura era nula. Nessas circunstâncias, as revistas pessoais eram apenas outra crueldade desnecessária.

Além disso, a revista em Angola sempre acontecia com a presença de vários agentes de segurança. Alguns dos homens livres, durante as revistas, faziam comentários depreciativos, rudes e humilhantes sobre seu ânus e o tamanho e formato de sua genitália. Era um castigo que não conseguia mais suportar. King e Herman sentiam o mesmo. Fizemos reuniões com os prisioneiros em nossos blocos. Os homens se enfileiraram em suas grades e nós lhes perguntamos se eles se juntariam a nós para impedir as revistas pessoais desumanas pelas quais éramos forçados a passar diariamente. Elaboramos uma petição, pedindo aos agentes penitenciários que mudassem a política de revista pessoal porque o sistema atual era degradante e não servia a um propósito de segurança legítimo. Também pedimos que, quando as revistas pessoais tivessem que ser realizadas, elas fossem feitas de maneira mais compassiva. Herman conseguiu que todos os prisioneiros do bloco A assinassem. King e eu pedimos que todos em nosso bloco assinassem. Assistentes solidários encaminharam a petição para outros blocos. Quase todos na CFR assinaram a petição. Pedimos ao diretor para nos dar um retorno dentro de duas semanas.

Enquanto esperávamos por uma resposta, King e eu fizemos algumas pesquisas jurídicas e encontramos casos em que os tribunais haviam decidido que as revistas pessoais eram inconstitucionais, embora fossem permitidas nas penitenciárias em algumas circunstâncias: depois que o prisioneiro recebesse uma visita de contato com advogados ou familiares, por exemplo, ou quando voltasse para a prisão depois de sair da área. O diretor nunca nos deu um retorno. Passamos uns aos outros os números de telefone de nossas famílias para que pudéssemos ligar para eles caso alguém fosse retirado do bloco. Porque agora a coisa ficaria física.

Data do Relatório Disciplinar: 24/09/77
Albert Woodfox # 72148
Durante o procedimento de revista pessoal de rotina, o detento Albert Woodfox se recusou a se curvar e abrir as nádegas. O tenente Horace Isaac e eu ordenamos ao prisioneiro Woodfox que se curvasse e abrisse as nádegas e ele se recusou a fazê-lo. O detento Woodfox teve que ser fisicamente contido sobre uma mesa e suas nádegas abertas pelo tenente Horace Isaac. O prisioneiro Woodfox atacou o tenente Horace Isaac como se a fim de lhe causar danos físicos. No corredor de isolamento da CFR, o preso Woodfox socou o policial John R. Christen na boca, cortando seus lábios e amolecendo dois de seus dentes da frente. O oficial Christen foi dispensado e tratado no Hospital Feliciana. O prisioneiro Albert Woodfox deu um soco no oficial Harry Bereas do lado esquerdo de sua mandíbula. O detento Woodfox chutou o policial Emus na perna esquerda. Um relatório de ocorrência foi apresentado sobre este incidente.
Veredito: Culpado
Punição: 10 dias em isolamento
Data do Relatório Disciplinar: 05/10/77
Albert Woodfox # 72148

A GUERRA DA REVISTA PESSOAL

Antes de entrar no isolamento da CFR, o capitão Travis Jones perguntou a esse detento se ele se submeteria a uma revista completa. A resposta exata do prisioneiro foi: "Você não vai olhar meu cu, não vai." Woodfox foi curvado sobre a mesa da A.U. [mesa do atendente] pelos oficiais, e suas nádegas foram revistadas em busca de contrabando. No processo de curvá-lo sobre a mesa, ele resistiu e tentou fugir da sala. Também chutou minha canela direita com um dos pés enquanto o revistávamos. A única força usada foi [a] necessária para conter o detento Woodfox.
Veredito: Culpado
Punição: 10 dias em isolamento

Não pedimos a ninguém no bloco para resistir fisicamente às revistas pessoais. Falei aos prisioneiros que eles deveriam tomar suas próprias decisões em relação a serem humilhados e degradados. Aqueles que resistiram pagaram um preço. Todos os detentos que resistiram às revistas pessoais foram espancados. Alguns tiveram que ser levados ao hospital. Quando homens livres vieram levar King do nosso bloco, ele resistiu. Temi pela vida dele e protestei no mesmo instante, mas me senti totalmente impotente: tudo o que pude fazer foi sacudir as grades da minha cela e gritar para o pessoal da segurança parar de atacá-lo. Estávamos todos gritando e sacudindo nossas grades, xingando os seguranças, falando para que o deixassem em paz. Eles voltaram e jogaram gás lacrimogêneo no bloco todo. Entraram na cela de King e o atacaram, espancando-o gravemente, e o colocaram na masmorra. Depois o levaram ao conselho disciplinar, onde foi condenado ao programa de punição do Camp J. Era o campo mais duro e punitivo de Angola, um "programa" de três níveis que acabara de ser inaugurado. Um detento deveria sobreviver a três níveis de privação severa sem um relatório disciplinar por seis meses antes de ser autorizado a voltar para seu alojamento normal.

Eles colocaram Herman e eu na masmorra da CFR. Fui condenado ao Camp J pelo menos cinco vezes diferentes pelo conselho disciplinar, mas alguém bloqueou a transferência todas as vezes. Ouvimos dizer que era porque um dos irmãos Miller trabalhava no Camp J naquela época. Na verdade, eu queria ir para o Camp J porque King estava lá e não tinha apoio. Ele ainda estava resistindo às revistas pessoais lá, enquanto Herman e eu resistíamos na CFR.

Primeiro, me deram trinta dias na masmorra. Cada vez que um detento era transferido para lá, ele era revistado. Então, fui espancado no bloco por me recusar a ser revistado antes de sair de lá, e de novo quando me recusei a ser revistado antes de me colocarem na masmorra. Naquela época, por causa do decreto de consentimento, os funcionários da penitenciária eram obrigados a tirar os prisioneiros da masmorra a cada dez dias para um "intervalo" de 24 horas. Depois disso, os prisioneiros eram recolocados na masmorra para completar seu tempo ou cumprir os próximos dez dias. Muitos detentos renunciavam seu direito ao intervalo de 24 horas porque queriam apenas finalizar seu tempo sem demora e não queriam passar pelo incômodo da transferência. Quando tentei abdicar do intervalo de 24 horas, não me deixaram. Isso deu a eles a oportunidade de aumentar meu tempo na masmorra porque sabiam que eu resistiria à revista pessoal ao retornar. Isso também deu a eles a oportunidade de me bater por resistir às revistas.

A masmorra havia mudado da época em que estive lá nos anos 1960. Os detentos recebiam três refeições por dia. Não havia muita comida nos recipientes de isopor, e não havia sobremesa, sal ou pimenta, mas era melhor do que duas fatias de pão. Agora tínhamos um colchão na cela o tempo todo, então era mais fácil negociar seu uso entre os prisioneiros. Eles agora eram obrigados por lei a nos fornecer material jurídico. Como eu estava na CFR, e não na prisão principal, havia menos prisioneiros no prédio, então havia menos homens em cada cela.

Em todos os outros aspectos, a masmorra estava igual, projetada para torturar prisioneiros, acabar com eles mentalmente. Eles fechavam a água da pia por vários dias seguidos, então eu era forçado a beber água da privada. Esse foi um dos atos mais humilhantes que suportei enquanto estava em confinamento solitário. Isso me ensinou o quanto meu desejo de sobreviver era forte. Consegui um modo de me sentar em um ponto da cela e sentir suas limitações físicas, embora soubesse que minha mente e emoções eram ilimitadas. Eu sabia que eu era ilimitado.

Depois de não ter um retorno do diretor sobre nossa petição para acabar com as revistas pessoais desnecessárias, escrevi para uma organização chamada New Orleans Legal Assistance (NOLA) pedindo ajuda para abrir um processo. Goldy concordou em ser um dos requerentes no processo comigo, embora isso significasse que enfrentaria repercussões da administração e da segurança da penitenciária. A NOLA interpôs a ação em nosso nome na 19ª Vara Distrital.

Fomos a julgamento e em seis meses a decisão saiu. Nós ganhamos. O juiz não acabou completamente com as revistas pessoais, mas impôs limites sobre quando os guardas poderiam conduzi-las e as condições em que as revistas visuais de cavidade poderiam ser realizadas. Ele também determinou que qualquer tempo que eu ainda tivesse na masmorra como resultado de nossos protestos contra revistas, cerca de trezentos dias, deveria ser removido de meu registro.

Infelizmente, a decisão do juiz não acabou com o tempo de King no Camp J. Ele foi mantido lá de setembro de 1977 a novembro de 1979. Em julho de 1979, ele entrou com uma ação, escrita à mão no calor sufocante de sua cela no Camp J, citando o tratamento cruel e incomum de ficar trancado 23 horas por dia durante sete anos, como a iluminação fraca de sua cela no Camp J prejudicou sua visão, e como a falta de exercícios contribuiu para sua hipertensão e deterioração física. Ele escreveu que o trancafiamento de 23 horas "viola seus direitos civis e humanos e está em contradição direta com as leis dos Estados Unidos que protegem todos os seus habitantes de punições cruéis e incomuns".

Da CFR, Herman também entrou com um pedido de habeas corpus em West Feliciana naquele mesmo ano, questionando a legalidade de nosso confinamento de longo prazo na CFR. Big John o ajudou com o registro. Os casos de King e Herman foram arquivados. Nossas lutas com os homens livres continuaram durante os anos 1970. Eles procuraram motivos para nos colocar no buraco. Fiz uma chave de fenda afiando a ponta de um pedaço da antena do meu rádio para poder abrir a parte de trás dele quando fosse necessário. Todos os detentos fizeram o mesmo. Eles me puniram dizendo que era um "gatilho" para uma arma de fogo artesanal. Em uma ocasião, um homem livre estava revistando minha cela e eu o vi tirar algo do bolso. Perguntei a ele: "O que está tirando do bolso?" Ele se virou e me disse: "Não é da sua conta." Mais tarde, foram à minha cela e disseram que eu iria para a masmorra porque encontraram pólvora na minha pasta de dente. Também recebi uma infração por isso.

Na CFR, colocaram uma placa do lado de fora das portas dos blocos A e D que dizia: BLOCO DOS PANTERAS: PERIGO. No final dos anos 1970, um jovem detento chamado Kenny Whitmore foi levado ao bloco D e me contou mais tarde que, quando viu aquela placa, não sabia o que esperar. O primeiro livro que dei a ele foi *Native Son*, de Richard Wright. Logo depois, quando comecei a lhe dar um sermão por algum motivo, dizendo que ele era capaz de fazer qualquer coisa que decidisse fazer, ele reclamou: "Cara, você parece mais um professor do que alguém perigoso." Kenny estava muito interessado em se educar e se tornou um bom amigo e camarada. Nós acabaríamos vivendo no mesmo bloco por vinte anos. Na década de 1980, nos demos nomes africanos.

Kenny adotou o nome Zulu Heshima; Zulu significa "céu" na língua Zulu e Heshima significa "honra" em suaíli. Nós o chamávamos de Zulu. Eu adotei os nomes de Shaka, em homenagem ao grande guerreiro e monarca do Reino Zulu, Shaka Zulu; e Cinque, em homenagem a Joseph Cinque, o escravizado que liderou a revolta contra os traficantes de escravizados no navio *Amistad*. Para mim, adotar nomes africanos representava liberdade, renascimento, a reivindicação de minha herança africana. Nós os chamamos de "nomes da liberdade", representando nossa libertação. Como tínhamos apenas lido o nome de Joseph Cinque e nunca ouvimos sua pronúncia, o pronunciávamos "Cin-qui". King começou a me chamar de Q. Eu chamava King pelo nome que ele escolheu para si mesmo, Moja, que significa "um" em suaíli. Um rei.

À noite, eu às vezes escrevia em minha cela. Não me considero um poeta, mas quando fortes emoções percorriam meu corpo, às vezes as transformava em um poema. Era uma forma de expressar o que estava dentro de mim. Em 1978, escrevi um dos meus primeiros poemas, chamado "I Wait" [Eu espero].

> Cela 2×2, e eu espero!
> Espero pela revolução, espero
> Pela unidade, e espero pela paz!
> Eu espero enquanto as pessoas injetam drogas,
> E enquanto as pessoas fumam erva!
> Sim, eu espero, sou um idiota?
> Eu espero, espero e espero!
> As pessoas se divertem e eu espero!
> Espero enquanto as pessoas dançam seus passinhos,
> Robô, parada de ônibus e empurramos nossas vidas!
> Eu espero enquanto as pessoas arrastam seus traseiros!
> Educação, agitação, organização,
> Ainda estou esperando!
> *Justiça!* Estou esperando
> e eu espero, espero e espero!

Portões se abrindo, pessoas correndo,
Pulando, gritando, rindo e
Eu espero!
Posso estar errado em esperar?
Até espero por respostas que nunca
Chegam, que idiotice! Mas eu espero!
Estou esperando justiça para aqueles
Assassinados, porcos matando nossos jovens,
E eu espero que isso acabe!
Pessoas esperando cupons de alimentos,
a fome espreita, esperando por ajuda
médica, corpos morrem! Casas decentes causam
há muitos ratos, baratas e
caracóis, ainda estou esperando!
Espero a verdade nas escolas, peço
a verdade, e me dizem para *ESPERAR!*
Eu espero enquanto a juventude some do meu corpo,
a morte espreita minha alma e eu espero!
Eu espero enquanto as revoluções das libertações
varrem o mundo, Amerikkka, estou
Esperando!
Espero que homem e mulher negros descubram
o amor, espero que eles o descubram, sim,
Eu espero! Espero o abraço da família,
o som de pai, irmão, homens negros, e filho,
e eu ainda espero! Segundos viram anos, anos
viram séculos, e eu espero!
POR QUÊ?

Em 1979, Herman e eu acabamos ficando do lado de fora, no pátio da CFR, ao mesmo tempo. Estávamos em cercados vizinhos, então podíamos ficar na cerca de arame que havia entre nós e conversar em vez de gritar pelo pátio como normalmente fazíamos. Perguntamos um ao outro se estávamos fazendo a coisa certa. Valeu a pena passar por todo o sofrimento que experimentamos? Deveríamos mudar alguma coisa? Estávamos arrependidos de algo? Ambos concluímos que tudo o que passamos fora necessário. Sabíamos que não estávamos trancados em uma cela 23 horas por dia por causa do que fizemos. Estávamos lá por causa de quem éramos. O sacrifício era necessário para conquistar a mudança. Nenhum de nós se arrependia de nada. Nunca mais falamos sobre isso.

Nessa época, Goldy foi libertado de Angola. Meses depois soubemos que ele morreu na rua usando drogas.

Anos 1980

Nelson Mandela me ensinou que, se você tem uma causa nobre, é capaz de carregar o peso do mundo nas costas. Malcolm X me ensinou que não importa por onde você começa; o que importa é onde termina. George Jackson me ensinou que, se você não estiver disposto a morrer pelo que acredita, então não acredita em nada.

Capítulo 27

"Te Peguei!"

Vivendo cercado de concreto, você se acostuma com o barulho. O som repercute no chão, nas paredes e ecoa. Quando alguém no bloco se desestabilizava, dava para ouvi-lo chorar ou gritar. Alguns caras se lamentavam por horas ou dias. Os televisores estavam sempre ligados com o volume alto. Dava para ouvir cada uma das vozes gritando por todo o bloco. Dezesseis vezes por dia, a porta de uma cela era aberta e, uma hora depois, fechada. Dava para ouvir cada discussão. Dava para ouvir quando um celular era confiscado. Quando os prisioneiros ficavam na frente das celas para conversar, tinham que gritar para serem ouvidos; dava para ouvir todas as conversas. Sempre que um detento era retirado do bloco, ouvíamos o barulho das algemas e das correntes nas mãos do guarda caminhando até a cela. Depois ouvíamos a corrente entre os pés do preso quando ele saía e quando voltava. Os detentos em blocos diferentes podiam falar uns com os outros através da rede de encanamento e todos ouviam essas conversas o dia todo. A segurança tinha dispositivos de escuta no encanamento. Por isso, nunca conversei pelo encanamento; todos podiam ouvir o que dizíamos.

O confinamento solitário é usado como punição para o propósito específico de destruir um prisioneiro. Nada era capaz de aliviar a pressão de ficar trancafiado em uma cela 23 horas por dia. Em 1982, após dez anos, eu ainda tinha que lutar contra uma vontade inconsciente de me levantar, abrir a porta e sair. Todos nós na CFR lidávamos o tempo todo com emoções fortes e poderosas, talvez as mais fortes que existem: o medo de perder o controle sobre si mesmo, de enlouquecer. Todos os dias são iguais. A única coisa que muda é qualquer mudança que você possa fazer por conta própria. A única maneira de sobreviver nessas celas é se adaptando à dor. A pressão do isolamento mudou a maioria dos homens. Alguns ficaram deprimidos e introvertidos, se isolaram, nunca falavam, nunca saíam de suas celas. Outros falavam constantemente, eram confusos, irracionais. Quando via que um homem estava prestes a ruir, eu conversava com ele, tentava ajudá-lo a passar por aquilo. Conseguia sentir o que ele estava passando, pois, embora não estivesse na mesma situação naquele momento, já vivi essa experiência. Fazia um grande esforço para distraí-lo, tentava ocupar sua mente para que não ficasse sozinho. Nem sempre funcionava. Vi homens que viveram anos movidos por grandes princípios morais e valores repentinamente se tornarem destrutivos, caóticos.

Tive que me adaptar a todos que estavam no bloco. Lidar 24 horas por dia com quinze personalidades, a minha e outras quatorze; era sempre desgastante e exaustivo. Sempre que alguém novo entrava no bloco, eu tinha que compreender sua personalidade, descobri de que gostavam, desgostavam, os seus gatilhos. No início, o bloco ficava em silêncio por um tempo até que os caras o entendessem e vissem como o novato agiria no bloco, se iria se misturar ou criar problemas. Alguns desses homens eram podres, sem senso de honra, de decência, sem valores morais ou princípios. A prisão é um lugar muito violento, sempre havia a ameaça de um ataque. Havia prisioneiros paranoicos, que armazenavam urina e fezes em suas celas para usar como arma. Alguns detentos jogavam água quente ou excrementos em alguém de outra cela por raiva ou vingança. Havia psicopatas que atacavam os outros sem motivo, apenas sentiam a necessidade de criar problemas.

Eu sabia que as experiências de cada um na sociedade moldavam quem ele era na prisão. Sempre me lembrava disso quando era difícil de lidar com os homens do meu bloco. O confinamento solitário pesava constantemente sobre esses homens, e poderia torná-los piores. Eu tentava lidar com cada homem como um indivíduo, no momento presente. A gente aprende que as pessoas são feitas de camadas. Procuramos o bem e isso pode decepcionar. Certa vez, fiz um trabalho jurídico para um prisioneiro e consegui reduzir sua pena para "sentença cumprida". Ele seria libertado da prisão por causa do meu trabalho. No dia seguinte em que descobriu isso, ele foi até a porta da minha cela e jogou dejetos em mim. Ele estava puto porque eu estava assistindo ao noticiário e não o deixava mudar de canal. Não podemos nos agarrar a essas experiências ou ficamos amargos. Recomeçamos todos os dias. Procuramos a humanidade em cada indivíduo.

Eu arrumava minha cama todas as manhãs. Limpava a cela. Tinha meu próprio pano para limpar as paredes. Quando distribuíram uma vassoura e um esfregão, varri e limpei o chão da minha cela. Malhava pelo menos uma hora todas as manhãs nela. Nos dias em que não tinha tempo de pátio, corria para cima e para baixo no bloco durante quase a hora inteira fora da cela. O exercício físico é importante para afastar a depressão. Assistia aos noticiários por uma ou duas horas através das grades da minha cela e lia pelo menos duas horas por dia. Eu me mantive deliberadamente longe de conversas negativas no bloco. Às vezes, me deitava na cama e apoiava os pés na parede. Minha cabeça ficava pendurada para fora da cama; era relaxante.

A mesmice de todos os dias podia ser muito dolorosa. Eu costumava chamar de "mais um dia em Dodge". Tentei mudar a rotina. Tomava café da manhã sentado no beliche durante meses ou talvez um ano. Depois, fazia isso de pé durante meses. E então, passava a me sentar à mesa para tomar o café da manhã. No fundo, sempre soube que era a mesma rotina. Não conseguia me enganar a ponto de realmente acreditar no contrário.

Porém, por mais que odiássemos a rotina, precisávamos dela para ter estabilidade mental. Ela nos dava familiaridade, uma sensação de confiança e a ilusão de controle sobre o que nos cercava. Eldridge Cleaver falava sobre o "imperativo territorial": quando as pessoas conhecem seu ambiente, sabem como sobreviver nele. As luzes sendo acesas no mesmo horário, a refeição servida no mesmo horário. Isso trazia ordem às nossas vidas. Uma vez que nos acostumávamos com a estrutura do dia, era algo com que podíamos contar. A menor mudança podia ser devastadora.

A maioria das mudanças acontecia quando um novo diretor ou coronel era colocado no campo e queria demonstrar seu poder, mesmo quando não era necessário. O velho ditado de que o poder sem controle corrompe é verdade. Ainda estou para ver ou experienciar uma situação em que o poder máximo de um ser humano sobre outro seja benevolente, exceto o das mães e pais sobre os filhos. Mas muitas vezes este também é cruel. Quando uma mudança nos era imposta, todos se irritavam, até os guardas. Os prisioneiros eram os que mais sentiam. Podia ser algo tão simples quanto o café da manhã sendo servido mais tarde.

Se o café da manhã for às 6h30, quando você acorda, espera que o carrinho de comida chegue ao bloco naquele horário. Quando ele não vem, você fica inquieto. Depois de quinze minutos, isso começa a abalar suas emoções. Você começa a caminhar. Imagina que há algo de errado no campo ou na prisão. Você é lembrado de que não tem controle sobre sua vida. Precisa lutar contra o desespero. Tem que lutar contra a raiva por sua bandeja não ter chegado. Uma mudança na rotina pode destruir a lógica de um homem. Já vi caras começarem a sacudir — chacoalhar suas grades — gritando e berrando por uma bandeja de café da manhã quando ela não chegava na hora. Nove de dez vezes eles eram atingidos por gás lacrimogêneo e levados para a masmorra. Eu me treinei para ver a mudança como oportunidade em vez de ameaça. Desenvolvi resistência mental. Disse a mim mesmo que poderia sobreviver a qualquer coisa, exceto à morte.

Não gostei de algumas mudanças, mas as entendi. Eles nos proibiram de pendurar fotos nas paredes de nossas celas porque o papel era um risco de incêndio. Se um prisioneiro esguichasse fluido de isqueiro e jogasse um fósforo aceso contra a parede, o papel poderia pegar fogo. Outras normas não tinham razões de segurança para existir, eram só um pé no saco. Uma vez, um major da CFR implementou uma nova regra de que só poderíamos ter um copo de isopor dentro da cela. Muitos homens receberam uma advertência por ter mais de um copo de isopor. Mas essa advertência não significou nada por muitos anos, pois não havia algo que pudessem tirar de nós que realmente importasse. No entanto, quando começamos a receber visitas com contato físico em 1987, de repente os homens livres tinham mais poder sobre os presos. Se você fosse considerado culpado de uma infração disciplinar, perderia as visitas com contato físico por seis meses.

Alguns guardas faziam vista grossa quando uma norma era violada, desde que não houvesse risco de segurança. Se havia algo de errado em sua cela, eles lhe davam uma chance de consertar. Outros guardas tinham grande prazer em ameaçá-lo com uma advertência. Passavam pela cela, apontavam para você e diziam: "Te peguei!" A intimidação deles não funcionava com muitos de nós. Eu não me importava em receber advertências, mesmo que isso significasse perder as visitas com contato físico. Se alguém chegasse à minha cela e dissesse: "Te peguei", eu dizia: "Foda-se. Escreva isso na infração." Mais adiante no bloco, eu ouvia outros prisioneiros dizerem coisas como: "Dê uma infração pra sua mãe também." Se tivéssemos sorte, o homem livre que nos ameaçava era preguiçoso demais para preencher a papelada ou não sabia ler ou escrever muito bem. O próximo major ou coronel que comandasse o campo imporia outras regras. Ele podia não dar a mínima para quantos copos de isopor nós tínhamos, mas haveria alguma outra coisa.

Cozinhar na cela nunca foi oficialmente permitido, mas durante anos foi tolerado, especialmente se déssemos um pouco da comida que preparávamos para os homens livres de plantão. Naquela época, nossas famílias podiam nos enviar um suprimento de comida enlatada uma vez por ano ou podíamos comprar comida enlatada, sal e temperos no armazém. Enrolávamos papel higiênico em forma de rolos bem apertados para fazer fogo para cozinhar. Para alimentos que não podíamos comprar no armazém, como carne ou outros itens necessários, contávamos com o mercado ilegal que, para nós da CFR, era uma rede de presos que tinham o que chamávamos de "palavra". Se um homem tem palavra, ele não roubará nem mentirá para você. Ele fará o que diz.

Já que Herman, King e eu tínhamos palavra, qualquer pessoa que nos ajudasse sabia que seria paga. Houve um prisioneiro na oficina mecânica que fez panelas e frigideiras extras cortando latas de 4,5L de feijão-manteiga e fixando os cabos com metal. Ele entregava a panela a um prisioneiro com privilégios ou atendente que trabalhasse na CFR e esse homem a levava até o bloco quando fosse trabalhar. Colocava a panela no chuveiro, então eu a pegava quando estivesse no meu horário de soltura e pagava o detento com privilégios com algum tipo de item de permuta; poderiam ser selos, um par de tênis ou jeans, tabaco, trabalhos jurídicos ou o que quer que eu tenha negociado com o prisioneiro que fez a panela. Às vezes, o cara que transportava a panela queria uma comissão, às vezes, não. Muitos presos nos ajudaram de graça porque ouviram falar de nós e nos respeitavam. Passávamos por etapas semelhantes para obter tudo do que precisávamos. Preparávamos refeições em nossas celas, frango frito ou costeletas de porco e aquecíamos feijão-vermelho, feijão-fradinho, qualquer coisa que eles tivessem em estoque.

King era famoso pelos pralinês que fazia em sua cela. Ele usava a receita de um detento cozinheiro que conheceu anos antes, chamado Cap Pistol. Começava usando pedaços de manteiga, pacotes de açúcar e caixas de leite que recebia em sua bandeja. Depois de fazer o caramelo em uma panela caseira sobre o fogo na temperatura certa, ele o despejava em um envelope de papel pardo para que esfriasse e endurecesse. Outros detentos passaram a lhe entregar o que recebiam de manteiga, leite e açúcar e, por fim, ele conseguia mais manteiga e açúcar no mercado ilegal de Angola. Era possível sentir o cheiro do doce de King cozinhando por todo o bloco. Prisioneiros com privilégios lhe davam nozes-pecãs cultivadas em Angola para incluí-las no doce. Regularmente, King fazia uma fornada de doce e entregava aos prisioneiros no corredor da morte. De vez em quando, um oficial da segurança dava a King meio quilo de açúcar em troca de um pouco de doce.

Em meados dos anos 1980, um novo diretor proibiu cozinhar nas celas. Ainda cozinhávamos; mas passamos a esconder melhor. Mudei meu cofre para o meio da cela para cozinhar atrás dele. Tínhamos o que chamávamos de "olhos" nas grades das celas, pedaços de um espelho quebrado colados com chiclete para que pudéssemos ver rapidamente quem se aproximava. Se um homem livre estivesse chegando, eu apagava o fogo e tirava a comida e a panela de vista. King fazia seu doce no assento do vaso sanitário para que, se um homem livre viesse, ele pudesse empurrar o fogo na água. Por fim, baniram os espelhos de vidro dos blocos, então tivemos que comprar espelhos de metal no armazém da prisão. Eles eram bons para pentear o cabelo ou ver o cara da cela ao lado, mas quando segurávamos o metal para ver o restante do bloco, só conseguíamos enxergar a uma curta distância e então o reflexo ficava distorcido.

Cada bloco na CFR tinha um jogo de xadrez e um de damas em miniatura que os prisioneiros compartilhavam. Ganhei um jogo de xadrez para minha cela de um detento que foi embora da CFR. Herman, King e eu conseguimos ter um jogo em cada uma de nossas celas e quase sempre havia dois de nós em uma partida em andamento. Se King e eu estivéssemos jogando, gritávamos os movimentos pelo bloco. Jogávamos com Herman por meio de bilhetes. Sempre achei que Herman poderia se tornar um mestre do xadrez. Ele conseguia jogar usando apenas a memória. Na masmorra, King fez peças de xadrez com papel higiênico para jogar com quem estivesse em sua cela. Se Herman não achasse alguma peça de xadrez, ele as fazia com sabão. Em algum momento, Herman teve a ideia genial de organizar torneios de xadrez na CFR. Isso deu aos homens algo positivo, algo para fazer. Ensinamos xadrez aos que queriam aprender e todos ansiavam pelos torneios.

Os dominós também eram populares no bloco. Quando estávamos no nosso horário de soltura, às vezes tínhamos permissão de sentar no chão em frente à cela de outro detento para jogar dominó ou cartas, dependendo de qual sargento estava de serviço. Às vezes, eu jogava xadrez, dominó ou damas com o homem da cela ao lado. O jogo era colocado entre nós no chão. Como não havia muita liberdade de movimento, usávamos um lápis para empurrar a peça no lugar conforme fosse necessário. Todos nós criamos "regras extras" para o dominó para tornar os jogos mais desafiadores. Os xingamentos eram grande parte de qualquer jogo: tentar derrubar psicologicamente seu oponente, fazê-lo perder a concentração. Se um cara jogava mal, dizíamos que seu jogo era um lixo e que ele estava na lixeira.

Não podíamos ter calendários até meados dos anos 1990. Se achassem um calendário em uma das celas, mesmo que feito à mão, eles o rasgavam e jogavam fora. Nunca soube o porquê. Eu imaginei se seria porque eles queriam que perdêssemos a noção do tempo, outro modo de nos destruir. Perguntei a um major sobre isso uma vez e ele disse que não sabia, mas que talvez fosse porque não podíamos ter as fotos das mulheres de biquínis que geralmente vinham nos calendários.

Não era necessário calendário algum para nos dizer quando a primavera se transformava em verão. O calor do verão na Louisiana em uma cela é quase insuportável. Homens que passaram o verão em uma cela nunca se esquecem disso, mesmo anos depois de saírem. Não há circulação de ar nem brisa alguma. Os pequenos ventiladores permitidos nas celas não ajudavam em nada. Os mosquitos nos comiam vivos. Até colocarem as telas, queimávamos meias para manter os mosquitos afastados. A fumaça parecia a névoa de Londres pairando sobre o bloco. Todos ficávamos de cueca. Era tão quente que era difícil escrever cartas porque o suor escorria de nossas testas e mãos e a caneta falhava no papel úmido ou o rasgava. De vez em quando eu dormia no chão, esperando que fosse mais fresco do que meu beliche, apesar de, às vezes, os ratos passarem pelos meus pés e pernas ou os insetos rastejarem sobre mim. Não era mais fresco. Às vezes, para tentar bloquear o sol que entrava pelas janelas à nossa frente, pendurávamos lençóis nas grades, mesmo que isso fosse contra as normas.

Depois de vários anos exigindo gelo, nos anos 1980 o governo finalmente colocou caixas térmicas com gelo na frente do bloco. Os atendentes as enchiam de manhã depois do café e à noite depois da última refeição. Todos tinham algum tipo de copo ou recipiente para colocar gelo. Na minha hora fora da cela, eu enchia os recipientes com gelo para os caras, quando me pediam. Enchia meu próprio recipiente com gelo antes de voltar para a cela e o colocava na pia. Quando derretia, molhava uma toalha na água fria e passava no corpo. Às vezes colocava meu lençol inteiro na água gelada e me envolvia com ele. Eles colocaram um grande ventilador na frente do bloco e, depois de nossas reclamações e queixas contínuas, colocaram outro nos fundos do bloco. Nenhum deles serviu para nada além de circular o ar quente e a umidade e fazer muito barulho. Estávamos sofrendo com o calor e continuamos protestando. Por fim, colocaram cinco ventiladores em prateleiras presas à parede no corredor em frente às celas de cada bloco da CFR, mas nunca refrescava no verão, assim como nunca esquentava no inverno.

No inverno, eu conseguia ouvir e sentir o cheiro dos aquecedores ligados pela manhã, mas nossas celas nunca se aqueciam. Cada prisioneiro recebia um cobertor. Você teria dois se pudesse pagar a um atendente para lhe trazer outro. Nos dias frios, eu colocava duas camisetas, dois moletons, uma calça de moletom por cima da calça jeans, dois pares de meias e uma touca e me envolvia com o cobertor como se fosse um bebê. Então ia para debaixo do meu segundo cobertor e esperava me esquentar. O que me surpreende ao relembrar é o quanto o corpo humano consegue suportar.

Minha hora favorita do dia era 2h ou 3h da manhã. Geralmente todo mundo estava dormindo; não havia ninguém fora da cela. O volume da TV estava baixo; era relativamente tranquilo e silencioso. Eu conseguia me concentrar. Gostava de ler nessa hora, ou de pensar. Era minha vez de lidar com a pressão de ficar confinado em uma cela 2m x 3m durante 23 horas por dia, lidar com minhas emoções e meus pensamentos mais profundos. Recordava tudo o que acontecera durante o dia e como reagi. Pensava e me perguntava por que fiz isso ou aquilo. Quase sempre agia com base na minha intuição. Mais tarde, descobri que geralmente meu primeiro pressentimento estava certo. Pensava no que tinha visto no noticiário daquele dia. Assistir às notícias, boas ou ruins, me mantinha estimulado. Pensava nas conversas que tive ou em outras atividades do bloco. Às vezes relia certas passagens de livros de que gostava ou escrevia orçamentos imaginários para a vida cotidiana. Eu imaginava que tinha um emprego no qual ganhava US$200 por semana, por exemplo, depois criava um extrato bancário em um pedaço de papel, listando quanto eu poderia pagar pelo aluguel, gás, eletricidade e comida com essa renda. Muitas vezes me imaginava livre no mundo: jantando com minha família, dirigindo um carro, indo à loja, saindo de férias. Fantasiava em ir ao Parque Nacional de Yosemite, que eu tinha visto em um programa da National Geographic na TV. Era uma forma de reforçar minha crença de que um dia seria livre. Aprendi que sonhos e fantasias não são restringidos por limitações físicas, porque não existem limites para a mente ou a imaginação.

Todos sempre me perguntam se tínhamos janelas no confinamento solitário. Sempre havia algum tipo de janela visível para nós, geralmente na parede em frente às nossas celas. Na década de 1970, nossas janelas davam para o pátio do corredor da morte. Na década de 1980, elas davam para o pátio da CFR. Na minha hora fora da cela, eu costumava ficar na janela e gritar para Herman se ele estivesse se exercitando no pátio. (Sempre que Herman estava em um bloco que tinha vista do pátio, ele gritava para mim ou King se um de nós estivesse lá fora, quando ele estava na sua hora livre.) Uma vez eu tive uma cela que dava para uma floresta e podia ver pássaros, gambás e vários animais, mas acabaram derrubando as árvores para afastar a floresta por razões de segurança. Outra vez, por um breve momento, tive uma janela na cela. Não fez com que me sentisse menos preso, mas eu mesmo podia abri-la e fechá-la. Eu a mantinha aberta quando chovia, para refrescar. Olhando pelas janelas, nunca conseguíamos ver o céu diretamente acima de nós, apenas o horizonte. Quando éramos transferidos para uma nova cela, só obtínhamos um ângulo diferente da mesma vista. Nós a chamávamos de vista sem fim.

No início dos anos 1980, Herman, King e eu sabíamos que haviam nos esquecido. O Partido dos Panteras Negras não existia mais. (Afirma-se que a organização encerrou oficialmente as operações em 1982.) Havíamos escrito muitas cartas para organizações pedindo ajuda. Não consigo me lembrar de ter recebido uma resposta. Fiquei decepcionado. De certa forma, me senti traído. Fomos esquecidos pelo partido, pelas organizações políticas, pelas pessoas envolvidas na luta. Eu me senti frustrado. Fomos rejeitados ou ignorados pelos vários advogados e organizações de assistência jurídica para os quais escrevemos pedindo que examinassem nossos casos. Para nós, era óbvio que havia um grave erro judiciário em nossa situação. No entanto, quando não recebemos nenhuma resposta às nossas cartas, sabíamos que não tínhamos escolha a não ser continuar lutando por conta própria. Nós nos tornamos nosso próprio comitê de apoio. Tornamo-nos nosso próprio meio de inspiração uns para os outros.

Capítulo 28

Chamada Médica

Eu nunca ia ao hospital a menos que fosse absolutamente necessário. O tratamento médico em Angola era deplorável — como em todas as prisões. Há longas esperas, médicos ruins e muitos diagnósticos errados nos hospitais prisionais. Em Angola, davam aspirina para tudo. Para mim, não valia a pena ser algemado, depois levado em uma viatura até o hospital, ter que ficar sentado por horas em um pequeno cercado individual do tamanho de uma despensa que cheirava a urina e vômito para receber duas aspirinas. Eu podia conseguir aspirinas no armazém. Além disso, para ser atendido por um médico, em vez de uma enfermeira, era preciso se declarar um caso de emergência. Nunca achei que qualquer doença ou lesão que tive fosse emergencial. Muitas vezes, para cortes e machucados, usei um remédio antigo que minha avó me ensinou: minha própria saliva. Funcionava bem para acelerar a cicatrização.

Durante anos, o único sistema disponível para solicitarmos tratamento médico era o seguinte: um enfermeiro ou um paramédico chegava no bloco entre 1h e 3h da manhã e gritava do portão da frente: "Chamada médica", quem quisesse se consultar com um médico tinha que ficar em posição de atenção nas grades da porta de sua cela. Eles vinham no meio da noite e não durante o dia porque não davam a mínima para a saúde ou o tratamento médico de prisioneiros. Aparecer à noite era uma maneira de evitar que os prisioneiros pedissem atendimento médico à equipe.

Depois de anunciar a chamada médica, o enfermeiro ou paramédico caminhava bloco abaixo e perguntava aos prisioneiros sobre seus sintomas, às vezes distribuindo medicamentos na hora sem prescrição. Muitas vezes surgiam discussões, o prisioneiro dizia coisas como: "Você não é médico. Estou com dor, preciso me consultar com um médico." Todos sabíamos que um paramédico ou enfermeiro não tinha qualificação para fazer um exame adequado através das grades de uma cela.

Os presos começaram a entrar com ações judiciais. A alegação era "indiferença deliberada" a sérias necessidades médicas, uma violação da 8ª Emenda Constitucional. O juiz não levava essa alegação a sério a menos que o prisioneiro pudesse provar três coisas: que a falha em tratar sua condição infligiria mais danos significativos ou dor desnecessária; que houve indiferença deliberada por parte da penitenciária, o que significa que a falha em responder ao sofrimento do prisioneiro ou sua necessidade médica foi proposital; e que houve dano causado ao prisioneiro por essa indiferença. Para os detentos em Angola, isso não era problema. Depois de uma enxurrada de processos, a justiça federal se envolveu e foi para cima da Penitenciária do Estado da Louisiana. Angola foi forçada a elaborar um sistema que permitisse a consulta médica para prisioneiros.

Em algum momento da década de 1980, ganhamos um novo sistema: formulários de chamada médica. Eles eram entregues a detentos que queriam consultar um médico. Marcávamos os sintomas que tínhamos dentre os listados no formulário e havia um espaço onde podíamos descrever com nossas próprias palavras qual era o problema médico. Dobrávamos o formulário, colocávamos entre as grades e esperávamos. Eles eram recolhidos e, supostamente, lidos por um médico que avaliava quais presos precisavam ir ao hospital e quais seriam tratados em suas celas. Se um detento estivesse doente demais para esperar tudo isso, se estivesse vomitando, por exemplo, ou sangrando, poderia se declarar em situação de emergência e, em algum momento, seria levado ao hospital.

Muitos prisioneiros que precisavam consultar um médico evitavam o hospital porque qualquer um que fosse levado para atendimento — independentemente do motivo — poderia receber advertência por "fingimento". Ele podia ter sinais visíveis de doença — ser derrubado pela dor, ruborizado pela febre, cuspir sangue ou ter um ferimento que não curava — e ainda ser acusado de fingimento. Isso aconteceu comigo no verão de 1982. Tive um ferimento recorrente na cintura que relatei em um formulário de chamada médica e eles me trouxeram uma pomada. Como era verão, o calor, como sempre, era implacável e o ferimento piorou. Usei a pomada que me deram e enrolei papel higiênico em volta da cintura como se fosse uma faixa. E piorou ainda mais. Quando

CHAMADA MÉDICA

minha pele começou a vazar pus, declarei que era uma emergência e depois de alguns dias fui levado ao hospital. Eles me acusaram de fingir, de ter causado meu próprio ferimento, porque ele sempre sarava e reaparecia. "Como posso estar fazendo algo que me deixa com um ferimento em volta de toda a cintura?", perguntei. Finalmente, consultei um médico que raspou as cascas e me deu uma pomada com receita. De volta à minha cela, percebi que poderia ser uma reação alérgica ao elástico dentro da minha cueca. Passei o creme medicamentoso no ferimento e vesti minha cueca do avesso, enrolando o elástico da cintura para baixo do ferimento, que finalmente desapareceu. Recebi uma advertência por ter ido ao hospital.

Geralmente todo o bloco precisava agir quando um prisioneiro tinha um problema de vida ou morte. Sacudíamos as grades e gritávamos até que alguém aparecesse. Um dia, King estava na sua hora de soltura e notou que nosso bom amigo e camarada, o Coronel Nyati Bolt, doente havia dias, estava deitado debaixo do beliche. Ele fora ao hospital duas ou três vezes e foi mandado de volta com uma aspirina. Agora ele estava embaixo do beliche para "escapar da dor da luz", dissera. Sua cabeça doía tanto que a luz o afligia até de olhos fechados. King, correndo o risco de ser espancado, se recusou a voltar para sua cela no fim de sua hora até que a equipe médica chegasse ao bloco e levasse Bolt para o hospital. Mais tarde, descobrimos que Bolt estava tendo um derrame. King pode ter salvado sua vida.

Para doenças muito graves, como câncer, os presos eram tratados e mantidos no hospital, mas muitas vezes preferiam voltar à CFR entre os tratamentos. Os prisioneiros em confinamento solitário não são colocados em uma enfermaria normal no hospital; são trancados em um quarto sozinhos, com apenas uma cama, um banco, um vaso sanitário e uma pia.

Anos de confinamento em celas, falta de exercícios e comida de baixa qualidade afetaram minha saúde. Aos trinta anos, fui diagnosticado com hipertensão e comecei a tomar medicamentos. Disseram-me para reduzir o sal, uma tarefa difícil na prisão, onde a maioria dos alimentos que podem ser comprados no armazém — carne enlatada, salgadinhos, pimenta em conserva, sopa instantânea — está cheia de sal. Não me preocupei com isso. Não pensei no assunto. Não havia nada que eu pudesse fazer. Para a maioria dos problemas de saúde, eu me automedicava correndo no pátio — suando para eliminar resfriados e febres, exercitando os joelhos inchados e as articulações doloridas. Bebia chá quente com um pouco de Vick VapoRub para inflamações na garganta.

Se eu tivesse o que chamava de "queda de açúcar", durante a qual me sentia tonto ou excessivamente exausto só de ficar sentado em minha cela, eu comia alguns doces. Aos quarenta anos, eu estava no hospital fazendo um checkup quando o médico tirou os olhos do meu prontuário e perguntou: "Há quanto tempo você tem diabetes?" Nunca me disseram que eu tinha diabetes. Recebi uma receita de comprimidos para regular a glicose no sangue. Anos mais tarde, minha mãe seria diagnosticada com diabetes. Aos sessenta anos, quando meus advogados me levaram a um médico não prisional pela primeira vez em quarenta anos, fui diagnosticado com hepatite C. Nunca pensei na tristeza, na dor, ou na injustiça de tudo isso. Minha atitude em relação à minha saúde sempre foi: estou vivo, siga em frente.

Capítulo 29

A Busca e a Farsa do Conselho de Reclassificação

As revistas nas celas sempre fizeram parte da prisão. Quando chegamos à CFR na década de 1970, faziam revistas em nossas celas quase todos os dias — às vezes cinco ou seis vezes por dia — como uma forma de assédio. Naquela época, os homens livres sabiam que, se avacalhassem com nossos pertences, acabaríamos em confrontos físicos com eles e isso lhes dava uma desculpa para jogar gás lacrimogêneo ou nos espancar. Até ganharmos o processo contra as revistas pessoais em 1978, uma busca sempre começava com os prisioneiros sendo forçados a tirar toda a roupa e passar pelo ato humilhante de erguer os órgãos genitais, os pés, abrir a boca, curvar-se e afastar as nádegas para inspeção visual; depois nos vestíamos e éramos algemados, retirados de nossas celas e forçados a ficar contra a parede oposta. Depois do nosso processo, eles não podiam mais fazer uma revista pessoal antes da revista na cela, mas sempre éramos algemados e tínhamos que ir para o corredor e ficar contra a parede.

Na década de 1980, havia dois tipos de equipes de revista. Uma fazia revistas o dia todo em toda a prisão, todos os dias, à procura de drogas, armas ou outras formas de contrabando grave; geralmente não se importavam com violações menores, como ter muitos copos de isopor, revistas ou livros. As equipes internas de revista que procuravam violações menores trabalhavam na CFR. A política na CFR era fazer revista em duas celas todos os dias em cada turno — totalizando quatro por dia em cada bloco. Portanto, cada um de nós tinha sua cela revistada pelo menos uma vez a cada quatro dias, às vezes mais. O sargento poderia ordenar uma revista "extra" a qualquer momento.

A maneira como nós — e nossos pertences — éramos tratados durante uma revista dependia dos guardas que a conduziam. Alguns entravam na cela como uma invasão, vasculhando nossos pertences pessoais, lendo nossas correspondências. Eles viravam o colchão, jogavam tudo no chão e pisavam em nossas coisas. Tinham permissão para abrir correspondência jurídica, mas não podiam ler o conteúdo. Alguns nos faziam ficar de frente para a parede enquanto a equipe de revista destruía nossas celas atrás de nós. Isso era horrível porque não dava para ver o que eles estavam fazendo, apenas ouvir.

Muitos prisioneiros discutiam com os guardas, então recebiam advertências por "rebeldia" ou "ameaça a um oficial" e eram levados para a masmorra. Aprendi a não deixar que eles me provocassem a esse ponto. A única vez que falei foi quando começaram a ler minha correspondência jurídica. Eu disse: "Você não pode ler minha correspondência jurídica, você sabe disso." Nunca deixei nenhuma emoção transparecer em meu rosto. Matá-los, espancá-los, cuspir neles, xingá-los — tudo isso passava pela minha cabeça. Se, naquele momento, qualquer um de nós pudesse colocar as mãos neles sem algemas, não há como dizer o que poderia ter acontecido.

E havia os guardas que chamávamos de "robocops", os que não eram cruéis, mas que seguiam as regras à risca. Só podíamos ter seis cuecas, seis camisetas e seis pares de meias. Qualquer coisa além disso, o robocop jogava no corredor. Tudo o que diziam que não podíamos ter — jornais, envelopes, selos postais e revistas extras — ia para o corredor. Um lençol ou cobertor extra (oficialmente só tínhamos permissão para ter um de cada) era jogado no corredor. Tudo isso era acumulado em uma pilha e levado do bloco pelos atendentes que examinavam tudo e pegavam o que podiam para si.

Outros guardas tinham uma atitude mais gentil e nos deixavam ficar com um par de meias extra; não jogavam nossas fotos no chão ou esvaziavam nossos armários. Alguns nem mesmo faziam a revista, apenas marcavam no registro que a tinham realizado. Eles nos algemavam no corredor, entravam em nossas celas, sentavam no beliche, folheavam uma revista por dez ou quinze minutos e iam embora. Quase todos os detentos tinham o que chamávamos de "livro de fotos", um caderno de espiral com as páginas repletas de fotos de mulheres recortadas de revistas e coladas: estrelas de cinema usando biquínis fio dental ou modelos de lingerie e fotos nuas de revistas pornográficas. Esses livros eram distribuídos e comercializados em toda a CFR. Alguns prisioneiros faziam ou compravam livros de fotos só para ter à mão para quando um homem livre chegasse para revistar sua cela. Eles o deixavam no beliche durante a busca na esperança de que o guarda se sentasse na cama, o folheasse e se esquecesse de fazer a revista.

Porém, minha cela foi saqueada na maioria das vezes durante as revistas. Todo o conteúdo das minhas caixas — cartas, fotografias, artigos de toalete — e todos os meus livros eram espalhados pelo chão e no meu beliche. Levava horas para colocar tudo de volta no lugar. Eu reorganizava todos os meus livros no chão em uma fileira contra a parede. Dobrava e guardava minhas roupas junto com meus álbuns de fotos, materiais de escrita, correspondências e papelada em duas caixas de aço debaixo da minha cama. Para afastar os insetos, eu geralmente colocava a pasta de dente e alimentos em garrafas vazias de água sanitária cortadas ao meio. Às vezes, a equipe de busca jogava essas garrafas no corredor junto com a lata de Coca que eu usava para aquecer água para fazer macarrão instantâneo ou chocolate quente. Outras vezes as deixavam.

Quando o governo federal assumiu a administração de Angola na década de 1970 como resultado do processo de Hayes Williams, uma das concessões que o Departamento de Segurança Pública e Correções da Louisiana teve que fazer no acordo judicial foi criar uma forma de rever o sistema de alojamento de prisioneiros em Angola. Para os detentos alojados em segregação, o conselho de revisão de confinamento — que chamávamos de conselho de "reclassificação" — deveria rever a atribuição de alojamento de cada prisioneiro a cada noventa dias para determinar se ele ainda precisava ficar confinado ou se poderia ser liberado para a população geral. O motivo dado por escrito para confinar a mim e a Herman na CFR foi: "O motivo original do confinamento." Os presos sempre tiveram a opção de comparecer a essas audiências, e durante anos eu as frequentei, embora tenha ficado imediatamente claro para mim que não havia como um prisioneiro "dar um jeito" de sair da CFR. Não havia diretrizes estabelecidas que, se seguidas pelos prisioneiros, exigissem que o conselho de reclassificação os transferisse para alojamentos menos restritos. Os detentos eram simplesmente transferidos por capricho dos funcionários responsáveis. Se os oficiais precisassem de uma cela na CFR, transferiam um prisioneiro de lá para um alojamento na prisão principal e alguém novo se mudava para sua cela. Vimos homens com problemas de comportamento, que tinham denúncias recentes de violência contra outros prisioneiros e que tinham acabado de entrar na masmorra saírem da CFR dessa maneira. Vimos um detento que apontou uma faca para o diretor ser libertado da CFR. Herman, King e eu — sem problemas de comportamento e com poucas advertências — nunca seríamos liberados.

Nos primeiros anos, nos mantiveram lá por ódio e vingança. Eles haviam se convencido de que Herman e eu matamos Brent Miller e que King estava envolvido. (Desde o dia em que King chegou a Angola, em maio de 1972, sua ficha dizia que ele estava na CFR porque estava sendo "investigado" pelo assassinato de Brent Miller, apesar de ele ter sido morto um mês antes de King chegar à prisão.) Depois, nos mantiveram confinados por nossas crenças políticas. Por meio de nossas ações ao longo de muitos anos na CFR, eles sabiam que não éramos prisioneiros comuns, que éramos diferentes. Estávamos sempre querendo mudar nosso ambiente. Conseguimos unir os prisioneiros. Acreditávamos nos princípios do Partido dos Panteras Negras. Anos mais tarde, isso foi confirmado quando o diretor Burl Cain fez declarações sob juramento de que fomos mantidos na CFR por causa de nosso "panterismo". Em um depoimento de 2008, ele disse que não me deixaria sair da CFR mesmo que acreditasse que eu era inocente do assassinato de Brent Miller. "Eu ainda o manteria na CFR", disse ele. "Sei que ele ainda está tentando praticar o panterismo negro e eu ainda não gostaria dele andando pela minha prisão porque ele organizaria os novos presidiários. Isso me traria muitos problemas, mais do que conseguiria suportar, e os negros os seguiriam [Woodfox e Wallace]. Ele [Woodfox] tem que permanecer em uma cela enquanto estiver em Angola."

O conselho de revisão de confinamento da CFR geralmente era composto de um major ou capitão e um oficial de reclassificação. Normalmente, o prisioneiro ficava diante dos policiais em frente a uma mesa enquanto seu caso era analisado. Quando me apresentei à diretoria, eles nem me olharam enquanto assinaram o papel indicando que eu permaneceria na CFR. Nunca me fizeram uma pergunta no conselho de reclassificação. Nunca tive a impressão de que alguém tivesse aberto minha ficha. Eles falavam entre si sobre caça e pesca ou algum outro assunto e passavam de um para o outro a papelada assinada que me manteria na CFR até o canto da mesa. Às vezes, eles já estavam assinando o papel enquanto eu entrava na sala. De vez em quando, o major em serviço dizia: "Por que você continua vindo ao conselho, Woodfox? Você sabe que não podemos deixá-lo sair." Até mesmo os guardas do bloco sabiam que era perda de tempo ir às reuniões do conselho. Eles gritavam pelo bloco nos informando que o conselho se reuniria e nos perguntavam se queríamos ir. Se confirmássemos, eles diziam: "Por quê? Você não vai sair." Em algum momento, parei de ir ao conselho de reclassificação. Era um transtorno colocar todas as algemas apenas para ficar diante da mesa alguns segundos. Depois que parei de comparecer, o sargento do bloco levava o papel assinado que me mantinha na CFR e o colocava entre as grades da minha cela a cada noventa dias.

Não tivemos as mesmas guerras de bloco nos anos 1980 que ocorreram nos anos 1970. Os guardas internos já não existiam mais; oficiais correcionais negros foram contratados; e, depois de uma década, muitas das pessoas que trabalhavam nos blocos não chegaram a conhecer Brent Miller. Muitos guardas, brancos e negros, passavam doze horas por dia no bloco, conheceram os presos e não os odiavam. Eles trabalhavam em Angola para alimentar suas famílias e pagar as contas. Viam que Herman, King e eu não éramos valentões, violentos ou racistas. Éramos educados. Muitos nos disseram que foram ensinados na academia de treinamento do Departamento de Correções que éramos exemplos do que "existia de pior". Ficaram chocados quando nos conheceram. Alguns oficiais disseram que achavam que eu e Herman éramos inocentes; não acreditavam que havíamos matado Brent Miller.

Mas sempre havia os guardas que se aproveitavam do poder e controle absolutos que tinham sobre outro ser humano, aqueles cuja vida e identidade estavam ligadas à maneira como agiam contra os prisioneiros. Certa vez, um desses guardas abriu a porta da minha cela para que outro prisioneiro pudesse me atacar. Ele era um verdadeiro valentão e encrenqueiro, e todos sabiam que não nos dávamos bem. Um dia, quando estava em sua hora de soltura, ele veio e parou na frente da porta da minha cela. Eu me levantei e comecei a caminhar até a porta da cela. Eu sabia que algo estava para acontecer, ou ele não estaria ali. Então minha porta se abriu. Ele tentou entrar na minha cela; nós lutamos e eu dei uma surra nele. Recebi uma advertência pela briga e fui enviado para a masmorra, embora obviamente estivesse me defendendo. Escrevi ao diretor, pedindo-lhe que investigasse o guarda que abriu a porta da minha cela. Nunca recebi uma resposta. Anos depois, o estado tentou afirmar que essa advertência mostrava o quanto eu era violento, para usá-la como desculpa para me manter na CFR.

Capítulo 30

Camaradas

Nenhum de nós achou que viveria muito na CFR. Desde o início, achávamos que nos transferiram para lá para nos matar. Tínhamos aceitado isso. Mas sobrevivemos. Grande parte da minha capacidade de permanecer fiel à luta revolucionária foi o exemplo que Herman e King deram. Nunca tive que questionar sua lealdade. Suas ações falavam mais do que palavras. Uma das minhas frases favoritas é: "Você pode dizer o que quiser, contanto que saiba que está colocando o seu na reta." Colocar o seu na reta, isso é o que conta. Herman e King nunca foram hipócritas, nunca disseram uma coisa e fizeram outra. Eles viveram suas vidas colocando o deles na reta. Por isso, confiei neles. Levei anos para realmente conhecê-los como indivíduos, e durante esse tempo, pouco a pouco, desenvolvi uma amizade e um amor muito fortes.

Herman Wallace foi criado no 13º distrito de Nova Orleans, não muito longe de onde eu cresci. Como era seis anos mais velho do que eu, nunca o conheci nas ruas. Como todos os homens negros da minha idade no Sul, ele percebeu o racismo desde cedo. "Tudo era segregado, de banheiros públicos ao interior das igrejas", escreveu ele certa vez. "Você não podia olhar os homens brancos nos olhos, tinha que manter a cabeça baixa quando andava por aí, tudo socialmente projetado para manter os afro-americanos como um povo inferior." Quando tinha 8 anos, começou a roubar comida para ajudar a alimentar seus oito irmãos. Empurrava uma carroça até o ferro-velho em Nova Orleans, quando estava fechado aos domingos, para recolher todos os pedaços de cobre e alumínio que pudesse encontrar no pátio. No sábado seguinte, empurrava sua carroça de volta para o ferro-velho para vender essas peças e usava o dinheiro para ajudar seus irmãos. Mais tarde, ele escreveria que fez o "máximo" para ajudar sua família. "Cortava lenha para manter a casa aquecida e para cozinhar", escreveu ele. "Lavava roupas em uma tábua de lavar durante muito tempo antes de termos uma máquina. Passava a roupa da família, trançava o cabelo das minhas irmãs antes de irmos para a escola." Na rua, ele protegia as irmãs.

Por um tempo, ele e seus irmãos mais velhos viveram com a avó. Ela o ensinou a cozinhar. Não havia camas suficientes em seu apartamento de dois quartos, então ele e seu irmão dormiam no chão. Por fim, ele escreveu: "Não conseguia entender como meus pais trabalhavam tanto e, ainda assim, eram tão pobres." Quando adolescente, ele se envolveu em crimes menores e passou um tempo no sistema de justiça juvenil. "Ficava sentado esperando as visitas no domingo", disse ele. "Você se sente sozinho, com o coração partido, como se fosse você contra o mundo."

Em janeiro de 1967, ele foi preso sob a acusação de assalto a banco. No ano seguinte, foi condenado e recebeu uma sentença de cinquenta anos. Em 1969, escapou para o telhado da Prisão Distrital de Orleans, saltou para o telhado do prédio vizinho e foi para a rua com vários outros detentos. Ele foi preso na Flórida e levado de volta à prisão distrital, onde foi colocado na masmorra. Seus sapatos haviam encolhido com a chuva, então estava descalço. Malik Rahim, um dos Panteras Negras de Nova Orleans que conheci quando estava no bloco C-1 da prisão distrital, por acaso estava na masmorra quando prenderam Herman. Vendo que ele não estava usando sapatos, Malik perguntou qual número ele calçava. Herman disse a ele e Malik tirou os próprios sapatos. "Ei, irmão, escute", disse ele, entregando os sapatos a Herman, "pode ficar com os meus. Meus camaradas não me deixarão sem". Malik se afastou dele descalço.

Essa foi a apresentação de Herman ao Partido dos Panteras Negras. Nos Panteras Negras, ele encontrou conexão e propósito. Juntou-se ao partido e participou de ações de prisioneiros na prisão distrital. "Destruímos cada vaso sanitário, pia e lavatórios que podíamos", disse ele. "Colchões eram empilhados na frente dos blocos e incendiados para evitar que as autoridades penitenciárias nos atacassem fisicamente." Após dois dias de cerco, o delegado disse que negociaria com os prisioneiros sem represálias e deu aos prisioneiros a oportunidade de expressar suas queixas aos cinegrafistas da CBS que ele permitiu que entrassem na prisão. O delegado disse aos repórteres que o problema era a superlotação e a falta de financiamento, apontando que havia quatro ou cinco homens em celas feitas para dois. Esse delegado manteve sua promessa e não se vingou dos prisioneiros que protestaram.

(Sem que eu soubesse até mais tarde, Herman também estava na prisão distrital quando meu bloco fez um refém para falar com a Dep. Dorothy Mae Taylor; seu bloco também fez um refém de forma não violenta. Ambos foram libertados ilesos depois que os prisioneiros falaram com a deputada Taylor.) Juntar-se ao Partido dos Panteras Negras foi o momento decisivo na vida de Herman. Quarenta e um anos depois, Herman era tão dedicado aos princípios do partido quanto no início. Ele usava com orgulho a imagem icônica da pantera negra, criada pelo artista e ex-Pantera Emory Douglas, desenhada à mão em seu chapéu e roupas, mesmo que quase sempre recebesse uma advertência por isso.

Robert King cresceu em Nova Orleans e Gonzales, na Louisiana. Seu quintal em Algiers, o segundo bairro mais antigo de Nova Orleans e o único na margem oeste do rio Mississippi, fazia divisa com o de Malik Rahim durante um tempo quando eles eram crianças. A avó de King o criou em uma família muito pobre, mas unida. Ela morreu quando ele tinha 15 anos. Pouco depois, King e dois amigos estavam andando na rua quando foram parados pela polícia porque "se encaixavam na descrição" dos homens que roubaram um posto de gasolina. King foi enviado para a Escola Industrial Estadual para Jovens de Cor, um reformatório estadual em Scotlandville, 20km ao norte de Baton Rouge. Depois disso, ele teve vários empregos com salário mínimo, mas perdeu muitos deles por ter sido detido em decorrência de "leis de vadiagem".

A polícia usava as leis de vadiagem e acusações de "vagabundagem" para cumprir sua cota semanal de prisões, pegando homens negros e acusando-os de "não ter meios visíveis de sustento", mesmo que esses homens tivessem empregos ou até seus próprios negócios. Muitos homens negros nos anos 1960 tinham pequenos empregos que os sustentavam, mas não eram "negócios" oficiais; percorriam a vizinhança afiando facas ou vendendo verduras, por exemplo. Os ambulantes passavam com camisas ou calças velhas. Na esquina, gritavam "Olha o traaaaaapo", e as pessoas saíam e pagavam um dólar por isso, dois dólares por aquilo. Muita gente fazia roupas novas com essas usadas. O homem que vendia as roupas e trapos não tinha comprovante de emprego.

Todo homem e menino negro sabia o que era ser detido pela polícia sem motivo. Você poderia estar na esquina com seus amigos quando a patrulha policial parava, saía do carro e mandava todo mundo se encostar na parede. Eles revistavam cada um, perguntavam o que todos estavam fazendo e mandavam que apresentassem uma prova de trabalho. Em seguida, pegavam seus walkie-talkies, ligavam para o camburão, acusavam de vadiagem ou vagabundagem qualquer pessoa sem contracheque ou outra "prova" e os mandavam para a prisão. Por lei, a polícia podia deter os homens durante três dias sob a acusação de vadiagem. Depois de três dias na prisão, os homens perdiam qualquer emprego ou meio de subsistência que tinham e precisavam recomeçar.

Como a maioria dos homens negros naquela época, King foi forçado a escolher entre sustentar a si mesmo e sua família ou vê-los morrer de fome. Essa não era uma escolha difícil. Aos 18 anos, foi mandado pela primeira vez a Angola sob a acusação de roubo e voltou aos 23 anos, quando o conheci. De volta às ruas, ele aprendeu boxe e se tornou um lutador semiprofissional; foi nessa época que ficou conhecido como Speedy King. Aos 28 anos, foi preso e acusado por um assalto à mão armada que não cometeu. Em seu julgamento, seu corréu depôs que só escolheu King na lista de fotos policiais porque foi torturado pela polícia a fazer uma declaração falsa. Apesar dessa declaração, King foi condenado e sentenciado a 35 anos. Conheceu membros do Partido dos Panteras Negras e se juntou ao partido na Prisão Distrital de Orleans. Mais tarde, diria que foi na prisão que "as coisas começaram a se abrir para mim em relação às injustiças. Achei que era uma verdade difícil de engolir. Eu me senti como um escravo."

Eu confiava em Herman e King inquestionavelmente. Com outros homens na prisão, havia apenas graus de confiança, dependendo do caráter ou falta de caráter da pessoa. Era algo que eu precisava avaliar enquanto interagia com cada um. Quando eu estava com Herman ou King era diferente. Eu baixava a minha guarda. Confiava que eles não fariam nada que pudesse me machucar física ou emocionalmente. Confiava que me defenderiam, não importava de quê. Nunca precisei me preocupar se King ou Hooks estariam do meu lado. Não importa o que eu fizesse, lá estavam eles. Confiavam em mim da mesma forma.

Esse tipo de confiança é muito raro atrás das grades. Na prisão, é preciso questionar tudo ao seu redor. Ela nos ensina que a maioria dos atos de bondade tem segundas intenções; em algum momento se espera algo em troca e isso pode ser uma conduta que você considere terrível, uma violação do seu código moral e sistema de valores. Para conservar sua dignidade e honra, você aprende a rejeitar o que as pessoas oferecem. Como Herman, King e eu confiávamos uns nos outros, havia bondade em nossas vidas.

Nelson Mandela escreveu que o desafio para cada prisioneiro é "como sobreviver ileso à prisão, como sair dela inalterado, como conservar e até mesmo reabastecer as próprias crenças". Ele escreveu sobre como ser mantido com seus camaradas na Ilha Robben o ajudou a sobreviver. "Pois, juntos, nossa determinação foi reforçada", escreveu. "Apoiamos uns aos outros e ganhamos força uns com os outros." Assim foi para mim, Herman e King. Apoiamos uns aos outros e ganhamos força uns com os outros. Sempre que eu achava que não poderia dar mais um passo por mim mesmo, encontrava forças para dar esse passo por Herman e King. Tínhamos que ser fortes para que pudéssemos manter nossas mentes e espíritos livres enquanto estávamos trancafiados 23 horas por dia. Precisávamos ser fortes para mostrar aos outros presos que não há recuo, não há volta na luta contra a opressão. Queríamos que os outros detentos vissem que nossa luta pela dignidade era mais importante do que nossa própria segurança, liberdade e nossas próprias vidas. Tínhamos que ser fortes para que a administração prisional não conseguisse nos destruir.

Eu amava e valorizava sua amizade. Não tinha ideia de quanta lealdade e devoção poderia existir entre três homens. Passamos por tanta brutalidade, dor e sofrimento que tínhamos todo o direito de ser duros, amargos e odiosos com quase tudo e todos na vida. Mas, em vez disso, não permitimos que a prisão nos moldasse. Nós nos definimos.

Não concordávamos em tudo. Às vezes discutíamos como cães e gatos, mas nunca foi pessoal. Éramos três homens fortes que tinham posições diferentes sobre algumas questões políticas e às vezes nos envolvíamos nisso. Mas, mesmo com raiva e frustração, tínhamos a maior consideração possível uns pelos outros. Nunca duvidei que fossem honestos em suas ideias, sentimentos e análises. Ouvíamos uns aos outros. Cada um de nós via um grande caráter nos outros. Herman e King prefeririam perder a vida do que me trair e eu sentia o mesmo em relação a eles. Nunca perdemos a fé.

Herman escreveu um poema que, para mim, expressa quem tínhamos que ser para sobreviver. Éramos homens de aço.

Homem de Aço

Eu sou o homem de aço, acreditam meus sentinelas
Correndo em disparada, entrando e saindo da minha vida,
Como se essa merda fosse pura balela.

Eles me acusam de assassinato — e quando é exposto
seu conchavo, e cada um deles é exonerado, o juiz
declara: caso encerrado.

Igualdade de acesso à justiça, igualdade de acesso ao decreto,
Doutrinas nunca destinadas ao homem de Aço, não, só para
encerrar 40 anos de sua indomável determinação.

Talvez minha alma seja de concreto
Talvez seja de vento
Talvez seja de fogo
Talvez seja o espírito do povo — o espírito de meus ancestrais,
O que quer que meus sentinelas desejem que minha alma represente,
O homem de aço será livre eternamente.

Capítulo 31

Visita com Contato Físico

Em 1986, quatorze anos depois de eu ser mandado para a CFR, as autoridades penitenciárias transferiram todos os detentos da CFR e do Corredor da Morte para os blocos de celas do Camp J para esvaziar as instalações para reparos e reformas no antigo prédio. Fomos todos colocados na unidade Gar, o campo de punição, para onde King fora enviado por dois anos no final dos anos 1970 por protestar contra as revistas pessoais. Os prisioneiros do Camp J tinham menos privilégios do que nós na CFR — não havia armazém, por exemplo, tinha menos comida na hora das refeições, nada de sal ou pimenta, menos livros. Enquanto estávamos no Camp J, os prisioneiros da CFR deveriam poder viver de acordo com as mesmas normas e regulamentos que tínhamos na CFR — e não pelos do Camp J —, mas era sempre uma briga. O major do Camp J queria tudo do jeito dele. Fazíamos greves de fome ou nos recusávamos a entrar em nossas celas quando tentavam nos impor as regras do Camp J e, aos poucos, recuperamos nossos privilégios. Não conseguimos mudar algumas coisas: as celas eram muito menores. Éramos trancados no chuveiro quando íamos tomar banho. Tivemos muitas discussões com a segurança em relação a isso. A maioria de nós só precisava de dez ou quinze minutos no chuveiro. Uma vez que éramos trancados, tínhamos que esperar até que o guarda voltasse para destrancar a porta para conseguir sair, então passávamos de 30 a 45 minutos ou mais no chuveiro. Isso diminuía nossa hora fora da cela.

Nosso tempo de "pátio" acontecia em pequenos cercados. Não havia como correr, só podíamos praticar jogging ou andar em círculos. As janelas eram foscas, então não conseguíamos ver através delas, por isso apresentei um ARP logo que cheguei. Pesquisei os estatutos que descreviam quanta luz solar os prisioneiros deveriam receber. (Mesmo no Camp J, os prisioneiros podiam acessar livros de direito na biblioteca pois era exigido por lei.) Ganhei meu pedido porque havia uma lei que me apoiava. Eles tiveram que trocar o vidro fosco por um vidro transparente.

Instalaram TVs em preto e branco para nós e, pela primeira vez, pudemos ver canais de TV a cabo. Já havíamos feito uma petição pela TV a cabo muito antes de sermos transferidos; a prisão principal já tinha acesso há anos. Descobrimos que havíamos tido sucesso quando um advogado dos detentos nos visitou depois de falar com o diretor. Ele disse: "Fala, cara, eles concederam TV a cabo pra vocês agora. É só colocar no canal 5 para assistir ao Cinemax." Jamais esquecerei, a World Series estava passando na TV, mudamos para o canal 5 e a primeira coisa que vimos foi uma mulher nua caminhando na praia em algum filme estrangeiro. Acabou o beisebol. Alguns dos caras que gostavam muito de esportes reclamaram. Houve algumas discussões sobre o assunto, mas como vivíamos por uma política de maioria, foi uma votação rápida. Acho que foi algo por volta de 12 a 3 para o filme estrangeiro.

Era mais difícil receber visitas no Camp J do que na CFR. Tínhamos que usar algemas durante a visita sem contato. As telas de aço tinham uma malha tão fechada que, para que os visitantes e prisioneiros pudessem ver a silhueta uns dos outros, tínhamos de nos afastar. Na CFR, Herman, King e eu podíamos estar ao mesmo tempo na sala de visitas se nossas famílias chegassem juntas, e nós as incentivávamos a fazer isso. Não conseguíamos nos ver — éramos levados para as cabines de visita um de cada vez —, mas podíamos conversar uns com os outros, mesmo com divisórias entre nós. Nossas famílias se divertiam com a nossa capacidade de conversar uns com os outros olhando para a frente. Do outro lado da tela, nossas famílias empurravam as cadeiras contra a parede, o que nos permitia ver e conversar com todos ao mesmo tempo. Isso era um pingo de humanidade para nós. Entretanto, no Camp J ficávamos trancados em salas de visitantes individuais, sozinhos com quem nos visitava, então não conseguíamos conversar durante as visitas e nossas famílias não podiam nos visitar juntas.

Enquanto estávamos alojados no Camp J, a penitenciária começou uma linha de trabalho ridícula para prisioneiros da CFR que durou alguns meses. Tínhamos permissão para sair de nossas celas por algumas horas todos os dias

— de manhã ou à tarde — para trabalhar no campo. Havia dois turnos para cada período — eles mantiveram Herman, King e eu em turnos separados. Fazíamos todas as nossas refeições trancados em nossas celas.

Certa vez, passei mal no campo. Tentei continuar trabalhando, mas quando senti a energia se esvair do meu corpo, sentei no chão. Eu não tinha forças para nada. O sargento David Ross cavalgou até mim e disse para me levantar e começar a trabalhar. Eu respondi que não podia mais trabalhar, que precisava ir ao hospital. Ele me disse que não chamaria os paramédicos e que eu deveria voltar ao trabalho; e foi embora. Quando voltou, falei que precisava ir ao médico porque estava muito mal. Ele disse que não chamaria a ambulância e me mandou levantar. Então, tudo ficou branco. Devo ter me deitado. O sargento Ross finalmente chamou o paramédico. Quando ele chegou, não conseguiu medir minha pressão arterial, então me transportou até o hospital. Lá, eu fui tratado, mas depois a equipe médica negou, dando cobertura ao guarda. O médico disse que não havia nada de errado comigo e entrou com um processo disciplinar contra mim, dizendo que eu estava fingindo.

Movi uma ação civil contra o sargento Ross, o médico e o paramédico, alegando que eles violaram meus direitos concedidos pela 8ª Emenda Constitucional que veda punições cruéis e incomuns, bem como meus direitos da 14ª Emenda, porque Ross me negou igualdade de tratamento e proteção sob a lei, ignorando a lei estatutária, as normas e os regulamentos que regem o tratamento de prisioneiros.

Durante o período de produção de provas, obtive registros médicos do hospital que mostravam que eu havia recebido tratamento para insolação, embora o médico tenha afirmado que não havia nada de errado comigo. Os prontuários mostravam que o médico me examinou quando cheguei ao hospital, depois me colocou em uma sala com ar-condicionado e me deu água. No julgamento, mencionei esses prontuários quando o médico, tentando encobrir o sargento Ross, afirmou não ter me tratado. O paramédico disse que não conseguiu medir minha pressão arterial naquela manhã porque seu medidor estava com defeito. No interrogatório, perguntei se ele fez um relatório de incidente sobre o medidor de pressão arterial quebrado e ele disse que não, então perguntei se ele trabalhava todos os dias com um medidor de pressão arterial quebrado e ele disse que não, que o havia entregado ao hospital. Perguntei a ele como poderia ter entregado o medidor de pressão arterial quebrado sem preencher um relatório de incidente sobre ele e, portanto, colocando em risco a vida dos prisioneiros ao manter na ativa um medidor de pressão arterial que estava com defeito ou quebrado.

No final, o juiz acabou com o processo, indeferindo a parte que continha todas as minhas provas contra o médico e o paramédico. Ele disse que eu não havia demonstrado "indiferença deliberada" por parte da equipe médica, então o júri não poderia levar em consideração todas as provas médicas que mostravam o acobertamento. A única parte do processo que o júri poderia considerar era se o sargento Ross teria violado deliberadamente meus direitos garantidos pela 8ª e 14ª Emendas ou não. No dia do meu julgamento, um dos dois detentos que trabalhou no campo comigo e presenciou tudo o que aconteceu se recusou a testemunhar. O outro teve amnésia no banco das testemunhas e, portanto, seu testemunho ficou prejudicado. Dado o fato de o juiz ter indeferido a parte do caso que continha a maioria das provas, tudo o que restou para o júri considerar foi o meu depoimento e o do sargento Ross. Com base na minha experiência em lidar com o sistema judicial e no fato de que, durante meu testemunho, o estado trouxe à tona minhas prisões e condenações anteriores — sendo a mais recente pelo assassinato do guarda Brent Miller —, senti que o júri jamais decidiria a meu favor. Eu estava certo.

Em 1987, eu estava trabalhando em um caso diferente em minha cela e pedi à biblioteca que me enviasse uma cópia do acordo judicial do caso de Hayes Williams de 1975 para obter informações de base. Quando comecei a ler, percebi que nunca tinha visto o documento completo antes. O acordo judicial que recebemos na década de 1970 foi editado; agora via que os termos do acordo judicial que teriam beneficiado os prisioneiros da CFR — como as visitas com contato físico — foram excluídos por funcionários que não queriam que tivéssemos conhecimento de nossos direitos assegurados pelo acordo judicial. Imediatamente escrevi bilhetes para King e Herman e apresentei um ARP. Hilton Butler, o ex-capitão que jogara gás lacrimogêneo na gente por diversas vezes nos anos 1970, era o diretor de Angola da época. E agora seria forçado a nos conceder visitas com contato físico. A CFR nunca as tivera; agora, os prisioneiros da CFR podiam ter uma visita com contato físico por mês.

A visita com contato físico era completamente diferente de ficar sentado atrás de uma tela de aço. Éramos levados para uma sala aberta com mesas e cadeiras. Eles removiam nossas algemas e grilhões. Minha primeira visita com contato físico em quinze anos foi por volta do Natal daquele ano. Minha mãe chegou com meu irmão Michael, minha irmã Violetta e a filha mais velha, Nelyauna. Não havia naturalidade no início. Eu não me sentia confortável. Havia me esquecido de como era estar fisicamente próximo das pessoas. Estava acostumado a conversar com a divisória entre nós. Não havia como abraçar com a tela entre você e um visitante. Não era possível nem mesmo ver claramente os olhos da pessoa à sua frente.

Foi difícil para mim manter a fluidez em minha primeira visita com contato físico. Uma enxurrada de memórias surgiu quando minha mãe colocou a mão na minha perna. Voltei a ser criança. Tive que lutar contra o choro. Quando estavam se preparando para ir embora, tive um ataque de nostalgia que se apoderou de mim, uma vontade de partir com eles. Todos começaram a me abraçar e eu não sabia o que fazer. Sempre fui capaz de beijar minha mãe através da tela, tocar os dedos nos de Michael e de todos, mas abraçar, pela primeira vez em quinze anos, era algo totalmente estranho para mim. (Mais tarde, King diria que sentiu o mesmo. "Foi totalmente estranho", disse ele. "Eu não sabia abraçar. Foi extremamente triste. Percebi o quanto eu perdi.") Levei meses para realmente desfrutar das visitas com contato físico.

Ficamos no Camp J por mais de dois anos, muito depois de concluídas as reformas do antigo prédio. Durante meu julgamento civil contra David Ross, houve um depoimento de que os detentos da CFR e do corredor da morte foram transferidos para o Camp J em violação ao acordo judicial. Depois do envolvimento das autoridades estaduais, fomos transferidos de volta para a CFR em 1989.

Capítulo 32

Maturidade

> Sinto-me seguro mesmo em meio aos meus inimigos, pois a verdade é onipotente e prevalecerá.
>
> — Sojourner Truth

Acredito que a vida está em constante movimento. Mesmo na cela da prisão, com a repetição monótona do mesmo dia inúmeras vezes. Mesmo preso em um bloco com quatorze outras personalidades diferentes das quais eu não podia me livrar — uma que reclama sem parar; outra que fede. Mesmo com o barulho incessante e quando a dor de não poder sair da minha cela era insuportável. (Eu chorei. Chorei muitas vezes depois que o bloco era trancado para que ninguém pudesse me ver.) Mesmo com o medo de um dia enlouquecer, como vi tantos outros. Eu via a vida mudando continuamente e me permiti mudar.

Quando cheguei aos quarenta anos, vi como havia transformado minha cela, que deveria ser um espaço confinado de destruição e punição, em algo positivo. Usei esse espaço para me educar, para construir um caráter moral forte, para desenvolver princípios e um código de conduta, para tudo menos para o que meus carcereiros pretendiam que fosse.

Aos quarenta anos, vi como havia desenvolvido um código moral indestrutível, um forte senso de certo e errado, mesmo quando outras pessoas não sentiam. Eu vi. Senti. Provei. Se algo não parecesse certo, nenhuma ameaça, nenhum nível de pressão era capaz de me obrigar a fazê-lo.

Eu sabia que minha vida era o resultado de uma escolha consciente que fazia a cada minuto do dia. Uma escolha de me aprimorar. De melhorar as coisas para os outros. Escolhi não me arruinar. Decidi mudar meu ambiente. Eu sabia que não havia apenas sobrevivido a quinze anos de confinamento solitário, mas também honrado meu compromisso com o Partido dos Panteras Negras. Ajudei outros presos a entender que eles tinham valor como seres humanos, que valiam alguma coisa. Ainda me lembrava da sensação de ser aceito pelos Panteras nas Tumbas, de ver em seus olhos que me valorizavam, que eu era alguém para eles, embora fosse um prisioneiro com uma sentença de cinquenta anos e não me valorizasse. Como membro do Partido dos Panteras Negras, dei minha palavra de que seria meu dever proteger outros prisioneiros, ensiná-los a manter o foco na vida fora da prisão, de lhes mostrar que pertenciam a este mundo. E mantive minha palavra.

Aos quarenta anos, optei por transformar minha dor em compaixão, e não em ódio. Sempre que experimentava uma dor de qualquer origem, prometia a mim mesmo nunca fazer nada que pudesse causar a alguém a dor que eu estava sentindo naquele momento. Ainda tive momentos de amargura e raiva. Mas, a essa altura, tinha o conhecimento de que a amargura e a raiva são destrutivas. Eu me dedicava a construir coisas, não a destruí-las.

Aos quarenta anos, entendi perfeitamente tudo o que minha mãe havia sacrificado para cuidar dos filhos. Senti todo o amor que ela sentia por nós e que eu sentia por ela. Ao longo dos anos, recordei tudo o que minha mãe me disse. As lições que me ensinou e que perdi na arrogância da infância se tornaram a base de minha própria sabedoria. "Você deve deixar que a vida passe por você como a água nas costas de um pato", ela costumava dizer. "Ela não o afeta." Eu não sabia o que isso significava quando era criança, mas, em retrospecto, vi que ela estava me dizendo para não deixar que a pobreza e as dificuldades da minha infância me definissem. Ela estava me dizendo para não deixar que o sofrimento e as circunstâncias da minha vida me atingissem. Suas palavras voltaram a mim quando precisei delas, me forçando a entender seu significado mais profundo e encontrar um modo de continuar. "Eu costumava reclamar por não ter sapatos", dizia ela, "até ver um homem sem pés". Suas palavras me encorajaram a me concentrar na minha força, em vez de na agonia de estar separado do mundo e sentir o peso disso tudo. "Quando alguém lhe der limões", ela sempre dizia, "faça uma limonada".

MATURIDADE

No romance *Filho Nativo*, Richard Wright escreveu: "Os homens podem morrer de fome por falta de autorrealização tanto quanto por falta de comida!" Nunca me esqueci dessas palavras. Quando cheguei aos quarenta anos, já tinha lido e me instruído o suficiente para desenvolver meus próprios valores e código de conduta. Tudo começou com o Programa de 10 Pontos do Partido dos Panteras Negras. Nos anos após a dissolução do partido, me aprofundei nesses valores, ampliei minhas visões sobre a luta e encontrei consolo nas palavras de outros grandes homens e mulheres que pareciam me compreender e legitimar minha vida.

"Se não há luta, não há progresso", escreveu Frederick Douglass. "Aqueles que professam a liberdade e ainda menosprezam a subversão são homens que querem plantar sem arar a terra, querem chuva sem trovões e raios. Querem o oceano sem o terrível rugido de suas águas. Essa luta pode ser moral ou física, e pode ser ambas; mas deve ser uma luta. O poder não cede sem uma reivindicação. Nunca o fez e nunca o fará."

Malcolm X escreveu: "Cada derrota, cada desgosto, cada perda contém sua própria semente, sua própria lição sobre como melhorar seu desempenho da próxima vez." Malcolm me deu uma direção, uma visão. O líder dos direitos civis Whitney Young disse o seguinte sobre ser negro: "Olhe para mim, estou aqui. Tenho dignidade, tenho orgulho, tenho raízes. Eu insisto, exijo participar das decisões que afetam minha vida e a vida dos meus filhos. Significa que sou alguém." Não houve apenas um ditado que tenha me conduzido durante todos os meus anos de confinamento solitário, houve mil, 10 mil. Eu ficava absorto nos livros com os quais me identificava. Eles me confortavam.

Aos quarenta anos, consegui mostrar à minha mãe o homem que me tornei. Pude agradecê-la por sua sabedoria e as lições de vida que me ensinou, e informá-la de que era meu modelo e minha heroína. Agradeci os sacrifícios que ela fez por mim, minha irmã e meus irmãos. Pedi desculpas por tê-la feito sofrer tanto na minha juventude e lhe disse que valorizava tudo o que fizera por mim. Sempre quis ser um homem de quem minha mãe pudesse se orgulhar. Eu estava na prisão, mas pude mostrar a ela que havia me tornado tal homem.

Aos quarenta anos, aprendi que ser humano é crescer, criar, contribuir e que o medo impede o crescimento, retarda seu processo. O medo causa confusão e incerteza. Aniquila o senso de autoestima. Ao erradicar o medo no bloco, aprendi que os homens podiam lidar melhor uns com os outros. Podiam se dar bem. Eu me perguntei se, na sociedade, poderíamos construir um mundo no qual não temêssemos uns aos outros.

Anos 1990

No mundo pelo qual viajo, eu me crio continuamente.

— Frantz Fanon

Capítulo 33

Justiça Adiada É Justiça Negada

Eu ando pela cela para pensar, para aliviar a tensão. Dou murros na parede, de leve. Meus punhos têm calos por causa disso; faço flexões apoiado neles. Não tenho pensamentos profundos; sou prático. Tenho poucas necessidades para que eles não possam me atormentar ao me privar de algo. Não preciso de nada. Eu passo os dias como sempre fiz. Será esse o dia que eu vou desabar? Eu afasto esse pensamento. A mente domina a matéria. Continuo me movendo para conseguir dormir mais tarde. Às vezes não consigo. Eu trabalho nisso, tento entender por que isso acontece. Escuto música; ela é um refúgio para mim, uma fuga. Há dias em que a música me salva. Toco bem alto para abafar o ruído de fundo; outras vezes toco suavemente. Eu não danço, mas às vezes me remexo com ela.

Em 11 de fevereiro de 1990, todo o bloco assistiu pela TV à libertação de Nelson Mandela depois de 27 anos na prisão. Ele foi uma inspiração para mim. Preso por suas convicções políticas, passou dezoito anos na Ilha Robben, onde foi forçado a carregar calcário de um lado para o outro de uma pedreira. Ele e seus camaradas dormiam em camas de palha. Enquanto comiam, guardas urinavam ao seu lado. Preso por se opor ao governo da minoria branca e à opressão dos negros na África do Sul, em seu primeiro discurso público após sua libertação, falou da necessidade de acabar com a brutalidade do apartheid. "Agora é a hora de intensificar a luta em todas as frentes", afirmou. "Apelamos à comunidade internacional para continuar a campanha para isolar o regime do apartheid... Nossa marcha para a liberdade é irreversível. Não devemos permitir que o medo fique em nosso caminho." Mandela permaneceu firme. Ele foi um exemplo e inspiração para mim durante todo o tempo em que estive no confinamento solitário. Às vezes ajudava pensar em pessoas que sofreram muito mais do que eu e sobreviveram.

Durante anos, Herman e eu nunca apelamos contra nossas condenações dos anos 1970, nem pensamos em fazer isso. Não achamos que serviria para alguma coisa. King nos convenceu. Como o advogado de Herman não entrou com um recurso em tempo hábil depois que ele foi condenado em 1974, Herman teve que entrar com o que era chamado de "recurso fora do prazo". Em 1990, seu pedido foi concedido. Na primavera de 1991, King e eu começamos a trabalhar no meu pedido de revisão criminal. Lendo meus documentos do tribunal, King me questionou: "O que aconteceu com aquela petição que você apresentou para anular o grande júri?" Eu disse que não fazia ideia; tinha me esquecido dela. "Aqui diz que está em aberto", afirmou. "Nunca foi decidida. Se for isso mesmo, eles terão que lhe dar um novo julgamento." Por lei, os juízes devem decidir os pedidos feitos na fase pré-julgamento antes do julgamento. King enviou alguns livros de direito pelo bloco para eu ler, para que pudéssemos discutir meu caso. Quando um de nós estava no horário de soltura, ficava nas grades em frente à cela do outro para conversar sobre o assunto.

Discutimos dois pontos: um foi que o tribunal nunca decidiu sobre o meu pedido. O segundo foi "assistência ineficaz do advogado", porque, ao não estudar o meu caso, Charles Garretson não apresentou a melhor defesa exigida por lei. Ele provavelmente não sabia da petição; eu havia me esquecido dela. Mas isso não é desculpa em um tribunal. A defesa eficaz é um direito constitucional garantido pela 6ª Emenda. Era obrigação do advogado estudar meu caso antes de irmos a julgamento. King escreveu o recurso à mão em um bloco de notas para mim. Naquela época, podíamos ter máquinas de escrever, então ele o datilografou em um papel fino e translúcido, com papel-carbono entre as páginas para que pudéssemos guardar cópias. (O papel-carbono era tão raro no bloco que cada página era usada repetidas vezes até ficar quase branca.) Conforme datilografava, ele mandava as páginas pelo bloco para eu ler. Eu o protocolei em 17 de setembro de 1991.

A apelação de Herman foi rejeitada em grau de recurso em 1992 e a Suprema Corte da Louisiana negou provimento à revisão em 1993. Eu tive mais sorte. Em 27 de maio de 1992, oito meses depois da entrada do pedido, o juiz Thomas Tanner da 18º Vara Distrital de Iberville reverteu minha condenação por discriminação do grande júri, concordando que meu advogado deveria ter feito um esforço para obter a rejeição da minha acusação de júri inconstitucional. O estado apelou da decisão do juiz e perdeu. Eu teria um novo julgamento. Fiquei em êxtase, sem saber que teria que esperar seis anos para isso. Acredito que eles o adiaram de propósito, esperando que conseguissem acabar com a minha saúde mental ou que eu morresse, e assim não haveria outro julgamento.

Antes que eu pudesse ser julgado outra vez, eu tinha que ser indiciado de novo. Em março de 1993, a denúncia foi reapresentada no mesmo foro de 21 anos antes, a comarca de St. Francisville. Em 1972, mulheres e afro-americanos foram excluídos do grande júri. Em 1993, o grande júri contava com negros e mulheres; uma delas era Anne Butler, esposa do ex-diretor de Angola, C. Murray Henderson, o homem que ajudou a me incriminar. Ela não só fez parte do grande júri, mas também pôde divulgar um livro que ela e Henderson escreveram sobre Angola, que incluía um capítulo sobre o assassinato de Miller. Não era um relato jornalístico. Seu "relato" consistia em entrevistar os ex-oficiais da prisão que inventaram a história original de que eu, Herman, Chester Jackson e Gilbert Montegut matamos Miller em 1972.

De acordo com o relato de Butler, eu teria assassinado Brent Miller com Herman Wallace e Chester Jackson. Ela admitiu em seu livro que Gilbert Montegut não teve nada a ver com o ocorrido e fora acusado porque os funcionários da prisão queriam culpar "militantes" libertados da CFR pouco antes de Miller ser morto. Ela não contou o motivo de seu marido, o ex-diretor, ter permitido que Gilbert Montegut, um homem inocente, fosse julgado por um assassinato que não cometeu.

Ela não escreveu sobre o depoimento de Chester Jackson e do quanto era radicalmente diferente do relato da "testemunha ocular" Hezekiah Brown, embora Jackson supostamente tenha participado do assassinato de Brent Miller. Ou como cada uma das testemunhas do estado contradisse o depoimento de Brown. Ela não contou que as testemunhas do estado me descreveram correndo em direções diferentes após o assassinato, vestindo roupas diferentes, sem sangue algum em mim. Ela não escreveu que nenhuma das testemunhas do estado se viu na cena, apesar de todas supostamente estarem na mesma área ao mesmo tempo. Ela não escreveu sobre os tênis ensanguentados que foram encontrados após o assassinato de Miller, cuja existência tanto os investigadores quanto seu marido estavam bem cientes, mas o esconderam da minha defesa e nunca mandaram para análise em um laboratório criminal. (Só descobrimos sobre eles anos depois, por meio de uma solicitação de registros públicos.)

Anne Butler chamou o capítulo sobre o assassinato de Brent Miller de "Porcos Racistas que Nos Mantêm Presos", uma frase que ela disse ter vindo da carta que os funcionários da prisão alegaram ter "interceptado" um dia antes do assassinato de Miller. A carta, que nunca foi mencionada no meu julgamento e da qual o vice-diretor Lloyd Hoyle parecia não ter conhecimento ao falar com a imprensa no dia em que Miller foi morto, supostamente reivindicava a autoria do ataque a Mike Gunnells na cabine de guarda um dia antes de Miller ser morto e "prometia outros atos de violência não especificados", acrescentando que um "júri popular" fora realizado e havia "condenado" as autoridades da prisão por "racismo extremo". Estava assinada por: "O Exército de Vanguarda, Vida Longa ao Envolvimento na Prisão de Angola."

Ela não escreveu que as autoridades penitenciárias nunca identificaram o autor da carta, se é que existiu, apesar de terem amostras arquivadas de caligrafia de todos os prisioneiros, bem como acesso a todas as máquinas de escrever nas dependências da prisão. Se a carta existisse e tivesse sido escrita por um detento, eles poderiam descobrir quem a escreveu. Se estivesse relacionada a mim ou a Herman, teria sido mencionada em nossos julgamentos.

Em seu livro, Butler descreveu Brown — um estuprador brutal — como "o gregário Hezekiah Brown" que fazia "serviços leves" por causa de um "tornozelo fraco" e "preparava café para os guardas". Ela escreveu que ele havia sido preso por "crimes relativamente menores" em Mississippi, Oklahoma e Arkansas antes de ir para Angola, e deixou de mencionar suas múltiplas condenações por estupro qualificado e o fato de ter passado anos no corredor da morte por uma delas. Ouvimos um boato mais tarde que inicialmente Brown, que estava livre no momento em que fui indiciado, se recusou a depor perante o grande júri quando chegou ao tribunal e que, embora tivesse sido libertado da prisão anos antes, um guarda de Angola, o seu antigo "responsável", teve que ser chamado para tranquilizá-lo e literalmente acompanhá-lo até a sala de audiências do grande júri, o que era ilegal, pois o acesso só é permitido ao promotor público e aos membros do grande júri.

Sobre o assassinato de Miller, Butler escreveu:

A mãe de Brent Miller se lembra de ele ter lhe contado que uma vez, durante um tumulto em Angola, outros policiais lhe deram uma corrente para ser usada a fim de controlar presos indisciplinados. "Ele disse que os presidiários imploravam para que ele não batesse neles e me disse: 'Mamãe, eu não bateria em nenhum deles por nada no mundo, eu seria incapaz de fazer isso.'" Agora, esse menino loiro e sorridente que amava todo mundo, esse herói do futebol do ensino médio, recém-noivo, jazia morto no chão, esfaqueado 32 vezes com pelo menos duas facas, suas mãos desfalecidas rigidamente cerradas em punhos por tentar agarrar e se livrar das lâminas afiadas.

Ela descreveu os ferimentos de Miller em detalhes, afirmando que "durante a autópsia obrigatória, pequenos bastões médicos inseridos em cada ferimento para fins de evidência fotográfica deram ao corpo uma aparência de porco-espinho".

Foi a esse relato contundente que o grande júri teve acesso. Butler também escreveu, incorretamente, que eu tinha sido condenado por "roubo" e "estupro qualificado". Essa foi a história que ela teve permissão de contar para os outros jurados. Em um livro de memórias subsequente, ela escreveu:

O livro ficou muito popular na época em que o grande júri analisava novamente esse caso, porque, com o passar do tempo, quase todos haviam esquecido os pequenos detalhes que podem ser muito importantes. Os advogados, as testemunhas e até mesmo alguns dos jurados leram o livro. E quem foi chamada para o grande júri dentre os cerca de 13 mil eleitores registrados no distrito de West Feliciana? Eu. Perguntei ao promotor assistente responsável pelo caso se ele não deveria me dispensar do serviço de júri, mas ele insistiu que era direito, e também *responsabilidade*, de cada cidadão se apresentar quando chamado.

Como esperado, as denúncias contra mim foram aceitas mais uma vez em 17 de março de 1993. Quando fui acusado, dois defensores públicos foram nomeados para me representar no julgamento: o advogado de Baton Rouge, Bert

Garraway, e Richard Howell, de St. Francisville. Eles imediatamente entraram com uma petição para anular minha acusação, já que Anne Butler havia passado sua versão tendenciosa, imprecisa e provocativa do assassinato de Brent Miller para outros jurados. O juiz Bruce Bennett denegou o pedido, escrevendo: "Não há nada de errado em um jurado ter algum conhecimento de um caso, mesmo que tenha escrito um livro sobre ele."

Enquanto isso, Herman, representando a si mesmo, tentou desentocar evidências suprimidas que achávamos que o estado tinha sobre nosso caso, entrando com um pedido *pro se* (sem advogado) com base na Lei de Registros Públicos, solicitando acesso a "todos os documentos... relativos à prisão, à investigação e ao processo contra Herman Joshua Wallace". Em 27 de maio de 1993, ele entrou com outro pedido de registros na 20ª Vara Distrital. Em ambos os casos, o estado se recusou a fornecer os registros públicos. Herman apelou e, por fim, tanto a 19ª quanto a 20ª Varas Distritais determinaram que o estado fornecesse os registros solicitados por ele. O estado disse que não havia documentos relativos ao seu caso; uma década depois, provamos que era mentira. Herman tentou, então, intimar a Penitenciária Estadual da Louisiana, pedindo "todo o arquivo do processo investigativo... relacionado à morte de Brent Miller". Em resposta, Angola afirmou: "Não há registo [sic] na Penitenciária Estadual da Louisiana relacionado à Investigação sobre [sic] a morte de Brent Miller."

Naquele mês de maio, Herman contestou sua condenação de 1974 em uma ação de revisão criminal, levantando, entre outras alegações, a questão de que o acordo de Chester Jackson com os promotores de apresentar as provas do estado deveria ter sido revelado a ele, a seu advogado Charles Garretson e ao júri. Para apoiar sua alegação, Herman incluiu uma declaração juramentada que obteve de um detento que informava que, em 1985, perguntou a Jackson por que ele estava abusando de medicamentos prescritos. Jackson afirmou que havia testemunhado em tribunal sobre coisas que eram absolutamente falsas e que o diretor adjunto Hayden Dees ameaçara sua vida se ele não assinasse uma declaração implicando a si mesmo, a Herman e a mim no assassinato de Brent Miller. Herman afirmou que teve seu direito constitucional de devido processo legal negado. E ficou anos sem uma resposta.

A primeira vez que Garraway e Howell me visitaram em Angola, eles me perguntaram se eu estaria disposto a passar pelo detector de mentiras. Acho que eles ficaram surpresos quando eu disse que sim. Algum tempo depois eles apareceram com um examinador e um polígrafo a tiracolo em Angola. Eu passei no teste do detector de mentiras, afirmando que não matei Brent Miller. Perguntei a Garraway e Howell se eles poderiam pedir o desaforamento do meu processo para que meu julgamento não fosse em St. Francisville, onde já havia sido indiciado duas vezes e onde uma grande porcentagem da população ou trabalhava em Angola ou era parente por vínculo matrimonial ou sanguíneo de alguém que trabalhava lá.

O juiz concedeu o desaforamento para Amite City, a uma hora e meia de carro a leste de Angola e ao norte de Nova Orleans. Amite era uma comunidade pequena, branca e conservadora do Cinturão Bíblico com 4 mil pessoas, localizada no distrito de Tangipahoa, onde a Ku Klux Klan tinha uma presença muito forte. Mais tarde, descobri que a família Miller morou no distrito de Tangipahoa e que Brent Miller, considerado um "filho nativo", foi sepultado na periferia da cidade de Amite. Portanto, a mudança do local do meu julgamento foi, na verdade, trocar seis por meia dúzia.

Capítulo 34

Minha Maior Perda

Todas as manhãs, na CFR, eu acordava com o mesmo pensamento: será que hoje é o dia? Será este o dia em que perderei minha sanidade e disciplina? Vou começar a gritar e nunca mais parar? Vou me enrolar em posição fetal e me transformar em um bebê, um sinal precoce de enlouquecimento? Todos os dias eu lutava contra a loucura. Precisava encontrar essa força todo dia. Tinha que encontrar, dentro de mim, a vontade e a determinação de não desabar. Aprendi essas qualidades com minha mãe.

O mais perto que cheguei de desabar na prisão foi depois que minha mãe morreu, em 27 de dezembro de 1994. Eu costumava dizer a mim mesmo: "Se você consegue respirar, pode passar por qualquer coisa." Quando minha mãe morreu, eu perdi o fôlego. Não importava o quanto eu tentasse, não conseguia recuperá-lo. Sempre achei que, se vivesse tempo suficiente, venceria. Mas agora ela se fora e eu nunca mais poderia tê-la em minha vida novamente, não importa quanto tempo eu vivesse. Ponderei se eu seria capaz de respirar novamente sem minha mãe.

Ruby Edwards nasceu em 9 de maio de 1929. Quando era adolescente, a NAACP descreveu para o Louisiana Weekly as leis de Jim Crow como "escravidão modernizada e simplificada que substitui as algemas por placas de 'Somente para Brancos', a senzala pelo gueto da favela, três refeições por dia pelo salário de fome de criadas e carregadores, o chicote do mestre pelas tochas incendiárias e os cassetetes dos policiais". Esse era o seu mundo, mas minha mãe não se preocupava com as dificuldades. Lembro-me de ir a uma loja de departamentos na Canal Street com ela quando era pequeno. Os negros não tinham permissão para entrar pela porta da frente de uma loja de departamentos naquela época e não podiam andar pelos corredores. Podíamos gastar nosso dinheiro na loja, mas não podíamos ter a dignidade de sermos vistos nela. Entramos pela porta dos fundos. Ela levou a foto de um vestido que encontrou no jornal e mostrou a um vendedor branco. Esses jovens vendedores brancos sempre eram rudes, impacientes e desrespeitosos. O vendedor finalmente levou um vestido para minha mãe olhar que se parecia com o da foto. Minha mãe sempre acreditou que a vida melhoraria. Quando eu nasci, ela estava determinada a nos dar uma boa vida.

Os pais do meu pai biológico, pequenos empresários em Nova Orleans, tinham outras ideias. A mãe do meu pai entrou com uma ação para obter a minha custódia, dizendo ao juiz que minha mãe não tinha condições de me criar. Minha mãe, com apenas 18 anos e incapaz de ler os documentos judiciais contra ela, teve força e determinação para vencer. Recrutou vizinhos e familiares para testemunharem em juízo que ela era uma boa mãe. O juiz decidiu a favor dela, lhe dando minha guarda total. Ele ordenou que o hospital colocasse o nome do meu pai na minha certidão de nascimento e me tornei um Woodfox apenas no nome.

A última vez que vi minha mãe foi cerca de um mês antes de ela morrer. Semanas antes, ela estivera no hospital para uma cirurgia cardíaca. Michael estava visitando-a quando ela disse que sentia fortes dores no lado esquerdo do corpo. A dor ficou tão forte que ela não conseguia aguentar, então ele chamou a enfermeira; a enfermeira chamou o médico que, ao examiná-la, levou-a rapidamente para a cirurgia. Um dos rins havia rompido e eles o removeram. Cerca de duas ou três semanas depois, eles fizeram a cirurgia cardíaca, desobstruindo uma artéria. Então seu dedo do pé começou a ficar roxo porque não havia circulação devido à diabetes e ela permitiu que o removessem. Em algum momento ela disse ao meu irmão: "Você precisa me levar a Angola para ver Albert."

Por acaso, eu estava na minha hora de soltura e olhava pela janela quando vi meu irmão empurrando uma cadeira de rodas em direção à entrada de visitantes. Achei que ele estava ajudando alguém. Depois que fui levado para a sala de visitação, eles tiraram minhas algemas. Quando me virei e vi que era minha mãe na cadeira de rodas, quase desmaiei. Ela havia perdido muito peso. Precisei usar toda a minha força e determinação para esconder o choque e a dor de ver uma mulher que sempre representou o vigor de nossa família nessa condição. Eu a provoquei e a peguei no colo, o que não exigiu esforço algum. Ela era praticamente pele e osso. Apesar de sua condição física, eu ainda via minha mãe em seus olhos. Não consegui dizer nada. Ela me disse que estava cansada: "Querido, essas pessoas querem cortar minha perna fora agora, e eu não vou deixar esses brancos cortarem mais nada. Prefiro morrer." Depois de cerca de meia hora, ela cochilou, adormecendo com a cabeça no meu peito. Fiz um sinal para Michael de que era hora de eles irem embora. Eu sabia que minha mãe tinha vindo para se despedir.

Uma das crueldades de estar preso é que você é sempre o último a saber o que está acontecendo em sua própria família. Herman soube da morte da minha mãe antes de mim. Sua irmã conseguiu falar com ele de alguma forma. Um detento com privilégios me trouxe uma carta de condolências de Herman. Quando li a carta, perguntei: "Que porra é essa?" Mais tarde, descobri que um dos meus irmãos havia ligado, mas os funcionários da penitenciária não me notificaram. Enquanto o tenente fazia suas rondas, lhe mostrei a carta de Herman e perguntei por que não fora informado de que minha mãe havia morrido. Ele disse que não sabia de nada, mas que eu poderia usar o telefone para ligar para casa. Um guarda veio, me algemou e me levou para a ponte do lado de fora do bloco para que eu pudesse ligar para minha irmã. Ela estava chorando; meus irmãos estavam lá. Fiz perguntas sobre a morte de mamãe e conversei com eles sobre o que tínhamos que fazer, mas eles já haviam cuidado de tudo. No dia seguinte, quando acordei, parecia que o teto da minha cela estava a poucos centímetros do meu rosto. Foi minha pior crise de claustrofobia durante todo o tempo em que estive na solitária. Fechei meus olhos e disse a mim mesmo para respirar. Apenas respirar. Eu fiz isso não sei por quanto tempo. Eu estava encharcado de suor quando finalmente consegui abrir os olhos.

Quando tudo na minha cela voltou ao normal, eu me levantei. Eu me lavei e me troquei. O luto me atingiu com força. Também fiquei furioso, queria machucar alguém. Era uma confusão de sentimentos. Não estava acostumado a me sentir fora de controle, então não saí da cela na minha hora de soltura naquele dia, não queria atacar ninguém. Eu sabia que isso não cessaria a dor e o vazio. Sentei-me e escrevi para o diretor, John Whitley, pedindo que tomasse providências para que eu comparecesse ao funeral da minha mãe para que pudesse me despedir dela. Na época, era costume em Angola permitir que presos comparecessem a funerais de parentes próximos. Fiquei chocado e arrasado quando ele respondeu dizendo que eu não poderia ir ao funeral de minha mãe. Ele me disse que prisioneiros em confinamento solitário não podiam ter autorização para sair. É um costume muito importante para famílias afro-americanas se reunir para dar o último adeus. Por causa da crueldade dos funcionários da penitenciária e do estado da Louisiana, fui mais uma vez forçado a lutar por minha sanidade. Nunca haverá palavras para descrever a dor dessa perda.

Desde então, o mês de dezembro sempre foi difícil para mim. Ele se manifesta de diferentes maneiras. Posso ficar temperamental, deprimido, posso me sentir inseguro ou incompleto. De vez em quando, ainda sinto uma saudade tremenda da minha mãe que parece que nunca desaparecerá. Às vezes dura horas, às vezes dias ou semanas. Por fim, ela volta para dentro de mim.

Um ano depois de sua morte, eu estava sentado em meu beliche tentando entender alguma coisa quando ouvi a voz de minha mãe na minha cabeça. Era como se sua voz ecoasse pelo tempo para falar comigo. Naquele momento, me sentei na cama e escrevi este poema em homenagem à sabedoria e força de minha mãe.

Ecos

Ecos de sabedoria que ouço frequentemente,
a força de uma mãe repercute em meus ouvidos suavemente.
Ecos de feminilidade que brilham com intensidade pura,
ecos de uma mãe na noite mais escura.
Ecos de bom senso que dos lábios de minha mãe saíam, jovem demais
para entender que um beijo carinhoso constituíam.

Ecos de medo e ecos de afeição,
Dos quais a arrogância da masculinidade não me deixava ter noção.
Ecos da angústia que comigo ainda sustento
Enquanto a perda de minha única e verdadeira heroína eu lamento.

MINHA MAIOR PERDA

Ecos do útero de uma mãe,
pulsações tão queridas,
com as primeiras lágrimas começa minha vida.
Ecos de passos dados que ao passado remetem
ecos da masculinidade que no espelho se refletem.

Ecos da maternidade próxima e aprazente,
ecos de uma mãe perdida que ouvirei eternamente.

Capítulo 35

Preparação para o Meu Julgamento

Em 1995, Angola contratou um novo diretor, Burl Cain. Fora do estado, ele seria conhecido como um "grande reformador penitenciário", que acreditava na "reabilitação por meio de Cristo". Na Louisiana, ele foi pego em diversos escândalos ao longo dos anos, em grande parte relacionados com "acordos paralelos" que ele fazia com empreiteiros em Angola e o uso indevido de trabalho de presidiários. Um de seus primeiros negócios em Angola foi com a Louisiana Agri-Can Co., uma empresa de enlatados que pagava aos prisioneiros US$0,04 por hora para retirar as etiquetas de enlatados vencidos e reetiquetá-los para que pudessem ser vendidos na América Latina e em outros lugares. Um detento de Angola que dava conselhos legais denunciou o fato ao Departamento de Saúde e Serviços Humanos dos Estados Unidos. Funcionários federais apreenderam caixas de leite evaporado impróprio para consumo humano empilhadas "de parede a parede e do chão ao teto" em um prédio de Angola. Após o fechamento do negócio de etiquetas em Angola, Cain retaliou o advogado detento que denunciou a operação colocando-o para trabalhar no campo.

Ele fez outras mudanças na penitenciária. Mandou instalar arame laminado enrolado em espirais em volta do arame farpado que corria pelo topo de todas as cercas, mandou instalar relógios de ponto no final de cada bloco da CFR para garantir que os guardas contassem os presos a cada trinta minutos. Ouvíamos os guardas carimbarem seus cartões no final do bloco a cada meia hora. Cain mandou substituir as tiras de contenção de couro que envolviam nossa cintura por uma corrente.

Enviei notas detalhadas aos meus advogados Bert Garraway e Richard Howell sobre o que aconteceu durante meu julgamento de 1973, descrevendo as testemunhas, resumindo o que disseram e apontando as contradições em seus depoimentos. Forneci uma lista de perguntas para cada testemunha. Somente para Joseph Richey, enviei trinta perguntas. Pedi a eles que encontrassem especialistas que pudessem descredibilizar as acusações contra mim: um especialista em padrão de manchas de sangue que poderia explicar as inconsistências da teoria do estado, um especialista em impressões digitais para identificar a impressão digital ensanguentada que foi encontrada na porta do alojamento, um oftalmologista que pudesse consultar os registros médicos de Paul Fobb. Pedi que conseguissem as fitas das entrevistas que Anne Butler e C. Murray Henderson usaram para escrever o capítulo de seu livro sobre o assassinato de Brent Miller.

Durante a tentativa de meus advogados de revisar os registros judiciais do meu caso, tivemos uma grande oportunidade. Em uma caixa que continha todos os registros do meu julgamento, meus advogados encontraram documentos que foram lacrados pelo tribunal e não fornecidos ao meu advogado de defesa durante meu primeiro julgamento. Eles mostravam que o diretor Henderson e outros funcionários da prisão pagaram a Hezekiah Brown por seu depoimento contra mim durante meu julgamento. Havia provas de que Henderson concordou em pagar a Brown um pacote de cigarros toda semana; essa era a moeda mais cara na prisão, usada para jogos de azar, comércio sexual e vida cotidiana, e o pagamento semanal foi mantido durante anos pelos guardas depois que Henderson deixou Angola — até a libertação de Brown. Havia cópias de cartas escritas por Henderson em 1974 a um juiz e ao diretor do Departamento de Segurança Pública e Correções da Louisiana, pedindo que apoiassem o perdão de Hezekiah Brown, menos de oito anos depois de sua condenação por estupro qualificado. Havia até uma carta de Henderson pedindo à prisão que pagasse o custo do anúncio usado para o pedido de clemência de Brown. Na época, os pedidos de perdão por parte dos prisioneiros tinham que ser anunciados nos jornais locais para que a comunidade e as vítimas dos crimes pudessem se manifestar.

Em uma carta de 1975 ao Conselho de Perdão e Condicional da Louisiana, supostamente de Hezekiah Brown, os oficiais correcionais Bobby Oliveaux e Bert Dixon, o diretor adjunto de custódia Hilton Butler, o promotor distrital do Distrito de West Feliciana, Leon Picou (que me processou no julgamento de 1973), e o ex-diretor C. Murray Henderson foram listados como "pessoas interessadas em aparecer em nome de [Brown]". Brown foi libertado da prisão em junho de 1986. A pena de morte, que fora revertida para "prisão perpétua" por estupro qualificado em 1972 (quando a Suprema Corte dos Estados Unidos considerou a pena de morte inconstitucional), foi considerada pena cumprida. Poderíamos usar tudo isso para descredibilizar o depoimento de Brown, porque ele testemunhou em 1973 que não havia recebido nada, nem mesmo promessas de favores, em troca de seu depoimento. Enviei para Herman as cópias das cartas que haviam sido escondidas de nós. Ele poderia usá-las para apelar de sua condenação. Nunca tivemos a oportunidade de questionar Hezekiah Brown sobre suas mentiras. Ele morreu antes do início do meu julgamento.

Anne Butler se recusou a fornecer cópias das entrevistas gravadas que usou para escrever o capítulo em seu livro sobre o assassinato de Brent Miller, forçando meus advogados a recorrer ao judiciário para obtê-las. Em uma audiência probatória, Butler argumentou que o motivo pelo qual não queria entregar as fitas era que elas poderiam ser danificadas ou destruídas. O tribunal ordenou que entregasse as fitas, declarando que faria as cópias e devolveria as originais a ela. Nas fitas, os funcionários da prisão deveriam estar muito confiantes, já que Herman e eu já tínhamos sido condenados e sentenciados à prisão perpétua pelo assassinato de Miller. Eles falaram aberta e livremente, sem perceber que, fazendo isso, estavam expondo sua trama contra mim e Herman. Durante sua entrevista gravada, o ex-capitão Hilton Butler disse: "Hezekiah era alguém em que você podia colocar palavras na boca... Hayden meio que fez isso", revelando assim que Brown não era uma testemunha confiável. Eles também admitiram que Gilbert Montegut foi incriminado porque Hayden Dees queria.

Como Hezekiah Brown morreu antes do meu julgamento, pedimos ao juiz-presidente Bruce Bennett que impedisse que o testemunho de Brown fosse lido para os jurados porque não tínhamos como confrontá-lo sobre essas novas informações — não apenas de que mentiu quando disse que não fora pago para depor, mas que mentiu quando disse ter visto Gilbert Montegut esfaquear Brent Miller. O juiz negou nosso pedido. O testemunho de Brown seria lido para os jurados. (O juiz Bennett também permitiria que John Sinquefield, responsável pela acusação no processo de 1973, testemunhasse sobre a sinceridade, honestidade e comportamento de Hezekiah Brown durante o depoimento.)

Como o juiz Tanner anulou minha condenação por assassinato em 1992, minha sentença em Angola passou de prisão perpétua para a pena de cinquenta anos que eu estava cumprindo por assalto à mão armada. Em 29 de abril de 1996, fui libertado de Angola na condenação original de 50 anos, tendo cumprido 25 — metade do tempo, que era o tempo mínimo requerido. Se eu não tivesse sido acusado pelo assassinato de Miller, teria ido para casa naquele dia. Em vez disso, empacotei meus pertences. Eu seria transferido para uma prisão no distrito de Tangipahoa, onde ficaria preso durante meu segundo julgamento.

Um dia antes da minha partida, um jovem guarda branco veio à minha cela e disse que eu deveria entrar em contato com minha família, meu advogado e qualquer pessoa que pudesse, porque ele ouviu boatos de que os Miller estariam me esperando no portão da frente quando fosse liberado e "ficou decidido" que os oficiais do prédio não estariam lá naquela manhã. Liguei imediatamente para meu irmão Michael, minha irmã Violetta e seu marido, e meus dois advogados. Todos eles ligaram para a penitenciária e para o escritório do xerife em St. Francisville, que garantiram que nada aconteceria comigo, que eu ficaria bem. Liguei para Michael mais tarde naquele dia e ele me disse que Burl Cain garantiu que eu estaria seguro e que não haveria problemas.

O xerife Bill Daniel, do distrito de West Feliciana, que, como delegado, apontou uma arma para minha cabeça no almoxarifado quase exatamente 24 anos antes, me levaria para a pequena prisão de Amite City, onde eu ficaria durante o meu julgamento. Fui totalmente algemado em minha cela e saí para encontrá-lo. Não vi nenhum guarda, exceto um tenente. Nessa hora soube que alguma merda estava para acontecer, então me preparei mentalmente. Não importava o que acontecesse, eu não desabaria. Eles poderiam me matar, ferir, atacar; eu não imploraria, gritaria ou pediria misericórdia. Eu não daria nada a eles. Não deixaria nada para trás naquela prisão, especialmente minha coragem.

Membros da família Miller estavam esperando por mim no portão da frente vestidos com roupas camufladas e portando armas. Eu estava assinando o livro quando um dos irmãos Miller começou a me xingar e ameaçar, me chamando de "crioulo, filho da puta", dizendo "Você vai voltar" e "Você vai morrer em Angola, crioulo", e que eles me matariam. Eu estava com a caneta tinteiro na mão e lentamente fechei o punho em torno dela, escondendo-a; eu a usaria se fosse necessário. Abaixei minhas mãos algemadas na frente do meu corpo, ainda segurando a caneta. Ele tentou contornar a divisória de concreto que nos separava e um policial colocou a mão em seu peito para detê-lo. Daniel me disse para entrar na van. Comecei a me afastar dele em direção à van, pensando que a qualquer minuto ouviria um tiro e morreria.

Sentei no banco de trás e virei a cabeça para olhar pela janela traseira. Bill Daniel e os irmãos Miller estavam em uma discussão acalorada. Daniel caminhou até a van e me levou até St. Francisville, onde fui fichado.

Capítulo 36

Amite City

Na prisão de Amite City, fui autuado e colocado em uma nova cela 23 horas por dia. Primeiro, uma com beliche de concreto e um buraco no chão como vaso sanitário. Depois de reclamar com os agentes penitenciários, fui informado que uma cela estava sendo preparada para mim e que seria transferido em breve. Eu esperei horas. Por fim, fui transferido para uma cela chamada E-1, usada para pacientes psiquiátricos, que tinha uma grande janela panorâmica para observação. Eu não tinha privacidade. Um dia, estava sentado no vaso, com minha calça de moletom e cueca até os tornozelos, quando um grupo de alunos foi levado para a frente da minha cela em uma excursão. Quando passaram pela janela de vidro laminado, as crianças pararam e me encararam pelo vidro. Foi um dos momentos mais humilhantes da minha vida. Fiquei olhando para a frente, tentando projetar o máximo de dignidade possível naquela situação. Depois desse incidente, bati na porta da cela até que um dos guardas apareceu e exigi ver alguém com autoridade. Falei com um tenente; ficou decidido que eles me dariam um saco de lixo que eu poderia colocar sobre a janela quando usasse o banheiro.

Escrevi ao diretor dizendo que tinha um histórico de conduta exemplar em Angola, lhe perguntei por que estava em confinamento solitário e pedi para ser colocado na população geral. Ele veio à minha cela e me disse que, com base nas informações colocadas no meu dossiê da prisão por oficiais de Angola, eu era um prisioneiro de "alta prioridade", "perigoso para mim ou para os outros". A estupidez e a hipocrisia disso era que, apesar de me manterem trancafiado sozinho 23 horas por dia porque eu era supostamente uma ameaça para os outros, eles me deixavam no pátio três vezes por semana com outros prisioneiros. Isso foi uma surpresa. Quando chegava a hora de ir para o pátio, eles abriam minha porta eletronicamente no centro de controle e eu saía sozinho pelo corredor. Eles me diziam para qual porta ir e, quando chegava lá, eles a abriam e eu ia para o pátio. Na minha primeira vez no pátio, comecei a correr em círculos quando, de repente, a porta se abriu novamente e todos os prisioneiros da população geral saíram. Foi desesperador porque eu acabara de ouvir que, por causa do meu status de "alta prioridade", eu não poderia ficar perto de outros prisioneiros. Achei que os funcionários da penitenciária estavam criando uma situação na qual eu teria que lutar por minha vida. Reduzi a velocidade da minha corrida e comecei a olhar para os homens para ver qual poderia me atacar. Para minha surpresa, nada aconteceu. Não era uma armadilha. Por causa dos boatos entre os prisioneiros e do fato de muitos deles terem estado em Angola, muitos desses homens sabiam quem eu era, no que eu acreditava e pelo que lutei. E me deixaram em paz.

Depois de passar seis meses em Amite, um grupo de cubanos — alguns que estavam na prisão desde que chegaram aos Estados Unidos no êxodo de Mariel em 1980 — tentou escapar de uma prisão distrital não muito longe de onde eu estava. Um deles achou que conseguiria pular do telhado por cima de uma cerca que rodeava a prisão, mas caiu e quebrou a perna. Depois de ser tratado em um hospital, foi transferido para a prisão de Amite. Um capitão veio até minha cela e perguntou se não haveria problema de colocá-lo na cela comigo. "Tudo bem, mas achei que eu era perigoso demais para ficar alojado com outros prisioneiros. Pergunte ao diretor por que não posso ficar na população geral da prisão se não há problemas em colocar um homem na minha cela?", disse a ele. O guarda voltou uma hora depois. "Arrume suas tralhas", disse-me. "Vamos colocá-lo na ala oeste." Coloquei meus pertences em uma bolsa e peguei meu colchão. Na penitenciária de Amite, tínhamos que carregar nossos colchões para onde quer que fôssemos transferidos. Eles me levaram para o que todos chamavam de alojamento de imigrantes, onde ficavam os detentos de outros países, em sua maioria cubanos. Era um pequeno bloco de celas (chamado de "câmara") com um salão e chuveiro. No total, havia oito celas na câmara, quatro no bloco superior e quatro no inferior. As celas eram destinadas a um prisioneiro, mas cada uma continha beliches para dois. As portas de nossas celas eram abertas às 6h e permaneciam abertas durante todo o dia. Na hora da contagem o sargento falava "parados!" pelo alto-falante e ia até a porta para nos contar. Alguns sargentos queriam que ficássemos nas celas para a contagem, então nos amontoávamos nas do primeiro andar, cinco ou seis de cada vez, para sermos contados. Teoricamente, éramos trancados em nossas celas à noite, mas às vezes havia trinta prisioneiros em uma câmara feita para oito. Os presos dormiam no chão do salão, embaixo da escada ou nas mesas. Havia uma abertura para comida sob a janela da câmara que só podia ser destrancada pelo lado de fora. Na hora das refeições, fazíamos fila e nossas bandejas eram passadas pela abertura.

Eu não falava uma palavra em espanhol, mas conseguia me comunicar com outros presos por meio da linguagem de sinais e de um inglês precário. Como nenhum deles sabia ler ou escrever em inglês, não conseguiam preencher a papelada adequada para uma chamada médica. A menos que preenchessem os formulários, as autoridades não os deixavam consultar um médico. Comecei a preencher formulários de chamadas médicas para eles, o que levou alguns deles a me pedirem para escrever cartas para suas famílias. Alguns não conseguiam informar aos seus entes queridos onde estavam havia meses. Quando percebi estava escrevendo para o Serviço de Imigração e Naturalização em nome de muitos deles. Com o tempo, comecei a entender um pouco de espanhol: "sí" era "sim"; "alto" era "parado"; "no tengo nada" significa "não tenho nada".

Por fim, alguns presos bilíngues chegaram e fizeram a interpretação para que eu pudesse ajudar os detentos a se preparar para o conselho de imigração que se reunia na penitenciária uma vez por mês. Eu não tinha ideia de que a notícia se espalhou entre os prisioneiros cubanos na prisão. Um dia, no pátio de exercícios, cerca de cinco ou seis jovens detentos cubanos que eu não conhecia começaram a se aproximar de mim. Eu me preparei mentalmente para um confronto físico. Quando se aproximaram, eles me cercaram e me cumprimentaram como um amigo, agradecendo por ajudar os imigrantes cubanos em minha câmara. Isso me fez recuperar a fé na humanidade.

Estar fora da cela após 24 anos era estranho. Quando estava na CFR em Angola, todas as pessoas com quem conversava estavam sempre de frente para mim, nas grades do lado de fora da minha cela. Na câmara, era irritante no início ter pessoas se movendo ao meu redor, falando comigo por todos os lados, se aproximando por trás de mim. Poder me movimentar sem restrições também exigiu alguns ajustes. Eu não estava acostumado a andar pela prisão sem escolta. Eles usavam câmeras e portas eletrônicas para conduzir os prisioneiros de uma área para outra. A primeira vez que tive que ir ao controle central, atendendo a uma convocação para falar com meu advogado, eu estava na porta e ouvi a fechadura destrancar, mas não abri. Fiquei esperando que um guarda fosse me buscar. Os prisioneiros atrás de mim me disseram para abrir a porta. Empurrei a porta e caminhei por um longo corredor sozinho. O tempo todo pensei no fato de, por quase metade da minha vida, eu usar algemas e grilhões, com duas escoltas ao meu lado para onde quer que eu fosse.

No salão, não conseguia me lembrar da última vez que segurei um telefone com a mão, em vez de colocá-lo entre a orelha e o ombro, ou assisti à televisão sem obstáculos, e não por entre as grades de uma cela. Eu estava muito consciente de que não sabia o que fazer com as mãos. "Devo colocá-las nos bolsos?", perguntava a mim mesmo. "Devo colocá-las na mesa?" Aos poucos, fiquei mais confortável e autoconfiante. Fazia minhas refeições com outros prisioneiros e jogávamos cartas e dominó nas mesas de metal. Mas o fator desconhecido sempre esteve lá. Havia potencial para perigo todos os dias, 24 horas por dia. Todos fazem associações ou amizades para a própria proteção. Eu também fiz isso, mas não confiava em ninguém. Sempre tive consciência de que poderia ser atacado a qualquer momento. Era um estado de existência com o qual tive que conviver.

A rotatividade na câmara era constante. Depois de vários meses, não éramos mais um "alojamento de imigrantes"; havia mais norte-americanos do que qualquer outra nacionalidade. Os prisioneiros foram transferidos para outras prisões, outros distritos, outras câmaras na prisão de Amite; alguns foram a julgamento, outros foram soltos sob fiança, outros aceitaram acordos de confissão e saíram.

Eu podia ter de três a quatro companheiros de cela em um dia. Da minha cama, eu ouvia a porta da cela destrancar à 1h, alguém era trazido, ele colocava o colchão na cama para dormir, às 7h do mesmo dia já tinha ido embora. Às vezes, o cara que chegava estava tão bêbado que se mijava. Jogava o colchão no chão e desmaiava, e eles o levavam no dia seguinte. Eu sempre precisava ter cautela. Tinha que ler os sinais, a linguagem corporal, como o cara falava quando entrava na cela; ele é normal, um valentão, louco, tímido? Eu tinha que fazer uma análise instantânea com base em sua linguagem corporal e como ele se comportava para categorizá-lo, para saber como lidar com ele. Assim que me acostumava com um cara, ele ia embora e alguém novo era trazido. Tentei arranjar um companheiro de cela que tivesse uma acusação mais grave, como homicídio, para não ter a mudança constante. Eu queria alguém que ficasse na cela por um tempo. Mesmo assim, não havia garantias. Meu companheiro de cela podia parecer normal por semanas e do nada ficar maluco e começar a me provocar, procurando briga, ou começar a bater no vaso sanitário uma noite gritando sem mais nem menos.

A maioria dos presos era tão jovem que me partia o coração. Eu os escutava, procurando entendê-los. Perguntava por que estavam na prisão. Pelo que descreveram, as técnicas usadas pela polícia e pelo sistema de justiça criminal eram as mesmas usadas nas comunidades negra e latina nos anos 1960. Perseguindo negros e latinos nas ruas, jogando sobre eles todo tipo de acusação para que fossem pressionados a aceitar acordos judiciais, condenando-os a longas penas de prisão por delitos menores. Um garoto me disse que seu oficial de condicional o prendeu por "conviver com um conhecido criminoso condenado", que era sua avó. Ela havia cumprido dois anos de prisão trinta anos antes sob uma acusação relacionada a drogas. Falei com eles sobre o quanto era importante que eles mantivessem o foco na vida fora da prisão. Eles me chamavam de VG: velho gangster, algo que, para eles, era uma demonstração de respeito.

Desde o início, fiquei preocupado com o perfil dos membros do júri no distrito de Tangipahoa. Eu sabia que alguns dos guardas eram membros do Klan. Eu estava no centro do que era conhecido como "território de David Duke". A cidade era muito conservadora. Escrevi sobre isso para meus advogados. Richard Howell me escreveu para dizer que estava concorrendo ao cargo de promotor público em Baton Rouge e não poderia mais me representar e que um novo advogado assumiria meu caso. Clay Calhoun, advogado que exercia direito no distrito de East Feliciana, foi nomeado em seu lugar. Os meses se passaram; dois anos se foram.

Em 27 de março de 1998, cinco anos após Herman ter entrado com seu pedido de tutela pós-condenação, ele teve uma audiência na 19º Vara Distrital sobre a questão de ter recebido assistência ineficaz do advogado por causa do conflito de interesses criado quando seu corréu, Chester Jackson, atuou como testemunha do estado contra ele. Nosso ex-advogado Charles Garretson depôs que todas as informações sobre o acordo do estado com Jackson foram ocultadas dele. Afirmou que foi "pego de surpresa" quando voltou do almoço e "tinha um réu a menos". "Senti que era o único no tribunal que não sabia", disse Garretson. "Eu senti isso — sei que todos os oficiais sabiam. Achei que o juiz sabia e que eu era o único que não sabia de nada, sabe." Garretson declarou que, antes de interrogar Chester Jackson no julgamento de Herman, a mãe de Jackson lhe disse que havia um "acordo fechado" e que, se o filho testemunhasse, ele seria indiciado por "homicídio culposo" e "receberia uma sentença muito menor" do que a que estava cumprindo na época. Além disso, ela falou que "ele seria transferido das instalações de Angola e colocado em uma prisão agrícola". Entretanto, quando questionado sobre um acordo no julgamento, Jackson negou que existisse.

Em setembro de 1998, o comissário Allen J. Bergeron negou a petição de Herman. Ele determinou que, quando Chester Jackson foi ao banco de testemunhas e negou que tivesse recebido qualquer promessa em troca de seu depoimento contra Herman, ele "falou a verdade no sentido mais estrito da palavra".

Capítulo 37

Os Ativistas

Meu julgamento foi agendado para o final de novembro de 1998. Alguns meses antes de começar, aconteceram duas coisas que alterariam o curso da minha vida. Primeiro, um estudante de direito de 25 anos chamado Scott Fleming, que era voluntário da Critical Resistance — uma organização com sede em Oakland que buscava abolir o complexo industrial prisional —, estava lendo uma pilha de cartas de detentos quando chegou a uma carta que Herman escreveu para a organização buscando apoio para meu próximo julgamento. Ele contou nossa história, incluindo nossos 26 anos em confinamento solitário. Além de seu próprio endereço, ele também incluiu na carta o meu em Amite. Scott escreveu de volta para nós dois e pediu que ligássemos para ele. Ele queria ajudar.

Depois, Malik Rahim, o ex-Pantera que foi nosso mentor e amigo na Penitenciária Distrital de Orleans, estava participando de um evento do Partido Mundial dos Trabalhadores — coincidentemente também em Oakland — quando nosso antigo camarada da CFR, o coronel Nyati Bolt, o abordou e lhe disse que meu julgamento estava se aproximando. Até aquele momento, Malik achava que Herman e eu estávamos livres. Ele procurou meu irmão e ligou para o meu advogado.

Scott presumiu que teríamos uma base de apoio em algum lugar de Nova Orleans, então, enquanto esperava uma resposta nossa, fez ligações para procurá-la. Em uma pequena livraria anarquista chamada Crescent Wrench, ele encontrou um grupo de ativistas que não apenas não sabiam nada sobre nós, mas também não conheciam ninguém que soubesse de alguma coisa. Mas eles queriam saber mais. Shana Griffin, Anita Yesho, Brice White, Icky, Brackin

Kemp (Firecracker) e outros criaram folhetos sobre meu julgamento iminente e os espalharam por toda a cidade. Eles começaram a se organizar para compartilhar um transporte para que pudessem comparecer ao meu julgamento.

Malik voou para Louisiana com recursos angariados pelo ativista Richard Becker, do Partido Mundial dos Trabalhadores, e pela organizadora comunitária Marina Drummer para se encontrar com meu advogado Bert Garraway. Ele disse a Malik que não havia razão para ele, ou qualquer pessoa, comparecer ao meu julgamento — tudo o que ele precisava fazer era "se preparar para uma festa da vitória". Malik saiu do escritório de Garraway, voltou para Oakland e, com Becker no escritório do Partido Mundial, fez 10 mil cópias de um panfleto sobre meu caso, que foram distribuídos em eventos na Bay Area na semana seguinte. Ele espalhou a notícia do meu julgamento para ativistas e ex-Panteras de todo o país. (Por meio das conexões de Malik no Pastors for Peace, nossa história chegou até Cuba.) Em uma conferência do Partido Mundial dos Trabalhadores na cidade de Nova York, Malik imprimiu centenas de cartões postais com uma declaração de Ramsey Clark, o ex-procurador-geral e fundador do International Action Center, expressando preocupação com a justiça de meu julgamento, afirmando que seria monitorado. Enquanto meu júri estava sendo selecionado, centenas desses cartões foram enviados aos escritórios do juiz Bruce Bennett e do promotor público.

Quando recebi a carta de Scott, liguei para ele a cobrar no mesmo dia. Ele me perguntou sobre meus advogados e conversamos sobre meu julgamento iminente. No final de nossa conversa, ele me pediu para ligar para ele todas as noites durante o meu julgamento para lhe contar o que aconteceu, porque ele queria enviar a notícia por e-mail para sua rede de amigos, advogados e ativistas. Prometi que ligaria.

Malik falou sobre nós com o ex-membro do Partido dos Panteras Negras Elmer Pratt (Geronimo Ji-Jaga Pratt) — um veterano condecorado do Vietnã condenado injustamente, vítima do COINTELPRO e recentemente libertado da prisão. Ji-Jaga sobreviveu a 27 anos no sistema prisional da Califórnia, vários deles em confinamento solitário, condenado por um assassinato do qual o FBI e outros oficiais sabiam o tempo todo que ele era inocente. (Os registros de vigilância do FBI mostraram que Ji-Jaga estava em Oakland no momento do assassinato, que ocorreu em Los Angeles.) Sua condenação finalmente foi anulada e ele foi libertado em 1997 por ordem de um juiz com base em evidências de que a principal testemunha contra ele era um policial e informante do FBI que havia mentido sob juramento. Ao ser libertado da prisão, Ji-Jaga disse: "Quero ser o primeiro a convocar uma nova revolução", descrevendo-se como um "soldado... dedicado à libertação do meu povo e de todos os oprimidos". Originário de Nova Orleans, Ji-Jaga espalhou a notícia sobre mim e Herman para sua vasta rede de apoiadores, dizendo às pessoas que duvidavam de nós, porque ninguém tinha ouvido falar de nós antes, que éramos Panteras e prisioneiros políticos, independentemente das acusações originais contra nós.

Em novembro de 1998, cerca de uma semana antes do início do meu julgamento, eu estava lendo na minha cela em Amite quando um jovem preso veio à minha porta e disse: "Woodfox, um cara está se preparando para estuprar um garoto branco lá embaixo." E foi embora. Coloquei meus tênis e desci. Fui até a única cela no bloco que o guarda não conseguia ver pela câmera, a cela 15. Havia três caras lá.

"O que está acontecendo aqui?", perguntei.

"O que você tem a ver com isso?", um deles me perguntou.

"Você está tentando estuprar esse garoto, é isso", respondi.

"Não é da sua conta, porra", ele falou.

Eu disse que estava fazendo com que fosse da minha conta. Dei um soco na cara dele, ele me empurrou e começamos a trocar golpes. O outro prisioneiro saiu correndo. O garoto branco foi embora. Em algum momento da luta, bati com o rosto na barra de cima da cama, o que deixou meus olhos roxos. Na minha próxima visita com o advogado, Garraway me disse que queria adiar a data do meu julgamento. "Não posso apresentá-lo a um júri com essa cara", disse ele. Ele foi ao tribunal e teve uma audiência com o juiz. Não sei o que falou, mas o juiz nos concedeu duas semanas de adiamento. Minha nova data de julgamento seria 7 de dezembro de 1998.

Na noite anterior ao meu julgamento, meu irmão e Pam, sua esposa na época, acomodaram em sua casa pessoas de fora da Louisiana para comparecer ao meu julgamento. Malik tinha pessoas hospedadas na casa e na garagem de sua mãe. Opal Joyner, ativista de Nova Orleans, recebeu apoiadores em sua casa. Opal e Pam alimentaram todo mundo. Malik conseguiu alugar um carro e um quarto de hotel em Hammond, a 30km de Amite, com fundos arrecadados de apoiadores, incluindo Luis Talamantez, um membro dos Seis de San Quentin, organizador de prisioneiros e ativista de longa data.

Eu sabia que o julgamento seria difícil. "É a posição do estado", escreveu a promotora Julie Cullen em um memorando pré-julgamento, "que Brent Miller foi a vítima neste caso, não por causa de quem era ou por qualquer coisa que tenha feito, mas pelo simples fato de ser um oficial correcional branco".

Apesar disso, eu estava esperançoso. Tínhamos provas de que o ex-diretor C. Murray Henderson pagou a Hezekiah Brown por seu depoimento contra nós. Tínhamos o ex-capitão e diretor Hilton Butler dizendo que era possível "colocar palavras na boca [de Brown]". Tínhamos novos apoiadores. O sentimento de esperança veio com fortes sentimentos de gratidão. Herman, King e eu estivemos sozinhos por muito tempo.

Eu ainda não sabia que meus advogados receberam dinheiro do estado para contratar especialistas e procurar todas as minhas testemunhas de álibi, mas não o fizeram. Eu ainda não sabia que um estudante de direito do primeiro ano saberia o que fazer melhor do que eles.

Capítulo 38

Meu Julgamento, 1998

Reconheci Malik sentado com meu irmão assim que entrei no tribunal. Ambos tínhamos cabelos grisalhos agora. Todos os outros, exceto minha família e Ernest, meu amigo de infância, eram estranhos: a esposa de Geronimo Ji-Jaga, Ashaki Pratt, estava lá, assim como Luis Talamantez, o ex-Pantera Gail Shaw, de Sacramento, e vários ativistas de Nova Orleans. Odiei ter que ficar de costas para todos durante o julgamento. Durante os recessos, eu me virava para conversar com as pessoas, embora não devesse. Alguns guardas tentaram se colocar entre nós, mas eu sentia uma gratidão tão avassaladora por essas pessoas que sempre me virava para cumprimentá-los, para olhar em seus olhos e acenar com a cabeça para agradecê-los.

Desde os primeiros momentos do meu julgamento, ficou claro que meus advogados Bert Garraway e Clay Calhoun não eram páreo para Julie Cullen. Nada menos que cinco promotores assistentes sentavam-se do lado da promotoria todos os dias. Meus advogados estavam despreparados e foram superados em todos os sentidos. Cullen usou todos os truques sujos que podia para estabelecer dúvidas sobre minha inocência e encobrir a verdade. Ela também fez declarações fervorosas sobre o Partido dos Panteras Negras e sobre o assassinato de Brent Miller. Miller levou 32 facadas, incluindo uma de 14cm que perfurou sua traqueia acima de seu ombro esquerdo, permitindo que o sangue entrasse em seus pulmões, causando sua morte. Cullen perguntou ao legista se Miller sentiu dor antes de morrer. "Sim", afirmou o legista.

O guarda que encontrou o corpo de Miller disse que havia "muito sangue" e que Miller estava deitado em uma poça de sangue. Apesar disso, Cullen conseguiu que o legista dissesse que era possível que Miller tivesse sido esfaqueado enquanto estava sentado na cama de Hezekiah Brown (que é onde Brown jurou que Miller estava quando foi cercado e atacado por quatro homens) e não sangrar na cama. Miller poderia ter "pulado" da cama imediatamente, disse o legista, resultando em "nenhum traço de sangue" na cama. Ninguém perguntou como ele poderia ter sido puxado da cama para o chão atrás de onde estava sentado, que é o que as "testemunhas" afirmaram, sem amarrotar as cobertas.

A promotora Cullen disse aos jurados que matei Brent Miller porque odiava pessoas brancas e que minha afiliação ao Partido dos Panteras Negras provava que eu defendia a violência contra os brancos. O assassinato de Brent Miller, disse ela, foi um "crime de ódio", um "assassinato com motivação racial dos Panteras Negras".

Para ajudá-la a pintar o quadro do meu suposto racismo e militância, Cullen contou aos jurados sobre a carta que escrevi na CFR em 1972 — que as autoridades aparentemente perderam, porque nunca foi apresentada — para a ex-Pantera Shirley Duncan, na qual eu escrevi que racistas brancos deveriam ser mortos e soletrei América com três letras *k*. Como Cullen não estava com a carta, ela ligou para o ex-oficial de classificação que trabalhava em Angola na época para revisar uma nota que ele escreveu ao diretor *sobre* a carta. Ao ler a nota, ele descreveu a carta e afirmou que Shirley Duncan foi removida da minha lista de visitantes depois que a escrevi. Supostamente, a carta era grave o suficiente para remover um visitante da minha lista, mas o oficial de classificação nunca fez um relatório disciplinar contra mim por escrevê-la. (Seu memorando para o diretor sobre a carta também tinha data de sete meses depois que Duncan foi de fato removida da minha lista.)

Depois que o depoimento de Hezekiah Brown em meu julgamento de 1973 foi lido para os jurados na íntegra (por um policial sentado no banco das testemunhas), Cullen chamou John Sinquefield, o promotor que me processou em 1973, para depor. Ele foi autorizado a descrever a "veracidade", o comportamento e a suposta sinceridade de Brown quando o questionou em 1973, dizendo que ele "falou com uma voz boa e forte, foi muito espontâneo, respondeu às perguntas rapidamente e foi muito específico". Continuando, Sinquefield afirmou: "Fiquei orgulhoso da maneira como ele depôs. Foi preciso muita coragem." Garraway não se opôs.

Aprofundando sua narrativa de que eu era um racista que odiava pessoas brancas, Sinquefield afirmou que estava no tribunal em Nova Orleans no dia em que entrei em 1970 depois de ser atingido com gás lacrimogêneo enquanto usava algemas e levantei os punhos, dizendo: "Veja o que esses porcos fascistas e racistas fizeram comigo."

Visto que não poderíamos interrogar Hezekiah Brown sobre as mentiras que ele contou, tivemos que tentar mostrar por meio do depoimento de outras testemunhas que ele mentiu. Colocamos o ex-diretor C. Murray Henderson no banco de testemunhas, e ele depôs que imediatamente após Brown "nos contar sua versão da história" sobre mim, Herman e Chester Jackson, ele foi transferido para o "canil", mais confortável de se viver. Henderson reconheceu que solicitou que Brown recebesse um pacote de cigarros toda semana em troca de sua "ajuda" no assassinato de Miller e que enviou uma carta ao governador pedindo que perdoasse Brown. Ele enviou outra carta ao juiz do julgamento pedindo uma recomendação para o perdão de Brown e se ofereceu para comparecer perante o conselho em nome de Brown. O anúncio de clemência de Brown, disse ele, foi pago com recursos da prisão. (Naquela época, os prisioneiros tinham que colocar anúncios nos jornais locais ao fazer um pedido de perdão judicial, para dar à comunidade uma chance de se pronunciar.) Quando a sentença de Brown foi mudada para "pena cumprida" em 1986, ele tinha mais de US$900 em sua conta na prisão, embora, segundo Henderson afirmou, Brown não tivesse um emprego, sugerindo que Hezekiah Brown também fora pago em dinheiro para testemunhar contra nós. "Ele não ganhava dinheiro em Angola", disse Henderson. "Não tinha parentes nem ninguém que o visitasse." Henderson também reconheceu que, quando Hayden Dees enviou dois detentos — Joseph Richey e Paul Fobb — para o confortável quartel da polícia em troca de seu depoimento contra mim, não foi com sua permissão e, ele confessou, estava "fora do escopo de uma investigação normal". O quartel da polícia estadual era reservado para os detentos mais privilegiados do sistema penitenciário estadual. Esses prisioneiros trabalhavam como criados na mansão do governador.

Sobre a questão de Gilbert Montegut, que fora colocado no local do assassinato por Hezekiah Brown, mas considerado inocente em seu julgamento com Herman em 1973, o ex-diretor Henderson admitiu: "Na minha presença ele [Brown] nunca, jamais citou Gilbert Montegut." O ex-capitão Hilton Butler também admitiu no depoimento que não achava que Montegut estivesse presente no assassinato de Brent Miller. Isso não os impediu de permitir que Montegut, um homem que eles sabiam ser inocente, fosse a julgamento encarando a possibilidade de uma condenação à prisão perpétua.

O ex-capitão Wyman Beck repetiu o depoimento que deu no julgamento de Herman: que viu Montegut no hospital na manhã do assassinato de Miller. Um ex-funcionário do hospital penitenciário também afirmou ter visto Montegut na área do hospital na manhã do assassinato e que depois que soube que Montegut fora acusado de assassinato, ele discutiu com Beck, que "achou que ele [Montegut] não poderia estar envolvido", ponto em que seu testemunho foi interrompido pela objeção de Cullen. O funcionário do hospital afirmou que ele e o capitão Beck concordaram que "seria muito difícil para Montegut estar envolvido [no assassinato] e no hospital ao mesmo tempo". Enquanto isso, Joseph Richey depôs que, após me "ver" correr do alojamento, "viu" Gilbert Montegut saindo de Pine 1 depois do assassinato do guarda, "caminhando em um ritmo que me fez pensar que ele estava atrasado para o rango".

O ex-capitão Hilton Butler foi até o banco de testemunhas e disse que se lembrava de ter sido entrevistado por Anne Butler e C. Murray Henderson sobre o assassinato de Miller para o livro deles, mas "não tinha certeza" se disse que era possível "colocar palavras na boca de Hezekiah". O juiz não permitiu que mostrássemos a gravação de Butler dizendo isso. Meu advogado leu o que ele disse aos jurados. O estado sabia que não havia nenhuma evidência física que me ligasse ao assassinato, então Julie Cullen apresentou uma teoria nova e propositalmente confusa — que a impressão digital com sangue deixada na cena do assassinato de Miller, que não correspondia à minha, à de Herman ou à de qualquer funcionário acusado de assassinato, não era realmente uma impressão digital. Uma "testemunha especialista" que trabalhava no departamento da polícia estadual afirmou que a impressão digital era uma "impressão palmar parcial", diminuindo a importância da impressão digital não corresponder à minha, embora tenha sido considerada "fortemente identificável" em 1972 e 1973. O fato de a impressão digital ensanguentada deixada na cena do assassinato de Miller não corresponder à minha — junto ao fato de que os delegados e funcionários da penitenciária nunca a compararam com a de cada prisioneiro que estava na passarela no dia em que Miller foi morto — poderia ter me inocentado aos olhos do júri. A promotora Cullen sabia disso. Ela complicou as coisas propositalmente. E não informou aos meus advogados a sua nova teoria da "impressão palmar parcial" até pouco antes de o especialista sentar para depor, uma violação do procedimento do tribunal. Ela disse ao juiz que não havia recebido um relatório escrito sobre a teoria da impressão palmar. Mais tarde, sua própria especialista afirmou que havia informado Cullen sobre a teoria em 1997, o ano anterior.

Falei para Garraway pedir ao juiz a anulação do julgamento por má conduta do Ministério Público. O tribunal negou a moção, afirmando que deveríamos ter nosso próprio especialista em impressões digitais no tribunal, para contestar a testemunha de Cullen. Ele lembrou Garraway de que tínhamos fundos governamentais disponíveis para isso.

Repetidas vezes, Cullen usou táticas dissimuladas para confundir o júri. Por meio de sua linha de questionamento, ela revelou fundamentos de provas que o juiz havia considerado inadmissíveis. Por exemplo, ela queria que os jurados vissem uma declaração não assinada e não datada escrita à mão por um ex-capitão de Angola na noite após a morte de Miller que o juiz considerou inadmissível. A declaração foi atribuída a Leonard "Specs" Turner e supostamente dada a C. Ray Dixon, ex-capitão de Angola, um dia antes de Turner ser libertado em condicional. Ela colocou Turner no banco das testemunhas e ele afirmou não ter feito a declaração. Enquanto questionava Turner, Cullen basicamente revelou o conteúdo dessa declaração.

Meus advogados não se opuseram nenhuma vez. Esta conversa foi editada para mostrar a tática de Cullen, removendo outras perguntas feitas por ela no decorrer.

Cullen: Você se lembra de quando conversamos sobre o envolvimento de Albert Woodfox no assassinato de Brent Miller?

Turner: Novamente, não me lembro. Eu sempre lhe digo a mesma coisa.

***

Cullen: Você se lembra de me dizer o que viu Albert Woodfox fazer no dia 17 de abril de 1972?

Turner: Não, senhora, certamente não me lembro disso.

***

Cullen: Bem, você viu Albert Woodfox fazer algo no dia 17 de abril de 1972?

Turner: Não me lembro, acabei de falar isso.

* * *

Cullen: Você viu Albert Woodfox matar Brent Miller no dia 17 de abril de 1972?

Turner: Acho que não, não senhora.

* * *

Cullen: Se você tivesse visto alguém ser esfaqueado 32 vezes, não se lembraria disso?

Turner: Eu acho que lembraria.

Cullen: Se você estivesse a cerca de um 1,5m de distância de alguém sendo esfaqueado 32 vezes, não acha que lembraria?

Turner: Talvez sim, talvez não, sabe. Eu... eu não sei dizer o que poderia ou não lembrar.

Cullen: Você não me disse que Albert Woodfox e os outros mataram Brent Miller?

Turner: Não senhora, nunca disse isso.

* * *

Cullen: Você disse a C. Ray Dixon em abril de 1972 que Albert Woodfox e os outros mataram Brent Miller?

Turner: Não me lembro de ter dito isso a ele, se disse ou não.

* * *

Cullen: Você se lembra de ter dito a Murray Henderson que você não estava em posição de ver nada, mas que Hezekiah estava lá?

Turner: Não senhora, não me lembro.

* * *

Cullen: Alguma vez você disse ao [oficial de Angola, Bobby] Oliveaux o que você viu?

Turner: Não me lembro de ter dito nada a ele.

* * *

Cullen: Certo, você alguma vez conversou com [o oficial de Angola Carl] Kimble sobre o que viu no alojamento Pine 1?

Turner: Não que eu lembre.

Cullen: Certo. Você não está negando que disse — que contou a ele, você simplesmente não se lembra?

Turner: Contei o quê?

Cullen: Que você viu Albert Woodfox matar Brent Miller? Vamos direto ao ponto, Sr. Turner.

Turner: Vejamos, eu nunca...

Cullen: Você sabe do que estamos falando.

Turner: Eu nunca disse isso a ele.

* * *

Cullen: Tudo bem. Você se lembra de ter dado essa declaração a C. Ray Dixon?

Turner: Não, não me lembro de ter dado essa declaração a ninguém.

Cullen: Tudo bem. Você nega ter dado essa declaração a C. Ray Dixon?

Turner: Certamente nego.

C. Ray Dixon declarou que não se lembrava de tomar a declaração de Turner e que não se lembrava o que a declaração dizia, mas, quando a viu, reconheceu que era em sua própria caligrafia. O juiz permitiu que ele lesse partes da declaração em voz alta para o júri — partes que me envolviam no assassinato de Miller. Ele instruiu o júri de que a declaração foi admitida apenas para tentar "descredibilizar a testemunha [Turner]", não para mostrar que as declarações contraditórias eram verdadeiras. Mas como um júri deixa de ouvir algo? (Mesmo se Turner tivesse feito a declaração, ela deveria ter sido descredibilizada pelo depoimento do ex-diretor Henderson. Ele observou que Turner deveria sair em liberdade condicional dois dias após o assassinato de Miller e que lhe disse, como Henderson afirmou: "Se você não me der algumas informações, vou ligar para o conselho de liberdade condicional e garantir que você cumpra o resto de seus oito anos, completos.")

Eu tinha três testemunhas em 1973 que declararam ter me visto no refeitório na hora do assassinato de Miller, e duas testemunhas que estavam dentro ou próximas de Pine 1 naquela manhã e disseram que eu não estava lá. Presumi que meus advogados dariam um jeito para que todos comparecessem ao tribunal para depor ou pelo menos garantiriam que seus depoimentos no meu primeiro julgamento fossem lidos para o júri. Eles só encontraram uma das minhas testemunhas de álibi para depor pessoalmente e só conseguiram provar que procuraram mais uma. O juiz não permitiu que lêssemos o depoimento de ninguém, a menos que meus advogados pudessem provar que procuraram essa testemunha.

Enquanto os nomes do restante das minhas testemunhas de álibi eram discutidos em tribunal aberto, o marido de Violetta, Michael Augustine, e nosso velho amigo de infância Ernest Johnson reconheceram o nome de Herbert "Fess" Williams. Eles ouviram dizer que ele morrera em Nova Orleans e acharam que poderiam obter provas de sua morte para que seu depoimento pudesse ser lido. Williams era o detento que estava na frente do alojamento Pine 1 no momento da morte de Miller e declarou que eu não estava lá e que Joseph Richey (que afirmou ter me visto saindo correndo do alojamento) também não estava. Williams nunca mudou seu depoimento original, mesmo depois de ter sido colocado na masmorra e sido ferido, e depois alojado em um bloco de celas. Michael e Ernest deixaram o tribunal naquele dia, dirigiram 119km de volta a Nova Orleans e, conversando com a família de Williams, confirmaram que ele havia falecido. Eles contataram o escritório do legista, conseguiram a certidão de óbito de Williams e voltaram ao tribunal ao meio-dia do dia seguinte. Em uma pequena pausa, o tribunal permitiu que a transcrição do depoimento de Herbert Williams fosse lida para o júri.

O xerife Bill Daniel afirmou nunca ter me ameaçado no almoxarifado quando eu estava sendo interrogado, dizendo: "Em nenhum momento fui àquela penitenciária e entrevistei detentos com uma arma. Sempre deixava minha arma no portão da frente." Anos depois, meus advogados encontraram testemunhas que declararam que Daniel nem sempre "deixava sua arma no portão da frente" naquela época. Uma delas disse que, quando interrogavam prisioneiros, os delegados do xerife, Bill Daniel e Thomas Guerin, "ficavam muito agitados; e estavam armados".

Meus advogados de defesa não convocaram nenhuma testemunha de perícia forense para contestar o caso do estado contra mim. Não consultaram especialistas forenses que poderiam ter esclarecido a sequência de eventos no assassinato de Miller analisando manchas de sangue, respingos e rastros; não conversaram com especialistas em impressões digitais. Não forçaram o juiz a exigir que a impressão digital com sangue deixada na cena do assassinato fosse comparada aos arquivos de impressão digital de outros prisioneiros. Não pediram que ninguém revisasse a autópsia de Miller. Nem mesmo garantiram que todos os depoimentos de testemunhas de álibi do meu primeiro julgamento pudessem ser lidos para os jurados. Eu fiquei frustrado.

Quando fui para o banco, afirmei que não conhecia Miller exceto de vista, não tinha desentendimentos com ele e Miller nunca me deu uma advertência por mau comportamento, o que foi corroborado pelos registros da penitenciária. Ao ser interrogado pela promotoria, Julie Cullen continuou me pressionando, perguntando se eu era racista. "Em uma carta para a Irmã Diane, por que você escreveu AMERIKKKA?", ela perguntou. "Você é racista?" "O racismo lhe deu o direito de apontar uma arma para os guardas para escapar da prisão distrital?" "Ser vítima de racismo o fez ser condenado por assalto à mão armada?" "Você era a vítima quando levantou as mãos no tribunal, sacudiu as algemas e reclamou sobre os brancos fascistas e racistas?" Eu estava ficando cansado de suas insinuações e por distorcer propositalmente minhas palavras. A certa altura, ela perguntou o que eu estava vestindo. Garraway perguntou a que horas ela estava se referindo e ela respondeu: "Quando você estava matando Brent Miller."

Eu falei: "Sra. Cullen, você sabe que não matei Brent Miller porque você sabe que passei em um teste de detector de mentiras." Não foi premeditado. Eu sabia que os resultados dos testes do polígrafo não eram admissíveis no tribunal, porque não são considerados confiáveis. Não tive a intenção de dizer isso, foi a frustração. O juiz advertiu o júri a desconsiderar a declaração.

Mais tarde, quando uma repórter entrevistou jurados do meu julgamento, um deles disse a ela que eu deveria "ser mais esperto" e não cometer esse "deslize". "Eu acho que o fato de ele ter conseguido dar essa informação pode ter alienado o júri", falou. "Foi o que aconteceu comigo. Acredito que Albert Woodfox sabia que isso não era admissível, que era algo que não deveríamos ouvir." A verdade da minha declaração foi menos importante para essa jurada do que saber o meu lugar.

O julgamento durou nove dias. No último, o tribunal estava lotado de policiais uniformizados e de luvas brancas, guardas prisionais e delegados do xerife. Foi difícil para mim ver minha família ficar esperançosa, mesmo quando eu sabia, no fundo da minha alma, qual seria o resultado. Eu estava preocupado com meu irmão Michael. Ele estava tão esperançoso antes e até durante meu julgamento, enquanto muitas pessoas no tribunal sabiam que o máximo que eu conseguiria era um impasse do júri. O júri deliberou por mais ou menos cinco horas. Quando leram o veredito de culpado, eu me virei primeiro para meu irmão e minha irmã. Os olhos de Violetta se encheram de lágrimas. Eu olhei na direção dela e meu olhar cruzou com o de Michael. "Eles nunca vão me derrubar", eu disse a eles. "Eles nunca vão destruir meu espírito."

Após o julgamento, Bert Garraway disse a um repórter: "Basicamente, o estado colocou os Panteras Negras em julgamento e os condenou." Ramsey Clark emitiu uma declaração chamando o que aconteceu no meu julgamento de um exemplo de "má conduta revoltante da promotoria". Stan Miller, irmão de Brent Miller, disse ao *Advocate* de Baton Rouge: "É como um presente de Natal antecipado para nossa família."

A rádio WBAI-Pacifica da cidade de Nova York me entrevistou na noite seguinte à minha condenação. "Não culpo os jurados", falei. "Eles não tinham todas as informações." No final da entrevista, me perguntaram no que eu acreditava. Respondi: "Se você não estiver disposto a lutar, se não estiver disposto a se sacrificar, então nunca conseguirá mudar nada. A luta é a essência da mudança e é assim que tento viver minha vida. Paguei um preço alto por isso, mas não tenho arrependimento algum. Se eu soubesse tudo o que aconteceria comigo e pudesse voltar no tempo, não mudaria nada na minha vida — nem um momento de dedicação, nem um momento de luta, nem um momento de dor física sofrida pelos espancamentos nas prisões em Nova York e em Angola."

Capítulo 39

De Volta à Angola

Enquanto eu estava na penitenciária de Amite, um novo coronel em Angola, apelidado de Macho Man pelos prisioneiros, estava piorando as condições na CFR. Ele supervisionava o Camp J e a CFR ao mesmo tempo e começou a tirar os privilégios da CFR, tornando-a mais punitiva. Recebi cartas de King e Herman descrevendo a situação. Uma vez que toda a correspondência dos prisioneiros é aberta e lida pelos funcionários da prisão, tive que ler nas entrelinhas. Quando King escreveu: "Cara, tem merda acontecendo" em algum lugar da prisão, eu sabia que ele estava falando da CFR. Quando disse: "Cara, não comi nada o dia todo", eu sabia que eles estavam planejando uma greve de fome.

Fui condenado em 23 de fevereiro de 1999 à prisão perpétua, sem possibilidade de sursis, liberdade condicional ou suspensão da pena. Eu estava pronto para voltar e ficar com meus camaradas. Desde minha condenação, eu estava me preparando mentalmente para ficar novamente trancafiado 23 horas por dia. Era muito difícil pensar em ser colocado de volta na solitária depois de quase três anos na população carcerária geral, mas não tive escolha. A alternativa para sobreviver era ser derrotado. Quando voltei para o confinamento solitário na CFR, fui colocado no bloco B. Meu camarada e amigo Kenny "Zulu" Whitmore estava lá. Herman estava no bloco F e King no C. Zulu me passou uma fita cassete de um discurso de Malcolm X que eu ouvi em minha cela naquela noite. Eu já tinha lido coisas de Malcolm em livros muitas vezes antes. Foi especial ouvir sua voz. A maior lição que aprendi com ele é que a mudança é possível, que podemos fazer a transição daquilo que a sociedade nos tornou, como resultado de nossa raça e situação econômica, e nos redefinir. Malcolm também me ensinou a olhar além do meu entorno imediato.

King e Herman já haviam elaborado uma petição, pedido que os detentos a assinassem e apresentado uma reclamação ao diretor sobre as condições mais rígidas da CFR. O diretor nunca respondeu. Quando cheguei, bilhetes estavam sendo passados entre os blocos para planejar a greve de fome, encorajando os caras a participar e permanecer firmes. Sem nosso conhecimento, um dos atendentes que estava passando os bilhetes para Herman e King os mostraram aos oficiais penitenciários. Nenhum nome foi mencionado nos bilhetes, mas os seguranças podiam identificar a caligrafia com facilidade. Aproximadamente sessenta presos fizeram greve de fome. King e Herman foram chamados de suas celas para o que supostamente seria uma conversa com o diretor. Jogaram gás lacrimogêneo neles, eles foram espancados e colocados na masmorra do Camp J. Eles permaneceram em greve de fome na masmorra enquanto nós permanecemos na CFR.

Eles não podiam me colocar em uma cela de punição porque não tinham meu nome ou caligrafia em nenhum dos bilhetes de organização da greve de fome. No dia em que colocaram King e Herman na masmorra, tentei manter os prisioneiros de outros blocos motivados durante meu tempo de pátio. "Fique firme. Não desista. Não se deixe intimidar por eles", eu gritava. Berrava para os prisioneiros nos outros blocos: "Não estamos no Camp J, eles não podem nos tratar como se estivéssemos lá."

No dia seguinte, depois do pátio, em vez de ser levado de volta para minha cela, fui levado ao escritório do Macho Man. Ele me perguntou por que havia uma greve de fome. Eu disse: "Por que você está perguntando isso para mim?" Ele falou: "Ouvi dizer que você é um líder, tem muita influência com outros prisioneiros. Se disser a eles para não comerem, não comerão." Respondi: "Eu não sou um líder. Você não tem provas disso." Ele me disse que tinha provas e eu disse: "Então por que estamos tendo essa conversa? Eu deveria estar no Camp J com Hooks e King." Ele me perguntou novamente por que estávamos fazendo isso. Eu respondi: "O motivo de estarmos em greve de fome é que você diz uma coisa na nossa frente e outra pelas costas. Ninguém confia em você. Queremos que o diretor venha e veja com os próprios olhos essa bagunça que você criou." Ele olhou para o guarda que me levou até sua sala e disse: "Tranque-o."

Eles me colocaram na masmorra da CFR. Eu tinha um colchão, um lençol e um cobertor. Estava usando um macacão. Sem rádio, sem TV, sem pertences pessoais. Eu podia conseguir livros jurídicos, mas nenhum outro. Só saíamos das celas durante quinze minutos por dia para tomar banho. A maioria dos homens na masmorra tinha problemas mentais; alguns já haviam sido atacados com gás lacrimogêneo e espancados antes de serem levados para a masmorra. Eles gritavam ou batiam nas paredes por horas, tentando lidar com a pressão como podiam. Eu tive que me desligar das minhas emoções. Como sempre, me forcei a ter uma resposta intelectual a tudo o que acontecia ao meu redor. Às vezes, era a única maneira de permanecer são. Continuei em greve de fome na masmorra, mas nunca levei uma advertência por isso. Em todos os anos que fiquei em Angola, fiz tantas greves de fome que perdi a conta, mas nunca recebi nenhuma advertência por elas. Recebi por "rebeldia", "desobediência" ou "desobediência grave". Eles não queriam um registro dos nossos protestos.

Fui mantido na masmorra da CFR por trinta dias. Herman, King e eu continuamos em greve de fome durante todo esse tempo. Uma vez por semana, eu era levado ao conselho disciplinar e informado de que estava sendo investigado por planejar uma segunda greve de fome e que a investigação ainda estava em andamento. Ao final de trinta dias, o relatório investigativo me exonerou. O major do conselho disciplinar me perguntou se poderíamos conversar extraoficialmente. "Estou entre a cruz e a espada", disse ele. "Não há evidências para considerá-lo culpado, mas fui aconselhado pelo alto escalão a enviá-lo ao Camp J." Eu disse: "Então faça o seu trabalho." Ele me considerou culpado de alguma coisa e eles me mandaram para o Camp J. Não me importei. Eu queria estar com meus camaradas. Anos mais tarde, li a advertência que ele criou:

> [Woodfox] ficou muito agressivo e disse: "Logo você me mandará para o Camp J porque é isso que vai acontecer, porque essa merda ainda não acabou." Ele também declarou que "no que lhe dizia respeito, não terminaria enquanto Wallace, King e os outros detentos colocados no Camp J por organizar a greve de fome permanecessem presos". Ele disse que apenas organizaram uma manifestação pacífica, e não havia nada de errado com isso. E repetiu: "Vá em frente e me tranque no Camp J agora, porque é isso que terá que fazer de qualquer forma."

No Camp J, eles me colocaram no bloco de Herman na Unidade Gator na primeira noite e depois me mudaram para a Unidade Shark. King estava na Unidade Gar.

O Camp J era chamado de "programa de punição", mas a forma como era executado em Angola era uma completa tortura. King costumava dizer que o "programa" era receber prisioneiros e em seis meses devolver pacientes. Havia três níveis de privação no programa. A maioria dos presos entrava no Nível 2, no qual ficávamos em nossas celas durante 23 horas e 45 minutos por dia e tomávamos banhos de 15 minutos uma vez por dia. Não recebíamos sobremesa em nossas bandejas, nem sal ou pimenta. Não podíamos comprar nada no armazém, a não ser produtos de higiene. Não podíamos ter nossas próprias roupas, então usávamos macacões. Podíamos ter seis livros, incluindo uma Bíblia, se quiséssemos, e materiais para escrever. Passávamos uma hora no pátio três vezes por semana.

Os oficiais do Camp J não eram treinados; muitos deles eram indisciplinados e antiéticos, o que levava a espancamentos brutais e o uso de gás lacrimogêneo nos prisioneiros, especialmente aqueles com doenças mentais ou que desabaram sob a pressão de ficarem confinados em uma cela mais de 23 horas por dia. O Camp J era a missão mais temida pelos agentes penitenciários em Angola. Os guardas eram colocados lá para serem punidos pelo pessoal administrativo e de segurança com autoridade para transferi-los. Os guardas passavam seus dias colocando e removendo algemas nos prisioneiros. Éramos algemados a caminho do chuveiro, e para a curta caminhada de volta às nossas celas. Multiplique isso por quinze prisioneiros em cada bloco. No pátio, eles removiam os grilhões das pernas, mas não podíamos realmente nos exercitar porque eles mantinham nossas mãos presas à cintura, o que dificultava a corrida; se caíssemos, não poderíamos nos segurar com as mãos. Alguns guardas preguiçosos demais para fazer seu trabalho subornavam prisioneiros com cigarros — que eram proibidos — para abdicarem de seu tempo de pátio.

Se um prisioneiro sobrevivesse ao Nível 2 por três meses sem receber uma advertência, ele supostamente avançava para o Nível 3, com novos privilégios, como poder ter um rádio, comprar lanches no armazém, ter uma hora por dia no salão e usar suas próprias roupas. Depois de três meses no Nível 3 sem uma advertência, ele deveria ser liberado de volta ao seu alojamento normal. Porém, a qualquer momento, por capricho de quase qualquer oficial de segurança e por

DE VOLTA A ANGOLA

qualquer motivo, ele poderia receber uma advertência e ser enviado de volta ao Nível 2, ou pior, ao Nível 1, e ter que recomeçar. O Nível 1 era o mais severo e durava trinta dias. As refeições consistiam em um "pão" feito com uma mistura do que quer que fosse servido aos outros prisioneiros. Os detentos no Nível 1 não tinham tempo de pátio e tinham menos pertences. Eles tinham que usar camisolas de papel para não conseguirem se enforcar. A insegurança da situação de qualquer pessoa a qualquer momento no Camp J equivalia à tortura psicológica severa. Havia blocos onde os guardas impunham silêncio total. Um prisioneiro podia ser rebaixado de nível por falar ou por compartilhar comida. De qualquer nível, o detento podia ser mandado para a masmorra do Camp J por dez ou até trinta dias. Na masmorra, o tempo é suspenso. Esses dias não contam como tempo no programa. A pior cela do Camp J era chamada de "cabine" e ficava dentro de sua própria sala individual. Era um isolamento total.

Qualquer um que "se comportasse mal" no Nível 1 ou na masmorra era colocado em contenções de quatro pontos — algemado a uma cama pelos tornozelos e pulsos — o que obrigava o prisioneiro a deitar em sua própria urina e fezes. Um oficial de segurança colocava um capacete de futebol americano em qualquer um que espernasse e batesse a cabeça. Nunca fui colocado em contenções de quatro pontos, mas vi isso na masmorra quando passava pelas outras celas no meu caminho para o chuveiro.

Com "bom comportamento", os prisioneiros deveriam conseguir sair do Camp J em cerca de seis meses. Mas, como acontece em todas as penitenciárias, o que está escrito não é o que acontece. Um guarda podia ter um dia ruim e descontar em um detento, ou simplesmente ser cruel; alguns dos policiais costumavam provocar os prisioneiros para fazê-los reagir, de modo que tivessem uma desculpa para rebaixá-los de nível, ou acusavam alguém de fazer algo que sabiam que não tinha feito para foder com sua mente. Os detentos ficavam expostos a assédio, jogos mentais, provocação, espancamentos e à ameaça constante de serem rebaixados de nível. A ameaça de nunca ter permissão para sair do programa, de sempre perder seu espaço, equivalia a uma tortura psicológica severa. A esmagadora maioria dos prisioneiros saía do Camp J devastada.

Quando cheguei lá depois de passar trinta dias na masmorra, fui colocado no Nível 2. A essa altura, ouvimos que a administração da CFR havia restaurado todos os privilégios que haviam sido removidos antes da nossa greve de fome.

Eles esperaram para fazer isso até que estivéssemos fora do bloco, para que não parecesse que a greve de fome foi eficaz. Eu me forcei a me ajustar rapidamente a estar em uma cela menor sem meus pertences. Em outubro, o clima esfriou e, como não tínhamos nossas próprias roupas quando saíamos para o pátio, recebíamos moletons não lavados para vestir. Depois de ser forçado a usar um moletom imundo algumas vezes, apresentei um ARP sobre isso e acabei ganhando o caso judicialmente. A defesa da prisão era que não tinham moletons suficientes para lavá-los entre o uso dos prisioneiros. O juiz decidiu que precisavam comprar mais moletons para que os detentos usassem roupas limpas.

Quando cheguei ao Nível 3, pedi que meu rádio fosse retirado do depósito. Um guarda voltou e me disse que eu não poderia pegá-lo porque tinha um toca-fitas acoplado. Fitas cassetes não eram permitidas no Camp J. Eu lhe disse que não estava pedindo cassetes. "Não quero usar o toca-fitas, só quero usar meu próprio rádio para não ter que comprar um do armazém", falei. Minha lógica não o convenceu. Apresentei um ARP que foi rejeitado. Tive que comprar o que chamavam de "rádio do Camp J" no armazém: um minúsculo rádio transistorizado feito de plástico transparente com péssima recepção. Às vezes, King e eu estávamos no pátio ao mesmo tempo e conseguíamos gritar um para o outro. Para mim, esses eram bons dias de pátio.

Anos mais tarde, fiquei emocionado ao receber a cópia de uma carta escrita por um homem que ficou algum tempo em uma cela ao lado da minha no Camp J. Alguém que soube do nosso caso e morava em Baton Rouge escreveu para ele perguntando se já tinha ouvido falar de mim. Ele enviou a essa pessoa uma carta anônima que dizia que ele me conhecia. Quando recebi uma cópia de sua carta, me lembrei dele de sua época no Camp J, mas não de seu nome. Ele disse que, quando fui colocado na cela ao lado da sua, ele era um homem "muito deprimido e perturbado". E escreveu:

> A atrocidade, a maldade e a crueldade da vida na prisão começaram a pesar sobre mim. Passei a não confiar em ninguém, pois via todos como meus inimigos. Eu me vi... com apenas dois amigos e seus nomes eram solidão e dor... Um dia, um novo preso foi colocado na cela ao lado da minha. De repente, ouvi uma voz dizendo: "Meu nome é Woodfox." Então falei para mim mesmo: "Cara, eu já não tenho problemas suficientes? Agora tenho um maluco na cela ao lado da minha." Novamente ouço uma voz

me dizendo: "Meu nome é Woodfox e estou me apresentando a você." Desta vez, vejo [uma] mão saindo das grades, em um esforço para me cumprimentar... Eu fiquei muito desconfiado de colocar minha mão através daquelas grades porque vi caras cujas mãos penduradas acabaram sendo cortadas por uma lâmina de barbear e outras foram esfaqueadas com uma faca caseira, mas, por alguma razão desconhecida, eu me vi ali, apertando a mão do Sr. Woodfox e, no dia seguinte, ele voltou a falar comigo. E também me perguntou se eu gostaria de algo para ler... Depois de observar esse homem de perto, comecei a ver um homem que estava confinado a uma cela há mais de 27 anos. Também vi um homem que fora condenado a morrer em Angola. E mesmo assim, não vi nenhum ódio nele. Nem medo. Mas ele mostrou que era um homem determinado a se tornar uma pessoa melhor, enquanto percebia que estava vivendo em um mundo onde ser melhor às vezes não significava nada. Ele mostrou que era um homem cuja sabedoria podia muito bem ser ilimitada e cuja busca pelo conhecimento se tornou sua fé. Ver tudo isso e muito mais no Sr. Woodfox foi o que me inspirou a me tornar uma pessoa melhor. Por meio do Sr. Woodfox, fui lembrado de que um homem que escolhe não buscar conhecimento é igual a um menino que escolhe não se tornar um homem. Agora percebo que o conhecimento pode ser a chave para o que às vezes parece impossível na vida.

Kathy Flynn Simino, uma advogada que trabalhava para um centro em Nova Orleans que fazia apelações para réus indigentes, escreveu o recurso direto para minha condenação com base no fato de que o estado reteve a prova da defesa — de que Hezekiah Brown havia sido pago — chamada de "material Brady", após a decisão da Suprema Corte de 1963 em *Brady v. Maryland* — e com o fundamento de que houve falhas na maneira como o grande júri que me indiciou foi constituído. Quando levamos Anne Butler ao tribunal para obter as fitas de suas entrevistas com funcionários da prisão sobre o assassinato de Miller antes do meu julgamento, seu depoimento revelou que pode ter havido impropriedades na seleção dos jurados.

Simino entrou com meu recurso direto em 1999. Eu teria três chances com esse recurso na justiça estadual. Primeiro, voltaria para o juiz do meu julgamento. Se ele recusasse, iria ao tribunal de apelação, e se esse tribunal recusasse, eu iria ao Supremo Tribunal da Louisiana. Eu sabia que meu recurso seria negado em todos os níveis. Os juízes estaduais gostam de ser vistos como rígidos com o crime. O racismo institucional era desenfreado, e ainda é. Depois de tudo isso, eu poderia apresentar o que é chamado de pedido de revisão criminal (PCRA, na sigla em inglês) no qual poderíamos incluir novas provas, que seguiriam o mesmo caminho, começando pelo meu juiz de primeira instância. Se negado, iria para o tribunal de apelações estadual; se fosse negado lá, iria para a Suprema Corte da Louisiana. Mediante a negação do meu pedido de revisão criminal no nível da suprema corte estadual, eu poderia recorrer ao tribunal federal.

2000–2010

Eles tentaram nos enterrar. Mas não sabiam que éramos sementes.

— Provérbio mexicano usado pelo movimento zapatista

Capítulo 40

Ficamos Juntos

Dia 1º de janeiro de 2000. Outro século. Para deixar o Camp J, um prisioneiro precisava passar noventa dias consecutivos no Nível 3 sem uma advertência. King e Herman estavam trinta dias à minha frente no programa, mas se recusaram a me deixar para trás quando já podiam sair. O conselho de reclassificação os colocou de volta em suas celas no Camp J. Isso não foi apenas um ato de desafio da parte deles, mas também de união. King e Herman insistiram tanto que não iriam embora sem mim que, quando me qualifiquei para deixar o programa, um mês depois, os funcionários da prisão me transferiram de volta antes deles. Em seguida, transferiram King e Herman com uma semana de diferença. Eles nos colocaram em blocos diferentes da CFR.

O apoio que recebíamos de fora da prisão aumentou enquanto estávamos no Camp J. No início, as pessoas me escreveram por causa do meu julgamento. Quando ficaram sabendo de Herman, ofereceram seu apoio e começaram a escrever para ele. Nas cartas nos pediam para serem incluídos em nossa lista de visitantes. Cada um de nós tinha permissão para ter dez pessoas em nossa lista. Quando minha lista ficou cheia, direcionei pessoas para a de King. Se eles organizassem visitas com pessoas nas listas de Herman e King, todos poderíamos nos ver ao mesmo tempo. Quando pessoas brancas começaram a nos visitar, muitos dos oficiais de segurança ficaram chocados. Não combinava com seu sistema de crenças. Nossos apoiadores eram negros e brancos. Shana Griffin, Brice White, Anita Yesho, Opal Joyner, os ex-Panteras Althea Francois, Marion Brown e Malik Rahim e outros estavam em Nova Orleans. Marina Drummer, Gail Shaw, Millie Barnett e Scott Fleming estavam na Califórnia; Leslie George e Anne Pruden estavam em Nova York. Enquanto estávamos trancafiados no Camp J, com acesso limitado a telefone e correio, eles formaram um comitê de apoio e começaram a chamar Herman e eu de os Dois de Angola. Embora estivesse grato, não me parecia certo. Éramos três, não dois. King era um Pantera acusado e condenado injustamente. Ele fez os mesmos sacrifícios e vivia pelos mesmos princípios morais que nós. Estivemos juntos nas mesmas batalhas e fomos espancados, atingidos por gás lacrimogêneo e trancafiados da mesma maneira. Ele também foi mantido em confinamento solitário por causa de suas convicções políticas, por 28 anos. Nós três passamos por tanta coisa juntos. Agora não era hora de nos separar. Escrevi para Herman e perguntei: agora que temos um comitê de apoio, King não deveria se beneficiar com isso? Não deveríamos nos tornar os Três de Angola? Herman concordou.

Eu quase tive que bater em King para que aceitasse. Estávamos no pátio. Ele disse não. Achava que Herman e eu deveríamos aproveitar o momento que crescia em torno dos Dois de Angola; ele não queria desviar a atenção de nós. Olhei para ele. King é uma das pessoas mais altruístas que conheço. Se tivesse mil gotas de água, ele as daria a mil pessoas com sede e ficaria sem nada. Falei: "King, somos mais fortes juntos. Não podemos começar a deixar nada atrapalhar nosso caminho agora." "Pergunte aos membros do comitê", finalmente disse. "Se eles concordarem, então tudo bem." Herman e eu escrevemos aos nossos principais apoiadores, pedindo-lhes que solicitassem uma visita com contato em uma determinada data. Milagrosamente, todas essas visitas foram aprovadas. O guarda de serviço permitiu que juntássemos duas mesas na sala de visitas para que pudéssemos nos sentar juntos. Herman e eu informamos nossa decisão a todos. Ninguém se opôs. Assim nasceu o A3. O Comitê de Apoio aos Dois de Angola se transformou na Coalizão Nacional para a Libertação dos Três de Angola e cresceu.

Enquanto isso, King, Herman e eu estávamos trabalhando em outro processo civil, alegando que nossas décadas de encarceramento 23 horas por dia em confinamento solitário violavam a proteção da 8ª Emenda contra punições cruéis e incomuns. O Supremo Tribunal decidiu que a Constituição "não exige prisões confortáveis... mas também não permite que sejam desumanas". O processo também alegou que nosso direito ao devido processo estava sendo negado porque o conselho de revisão de noventa dias em Angola era uma farsa, uma violação da 14ª Emenda. Também declaramos que nosso direito à liberdade de expressão da 1ª Emenda estava sendo violado porque o motivo de estarmos detidos na CFR há décadas eram nossas crenças políticas. Herman escreveu para a ACLU da Louisiana em Nova Orleans e pediu ajuda. Um dos advogados da organização, Al Shapiro, nos respondeu e a ACLU entrou com o processo em nosso nome no dia 30 de março de 2000 no Tribunal Estadual de Baton Rouge contra o secretário de Segurança Pública e Correção da Louisiana Richard Stalder e o diretor de Angola Burl Cain, entre outros. (Mais tarde, os réus do Departamento de Correção estadual moveram o processo para a justiça federal para conseguir um júri mais branco.) Na nossa ação solicitamos uma medida liminar para impedir o estado de nos manter na CFR, para forçar a penitenciária a nos transferir de volta para a população carcerária geral. Também solicitamos indenizações por danos, bem como honorários advocatícios e custas judiciais.

Nossos apoiadores em Nova Orleans se reuniam semanalmente, às vezes na casa de Malik, outras em uma igreja vazia. Organizavam vendas de garagem e desfiles secundários para arrecadar dinheiro para nossos advogados e investigadores. Eles criaram cartazes para informar as pessoas sobre nós. Scott Fleming, que se formou na faculdade de direito em 1999; e Leslie George, uma produtora e repórter da Pacifica Radio de Nova York, se conheceram em Nova Orleans e trabalharam na busca de novas pistas sobre nosso caso, entrevistando ex-prisioneiros e pesquisando antigos registros judiciais. Marina Drummer, em Oakland, garantiu o status 501(c)(3) para o nosso comitê de apoio sob o nome Community Futures Collective, o que nos permitiu levantar fundos e recrutar advogados e investigadores ativamente. (Marina serviria como centro fiscal e administrativo do nosso comitê de apoio desse momento em diante.) Outros escreveram sobre nós em blogs e entraram em contato com os principais jornais e noticiários de TV pedindo uma cobertura nossa; nenhum respondeu. O único jornal nacional que escreveu sobre nós no começo de tudo foi o *Workers World*, do Partido Mundial dos Trabalhadores. Mesmo sem a grande imprensa, porém, a consciência sobre nós crescia à medida que ex-Panteras de todo o país se envolveram, assim como grupos de direitos dos presidiários. Anne Pruden, do Brooklyn, se tornou uma amiga leal e dedicada, tentando nos ajudar a encontrar um advogado naqueles primeiros dias, antes mesmo de conhecer os detalhes que provavam nossa inocência. Marina escreveu à Anistia Internacional em nosso nome em maio de 2000 e fomos colocados na "lista de vigilância" da Anistia Internacional para "indivíduos em risco".

À medida que nossos apoiadores aumentavam e com a pressão do processo, o Departamento de Correções e a administração penitenciária começaram a nos perturbar. A censura aumentou; eles não nos deixavam ver boa parte de nossa correspondência. Começaram a se interessar mais por nossos livros e revistas. Diziam que qualquer artigo ou livro que mencionasse o Partido dos Panteras Negras era contrabando porque era "relacionado a gangues". Muitas das cartas que recebemos foram "devolvidas ao remetente" por vários motivos inventados. As buscas nas celas ficaram mais agressivas. Herman, King e eu tivemos a mesma reação ao aumento da pressão: manda ver! Nossa segurança pessoal nunca foi um problema em nossas vidas. Estávamos dispostos a arriscar tudo para defender nossas crenças políticas. Sentíamos o mesmo em relação a apoiar as ações do nosso comitê. As pessoas nos perguntavam se deveriam tentar nos proteger. "Não", dissemos. "Não se preocupem com o que acontecerá conosco", falei. "Isso não é problema."

Pela primeira vez em décadas, havia pessoas fora da prisão, além de nossas famílias, que se preocupavam conosco. Elas estavam lutando por nós. Não acreditavam na promotoria pública, nos tribunais, nos funcionários da penitenciária. Elas acreditavam e tinham fé em nós. Confiaram em nós e nos ofereceram sua amizade. Demos a elas a nossa. No início, eu tive dificuldades para responder as cartas. Não estava acostumado a deixar as pessoas entrarem em meus pensamentos e na minha vida. Mas uma característica que Herman, King e eu compartilhávamos era a disposição — e até mesmo a necessidade — de mudar. A verdadeira mudança pode ser muito dolorosa porque você precisa abrir mão de parte de si mesmo. Sabíamos por experiência própria que, ao mudar, ganhávamos mais do que perdíamos. Obtínhamos mais consciência, mais compaixão. Costumávamos chamar isso de "aumentar nossa consciência". Falamos sobre como toda a raça humana precisava fazer isso, não como raças ou grupos individuais, mas como humanos, como espécie. Se não o fizéssemos, os seres humanos seriam extintos, porque destruiríamos uns aos outros. Mudança significa crescimento.

Agora me pediam para mudar de novo, para baixar a guarda. Sempre me surpreendia quando me pediam conselhos. Escrevi em resposta a alguém que me perguntou como ser corajoso: "Em vez de lhe mostrar como criar coragem, escrevo para homenagear e saudar sua coragem. Recebo sua coragem. Eu me deito todas as noites amando sua coragem. Quando preciso de um propósito ou foco, agradeço sua coragem. Coragem não é uma coisa contínua que você sente todos os dias andando por aí. Como tudo na vida, ela vem e se vai com os desafios que encontramos todos os dias de nossas vidas!"

Capítulo 41

Prova Oculta

Em 2000, Scott Fleming se juntou a nós e ofereceu seu trabalho gratuitamente. Primeiro, ele escreveu uma apelação para Herman, citando a nova evidência — fundamentada na alegação de Brady — que fora ocultada anteriormente, mas surgiu em meu segundo julgamento: que Hezekiah Brown foi pago por seu depoimento. Depois que Scott escreveu o pedido de revisão criminal de Herman — enquanto meu recurso direto se arrastava pelo sistema judicial do estado —, ele voltou sua atenção para o meu caso e supervisionou o esforço que descobriu novas evidências apoiando nossa inocência que eu poderia usar no meu pedido de revisão. Trabalhando com os advogados Nick Trenticosta, Mike Rocks, Susana Herrero e o investigador Gary Eldredge, Scott reinvestigou o assassinato de Brent Miller da maneira mais minuciosa possível, trinta anos após o ocorrido. Uma de nossas primeiras descobertas foi uma declaração que Howard Baker deu a Mike Rocks, retratando seu depoimento contra Herman. Ele foi o prisioneiro que afirmou ter visto Herman sair correndo de Pine 1 na manhã da morte de Miller com sangue na camisa e nas calças e observado Herman se desfazer de suas roupas ensanguentadas queimando-as em uma fornalha na fábrica de placas. Já fora da prisão, ele disse a um investigador que mentiu no julgamento de Herman para se proteger.

Em uma nova declaração, Baker disse que, em 1972,

> Angola era vida ou morte, compra e venda de pessoas, e os oficiais sabiam disso... Havia armas por toda parte. Podiam fazer buscas de armas em uma noite e ter a mesma quantidade delas no dia seguinte. Vi até quatro esfaqueamentos por semana, uma semana após a outra. Fui atacado e levei

22 pontos na cabeça e só tive outro preso para me costurar... Quando Miller foi morto, não fui imediatamente chamado para o interrogatório. A administração espalhou a notícia de que seria do interesse dos presos dizer o que sabiam sobre o assassinato de Miller. Então eu vi a situação da seguinte forma: tinha sessenta e poucos anos de pena e uma oportunidade de me ajudar — e a aproveitaria para me tirar dessa fossa. Então, dei uma declaração mentirosa para o diretor Dees em 16/10/72. E meu testemunho baseado nessa declaração era uma mentira. Eu realmente achei que isso me ajudaria porque Dees me disse que o depoimento mudaria minha sentença... Ele só queria um depoimento. Se pudessem ter enforcado e queimado os caras envolvidos, é o que teriam feito. Mas havia muita atenção na situação. Eu ouvi dizer que Hooks e Woodfox eram suspeitos praticamente cinco minutos depois que Miller foi morto. Esse boato circulou por toda a penitenciária, de que a administração achava que eles estavam envolvidos. Então eu dei uma declaração. Fiquei surpreso que ninguém tenha encontrado falhas nelas. Era tolice pensar que alguém pudesse chegar à fábrica de placas com sangue por toda parte, especialmente naquele dia. E não havia fornalha na fábrica para queimar roupas. Havia apenas um aquecedor para secar a tinta nas placas. Não dava para queimar roupas com ele e Dees sabia disso. E ele sabe que é preciso passar por dois pontos de verificação de segurança para chegar na fábrica. Não dá para chegar lá com sangue no corpo. Nunca vi ninguém sair de Pine 1. Eu não estava perto de Pine 1 quando Miller foi morto. Menti para tentar me ajudar.

Por meio da Lei de Registros Públicos da Louisiana, Scott Fleming obteve o material que foi propositalmente ocultado de mim e de meus advogados de defesa em ambos os meus julgamentos, incluindo as notas originais que Bill Daniel e Thomas Guerin, agentes do xerife, fizeram ao entrevistar prisioneiros após o assassinato de Miller em 1972. Ele também obteve as notas que Julie Cullen fez no julgamento, os registros do laboratório criminal que fez os testes forenses, os registros de alojamento de Angola e os arquivos do FBI sobre o caso. Ele entrevistou vários ex-presidiários, se reuniu com advogados e investigadores em Nova Orleans e Baton Rouge. Examinou o processo usado para formar meu júri e fez Mike Rocks estudar as notas do voir dire (exame preliminar para seleção do júri). Mike pesquisou como os grandes júris e os primeiros jurados eram escolhidos no distrito de West Feliciana, onde fui indiciado, e analisou a raça e o gênero de quase todos os jurados que atuaram lá em um período de trinta anos — entre 1964 e 1993 — a fim de provar que, enquanto os afro-americanos atuavam como jurados selecionados aleatoriamente em proporção aproximada à sua porcentagem da população geral, serviam em números muito mais baixos como primeiro jurados em grandes júris, que eram selecionados, tendenciosamente, por juízes brancos. Scott estudou os exames forenses, pesquisando métodos disponíveis para testar sangue, roupas e impressões digitais em 1973 e 1998. Pediu que um especialista examinasse os arquivos médicos de Paul Fobb para avaliar sua visão com base nas várias cirurgias que fizera antes de 1972. Fez todos os esforços possíveis para cobrir cada questão de ineficácia do advogado e má conduta do promotor de que conseguiu se lembrar. Foi só porque ele fez um trabalho tão meticuloso que, nos quinze anos seguintes, consegui levar meu caso a juízo.

Nas 348 entrevistas com presidiários que Guerin e Daniel realizaram no dia seguinte à morte de Miller — entrevistas que o estado se recusou a entregar antes dos meus julgamentos de 1973 e 1998 —, Scott encontrou provas significativas que o promotor era obrigado a entregar aos meus advogados, mas não o fez, todo esse material era denominado "alegação de Brady".[1]

Para tentar contornar isso durante meu julgamento de 1998, Julie Cullen disponibilizou as anotações dos agentes policiais "in camera", significando que apenas o juiz poderia vê-las. O juiz Bruce Bennett afirmou que "daria uma chance" e leria as anotações, mas advertiu: "Não tenho certeza se conseguiria reconhecer o que você poderia considerar como uma informação exculpatória... e odeio ser colocado como o guardião dessas informações... É uma posição muito desconfortável de ser colocado." O juiz lembrou Cullen: "... se eu deixar passar algo que seja exculpante, todos vocês terão que aceitar isso". Cullen respondeu afirmando: "Aceito totalmente essa responsabilidade, Meritíssimo." Após a revisão na câmara, a promotoria concordou em entregar apenas as anotações das entrevistas do xerife comigo, Chester Jackson e Gilbert Montegut. Elas ocupavam meia página.

Aprendemos muito com as outras 345 entrevistas que teriam sido favoráveis à minha defesa, pistas importantes que os investigadores do estado ignoraram, pistas que não apontavam para nós. Era como se os funcionários da penitenciá-

---

1 Alegação ou violação de Brady é um termo oriundo da decisão na ação Brady X Maryland para designar alegações de violação ao devido processo legal pela não concessão de acesso pela defesa ao material probatório. (N. da T.)

ria e os agentes do xerife estivessem tão determinados em colocar a culpa em mim e em Herman que, consciente e voluntariamente, ignoraram evidências e outras pistas que poderiam ter provado quem realmente matou Brent Miller. Dois dos presidiários entrevistados pelos agentes policiais realmente tinham sangue nas roupas quando foram interrogados, segundo as anotações dos policiais, e mesmo assim suas roupas não foram encaminhadas ao laboratório criminal.

Com base em suas anotações, os agentes policiais Daniel e Guerin nunca interrogaram Hezekiah Brown, a principal testemunha que afirmou ter visto o assassinato de Brent Miller. Além disso, eles inquiriram apenas quatorze prisioneiros que viviam em Pine 1, onde o corpo de Miller foi encontrado. Interrogaram três vezes mais prisioneiros — 47 — que viviam no Hickory 4, onde eu estava alojado. (De todos os detentos brancos que estavam nos alojamentos Oak, exatamente ao lado dos alojamentos Pine, apenas sete foram entrevistados.)

As notas dos agentes policiais também revelaram que um prisioneiro tinha arranhões "do lado esquerdo das costas, perto da omoplata" — uma descoberta que os agentes policiais e funcionários da penitenciária aparentemente nunca investigaram. (Relatórios forenses mostraram que Brent Miller tinha fragmentos de pele e sangue sob as unhas que nunca foram testados.) Havia uma anotação ao lado do nome de um detento que dizia que ele "ouviu falar alguma coisa no dia anterior. G.K. [as iniciais de um prisioneiro] era um no grupo falando". Ao lado, o delegado Guerin escreveu uma única palavra — "tramma [sic]" — que nunca foi acompanhada pelos investigadores.

Quando os delegados entrevistaram Joseph Richey depois do assassinato de Miller, ele primeiro disse a ambos que foi ao Hickory 4 na manhã do assassinato e deu cigarros a um preso chamado "Crutches". Daniel escreveu: "P-4 [Pine-4] 72037 [Joseph Richey] foi pro rango, depois foi ao hic-4, deu alguns cigarros a Crutches e voltou para o alojamento." Guerin escreveu: "Joseph Richey — Pine 4 — 72037 — Deu cigarros a Crutches." No meu julgamento, Richey e Daniel afirmaram que Richey deu apenas uma declaração. Ao examinar os registros de alojamento da penitenciária, Scott soube que Richey foi colocado em um bloco de celas depois de fazer sua declaração inicial sobre dar cigarros a Crutches. Depois de um mês no bloco de celas, ele fez uma segunda declaração, afirmando que me viu sair correndo de Pine 1, após a qual ele foi retirado do bloco de celas e recolocado em um alojamento. A partir desses registros, Scott também descobriu que todos os prisioneiros que testemunharam contra mim conseguiram um alojamento melhor em seguida. Todo presidiário que testemunhou a meu favor foi colocado em um alojamento mais restritivo.

Nas notas de Julie Cullen anteriores ao julgamento, Scott encontrou ainda mais provas de que ela sabia que Joseph Richey estava mentindo quando afirmou ter me visto sair correndo de Pine 1 depois que Miller foi morto: ele disse que não tinha "escutado" meu nome ser associado ao assassinato até ouvir a família de Chester Jackson conversando. O arquivo continha sua nota pessoal digitada resumindo uma conversa que ela teve com Richey, que também atendia pelo nome de Joseph Bowden. A nota dizia: "Quando C.J. [Chester Jackson] se preparava para testemunhar e J.B. [James Bowden, também conhecido como Richey] ouviu a família de C.J. conversando, pela primeira vez realmente percebeu que A.W. [Albert Woodfox] estava envolvido no assassinato." Anos mais tarde, duas irmãs de Jackson diriam que Chester disse a elas que Herman e eu não tínhamos nada a ver com o assassinato.

Em outra demonstração inacreditável de incompetência proposital, Scott encontrou um memorando do diretor C. Murray Henderson para o FBI afirmando que os investigadores encontraram "um par de tênis ensanguentados" na área do alojamento onde Brent Miller foi morto. Os oficiais da prisão nunca enviaram os sapatos para o laboratório criminal; o sangue que estava neles nunca foi testado; eles nunca foram apresentados como prova no meu julgamento ou no de Herman. E no entanto, em certo momento, o diretor deve ter acreditado que os sapatos eram uma prova-chave do assassinato, porque os policiais perguntaram aos prisioneiros quanto calçavam.

No dia do assassinato de Miller, eu estava usando um moletom cinza, calças jeans e botas de borracha. O estado sempre afirmou que eu estava usando uma jaqueta verde do exército, jeans e um par de sapatos marrons que Bill Daniel alegou ter confiscado de mim no dia do assassinato de Miller. Com os registros do laboratório criminal, Scott descobriu que as roupas que Daniel alegou ter tirado de mim só foram enviadas para análise uma semana depois do assassinato e uma semana depois que todas as outras provas do caso já haviam sido enviadas e analisadas.

Nenhuma das evidências acima foi entregue para a minha defesa. Nunca tivemos a oportunidade de investigar nada disso. Nenhum júri ouviu falar delas. Jamais conseguiríamos averiguar as pistas que poderiam ter esclarecido o que aconteceu. Para nós, isso foi claramente uma má conduta do Ministério Público. Mas Julie Cullen escapou impune, como todos os promotores. Não há supervisão da conduta do Ministério Público nos Estados Unidos, apesar de as ações imprudentes e irresponsáveis por parte de promotores, que não estão em busca de justiça ou verdade, mas interessados apenas nas próprias carreiras e em vitórias, terem consequências gigantescas e irreversíveis nas vidas das pessoas.

Em meu pedido revisão criminal, Scott também observou o que o arquivo dos delegados do xerife não continha: os nomes dos policiais que participaram da busca por provas; dos que descobriram as evidências; as fotografias da cena do crime preservada (os funcionários da prisão moveram o corpo de Miller antes da chegada da polícia); uma lista completa de evidências coletadas; documentação de como, quando e onde as provas foram coletadas; e fotografias ou notas explicando os locais de onde as impressões digitais foram retiradas.

Além de listar a alegação de Brady, Scott levantou mais de 22 questões de ineficácia do advogado, incluindo o fato de que meus advogados Bert Garraway e Clay Calhoun não investigaram nem consultaram especialistas, não se opuseram a análises de sangue problemáticas, não se opuseram à maneira como Julie Cullen interrogou Leonard Turner no depoimento, agiram de forma medíocre ao permitir que o promotor do meu julgamento original de 1973 desse sua opinião sobre a credibilidade e o comportamento de Hezekiah Brown, não investigaram as evidências de manchas de sangue, a impressão digital ensanguentada encontrada na cena do crime, e não estabeleceram que evidências físicas foram perdidas.

Scott também incluiu uma análise da seleção do júri para meu julgamento. Ele levantou questões descobertas por Mike Rocks sobre a voir dire do júri e o fato de que nenhum dos jurados foi questionado a fim de definir seus sentimentos sobre raça e suas atitudes em relação a pessoas negras, o que deveria ter sido feito para me garantir um júri imparcial, principalmente porque sabíamos que a acusação transformaria a minha raça e filiação ao Partido dos Panteras Negras em um problema. Ele também levantou questões sobre a constitucionalidade do meu grande júri e do primeiro jurado, observando que havia um padrão no distrito de West Feliciana em que o juiz selecionava o primeiro jurado em vez de permitir que essa pessoa fosse escolhida aleatoriamente.

Leonard Turner também depôs sob juramento ao investigador Gary Eldredge que, depois de ter afirmado no depoimento que não viu nada na manhã do assassinato de Brent Miller, ele estava, de fato, em Pine 1 no momento. Ele disse que Herman, Gilbert Montegut e eu éramos inocentes, mas não disse quem era o assassino. Turner declarou sob juramento:

> Em 1972, quando o Sr. Miller foi morto, eu era um presidiário em Angola no alojamento Pine 1. Naquela manhã, eu estava limpando o saguão como sempre fazia. O Sr. Miller estava dentro do alojamento conversando com Hezekiah. Enquanto eu limpava, dois caras de outro alojamento entraram. Eu disse a eles: "Ei, o polícia tá aí." "Nós sabemos", um deles respondeu. Os dois entraram no alojamento. Depois, um terceiro. Ele caminhou direto até o Sr. Miller (que estava de costas para ele). O terceiro cara agarrou o Sr. Miller pelo pescoço com um braço e o esfaqueou com uma faca que segurava com a outra mão. Depois os outros dois... correram com facas e começaram a esfaqueá-lo também. Eu saí correndo. Conhecia Hooks Wallace, Albert Woodfox e Gilbert Montegut. Nenhum deles estava no alojamento ou no saguão nessa hora. Eu vi o que aconteceu e tenho certeza de que nenhum desses três caras esteve envolvido na morte do Sr. Miller.

O investigador Eldredge entrevistou várias testemunhas e localizou evidências. Scott Fleming e os advogados Mike, Nick e Susana trabalharam até tarde durante semanas para examinar todas as nossas pesquisas e negociar os termos do meu recurso. Nele, Scott também resumiu o testemunho contraditório contra mim. Scott escreveu:

> Nesse caso, o Estado apresentou descaradamente nada menos que quatro teorias incompatíveis sobre quem matou Brent Miller. Hezekiah Brown disse que o assassinato foi cometido por Albert Woodfox, Herman Wallace, Chester Jackson e Gilbert Montegut. Chester Jackson disse que foi ele mesmo, Albert Woodfox e Herman Wallace. Paul Fobb disse que "viu" Albert Woodfox sozinho. Howard Baker afirmou que foram Herman Wallace e "Pedro". O Estado ter apresentado tantas teorias contraditórias do caso foi, sobretudo, desonesto. Mesmo sem o benefício de qualquer

conhecimento prévio quanto aos métodos sorrateiros que o Estado empregou para garantir seu depoimento contra o Sr. Woodfox, é óbvio que as testemunhas do Estado devem ter mentido, pois a lógica por si só dita a conclusão de que tais histórias incongruentes não podem ser verdade...

Brown e Jackson alegaram ter testemunhado o esfaqueamento de Brent Miller. Brown afirmou que ele e Miller estavam sozinhos em Pine 1 quando quatro homens, armados com quatro facas diferentes, entraram no local e mataram Brent Miller. Por sua vez, Jackson afirmou que três homens, com apenas duas facas, entraram em Pine 1 e encontraram Brown, Miller, Specs [Leonard Turner] e "cinco ou seis" outros homens. Jackson não soube dizer se os cinco ou seis homens no fundo da sala participaram do ataque. Brown tinha certeza de que o ataque começou quando Woodfox esfaqueou Miller pelas costas. Jackson afirmou estar igualmente certo de que o Sr. Woodfox esfaqueou Miller no peito. Brown disse que Miller estava sentado na cama voltado para os fundos da sala. Jackson afirmou que Miller estava voltado para a frente da sala (o que levanta a questão: como o Sr. Woodfox foi capaz de surpreender Miller por trás depois de entrar na sala com um lenço sobre o rosto e passar direto por Miller?). Brown disse que o ataque durou um ou dois minutos e que Miller foi incapacitado e caiu (ou, em sua outra versão, foi jogado) ao chão quase imediatamente. Jackson, por outro lado, afirmou que o ataque durou mais de dez minutos e que Miller ficou de pé até o final. Richey disse que viu os homens correndo do alojamento apenas "dois ou três minutos" depois de entrarem. Independentemente do tempo que demorou, Paul Fobb afirmou estar do lado de fora, "chocado e atordoado" e "esperando" que o Sr. Woodfox saísse de Pine 1. Brown disse que se encolheu contra a parede de medo e esperou até que Miller morresse e os agressores saíssem, depois disso ele saiu correndo do prédio. Jackson disse que Specs — a quem Brown nunca mencionou — e Brown saíram correndo de Pine 1 enquanto o ataque ocorria.

O[s] relato[s] de Joseph Richey e Paul Fobb começaram onde parou o de Brown — no ponto em que alegaram terem visto os invasores saírem correndo de Pine 1. Richey afirmou que viu o Sr. Wallace sair correndo de Pine 1 junto com Woodfox, Jackson, Montegut, Brown e Specs. Em seu depoimento no julgamento, disse que todos os seis homens correram pela passarela em direção ao refeitório. Em sua declaração inicial, o Sr. Woodfox foi na direção oposta, em direção aos alojamentos Hickory, enquanto apenas Brown e Jackson foram em direção ao refeitório. Em sua declaração escrita, Richey não sabia para onde foram o Sr. Wallace ou Specs (embora tenha conseguido lembrar quando depôs quase dois anos depois). Por outro lado, Fobb disse que viu apenas o Sr. Woodfox, mas nenhuma das pessoas que as outras testemunhas afirmaram ter visto.

Talvez o mais importante, as testemunhas da acusação — que estavam a apenas alguns metros umas das outras momentos após o assassinato — não se viram. Richey disse que não viu Fobb. Fobb não viu Richey (embora tenha alegado, por necessária insinuação, que o Sr. Woodfox jogou um pano ao passar por Richey). Brown não viu Baker, Richey ou Fobb. Jackson não viu Baker, Richey ou Fobb. Fobb disse que não "viu" mais ninguém. Na verdade, todos disseram que não havia mais ninguém presente. No entanto, as testemunhas do estado querem que acreditemos que todos eles estavam presentes dentro e ao redor do alojamento Pine 1 quando Brent Miller foi morto... Este caso resultou em um conflito de declarações sob juramento entre dez prisioneiros que testemunharam pela defesa (Woodfox, Wallace e Montegut) e três que testemunharam pelo estado.

Anos depois, nos deparamos com mais coisas que nos pareceram ser má conduta do Ministério Público. Meus advogados nunca foram informados de que Joseph Richey foi diagnosticado com esquizofrenia na década de 1960 e recebeu a prescrição de Thorazine, que ele estava tomando, junto com outros medicamentos antipsicóticos, quando depôs em ambos os meus julgamentos, um fato que ele revelaria em uma declaração sob juramento em 2008. Antes do meu julgamento de 1998, disse Richey, ele falou à promotora Julie Cullen que estava tomando medicamentos antipsicóticos. Ela lhe disse para levar os remédios ao fórum, mas nunca revelou aos meus advogados que ele estava tomando qualquer tipo de medicamento. Quando soubemos disso, em 2008, era obviamente tarde demais para incluir a questão no meu recurso. Como de costume, uma vez que não há recurso para as vítimas de aparente má conduta do Ministério Público contra promotores que violam as regras de conduta profissional, não havia nada que pudéssemos fazer.

Capítulo 42

King Sai da Barriga da Besta

Em dezembro de 2000, recebemos a incrível notícia de que uma decisão da câmara julgadora composta de três desembargadores do Tribunal de Segunda Instância da Quinta Região concedeu um novo julgamento a King, decidindo sobre uma petição de habeas corpus apresentada por Chris Aberle, advogado de Mandeville. Chris acompanhava o caso de King há algum tempo. Fora nomeado pelo Tribunal de Segunda Instância da Quinta Região para representá-lo no início dos anos 1990 e elaborou seu recurso da denegação do habeas corpus pela primeira instância federal. Quando o recurso foi negado, Chris se ofereceu para ajudar King a voltar à primeira instância federal. King sempre descrevia a petição de habeas corpus seguinte de Chris como "uma obra de arte". Sua audiência em dezembro contou com a presença de dezenas de apoiadores do A3. A primeira instância concedeu o habeas corpus a King, decidindo que ele provara sua inocência e que uma violação constitucional havia sido cometida em seu julgamento.

Agora o estado estava encurralado. Os promotores não tinham como indiciar King novamente pelo assassinato de August Kelly. O verdadeiro assassino afirmou que matou Kelly sozinho. Nunca houve qualquer evidência física ligando King ao assassinato e a testemunha de acusação que depôs contra King em seu julgamento de 1973 se retratou no final dos anos 1980, admitindo que mentiu porque as autoridades o ameaçaram. Os promotores ofereceram um acordo de confissão de culpa a King. Se admitisse "cumplicidade após o fato", eles lhe dariam uma sentença de tempo cumprido e ele poderia ir embora de Angola. King não queria aceitar o acordo. Era tudo mentira. Ele queria ser inocentado em um julgamento. Mas todos tínhamos acabado de ver o que aconteceu no meu julgamento. Herman e eu insistimos para que aceitasse o acordo e fosse embora, fosse para casa. Ele não queria nos deixar para trás. Não queria que ficássemos sozinhos. Eu teria me sentido da mesma forma, mas queria que ele fosse embora. "Cara, você precisa ir para casa", eu disse a ele. "Se um de nós está livre, todos nós estaremos." King pensou no assunto. Por fim, ele nos disse que decidiu aceitar o acordo.

Quando chegou ao fórum no dia em que seria libertado, 8 de fevereiro de 2001, foi informado de que o estado havia mudado o acordo. Agora, os termos do acordo eram "conspiração para cometer assassinato". Acredito que os promotores usaram o acordo mais brando para atraí-lo a comparecer a audiência antes de oferecerem o que planejaram desde o início. Foi uma tática deliberada e dúbia para levar King à audiência, onde sua família e amigos estariam do lado de fora, esperando para levá-lo para casa. Ele já havia passado pelo exame de consciência necessário para aceitar o primeiro acordo. Mas essa era uma mentira diferente. Ele era inocente. No final, King escolheu a liberdade no lugar da justiça. De pé na mesa da defesa, ele foi instruído a levantar a mão direita para prestar juramento. King ergueu a mão esquerda. Ele aceitou o acordo. Depois da audiência, foi levado de volta a Angola para pegar a papelada para sua libertação e retirar seus pertences. Herman estava alojado em seu bloco e eles se despediram. O sargento permitiu que King entrasse no meu bloco para se despedir de mim. King e eu ficamos alojados no mesmo bloco durante dezessete anos. Ele sempre foi uma força estabilizadora para mim. A maioria dos caras só falava sobre o que acontecia na prisão; não conseguiam ver além disso. King e eu tínhamos conversas diversificadas sobre filosofia e vida, nossas crenças políticas, eventos mundiais, livros que lemos, decisões da Suprema Corte, eleições presidenciais, esportes. Conhecíamos os pontos fracos e fortes um do outro, nossos costumes e modos. Quando ele chegou à porta da minha cela, nos abraçamos pelas grades.

Se King tivesse começado uma nova vida — a vida que ele merecia — e nunca tivesse olhado para trás, Herman e eu teríamos ficado felizes por ele. Mas fez outra coisa. Ele se reuniu com nosso comitê de apoio de base e planejou ações. Viajou com a ex-Pantera Althea Francois a universidades para falar sobre nós e se manifestar contra o confinamento solitário. Planejou uma viagem para falar na Europa com a ex-Pantera Marion Brown. King ficou trancado em uma cela 23 horas por dia durante 29 anos, e três meses depois ele estava na cidade de Nova York contando nossas histórias no Black Panther Film Festival. Mais tarde naquele mês, ele estava de volta aos portões de Angola, dessa vez gritando com um megafone, cercado por apoiadores que protestavam contra o confinamento solitário e a injustiça que Herman e eu estávamos enfrentando.

Em 28 de junho de 2001, Scott Fleming argumentou sobre a revisão criminal de Herman perante a comissária Rachel Morgan da 19ª Vara Distrital em East Baton Rouge. Na Louisiana, os recursos a tribunais estaduais são apresentados a um comissário que analisa o caso e redige uma opinião preliminar antes que um juiz receba o caso. King estava lá com dois ônibus cheios de apoiadores. Ele deu uma entrevista coletiva na escadaria do fórum, explicando aos repórteres como o estado suprimiu provas que poderiam ter provado a inocência de Herman. A comissária recomendou que Herman obtivesse uma audiência probatória com relação à supressão de material exculpatório e de impugnação de testemunhas que vieram à tona no meu julgamento — o fato de que Hezekiah Brown fora pago por seu depoimento, entre outras coisas. Ele esperaria anos por essa audiência.

Naquele verão, usando a receita que aperfeiçoou na prisão, King começou a fazer pedidos em massa de seu doce de pralinê para arrecadar dinheiro para as campanhas do A3 e suas viagens. Ele chamou os doces de Freelines [Libertês, em tradução livre]. Um amigo doou panelas grandes; outro amigo criou uma etiqueta para os pacotes que incluía a mensagem LIBERTEM OS TRÊS DE ANGOLA.

King passaria os quinze anos seguintes em tribunais, coletivas de imprensa, nas escadarias do capitólio do estado, em audiências, salas de leitura, em protestos e marchas, em livrarias, estações de rádio, universidades e no Parlamento Britânico, contando às pessoas sobre mim e Herman, lutando contra os abusos do confinamento solitário e por nossa liberdade. "Estou livre de Angola", dizia com frequência, "mas Angola nunca ficará livre de mim". Onde quer que King fosse, nosso apoio aumentava; as pessoas se envolviam. Em todos os eventos, King era abordado por pessoas desesperadas por seus próprios entes queridos na prisão ou em confinamento solitário. Ele sempre arranjava tempo para conversar com elas. Encarava a luta de cada família, de cada prisioneiro, como se fosse sua. King sempre disse que estar na prisão era como estar em um túnel e a liberdade era a luz no fim desse túnel. Ele me disse que, assim que saiu da prisão, descobriu que estava em um novo túnel e havia outra luz a distância. "Acho que a luta é interminável", disse ele a um repórter. "Na verdade, está sempre começando."

Capítulo 43

Tortura no Camp J

Em março de 2002, a juíza auxiliar[2] Docia Dalby decidiu que nossa ação civil contra punições cruéis e incomuns poderia prosseguir. "Dados os limites naturais da duração da vida humana, especialmente na prisão, é difícil imaginar um confinamento mais atípico ou extraordinário", escreveu ela. Trinta anos em confinamento solitário, ela continuou, é "muito exagerado".

A retaliação contra nós começou quase imediatamente. Os oficiais da prisão se voltaram para Herman. Uma equipe de busca apareceu em sua cela certa manhã. Não encontraram contrabando algum. Uma equipe diferente apareceu às 20h do mesmo dia, vasculhou sua cela novamente, e não encontrou nada. No dia seguinte, enquanto Herman estava no pátio, sua cela foi revistada novamente: a terceira vez em dois dias. Dessa vez, um guarda "encontrou" uma chave de algema feita à mão, que chamamos de "calço". Herman foi colocado na masmorra imediatamente. Quatro dias depois, foi levado ao conselho disciplinar. Ele negou ter um calço e perguntou se poderia pagar por um teste de detector de mentiras para provar. Eles se recusaram a deixá-lo fazer o teste e o condenaram ao programa de seis meses do Camp J, mas antes teria que passar trinta dias na masmorra.

Eles o colocaram na masmorra do Camp J. Herman me escreveu dizendo que parecia que os funcionários da prisão estavam transferindo propositalmente prisioneiros com doenças mentais de seus alojamentos normais — a Unidade

---

2 No original U.S. Magistrate Judge, são juízes nomeados para auxiliar juízes titulares das comarcas distritais do sistema judicial federal e são responsáveis, na esfera criminal, pela condução de processos de delitos menores. Em casos de maior gravidade, podem conduzir procedimentos preliminares e acessórios ao processo, emitindo relatório e recomendações ao juiz distrital. (N. da T.)

de Tratamento (UT) — para ficar com ele na masmorra. Esses prisioneiros, escreveu ele, "gritavam, berravam e falavam sozinhos o dia e a noite inteiros". Disse que quando um parava, outro começava. "Era como se estivessem fazendo turnos para manter o barulho." Herman escreveu ao diretor do Camp J sobre sua preocupação de que manter homens com doenças mentais na masmorra piorava suas condições. Escreveu aos apoiadores pedindo que ligassem para a prisão para reclamar. Por fim, ele nos disse que o principal psiquiatra de Angola finalmente se manifestou e transferiu os prisioneiros de volta para seu alojamento normal na UT.

Depois de trinta dias na masmorra, Herman foi colocado no Nível 1 do Camp J. Ele não estava recebendo comida suficiente e não tinha como comprar, porque os prisioneiros do Camp J só podiam comprar comida no armazém quando estavam no Nível 3. Depois de trinta dias no Nível 1, quando deveria passar para o Nível 2, Herman foi obrigado a passar outros trinta dias no Nível 1. Eu odiava que eles estivessem perseguindo Herman e não a mim. Sempre achávamos que eles não mexiam com os dois ao mesmo tempo porque não queriam que o que estavam fazendo ficasse óbvio. Em suas mentes, poderiam ter negação plausível. Eles também sabiam que eu tinha conhecimento do que estava acontecendo no Camp J e que isso me afetava.

Naquela primavera, Scott Fleming conheceu, na Califórnia, a ativista de direitos humanos baseada no Reino Unido e fundadora da The Body Shop, Anita Roddick. Ele contou a ela sobre nós. Ela ficou chocada por termos ficado em confinamento solitário por trinta anos e escreveu sobre nós em seu blog no mesmo instante. "Nenhum grande canal de comunicação demonstrou qualquer interesse", escreveu ela. "Eu desafio a mídia a contar a história dos Três de Angola. A verdade pode libertá-los." Para minha surpresa, ela me escreveu pedindo para ser incluída na minha lista de visitantes. Em agosto de 2002, ela apareceu para uma visita com contato.

Pouquíssimas pessoas me surpreendem. Anita era diferente de todos que eu já conhecera. Uma magnata renomada mundialmente, fundadora da The Body Shop e ativista de direitos humanos estava me visitando em um bloco de celas de segurança máxima na Louisiana, e não poderia estar mais à vontade. Ela era inteligente, engraçada e irreverente, por isso me senti confortável em sua presença. Ela era muito humilde, o que me impressionou. Sua paixão e seu entusiasmo pelas pessoas, pelos direitos humanos e pelos direitos dos prisioneiros eram óbvios. Seu conhecimento sobre questões de justiça social era amplo; sua sinceridade, pura. Nós conversamos sobre tudo, sem restrições. Ela me perguntou, um homem que estava há três décadas em confinamento solitário, se eu sentia falta de fazer sexo. Eu disse que sim. Ela me fez rir. Quando nos levantamos para nos despedir depois daquela primeira visita, nos abraçamos e ela estava com um grande sorriso. "Eu estou pensando na grande festa que vamos dar quando você e Herman saírem daqui", disse ela.

Em setembro, ela escreveu sobre nossa visita no Counterpunch.org:

Eu sei a pergunta que as pessoas farão quando souberem que eu assumi a causa dos Três de Angola: Por que eu, por que agora, por que percorrer 19 mil [quilômetros] ao redor do mundo até uma penitenciária remota para assumir este caso? E me lembro de uma citação que li na parede de um banco indiano anos atrás. Foi Gandhi quem disse: "Sempre que estiver em dúvida, ou quando seu ego for demais para você, faça o seguinte teste. Lembre-se do rosto do homem mais pobre e fraco que você já viu e se pergunte se a ação que está a considerar será de alguma valia para ele."

Albert Woodfox não é fraco, de forma alguma. Mas ele, assim como seus compatriotas Herman Wallace e Robert [King], vale meus esforços e os esforços de todos que acreditam que devemos lutar contra a injustiça onde quer que a encontremos.

Gordon, o marido de Anita, pediu a Herman que o colocasse em sua lista e foi visitá-lo no Camp J. Em sua visita seguinte, Anita me disse que não precisávamos mais nos preocupar em arrecadar dinheiro para advogados. Nosso comitê de apoio, que vinha vendendo bolos para tentar nos ajudar financeiramente, poderia se concentrar em publicidade e ações políticas agora. Anita voltou várias vezes, às vezes com Brooke Shelby Biggs, uma jornalista que trabalhava com Anita e entrou na lista de Herman; quando Herman não estava no Camp J, podíamos realizar as visitas juntos. Anita e Gordon Roddick mudaram nossas vidas, aumentando barulho em torno do nosso caso de imediato. Quando os constantes pedidos à grande imprensa para expor nossa história não foram atendidos, Anita pagou para colocar anúncios sobre nós em revistas nacionais. Ela escreveu sobre nós em seu blog e contou nossa história e os abusos do confinamento solitário para a BBC e os jornais britânicos, que foram mais receptivos do que a grande imprensa norte-americana. Ela falava sobre nós onde quer que fosse.

Em 2 de outubro de 2002, Scott entrou com meu pedido de revisão criminal. Muito trabalho havia sido investido nisso. Eu me perguntei como poderia agradecer a Scott. Ele trabalhou muito e fez diversos sacrifícios pessoais para chegar a esse ponto. Cerca de uma semana depois, um amigo mandou para mim e Herman pelo correio os programas para a reunião do 35º aniversário do Partido dos Panteras Negras. Recebi uma nota da sala de correspondência me dizendo que eu não teria permissão para recebê-lo porque era "relacionado a gangues". A nota me informou que havia sido devolvido ao remetente. O programa enviado a Herman, no entanto, foi entregue em sua cela no Camp J. Pouco depois, um guarda entrou em sua cela e o confiscou. Herman escreveu imediatamente ao diretor perguntando sobre as regras relativas ao confisco de correspondências no Camp J. Nunca obteve resposta. No dia seguinte, vários tenentes apareceram na porta de sua cela e o mandaram empacotar todos os seus pertences. Ele estava no Camp J há seis meses, então achou que o levariam de volta para a CFR. Em vez disso, foi escoltado até Cuda, o prédio do Camp J que abrigava a masmorra, onde todos os seus pertences foram espalhados pelo chão do saguão. Eles o conduziram pelo saguão enquanto os policiais remexiam em seus pertences só para provocá-lo. Ele viu fotos de seus familiares no chão; os guardas chutaram seus artigos de toalete pelo salão; tudo isso foi "encenado para provocar raiva", escreveu ele a um amigo. "Eu escolhi me conter e não disse nada além de perguntar o motivo pelo qual eu estava sendo colocado na masmorra. Disseram-me que descobriria mais cedo ou mais tarde." No dia 28 de outubro, depois de dezessete dias na masmorra, Herman foi levado ao conselho disciplinar e soube que foi considerado culpado de ter material "racista e relacionado a gangues" — o programa do 35º aniversário do Partido dos Panteras Negras. Eles o sentenciaram a mais três meses no Nível 2, suspendendo a pena por noventa dias para prolongar seu tempo lá, e lhe deram trinta dias de confinamento na cela. "É uma tortura mental", escreveu Herman, "conceder privilégios a alguém e depois encontrar uma maneira de tomá-los. É para humilhar, para controlar." Eles o colocaram em uma cela com câmeras apontadas para ele 24 horas.

Duas semanas depois, Herman estava de volta à sua cela normal do Camp J quando sua porta se abriu às 6h20 e o mandaram ir para a frente do bloco. Ele foi trancado no chuveiro enquanto sua cela era vasculhada novamente. Guardas o tiraram do chuveiro e o colocaram na masmorra. Depois de dois dias, o diretor disse que a equipe de busca encontrou uma chave de fenda e um calço em sua cela. Ele foi condenado a voltar ao Nível 1 mais uma vez. "Meu histórico prisional sempre foi exemplar", escreveu Herman a um apoiador. "Nunca fui acusado de ter uma chave de algema, calço ou faca, nunca… mas agora, aos 61 anos, estou sendo acusado de ter contrabando." Sua cela era revistada semanalmente, observou ele. "Que sentido faria, para mim, deixar um contrabando tão perigoso na minha cela sabendo do prejuízo que isso poderia me causar?"

Herman começou a documentar as experiências dos outros prisioneiros da masmorra do Camp J, dizendo aos que estivessem dispostos a compartilhar suas histórias publicamente que ele faria com que as pessoas do mundo exterior conhecessem as histórias deles. Um prisioneiro lhe contou que foi mantido em contenção de quatro pontos durante treze dias. Outro recebeu três cobranças de US$2,00 por gás lacrimogêneo usado contra ele. Um deles estava escrevendo uma carta para a própria mãe em sua cela um dia, quando um guarda lhe mandou tirar o quipá que usava para recitar suas orações. Como não retirou imediatamente, o guarda jogou gás lacrimogêneo nele, que caiu no chão da cela e teve convulsões. Quando recobrou a consciência, estava sendo espancado por não se levantar quando ordenado, enquanto estava inconsciente. Outro detento contou a Herman que estava perdendo a sensibilidade nos braços depois de ser forçado por meses a ter as mãos algemadas nas costas sempre que saía da cela. Um deles lhe disse que havia chegado a um ponto em que temia ferir a si próprio. Quando pediu ajuda às autoridades, jogaram gás lacrimogêneo nele. Ele escreveu a Herman: "Eles estão me negando tratamento mental e médico, então estou me cortando para conseguir ajuda." O prisioneiro tirou uma lâmpada do soquete naquela noite, quebrou-a e se cortou. "Não vou tolerar mais — nunca mais", escreveu ele a Herman. Ele foi levado ao hospital, seus ferimentos foram suturados e ele foi colocado de volta em sua cela. No dia seguinte, o levaram a uma audiência do conselho disciplinar, em que o colocaram de volta no Nível 1 e lhe deram trinta dias de confinamento na cela. Disseram que ele teria que pagar pelo tratamento médico, pelo transporte de ambulância e pela lâmpada que quebrou. Após a audiência disciplinar, ele voltou para sua cela e, por engano, o guarda lhe deixou com o macacão que usou para a audiência. O detento tirou o macacão, o enrolou na barra superior da porta da cela e tentou se enforcar com ele. Um preso "andarilho de bloco" que recebia US$0,20 por hora para observar comportamentos suicidas, o viu pendurado, agarrou suas pernas através das grades e o levantou enquanto todos gritavam e pediam ajuda. Quando o diretor e um coronel chegaram, acusaram o andarilho de bloco de fornecer o macacão ao prisioneiro. "Estou bem no meio dessa loucura", Herman escreveu a um amigo.

Herman conseguiu transmitir as histórias dos prisioneiros do Camp J ao artista Rigo 23, um apoiador e amigo de longa data, e com elas, junto com trechos das cartas de Herman e entrevistas com os outros prisioneiros, Rigo criou um livreto. "Ninguém deveria ter que aturar uma barbárie tão cruel como a encontrada aqui", Herman escreveu a Anita Roddick em 2002, em uma carta que ela postou online. "Ninguém deveria permitir que isso continue; mas infelizmente, por enquanto, ainda acontece. Todos os dias, mais e mais de nossa coragem consegue romper os muros da vergonha."

Burl Cain, guarda de Angola, entrevistado pelo *Times-Picayune* de Nova Orleans sobre a nossa ação civil contra trinta anos de confinamento solitário, disse ao repórter que éramos "bebês chorões". Afirmou que Herman e eu "escolhemos uma vida de crime" e deveríamos "olhar no espelho e parar de olhar para fora em busca de culpados. Passou da hora de eles olharem para si mesmos", disse ele.

Anita nos escreveu e pediu para que contribuíssemos com ensaios para seu livro *A Revolution in Kindness* [sem publicação no Brasil]. Herman, que estava levando comida escondido para os prisioneiros em contenção de quatro pontos no Camp J, escreveu um ensaio para ela sobre ensinar xadrez aos detentos. "Recebi uma carta de Anita Roddick me agradecendo por minha contribuição para *A Revolution in Kindness*", Herman escreveu a um amigo de sua cela no Camp J. "Eu é que deveria agradecê-la, 1 bilhão de vezes, mas não quero aborrecê-la." (Depois que o livro foi publicado, Anita tentou enviá-lo para nós, mas foi banido de Angola por possivelmente "incitar violência".)

Herman e eu sabíamos que ele estava sendo perseguido por causa de nossa ação civil. Os funcionários da penitenciária eram especialistas em usar o conselho disciplinar do Camp J para torturar e maltratar os prisioneiros. Eles criavam um processo contra um detento, o advertiam, levavam ao conselho disciplinar, o sentenciavam a mais tempo — e o ciclo prosseguia. Ele nunca sairia do programa. Essa era a forma legal de infligir dor e sofrimento. Herman nunca reclamou nos bilhetes que passávamos um ao outro, mas eu sabia que ele estava sofrendo. Eu também sabia que eles nunca o destruiriam. Ele divulgou um poema que escreveu no Camp J para nossos apoiadores:

> Eles retiraram meu sussurro da população geral
> Para a segurança máxima
> Eu ganhei uma voz
> Eles retiraram minha voz da segurança máxima
> Para segregação disciplinar
> Minha voz deu esperança
> Eles retiraram minha voz da segregação disciplinar
> Para o confinamento solitário
> Minha voz se tornou vibração por unidade
> Eles retiraram minha voz do confinamento solitário
> Para a supermáxima do Camp J
> E agora querem me destruir
> Quanto mais alta minha voz, mais profundamente me enterram
> EU DISSE, QUANTO MAIS ALTA MINHA VOZ MAIS PROFUNDAMENTE ME ENTERRAM!
>
> Poder ao Povo!
> Libertem todos os presos políticos, prisioneiros de guerra, prisioneiros de consciência!

No dia 7 de dezembro de 2002, para marcar o quarto aniversário do meu novo julgamento, King, juntamente com vários membros da Coalizão de Apoio ao A3, e outros ativistas penitenciários fizeram uma manifestação no portão de entrada de Angola, desta vez para protestar contra as condições desumanas do Camp J e as falsas alegações usadas para manter Herman preso lá. Dezenas de oficiais de segurança de Angola e agentes policiais armados do xerife do Distrito de West Feliciana cercaram os manifestantes. Policiais estaduais à paisana os fotografaram. King disse aos repórteres que se reuniram: "O Camp J é um campo de tortura. Diversos suicídios resultam da detenção de prisioneiros lá."

Os manifestantes ficaram por noventa minutos. No caminho de volta para Nova Orleans, dirigiram em comboio, com medo da polícia naquela área, depois de serem cercados por policiais armados durante sua manifestação pacífica. Nossos apoiadores escreveram a Herman, preocupados que seus protestos tivessem piorado tudo para ele. Eles perguntaram se deveriam parar de protestar. "Nunca", respondeu ele. "Protestem mais."

Eu estava escrevendo uma carta no final daquele mês, quando começou a chover. O céu escureceu lá fora e ficou difícil de ler. Chamei o oficial do bloco: "Ei, cara, acende a luz na cela 14." Ele me ignorou. Gritei novamente, achando que ele não tinha me ouvido. Nada de luz. Pedi a ele pelo menos cinco vezes para acender a luz da minha cela. Ele não acendeu. Gritei para que ele chamasse o supervisor. Ele disse: "Você não manda em nada, vou acender a luz quando eu quiser." Eu geralmente nunca perdia o controle das minhas emoções. Um guarda podia estar destruindo minha cela na minha frente, jogando minhas roupas no chão, revirando meu colchão, lendo minha correspondência pessoal e eu poderia lhe dizer para tirar as mãos da minha correspondência jurídica se tocasse nela, mas não demonstrava emoção alguma. Naquele dia, minhas emoções me venceram. Comecei a chacoalhar as grades. Eu as sacudi, gritei e berrei e não parei até o guarda aparecer na porta da minha cela. Ele me disse para recuar. Eu obedeci. Ele me disse que eu passaria a noite na masmorra e me entregou um macacão para vestir.

Quando a porta se fechou na minha cela na masmorra, eu me sentei no colchão vazio. Pensei em minha irmã. Na primeira vez que Violetta teve câncer de mama, ela melhorou. Eu sabia que o câncer poderia voltar, mas não estava preparado quando ela adoeceu novamente. Violetta era criança quando começou a me visitar na prisão. Na rua, eu a protegia. Dez, vinte, trinta anos depois, ela ainda me olhava como se eu a mantivesse segura. Seu acolhimento e amor nunca hesitaram. Quando ex-Panteras e ativistas foram me apoiar em meu julgamento de 1998, minha irmã os agradeceu por terem comparecido e os abraçou. Ela não ficou intimidada nem com medo das equipes de jornalistas de TV do lado de fora do fórum. "Queremos que ele volte para casa", disse ela simplesmente. "É hora de ele voltar para casa."

Em seu checkup de cinco anos, no final de 2001, Violetta descobriu que o câncer havia voltado. Em uma visita, ela me contou que o câncer se espalhara para os pulmões. Em 10 de agosto de 2002, Violetta morreu aos 50 anos. O único pedido que me fizera em mais de trinta anos foi para ir ao seu funeral. Em sua última visita à prisão, ela me implorou para estar presente. Ela estava fraca, pálida e muito magra. Eu sabia que sentia dores. Eu disse que iria, para confortá-la. Depois de sua morte, escrevi às autoridades prisionais perguntando se poderia ir ao funeral de minha irmã. Meu pedido foi negado. Recebi fotos do funeral de Vi. O marido dela, meu amigo de infância Michael Augustine, me visitou depois. Meu irmão Michael apareceu duas vezes naquele mês. Falei com as filhas e o filho de Vi ao telefone. Apoiadores do A3 que foram ao seu funeral também foram me visitar.

Pensei em nós quando crianças, colhendo morangos atrás da fazenda dos nossos avós. A beleza da minha irmã era tão natural, tão pura. Sua devoção a mim sempre me mantinha com os pés no chão. Senti na alma a dor de perdê-la.

Em abril de 2003, King deu as boas-vindas aos ativistas na Conferência Regional Critical Resistance South, em Nova Orleans, lendo uma declaração dos Três de Angola, na qual enfatizamos a importância da organização contra o confinamento solitário, um sistema judiciário e prisional racista. Mais tarde naquele mesmo mês, em 17 de abril, ele e nossos apoiadores estavam de volta aos portões de entrada em Angola, marcando os 31 anos desde que Herman e eu fomos presos pela primeira vez, celebrando nossa resistência e protestando contra nossas condenações injustas pelo assassinato de Brent Miller. Essa reunião de aniversário se transformaria em um evento anual.

No mês seguinte, em uma visita com contato aprovada de Anita Roddick, Robert King e vários de nossos apoiadores para mim, Zulu e um prisioneiro amigo nosso chamado Roy, funcionários de alto escalão da penitenciária entraram na sala de visitas e encerraram a visita vinte minutos depois da chegada de todos. Eles escoltaram King e nossos outros visitantes para fora do local, dizendo que eles tinham que sair e retirar seus carros do estacionamento da prisão em poucos minutos. Anita, no banco de trás de um dos carros, já estava ao telefone com o escritório do diretor Burl Cain antes de saírem da penitenciária. Mais tarde, os funcionários da prisão afirmaram que a visita foi interrompida porque King era um "risco à segurança". Eles colocaram Roy na masmorra, acusando-o de mentir em seu formulário de visitas. A prisão acusou King, que era conhecido como Robert King Wilkerson na prisão, de mentir sobre o seu nome quando, na verdade, depois de ter sido libertado de Angola e pela primeira vez na vida ter obtido a sua certidão de nascimento, soube que o seu nome e data de nascimento não eram o que ele achava. Em sua certidão de nascimento, ele era Robert Hilary King, nome que ele usaria a partir de então em sua carteira de motorista e em todos os outros documentos legais. A prisão condenou Roy ao Camp J e o transferiu para lá. Depois que nossos advogados se envolveram e provaram que Roy não violou nenhuma norma da penitenciária, ele foi transferido de volta para a CFR.

Mais tarde naquele mês, um tribunal federal de segunda instância decidiu que King, Herman e eu tínhamos o direito de processar o diretor Cain e Richard Stalder, secretário do Departamento de Segurança Pública e Correções da Louisiana, alegando que sofremos punições cruéis e incomuns na CFR. Depois dessa notícia, a perseguição a Herman continuou. Ele ficou detido no Camp J por mais nove meses. Durante esse tempo, Marina Drummer escrevia newsletters para nossos apoiadores e expandiu nossa lista de e-mails, desenvolvendo ações de alinhamento com outros grupos para ampliar nossa base de apoio. Conheci pessoas do nosso comitê de apoio que me visitaram na prisão e muitas delas se tornaram amigas. Eles me contaram sobre suas crenças e ações políticas; eu sempre ficava comovido com essas visitas.

Em agosto de 2003, King e o artista Rigo 23 voaram para a África do Sul como convidados do Institute for Global Dialogue de Nelson Mandela, e lá se encontraram com líderes do Congresso Nacional Africano. King passou o mês seguinte discursando em Joanesburgo, Pretória, Durban, KwaZulu-Natal, Cidade do Cabo e na Ilha Robben. Em Angola, Herman e eu mantivemos o contato como pudemos por meio de cartas enviadas por intermédio de prisioneiros com privilégios. Um novo ano chegou. Quando eles finalmente levaram Herman de volta para a CFR, em fevereiro de 2004, pude ver os ossos sob sua pele. Ele perdera mais de 13kg no Camp J, mas o espírito de luta em seus olhos não mudara.

Capítulo 44

Cruel e Incomum

Um modo de Herman e eu rastrearmos os movimentos de King era por nossas correspondências. Quando de repente recebíamos lotes de cartas e cartões de um lugar, sabíamos que ele tinha passado por lá: Amsterdã, Bélgica, Paris, Londres, Lisboa, Rio. Ele também viajou muito pelos Estados Unidos: Washington, D.C.; Boston; Los Angeles; Chicago; Houston. Suas palavras levaram as pessoas à ação. Dezenas de apoiadores, jornalistas e novos amigos queriam falar conosco e atendiam nossas ligações a cobrar da prisão.

Todos estávamos frustrados porque a ação civil que movemos em 2000 contra nosso confinamento solitário parecia estar emperrada no judiciário. As autoridades estaduais usaram táticas de adiamento aparentemente intermináveis, entrando com vários recursos pedindo que o processo fosse arquivado, argumentando que as autoridades carcerárias e estaduais deveriam ser imunes a tais processos. Tudo isso mudou em 2005, quando uma equipe de advogados baseados em Nova York liderada por George Kendall assumiu nosso caso civil pro bono. George, um ex-advogado do American Civil Liberties Union Eleventh Circuit Capital Litigation Project, trabalhou em estreita colaboração com o Innocence Project e o NAACP Legal Defense and Educational Fund em questões políticas e ministrou cursos sobre questões de justiça criminal em várias escolas, incluindo a Faculdade de Direito da Universidade Yale, a Faculdade de Direito da Universidade Estadual da Flórida e a Escola de Direito da Universidade St. John's. George tinha ouvido falar do nosso caso por meio de Nick Trenticosta. No início, George só se envolveu em nossa ação civil, alegando que nossos direitos constitucionais estavam sendo violados por termos sido mantidos em confinamento solitário por décadas. Para começar, enviou quatro advogados a Angola para examinar milhares de registros em papel da Penitenciária do Estado da Louisiana. A tarefa demorou mais de duas semanas. Ele reuniu uma equipe de jovens advogados brilhantes para trabalhar em nosso caso, incluindo Carine Williams, Corine Irish, Sam Spital e Harmony Loube. Depois, Katherine Kimpel e Sheridan England, em Washington, D.C., se juntaram à equipe jurídica — com foco nas condições do confinamento solitário —, e também Billy Sothern e Robert McDuff, em Nova Orleans — com foco no meu recurso criminal. (Anos depois de conhecermos George em 2005, sua equipe assumiu meu recurso criminal e, em seguida, o de Herman.)

Nos dois anos seguintes, a equipe de George questionou mais de sessenta testemunhas para a nossa ação civil. Estávamos sujeitos aos limites do que poderíamos pedir legalmente em termos de danos ou medidas liminares, mas esses advogados nunca tiveram uma atitude de "vamos apenas tirá-los da CFR". Era sempre "vamos tirá-los da prisão". Acho que isso fez uma grande diferença na forma como George e sua equipe nos representaram. Quando George e sua equipe jurídica foram recrutados para outra firma, a Squire Patton Boggs, em 2009, eles não nos abandonaram. Uma das condições que George impôs foi que ele não mudaria de firma, a menos que a nova continuasse a nos representar.

Enquanto isso, Herman e eu lidávamos com vários atrasos em nossos processos criminais. Scott Fleming entrou com meu habeas corpus pós-condenação no Tribunal Estadual de Segunda Instância da Louisiana, Primeira Região, em 2002. Demorou quase três anos para o tribunal estadual denegá-lo, em 8 de agosto de 2005. Levou mais um ano para a Suprema Corte Estadual da Louisiana negar provimento ao recurso contra a primeira denegação, em 29 de setembro de 2006. No total, foram necessários sete anos, desde quando apresentei meu recurso direto original em 1999, para "exaurir todos os recursos estaduais" antes que eu pudesse entrar com o processo na esfera federal.

O caso de Herman também estava se arrastando. Em 9 de setembro de 2000, ele entrou com seu pedido de revisão criminal, apresentado a um comissário do tribunal estadual. Um ano depois, em 10 de setembro de 2001, o comissário decidiu que ele deveria obter uma audiência probatória. Dois anos e nove meses depois, em junho de 2004, a 19ª Vara Distrital decidiu que a alegação de Herman em relação a Hezekiah Brown era injustificada e indeferiu todas as outras alegações na petição de Herman. Ele e Nick Trenticosta apelaram dessa decisão para o Tribunal de Segunda Instância da Primeira Região, em 2005. O Tribunal da Primeira Região reverteu parte da decisão de primeira instância, mantendo a rejeição de todas as alegações, exceto as relativas a Hezekiah Brown, ordenando uma nova audiência sobre essa questão.

Eu não esperava mais nada. Eu sabia por experiência própria que o sistema judicial não se preocupava com a inocência ou a justiça. (O estado já havia reconhecido que eu tinha uma ação meritória de discriminação por grande júri apresentada em 1973, mas optou por ignorá-la.) Um homem inocente poderia ser enforcado e o sistema judiciário só decidiria o tipo de corda usada para o enforcamento. Em termos legais, isso é chamado de "devido processo". Mas a dor de cada uma de nossas recusas em juízo era maior para mim agora por causa dos homens e mulheres que trabalharam em nossos casos e todos os nossos apoiadores. Não queria que eles perdessem o ânimo. Sempre que uma decisão não nos favorecia, eu me sentia responsável por permanecer otimista, por entrar em contato e encorajá-los. Escrevi mensagens que eram distribuídas aos nossos apoiadores por meio de newsletters e em sites. Após a denegação de 2006, escrevi:

> Eu digo adiante com a luta!... Nunca devemos esperar sair da batalha sem contratempos ou ferimentos. A arte de um grande soldado não está em sua habilidade de lutar, mas em sua habilidade de manter a dignidade, o orgulho e o respeito próprio e, acima de tudo, a humanidade em seus momentos mais sombrios! Aos amigos, familiares, camaradas e apoiadores da Coalizão Nacional pela Libertação dos Três de Angola, eu os saúdo pelo bom trabalho. Recebo todos vocês em meu coração, alma e espírito e me consolo em saber que, na batalha que temos pela frente por mim e por Herman Wallace, não estaremos sozinhos! Ouse Lutar. Ouse Vencer!

A audiência probatória de Herman ocorreu em 20 de setembro de 2006. Foi realizada em Angola. Como muitas pessoas compareceram à audiência de 2004 em Baton Rouge, as autoridades queriam diminuir a multidão presente. Ainda assim, a família de Herman e muitos apoiadores conseguiram estar presentes. Nick Trenticosta, Scott Fleming e Susana Herrero representaram Herman, mais uma vez perante a comissária Rachel Morgan da 19ª Vara Distrital. Eles expuseram os méritos da alegação de Brady levantados no pedido de revisão criminal. Mostraram à comissária cinco cartas que o diretor C. Murray

Henderson escreveu entre fevereiro de 1974 e novembro de 1975, tentando conseguir perdão judicial para Hezekiah Brown. Mostraram a ela como, mesmo depois que Henderson deixou Angola, as autoridades mantiveram seu acordo original com Brown. Em 1978, Frank Blackburn, o diretor da época, escreveu ao secretário de correções, C. Paul Phelps, pedindo que Brown recebesse uma caixa de cigarros por semana. "Isso, penso eu, cumpriria parcialmente os termos do acordo feito [com Brown] no passado em relação ao seu depoimento em nome do estado no caso do assassinato de Brent Miller", escreveu Blackburn. Em uma nota manuscrita, o secretário Phelps respondeu: "Concordo. O diretor Henderson fez o acordo original com Brown... Acho que devemos cumpri-lo."

Bobby Oliveaux, um guarda aposentado de Angola, depôs na audiência que as autoridades lhe mandaram garantir que Hezekiah Brown não ficasse sem cigarros enquanto estivesse sob custódia e que, se não houvesse nenhum disponível na penitenciária, ele mesmo deveria pagar pelos cigarros. Oliveaux também afirmou que, antes de Brown ser libertado de Angola, ele foi transferido do alojamento do canil para um "anexo" com uma TV. Ele também recebia como atendente, mas não trabalhava, disse Oliveaux. Ele falou que conhecia Brown muito bem, que os prisioneiros que supervisionava "eram como filhos" para ele. (Oliveaux era o "responsável" que, segundo rumores, foi chamado ao fórum no dia da minha acusação de 1993 para convencer Hezekiah Brown a depor contra mim perante o grande júri.)

A comissária também viu uma carta datada de 10 de dezembro de 1984, escrita por Howard Marsellus, presidente do conselho de perdão judicial, ao governador Edwin Edwards, recomendando clemência para Hezekiah Brown. Marsellus escreveu que, embora o pedido de clemência de Brown fosse contestado pelo Departamento de Polícia de Nova Orleans e pelo promotor distrital de Orleans, "Nós... recomendamos que Vossa Excelência conceda ao candidato a comutação da pena por tempo cumprido".

Menos de dois meses depois, a comissária Morgan decidiu a favor de Herman, recomendando ao juízo que revogasse sua condenação. Em uma recomendação de 27 páginas, ela considerou a condenação de Herman fundamentalmente injusta porque o estado suprimiu material que possibilitaria a impugnação de testemunhas. Ela citou a promessa do diretor Henderson de ajudar Hezekiah Brown a obter o perdão em troca do depoimento de Henderson em meu julgamento, citando a transcrição do meu julgamento de 1998, na qual meu advogado Bert Garraway inquiriu Henderson:

Garraway: Você também não disse a ele [Brown] que se ele fornecesse as informações e testemunhasse pelo Estado, você o ajudaria em um pedido de perdão para ele?

Henderson: Sim...

Garraway: E você fez isso?

Henderson: Escrevi cartas em nome dele.

Se o júri de Herman soubesse desse acordo, Morgan escreveu, "isso poderia ter afetado seriamente a avaliação do júri sobre a credibilidade de Brown". Ela continuou: "Tal promessa, é justo dizer, poderia até tê-lo influenciado a mentir, se ele quisesse. Não devemos ignorar o fato de que o Sr. Brown não era um espectador qualquer, mas havia cumprido e ainda estava cumprindo pena por tentativa de estupro qualificado e estupro qualificado, respectivamente. Ele não era um recém-chegado ao sistema prisional ou um jovem ingênuo. A promessa do diretor Henderson foi feita a ele antes de depor no julgamento." Herman ficou exultante. Todos ficamos. Mas o relatório da comissária era apenas uma recomendação, não uma decisão final. O juiz Michael Erwin da 19ª Vara Distrital ainda tinha que decidir.

Agora que havia esgotado todas as vias da esfera estadual, poderia apelar da minha condenação no tribunal federal. O advogado Chris Aberle, que conseguiu um novo julgamento para King em 2000, escreveu minha petição de habeas corpus e nós a protocolamos em 11 de outubro de 2006. O termo latino *habeas corpus* significa "produzir o corpo". Antes da assinatura, pelo presidente Bill Clinton, da Lei Antiterrorismo e Pena de Morte Efetiva de 1996, que enfraqueceu o poder do habeas corpus para todos, ele era referido como o "Grande Writ" — o procedimento legal que impedia o governo de prender uma pessoa indefinidamente sem apresentar uma causa. Em minha petição de habeas corpus, alegamos que (i) promotores intencionalmente apresentaram depoimentos e provas falsas em meu julgamento de 1998; (ii) suprimiram as provas exculpatórias, incluindo evidências de que as testemunhas estavam mentindo e provas da minha inocência; (iii) violaram a cláusula constitucional que garante ao acusado o direito de confrontar testemunhas ao usar e enfatizar declarações extrajudiciais de Chester Jackson; e (iv) a discriminação racial maculou a escolha do primeiro jurado do grande júri que me indiciou. Essa petição de habeas corpus federal foi designada ao juiz James Brady na Comarca Distrital de Middle District da Louisiana.

No ano seguinte, os esforços da equipe de George Kendall em nossa ação civil contra punições cruéis e incomuns começaram a dar frutos. Em agosto de 2007, a juíza auxiliar Docia Dalby decidiu que ficar trancado na Penitenciária do Estado da Louisiana por três décadas poderia constituir uma punição cruel e incomum. Em sua decisão de cinquenta páginas, ela escreveu: "Esses homens, agora na casa dos sessenta anos, já há algum tempo não mais representam uma ameaça à 'segurança e ordem das instalações'." Ela observou que as autoridades citaram apenas o "motivo original do confinamento" como o motivo de estarmos presos na CFR, embora, como ela observou, a prisão tenha mudado sua política em 1996 e eliminado isso como uma justificativa para o confinamento prolongado. "Em 1999", escreveu a juíza auxiliar Dalby, "esses querelantes estiveram em confinamento prolongado há mais tempo do que qualquer pessoa na história de Angola, e mais do que qualquer outro prisioneiro vivo em todos os Estados Unidos". A juíza auxiliar Dalby afirmou que os funcionários da penitenciária deveriam saber que "ficar alojado em isolamento em uma cela minúscula durante 23 horas por dia por mais de três décadas resulta em sérias privações de necessidades humanas básicas". Ela observou que o confinamento pode passar pelo escrutínio constitucional se imposto por curtos períodos de tempo, mas qualquer oficial sensato saberia que o confinamento solitário pode violar a Constituição quando imposto por três décadas. Os tribunais não apenas "expressam de forma consistente a severidade e a terrível privação associadas a tal confinamento", escreveu a juíza auxiliar Dalby, "ele há muito tem sido objeto de pesquisas, e até mesmo de programas de televisão e filmes... Também é uma questão de bom senso que três décadas de isolamento extremo e inatividade forçada em um espaço menor do que um closet comum apresentam a antítese do que é necessário para atender às necessidades humanas básicas. A cada dia que passa", ela escreveu, "seus efeitos aumentam exponencialmente, da mesma forma que uma única gota d'água pingando repetidamente acabará atravessando a mais dura das pedras".

Essa decisão foi uma grande vitória. Não significava que havíamos vencido, mas agora poderíamos discutir a questão de saber se o confinamento solitário de longa duração violava ou não a Constituição nas circunstâncias do nosso caso.

Então, recebemos notícias devastadoras. No dia 10 de setembro de 2007, Anita Roddick morreu repentinamente de um aneurisma cerebral. Eu me senti vazio. Anita era tão cheia de vida. Ela queria transformar o mundo. Sua morte foi tão inesperada. Perdi o rumo. Ela era minha amiga. King foi para Londres e discursou no funeral de Anita. Herman e eu enviamos declarações que foram lidas em voz alta, expressando nossa tristeza e amor. O marido de Anita, Gordon, nos visitou. Ele estava na lista de visitantes de Herman e combinou de chegar com alguém da minha lista para que Herman e eu fôssemos chamados à sala de visitas ao mesmo tempo. Ele queria falar com nós dois. Ele nos disse que realizaria o sonho de Anita de nos libertar e prometeu apoio contínuo ao A3. Ficamos emocionados porque, em seu luto, ele se lembrou de nós e dedicou um tempo para nos visitar. A filha de Gordon e Anita, Samantha, me escreveu pedindo para ser incluída em minha lista de visitantes para que ela pudesse me visitar no lugar da mãe.

Antes de falecer, Anita me dissera que um grande progresso seria feito em nosso caso. Depois que ela morreu, muitos de seus amigos e associados, que ficaram sabendo de seu trabalho para o A3 em seu funeral, se apresentaram para ajudar a fazer isso acontecer. Gordon os colocou em contato com o nosso comitê existente por meio de Marina Drummer e eles se tornaram um conselho consultivo de fato. O organizador Chuck Blitz, amigo de Gordon, agendou uma ligação semanal às sextas-feiras, reunindo todos para falar sobre as estratégias de apoio ao A3. Essa ligação aconteceria todas as semanas durante os oito anos seguintes. Chuck e membros do conselho consultivo trabalharam com Marina para encontrar um coordenador de meio período. Eles contrataram Tory Pegram, o ex-diretor de desenvolvimento e educação pública da ACLU da Louisiana, para ocupar esse cargo.

Agora tínhamos um comitê de apoio melhorado. Tínhamos nossos principais apoiadores de base "in loco", alguns dos quais estavam conosco há quase dez anos — desde o meu julgamento —; ativistas que voluntariamente administravam as comunicações, arrecadavam fundos, palestravam em conferências, protestavam, escreviam artigos, pintavam murais, enviavam malas diretas sobre nós, nos visitavam, escreviam para nós, colocavam dinheiro em nossas contas, aceitavam nossas ligações a cobrar, ligavam para funcionários da prisão para perguntar sobre nosso bem-estar e nos enviavam quebra-cabeças, revistas e livros. E tínhamos esse novo conselho consultivo que se tornou parte do nosso comitê, composto dos amigos de Anita e Gordon, que eram conhecidos advogados e especialistas em justiça social; empreendedores sociais e líderes empresariais; arquitetos de campanhas políticas nacionais; líderes de ONGs nacionais; juízes aposentados; profissionais de comunicação; e cineastas e atores, todos eles não menos fervorosos, mas que operavam em uma estratosfera diferente, por meio de conexões na política e na mídia. Os objetivos do nosso comitê permaneceram inalterados: usar nossas histórias para disseminar os horrores do confinamento solitário nos Estados Unidos, nos transferir do confinamento solitário para a população carcerária geral e nos libertar.

Coloquei Tory na minha lista de visitantes e ela me visitou duas vezes por mês durante um ano, mantendo Herman e eu atualizados sobre as reuniões do A3, a programação de eventos de King, reportagens da imprensa sobre nós, e os detalhes de seu trabalho para o que agora se tornara a Coalizão Internacional de Apoio aos Três de Angola. Seria impossível detalhar tudo.

Para representar verdadeiramente todas as horas que cada pessoa em nosso comitê de apoio e conselho consultivo gastou para nos libertar, todas as ideias que tiveram, ações que tomaram, sacrifícios feitos, tempo e dinheiro gastos, as frustrações suportadas, os detalhes de cada grande ou pequena vitória, a dor de cada perda — para citar tudo o que foi feito a nosso favor, seria necessário outro livro.

Herman e eu tomamos a decisão consciente de dar aos nossos apoiadores uma grande autonomia. Não podíamos microgerenciar nosso comitê, o conselho ou os ativistas individuais que trabalhavam em nosso favor por causa das limitações de estar na prisão. Todas as nossas correspondências eram lidas, nossas ligações eram gravadas, as salas de visitas eram grampeadas. Não podíamos nos reunir. Nossa postura em relação aos nossos apoiadores era: se agirem com integridade, nós os apoiaremos.

Tínhamos uma equipe jurídica enorme, que era completamente separada do comitê de apoio e, às vezes, em desacordo com o comitê, porque muitas vezes a equipe jurídica queria menos exposição, menos ativismo. Às vezes, nossos apoiadores discordavam das estratégias legais. Nunca pedimos à nossa equipe jurídica para mudar as estratégias com base nas pressões de nossos apoiadores. Nunca pedimos ao nosso comitê de apoio para moderar as ações que chamavam atenção para o nosso caso. Confiávamos que cada grupo, separadamente, sabia o que estava fazendo e queríamos ter certeza de que ninguém jamais seria impedido de contribuir com o que fazia de melhor.

No dia 9 de outubro de 2007, quase um ano inteiro depois que a comissária Rachel Morgan emitiu sua recomendação para anular a condenação de Herman, o juiz Michael Erwin, da 19ª Vara Distrital, recusou a alegação de Herman de que o estado havia omitido provas exculpatórias de que Hezekiah Brown fora pago por seu depoimento antes do julgamento de Herman em 1974. Foi a primeira vez na história do estado, que eu saiba, que um juiz não aceitou a recomendação de um comissário. O juiz Erwin respondeu à recomendação de 27 páginas da comissária em uma página, em uma frase, sem análise alguma: "Este juízo não concorda com a recomendação da comissária de que existe uma alegação de Brady válida", escreveu ele. Herman apelou para a Suprema Corte Estadual da Louisiana.

Capítulo 45

"Você Ainda Está São?"

Os assistentes sociais costumavam passar pelo bloco e perguntar aos prisioneiros se queríamos falar com eles. King, Herman e eu conversamos educadamente com essas pessoas, mas nunca pedimos ajuda. Sabíamos que, se fizéssemos, isso seria usado contra nós no futuro. Um guarda poderia ameaçar transferi-lo para a Unidade de Tratamento (UT), a "ala dos loucos". Uma vez movido do bloco para a UT, você poderia voltar como um zumbi. A droga preferida dos presos naquela época era a Flufenazina. Não sei se eles exageravam na dose ou se era o efeito normal da droga, mas a Flufenazina praticamente deixava os homens inertes. Partia meu coração ver homens tomando esse remédio. Eles demoravam quase uma hora para andar de uma ponta a outra do corredor. Paravam de tomar banho. Suas celas ficavam imundas.

Drogas como essa eram chamadas de "contenções químicas". Elas aniquilavam o espírito. Às vezes, quando havia um segurança de plantão que levava seu senso de humanidade para o trabalho, eu pedia a ele para abrir minha porta e me deixar sair da cela para ajudar um desses pacientes durante seu tempo fora da cela. Eu varria e limpava a cela do preso e lhe dava um banho. Ele não conseguia fazer nada além de ficar parado o tempo todo em que eu o lavava. Presos com doenças mentais não recebiam ajuda em Angola. Durante muitos anos, no final dos anos 1990 e 2000, a CFR ficava dentro da UT. Nós compartilhávamos uma masmorra e eu via os guardas jogarem gás lacrimogêneo nos prisioneiros com doenças mentais detidos ali porque eles não paravam de gritar ou de bater nas grades. Esses homens nunca deveriam ter ido para a masmorra, para início de conversa. De vez em quando, os seguranças entravam nas celas e batiam neles. Eu não via, mas ouvia os golpes.

Em preparação para o julgamento do processo cível, Herman, King e eu tivemos que nos consultar com psicólogos. O estado queria mostrar que havíamos "nos ajustado" às celas e esperava documentar que não fomos realmente prejudicados por ficarmos décadas presos 23 horas por dia. De nossa parte, George Kendall queria saber qual fora o verdadeiro impacto do confinamento solitário em nós.

Falar sobre nosso estado mental e nossas emoções não era fácil para nenhum de nós. Em 2003, Nick Trenticosta pediu que nos encontrássemos com Stuart Grassian, psiquiatra credenciado e ex-membro do corpo docente da Harvard Medical School, especialista em estudar o impacto do confinamento solitário. Por meio de sua extensa pesquisa, Grassian documentou o que ele acredita ser uma síndrome psiquiátrica específica causada pelo confinamento solitário, caracterizada por ataques de pânico, paranoia, alucinações, hipersensibilidade e dificuldade de se lembrar, se concentrar e pensar. De acordo com Grassian, mesmo depois de uma breve estadia em confinamento solitário, "uma pessoa pode cair em um torpor mental — uma 'névoa' — em que o estado de alerta, a atenção e a concentração ficam todos prejudicados". A incapacidade de "conseguir e manter a atenção é vivida como uma espécie de estupor dissociativo... A incapacidade de desviar a atenção resulta em uma espécie de 'visão de túnel' que aprisiona a atenção do indivíduo... [Detentos na solitária podem] achar difícil manter um padrão normal de alerta diurno e sono noturno. Alguns se sentem incapazes de resistir à cama durante o dia — de resistir ao efeito paralisante de seu estupor — e ainda assim incapazes de qualquer sono reparador durante a noite. Dificuldades de raciocínio e concentração, pensamento obsessivo, depressão, ansiedade, agitação, irritabilidade e dificuldade de tolerar estímulos externos [são comuns]".

Quando me encontrei com Grassian, me senti vulnerável. Eu não estava acostumado a compartilhar meus sentimentos mais profundos com ninguém. Mas sabia que a prática bárbara do confinamento solitário tinha que acabar. "A única maneira de sobreviver à cela é se acostumar com a dor", disse a ele. Não consegui responder a todas as suas perguntas, mas fiz o melhor que pude. "Quando você for embora, retornará para sua vida", falei. "Eu voltarei para minha cela de 2m x 3m e terei apenas alguns minutos para erguer todas essas camadas, reerguer todas as defesas de volta." Toda vez que alguém me visitava, eu tinha que quebrar as camadas que usava para proteger minha sanidade e minha segurança física no bloco. Quando voltava para a cela, tinha que reerguer todas essas camadas. Tinha que desligar meu sistema emocional. Enterrava minhas emoções, para que as coisas que normalmente me comovem não me afetassem. E eu só tinha cerca de cinco a dez minutos do caminho entre a sala de visitas e a cela para fazer isso. "É a coisa mais dolorosa e agonizante que eu posso imaginar", falei. "Mas tenho que fazer isso para conseguir sobreviver."

Herman disse a Grassian que sentia falta de experiências como sentar-se sob um salgueiro depois de trabalhar no campo para pegar uma brisa na sombra. Ele teve dificuldades para descrever como era o confinamento em uma cela de 2m x 3m. Seus olhos se encheram de lágrimas. "Dor. Como se descreve a dor", disse Herman, com as mãos trêmulas, escreveu Grassian em seu relatório. "Quando começo a sentir dor, ela chega como... como uma enxurrada. Preciso impedi-la... A gente suprime muita coisa." King, que já estava nas ruas, também foi entrevistado por Grassian. "Talvez o tema mais comum exteriorizado pelos três homens durante as entrevistas foi o da tristeza e da perda, e a necessidade desesperada de não ter esses sentimentos, por medo de ser dominado por eles", escreveu Grassian.

Vários anos depois, um psicólogo contratado pelo estado foi enviado para nos entrevistar. Com esse psicólogo, respondi às perguntas sem me aprofundar em meus sentimentos pessoais. No final da segunda entrevista, porém, comecei a ficar irritado com sua linha de questionamento e sua insinuação constante de que, por ter livros em minha cela e poder me exercitar no pátio três vezes por semana durante uma hora, anos de encarceramento durante 23 horas por dia eram toleráveis para um ser humano e aceitáveis de alguma forma. No final da minha segunda entrevista, ele me perguntou se havia algo que eu gostaria de lhe perguntar. "Você acha que assistir à TV e poder comprar doces no armazém faz diferença para alguém mantido por quase quarenta anos em isolamento de segurança máxima?", perguntei. Ele não respondeu. "Você acha que poder fazer ligações alivia a dor de ficar sentado em uma cela 23 horas por dia, ano após ano? Não alivia", eu disse a ele. "Se você não pode sair da cela, nada do que eles dão faz diferença. A pressão de estar na cela nunca desaparece. A luta pela sanidade nunca acaba. Você quer que eu acredite que estou bem quando sabe que não estou. Não consigo dar detalhes sobre como o fato de ficar na solitária me afetou, mas posso dizer que, sem dúvidas, me afetou."

George Kendall me perguntou em sua visita seguinte o que eu havia dito ao psicólogo do estado. Ele me disse que o estado queria enviar um segundo psicólogo para me entrevistar. Talvez o primeiro psicólogo tenha desistido porque teve um ataque de consciência, falei para ele. Talvez tenha percebido que ficar trancado em uma cela 23 horas por dia, ano após ano, era uma punição cruel e incomum. Não podíamos ter certeza. Herman e eu não queríamos nos encontrar com outro psicólogo do estado. Os advogados do estado lutaram contra isso, mas George e sua equipe venceram.

Entretanto, George precisava que conversássemos com outro psicólogo contratado pelo nosso lado, para que eles pudessem se preparar para o julgamento do processo cível. Ele marcou reuniões para nós com Craig Haney, professor de psicologia e pesquisador da Universidade da Califórnia, em Santa Cruz, que era mundialmente famoso por estudar os efeitos do confinamento solitário nos prisioneiros. A pesquisa de Haney demonstra que apenas quinze dias em confinamento solitário podem gerar ansiedade, retraimento, irritabilidade, alucinações, agressividade, paranoia, raiva, perda de controle, uma sensação de colapso emocional iminente, hipersensibilidade, automutilação e pensamentos suicidas.

Herman e eu nos encontramos com Haney em diferentes visitas com contato em Angola, e ele também conversou com King. Durante uma de minhas reuniões com Haney, pedi comida na sala de visitas. Quando minha refeição chegou, os guardas não afrouxaram a corrente das minhas algemas para que eu pudesse comer. Eles só removeriam a corrente se eu fosse para trás da tela, então Haney e eu acabamos nos reunindo com a tela entre nós. Haney era empático e conhecedor do impacto do confinamento solitário, e eu gostei dele, mas senti novamente como se eu só pudesse fornecer o suficiente para satisfazer o propósito das sessões, que era estabelecer que fui afetado por ficar na solitária por tanto tempo. Eu tive que me agarrar a tudo para continuar são. O medo de começar a gritar e nunca mais parar estava sempre presente. E não estou brincando. Descrevi meus ataques de claustrofobia e meus problemas para dormir — o fato de não conseguir dormir mais do que algumas horas de cada vez. Contei a Haney que falava sozinho o tempo todo, que tinha debates em voz alta comigo mesmo porque não havia mais ninguém com quem conversar. Quando contei a ele sobre não poder comparecer ao funeral de minha mãe e de minha irmã, eu chorei. Disse a Haney que, para sair da depressão: "Eu reencontro minha essência e minhas crenças", descrevendo como me apeguei aos princípios, à moral, à dignidade e ao senso de dever que aprendi com o Partido dos Panteras

Negras. Falei que me preocupava em me tornar apático. "Há uma parte de mim que se foi, que foi subjugada — minha alma. Tive que sacrificá-la para sobreviver. Foi o preço de ser capaz de sobreviver com meus princípios intactos."

Herman expressou sentimentos semelhantes sobre como é difícil lidar com as emoções, dizendo a Haney: "Eu me distancio de tudo, das coisas emocionais que habilmente deixo de lado. Sinto que existe uma represa de emoções, sentimentos e lágrimas que pode explodir. Preciso conseguir me conter. É um reflexo, a maneira como funcionamos aqui, é um mecanismo de sobrevivência. Você tem que reprimir e negar seus sentimentos. Você se preocupa com o que aconteceria se liberasse seus sentimentos e suas lágrimas... Você não pode desabar, não pode gemer alto — se eu não [mantiver o controle], não sei o que acontecerá comigo. Eu vi muitos caras deixarem suas emoções vir à tona e nunca mais se recuperaram. Luto contra isso todos os dias."

Em seu relatório, Haney escreveu: "Os três homens contaram com um sistema de crenças que os ajudou a se manterem fortes face a severas privações. Eles se veem como representantes de algo maior do que si mesmos — como líderes que se posicionaram em nome da melhoria do sistema prisional em Angola — e não querem sucumbir, ou mesmo dar qualquer indicação de que podem estar enfraquecendo, por preocupação com o que isso significaria para outros que buscam neles orientação, força e exemplo. Assim, é especialmente difícil para eles admitir sua própria vulnerabilidade às duras condições ao seu redor."

Capítulo 46

2008

Em 14 de janeiro de 2008, James "Buddy" Caldwell, um imitador de Elvis e ex-promotor público do 6ª Vara Distrital da Louisiana, foi empossado como o novo procurador-geral do estado da Louisiana. Uma de suas primeiras ações foi contratar o promotor do meu julgamento de 1973, John Sinquefield — amigo de infância de Caldwell — para ser seu "primeiro assistente", o segundo cargo mais alto da promotoria. Como previsto, entramos imediatamente no radar de Caldwell. Havia a conexão com Sinquefield e o fato de que meu caso estava no gabinete do procurador-geral; ele havia sido transferido para lá antes do meu julgamento de 1998. Além disso, a equipe de George Kendall estava avançando com o nosso processo cível, apresentando petições e entrevistando dezenas de testemunhas, incluindo funcionários antigos e atuais de Angola. Nosso comitê de apoio fez um trabalho extraordinário contestando o que eles consideraram ser as mentiras e as distorções do caso do estado contra nós. Havia pressão pela resposta do estado, e Buddy Caldwell viu uma oportunidade de fazer seu nome. Não demorou muito para que lançasse uma campanha de difamação contra mim.

Mas, antes, recebi a notícia de que a viúva de Brent Miller, Leontine "Teenie" Rogers, havia escrito uma carta em apoio a mim e a Herman, pedindo ao estado que admitisse seus erros, reabrisse o caso e encontrasse os verdadeiros assassinos de seu marido. Rogers havia conhecido nosso lado da história alguns anos antes, por meio de uma investigadora, Billie Mizell, que inicialmente foi convidada por nossos advogados para estudar nosso caso. Quando soube que ela queria falar com a viúva de Brent Miller, não fiquei muito otimista. Teenie Rogers tinha 17 anos quando seu marido foi assassinado. Ela cresceu ouvindo a história de que Panteras Negras "racistas" mataram seu marido porque ele era branco. Mais tarde ela diria que não sabia por que deixara Billie entrar em sua casa naquela primeira visita. Mas ela pensava em Brent, o "amor de sua vida", todos os dias. Talvez sempre tenha lhe parecido que o assassinato dele não havia sido solucionado. No ano seguinte à morte de Miller, Rogers pediu indenização ao estado, já que seu marido perdera a vida no local de trabalho. O estado respondeu difamando Miller, afirmando ter morrido por sua própria culpa, pois deveria estar na guarita, não em um alojamento de prisioneiros. O caso de Rogers foi encerrado e ela recebeu apenas US$ 45 por semana de um seguro de acidente de trabalho por um período limitado.

Teenie Rogers disse a Billie Mizell naquela primeira visita que não foi ao meu julgamento porque era muito doloroso, mas sempre acreditou no que lhe disseram: que as impressões digitais ensanguentadas deixadas na cena do crime e outras evidências provavam que eles pegaram os assassinos de Brent. Durante uma série de visitas com Rogers, Billie expôs as evidências que demonstravam a nossa inocência — a impressão digital ensanguentada que não combinava com as nossas e nunca foi comparada às dos prisioneiros que viviam na passarela, os tênis ensanguentados que nunca foram entregues ao laboratório criminal ou apresentados em nossos julgamentos, todos os depoimentos contraditórios que apontavam para "testemunhas" mentirosas. Rogers diria mais tarde que, entre as visitas de Billie, ela fez sua própria investigação, inclusive conversando com ex-guardas de Angola. Ela passou a acreditar que um terrível erro judiciário havia ocorrido. Ela escreveu ao governador Bobby Jindal, pedindo que descobrisse quem matou seu marido.

Em janeiro de 2008, nossas histórias chegaram a Washington, D.C. King, Tory Pegram, Chuck Blitz, Gordon Roddick e vários outros membros de nosso conselho consultivo, incluindo Barry Scheck, o cofundador do Projeto Innocence; Denny LeBoeuf, advogado de defesa especializado em pena de morte na Louisiana que conduzia os esforços da ACLU em Guantánamo na época; Joan Claybrook, diretora-executiva fundadora do Public Citizen de Ralph Nader; Ira Glasser, ex-diretor-executivo do escritório nacional da ACLU; Ira Arlook, da Fenton Communications; Webb Hubbell, procurador-geral adjunto do presidente Bill Clinton e ex-presidente da Suprema Corte do Arkansas; o ator e ativista contra a pena de morte Mike Farrell; e o amigo próximo e colega de

Gordon, Ben Cohen, da Ben & Jerry's, se reuniram com tantos legisladores e outros defensores nacionais em potencial quanto puderam.

Em uma dessas reuniões, o representante do estado da Louisiana Cedric Richmond (Orleans Parish), que era presidente do Comitê Judiciário da Câmara de Representantes da Louisiana, Teenie Rogers, Billie Mizell, Tory e King se encontraram com o deputado John Conyers, que era chefe do Comitê Judiciário Federal da Câmara na época e havia reunido alguns de seus colegas. Nosso caso foi apresentado. Então, Billie apresentou Teenie, que leu em voz alta a carta que escreveu ao governador Jindal.

Brent e eu crescemos no que todos chamam de "The B-Line", que é uma comunidade dentro dos portões da Penitenciária Estadual da Louisiana em Angola. Quando crianças, sabíamos que Angola era uma prisão e uma fazenda — mas apenas a chamávamos de "casa". Angola é onde morávamos, íamos à igreja, íamos pescar, fazer caminhadas e jogar bola com os nossos amigos, e é onde Brent e eu fizemos nossos votos de casamento. Não houve um dia nos últimos 36 anos em que não pensei em Brent, no amor que compartilhamos e na vida que poderíamos ter tido. O dia 17 de abril de 1972 ainda me parece ontem. Naquela manhã, deixei Brent onde ele batia seu ponto e fui para o curso de cabeleireiro em Baton Rouge. Algumas horas depois, minha irmã apareceu para me contar que Brent estava morto. Meu irmão, que também era guarda em Angola e estava de plantão naquele dia, viu o corpo de Brent — e nunca mais voltou a trabalhar depois disso. Meu pai também pediu demissão e todos nós saímos de Angola. Meu marido e minha casa foram tirados de mim pelos homens que esfaquearam Brent 32 vezes.

Por mais de três décadas, acreditei que esses homens fossem Albert Woodfox e Herman Wallace. Em 1972, eu queria os dois mortos e os teria matado com minhas próprias mãos se pudesse. Embora estivesse arrasada demais para ler os jornais ou comparecer aos julgamentos, não tinha motivo para duvidar de que os acusados eram os homens que assassinaram meu marido. Todos na B-Line tinham ouvido falar que uma impressão digital ensanguentada fora encontrada na cena do crime, e quando uma impressão digital é achada dentro de uma prisão, não é preciso muito esforço para descobrir quem a deixou lá — a população é cativa e cada detento tem suas impressões digitais arquivadas pelo estado. Presumi que uma impressão digital deixada com o sangue de meu marido fornecera à administração um caso sólido contra seus assassinos. Também soube que um tênis e uma faca ensanguentados foram encontrados e que Woodfox e Wallace tinham sangue nas roupas, então, por 33 anos, nunca duvidei que os homens certos estivessem atrás das grades... Mas descobri que havia muita coisa que eu não sabia.

Desde aquele dia... fiquei sabendo que a impressão digital ensanguentada encontrada na cena do crime não correspondia à de Woodfox ou à de Wallace. Fiquei ainda mais chocada ao descobrir que não houve uma tentativa real de descobrir a quem pertencia a impressão digital, o que deveria ter sido uma coisa muito simples de fazer. Descobri que o tênis ensanguentado nunca chegou ao laboratório criminal; que a faca não estava ligada à morte de Brent. Fiquei sabendo que as roupas que o estado alegou pertencerem a Albert Woodfox desapareceram do laboratório criminal por uma semana e tinham apenas algumas partículas bem pequenas do que poderia ser sangue. Como meu marido foi esfaqueado 32 vezes, isso me parece um pouco inacreditável. Descobri que todo o caso contra Wallace e Woodfox se resumiu ao depoimento de presidiários — porque NENHUMA evidência física conseguia vinculá-los ao crime —, e mais detentos testemunharam a favor do que contra eles. Fiquei sabendo que as testemunhas do estado receberam recompensas que variaram de transferências a perdões judicias e cigarros, e a maioria delas já admitiu que mentiu. Fiquei sabendo que houve tanta pressa no julgamento que um homem chamado Robert King também foi levado para a solitária e acabou sendo informado de que estava lá sob investigação pelo assassinato de Brent. Ele foi mantido na solitária por 29 anos, embora não pudesse ter cometido o assassinato, já que só chegou a Angola dias após o assassinato de Brent. Recentemente conheci o Sr. King, que é um homem gentil e bondoso e, de alguma forma, não está amargurado com o que lhe foi feito.

Não sei o que é passar três décadas na solitária por algo que não fiz, mas sei o que é perder um ente querido em um assassinato absurdo. Sempre que outro artigo de jornal ou notícia de TV é publicado e cada vez que um repórter me liga, tenho que reviver o dia 17 de abril de 1972 mais uma vez. Não sei se você já perdeu alguém que ama para um crime tão brutal, mas posso lhe dizer que isso nos transforma — o pesar nos consome, a dúvida nos persegue. E agora tenho que conviver com outra tragédia —

os dois homens inocentes, que já passaram 36 anos em confinamento solitário, que permanecem na prisão por um crime que não cometeram. Essa é uma tragédia que o estado da Louisiana parece estar disposto a aceitar. Eu não estou. Espero que você também não... Depois de mais de 36 anos, não pode haver desculpa alguma para negar justiça por mais um dia. É hora de o estado da Louisiana finalmente comparar as impressões digitais encontradas na cena do crime às de todos os detentos que estavam encarcerados em Angola na data do assassinato de Brent e descobrir quem deixou as impressões digitais na parede do alojamento da penitenciária antes de sair e abandonar Brent à própria morte. Acredito nas recentes promessas de limpar a corrupção do passado da Louisiana, por isso estou lhe pedindo que use o poder de seu cargo e seu compromisso pessoal com a justiça para acabar com isso de vez. Brent Miller era um funcionário deste estado que estava apenas fazendo seu trabalho. O estado da Louisiana lhe deve justiça.

Depois que Rogers leu sua carta, ninguém disse nada. Alguns na sala choravam. Enquanto nosso grupo ainda estava em seu escritório, o congressista Conyers, que havia descrito todos os prisioneiros negros como "prisioneiros políticos" na conferência da penitenciária de Nova Orleans em 1972, escreveu ao procurador-geral Michael Mukasey, pedindo ao Departamento de Justiça que abrisse uma investigação sobre nossos casos. Ele escreveu ao diretor do FBI, Robert Mueller, pedindo quaisquer arquivos do nosso caso. E escreveu ao diretor Burl Cain, pedindo para visitar Herman e eu em Angola, junto com "outros membros do Congresso e pessoas interessadas" que planejava levar consigo.

Naquele mesmo mês de janeiro de 2008, Herman, King e eu fomos questionados separadamente pelos procuradores estaduais em preparação para o julgamento do processo cível. Os procuradores do estado da Louisiana me perguntaram se eu tinha roupas suficientes e eu disse que sim, pois tinha familiares e apoiadores que me mandavam dinheiro para comprar roupas. Os prisioneiros indigentes, por outro lado, faziam pedidos de cuecas e esperavam seis meses por uma, lhes contei. Eles perguntaram se tínhamos ventiladores no verão. Sim, tínhamos; mas quando faz mais de 37°C na cela, os ventiladores não ajudam. Eles me perguntaram se estávamos alegando ter sofrido violência. "Não se trata de violência física", falei. "Estamos alegando que o fato de estarmos aqui na cela por tanto tempo constitui uma punição cruel e incomum." Nosso processo não se embasava nos espancamentos, na masmorra ou nos maus tratos por parte de guardas ou homens livres que ocorreram conosco e com todos os prisioneiros de Angola. Não se baseava no tempo de pátio, nos cobertores ou nos cuidados médicos. Ainda assim, ao nos questionar, os procuradores estaduais nos fizeram perguntas repetidamente tentando nos fazer dizer, de uma forma ou de outra, que ficar trancafiado 23 horas por dia na CFR não era tão ruim. Tínhamos televisores coloridos, ventilação, colchões. Dissemos repetidas vezes que nossa reclamação não era sobre ter televisores. Era sobre como ficar trancado 23 horas por dia era uma punição cruel e incomum e uma violação de nossos direitos constitucionais. Nossa reclamação também era de que não recebemos tratamento igualitário significativo em comparação com outros presos, porque, enquanto dezenas de outros presos entravam e saíam da CFR, nós não podíamos sair. Nosso direito ao devido processo nos foi negado.

Os procuradores do estado da Louisiana também examinaram nossos relatórios disciplinares tentando encontrar razões legítimas que pudessem justificar o nosso confinamento por décadas. Mas, em todo o nosso tempo em Angola, nunca recebemos advertências disciplinares graves. Recebi uma ao alegar emergência quando tive a ferida ao redor da cintura nos anos 1980. Recebi outra quando adoeci na linha de trabalho do Camp J e solicitei uma ambulância. E recebi mais uma por ter uma "lança" na minha cela. Brent Hicks foi o procurador estadual que me questionou sobre esse incidente.

> **P:** Sr. Woodfox, [em 1992] havia uma haste telescópica escondida em um grande envelope dentro do seu armário; isso está correto?
>
> **R:** Sim.
>
> **P:** E isso estava de fato dentro do seu armário?
>
> **R:** Sim.
>
> **P:** Para que é usada?
>
> **R:** Eles chamam de controle remoto. Usamos para trocar de canal.
>
> **P:** Para que você usa a lata de Coca queimada vazia? [Outra advertência disciplinar.]

R: Na época não tínhamos água quente ou fria em nossas celas, então usávamos para esquentar água para fazer café. Eles vendiam café instantâneo no armazém, mas não tínhamos água quente na cela.

P: A seguir, mostrarei um Relatório Disciplinar datado de 5 de fevereiro de 1992. De acordo com esse relatório, Sr. Woodfox, você tinha uma lança caseira em sua cela; isso está correto?

R: Sim.

P: Que chegava a 2,5m de comprimento?

R: Sim.

P: Era uma arma?

R: Mesma coisa, trocador de canal. Nós os usávamos para ligar a TV. Era uma prática rotineira na CFR na época.

P: Não entendo como funciona, me explique.

R: Tudo bem, a TV está instalada no corredor em frente à cela, [quando] não há ninguém no corredor [e] você quer colocar em um determinado canal, você estica a vara, aperta o botão e muda de canal.

P: Como se fazia uma lança com um rolo de papel higiênico?

R: Basta enrolar. Quero dizer, se você a empurrar com força contra a parede ou algo assim, ela simplesmente desmancha. Alguns oficiais não tinham problemas com isso, outros, sim.

Visto que não havia nenhuma má conduta grave para apontar como justificativa para a punição extrema do confinamento de longo prazo, o estado da Louisiana tentou pintar nossas associações pessoais e políticas como algo ameaçador. Eles me perguntaram sobre o Partido dos Panteras Negras, como se minhas crenças políticas pudessem justificar a extrema crueldade de ficar preso em confinamento solitário 23 horas por dia. Mais uma vez fui questionado pelo Sr. Hicks.

P: O Partido dos Panteras Negras defendia a violência?

R: Não.

P: Era tudo pacífico?

R: Bem, se por defender a violência, você quer dizer a ponto de eles te ensinarem a sair e atacar as pessoas, não, eu nunca fui ensinado pelo Partido dos Panteras Negras a atacar qualquer indivíduo ou organização.

P: Frases como "matar os porcos" eram associadas ao Partido dos Panteras Negras?

R: Associadas a todas as organizações durante aquele tempo. Acho que foi, por falta de uma palavra melhor, uma retórica política da época.

P: O que essa frase significava?

R: Acho que significou muitas coisas diferentes para diversas pessoas. Eu sei que para o Partido dos Panteras Negras não significava matar alguém literalmente, foi mais ou menos definir a causa ou renovar a causa para lutar contra a corrupção e o racismo policial e governamental.

P: Você usou essa frase?

R: Sim.

P: Em que contexto você a usaria?

R: Como eu disse, era uma parte da cultura política, da retórica política que estava sendo usada naquela época.

P: Um punho cerrado erguido era um símbolo do Partido dos Panteras Negras?

R: Era um símbolo de todas as organizações da época. Era um símbolo de unidade. Foi mal interpretado e citado incorretamente ao longo dos anos, mas o punho cerrado significava que você estava em união e havia força.

P: União de quê?

R: União da comunidade, do povo dos Estados Unidos contra a corrupção governamental, união do povo, dos trabalhadores contra condições de trabalho injustas.

P: Você acha que o governo era corrupto naquela época?

R: Sim, eu achava.

P: Por que achava isso?

R: Por causa das políticas do governo.

P: Quais políticas?

R: O racismo, o racismo escancarado que se permitiu ser praticado em um país contra os afro-americanos e outras minorias, a opressão das comunidades em todos os Estados Unidos, o desemprego, a riqueza do país, a distribuição desigual da riqueza do país.

P: Você acha que o governo estava envolvido com racismo?

R: Sim, eu acho.

P: Como?

R: Porque eles permitiam as práticas racistas do país: os afro-americanos não podiam se mudar para certos bairros, não podiam ter determinados empregos, outras minorias também, e o governo falhou em assegurar os direitos constitucionais de todos os cidadãos deste país, de viver onde queriam, trabalhar se fossem qualificados, ter acesso à educação, às oportunidades que não fossem baseadas na cor de sua pele.

P: Você acha que era isso que existia nos anos 1970?

R: Eu sabia, vivia, via e experimentava pessoalmente.

P: Você ainda acredita nisso hoje?

R: Eu ainda acho que há muito racismo neste país.

P: Você ainda acha que o governo norte-americano é corrupto?

R: Ah, sim... Acho que o governo tem uma responsabilidade para com todos os seus cidadãos. Acho que ele é responsável por protegê-los de eventos que ocorrem na sociedade sobre os quais o povo não tem controle, como o desemprego — e acho que o governo tem uma obrigação quando o desemprego, quando este país passa por uma recessão, que o governo federal tem uma obrigação de garantir que todos os seus cidadãos tenham casas, roupas, alimentação, assistência médica, educação e oportunidades adequadas, e quando o governo federal ou estadual se recusa a fazer isso, acho que é uma forma de corrupção.

P: E você acha que essa corrupção estava acontecendo na década de 1970?

R: Acho que está acontecendo agora.

P: E a distribuição desigual, você falou sobre isso agora pouco.

R: Sim.

P: Explique o que quer dizer com isso.

R: Trabalhadores malremunerados, benefícios sendo recusados, assistência médica sendo cancelada, ter que trabalhar mais horas por salários menores.

P: E quando você fala sobre distribuição desigual, você está falando sobre ser desigual com base na raça?

R: Não, quero dizer desigual, ponto. Aqueles que detêm os recursos deste país, que detêm os meios de produção deste país, as indústrias, sabe, quando pagam a um homem menos do que vale o seu trabalho, quando se recusam a lhes dar os benefícios da riqueza que estão produzindo com seu trabalho, quando cortam a assistência médica, quando reduzem os benefícios, os fundos de pensão ou indenizações, acho que isso é uma forma de corrupção.

P: Nos anos 1970 você defendeu a violência para derrubar esse governo corrupto?

R: Não. Defendi a união, a organização para peticionar reivindicações ao governo, para protestar.

P: Você defendeu que uma revolução tinha que acontecer?

R: Sim.

P: Explique isso para mim.

R: Revolução significando que as coisas precisam mudar, que o país tinha que mudar, que o governo tinha que começar a proteger todos os seus cidadãos, que tínhamos que parar de comprar do setor privado, [ele] estava acumulando toda essa quantidade obscena de riqueza e não pagava salários decentes aos trabalhadores, não lhes dava cobertura médica ou benefícios de aposentadoria.

P: Então você defendeu uma revolução pacífica em oposição a uma revolução sangrenta.

R: Sim.

P: Você acha que reformou essas visões políticas?

R: Não tenho certeza se entendi o que você quer dizer com reforma.

P: Você ainda tem essas mesmas opiniões políticas?

R: Sim, contra a corrupção, a exploração, o racismo. Eu acho que é errado, eu acho que é moralmente errado um indivíduo ser assim ou o governo permitir que continue.

P: Então, suas opiniões políticas não mudaram desde os anos 1970?

R: Não.

P: Você ainda se considera um membro do Partido dos Panteras Negras?

R: O Partido dos Panteras Negras não existe mais, mas ainda acredito nos princípios do Partido dos Panteras Negras.

P: Os princípios sobre os quais falamos esta manhã?

R: O programa de dez pontos, sim.

P: O que você acha que precisa acontecer para que seja libertado da CFR?

R: O que eu acho? Eu acho que, a menos que o poder judiciário intervenha nessa questão, nunca serei libertado da CFR.

P: Em que isso se baseia?

R: Nos últimos trinta e poucos anos, quando fico perante o Conselho de Revisão, a maneira como sou tratado.

P: Você sente que está sendo punido?

R: Sim.

P: Por que sente que está sendo punido?

R: Porque estou preso em uma cela há trinta e poucos anos e não importa o quanto eu melhorei, não importa qual seja minha conduta, não tive a oportunidade de voltar para a população carcerária geral.

P: Você se sente sob pressão constante?

R: Sim, por estar em uma cela 23 horas por dia.

P: Você se lembra de sua sessão [com o Dr. D., um psicólogo que me entrevistou para o estado]?

R: Sim.

P: Você leu o relatório dele?

R: Brevemente.

P: Você o leu recentemente?

R: Não.

P: Você concorda com a conclusão dele de que se adaptou razoavelmente bem à CFR?

R: Não.

P: Você não acha que se adaptou razoavelmente bem à CFR?

R: Consegui sobreviver sem enlouquecer, sem ter um colapso nervoso por estar numa cela 23 horas por dia.

No dia 11 de fevereiro de 2008, tive outra perda dolorosa: Michael Augustine, um dos meus melhores amigos desde a infância, meu ex-companheiro de corres do High Steppers, meu cunhado, morreu de uma doença renal. Uma das últimas vezes que me visitou foi logo depois de fazer uma cirurgia. Estávamos jogando dominó e, quando ele perdeu um jogo, insistiu em se jogar no chão para fazer as flexões necessárias, sorrindo e rindo, mesmo ainda com os pontos. Mike se apaixonou por minha irmã Violetta quando éramos crianças. Eles cresceram em caminhos separados, se casaram e se relacionaram com outras pessoas e tiveram filhos. Aos 40 anos, solteiros, voltaram a se encontrar e se casaram. A morte de Michael foi outra perda com a qual não consegui lidar adequadamente da minha cela de prisão. Minha vontade de permanecer são não me permitia viver essas emoções.

O diretor Burl Cain não queria que o Dep. John Conyers visitasse Angola. Advogados de ambos os lados se envolveram e Conyers venceu. Em 20 de março de 2008, Conyers liderou uma delegação que incluía o representante do estado da Louisiana Cedric Richmond, King, Barry Scheck, Joan Claybrook e nossos advogados Scott Fleming e Nick Trenticosta a Angola. O diretor Cain os recepcionou e os levou para um passeio pela penitenciária, até mesmo levando alguns deles para o meu bloco. O deputado Richmond e o congressista Conyers ficaram em frente à minha cela e se apresentaram. Depois disso, Herman e eu fomos levados para a sala de visitas. Quando chegamos, apertei a mão de todos. Conyers nos abraçou. Ele disse que ficou chocado com o nosso caso. Foi a primeira vez que falei com Burl Cain. Ele esteve em meu bloco inúmeras vezes e passou por minha cela como se eu fosse o homem invisível. Ele perguntou a mim e a Herman como estávamos, encenando para o congressista e os outros. Fiquei impressionado com o fato de um congressista dos Estados Unidos, um chefe do Comitê Judiciário da Câmara e um legislador estadual terem se interessado pela injustiça do estado da Louisiana em nosso caso. King levou um pouco dos doces Freeline do A3 e deixou um pacote com o diretor Cain.

No dia seguinte, Teenie Rogers, o congressista Conyers e o deputado Richmond se reuniram com o governador republicano da Louisiana, Bobby Jindal, para dar continuidade à carta de Rogers e lhe pediram que considerasse a evidência de nossa inocência e usasse seu poder sobre o Departamento de Correções e o Conselho de Perdão e Condicional para investigar nosso caso e ajudar Rogers a encontrar os verdadeiros assassinos de Brent.

Uma semana depois dessas visitas, em uma tentativa de minar nosso processo e tirar a pressão do estado, eles nos deixaram sair de nossas celas. Não fomos libertados para a população carcerária geral, mas fomos colocados em um "alojamento da CFR" que eles haviam acabado de criar, chamado Eagle 1. Superficialmente, pode ter parecido um progresso. Foi pura encenação. Ainda ficaríamos isolados de outros prisioneiros. Só poderíamos passar nossos dias com os prisioneiros da CFR — no pátio, na passarela e no refeitório. Ainda viveríamos sob as regras da CFR, que nos proibiam de participar de programas educacionais, vocacionais ou outros, ou de fazer qualquer atividade artesanal, como trabalho em couro, decoração com contas ou pintura. (Eles removeram as mesas e cadeiras usadas para artesanato do salão do nosso alojamento.) Tínhamos menos visitas com contato do que os detentos normais. Não precisávamos usar algemas enquanto caminhávamos para o refeitório, mas sempre que saíamos — em grupo ou individualmente — os guardas esvaziavam a passarela, gritando: "Eagle 1 na passarela!" Outros que estivessem na passarela tinham que ir para trás de vários portões trancados. Não havia nenhuma razão do ponto de vista penal para isso. Eles fizeram isso para nos pressionar psicologicamente. Mesmo quando estávamos em uma chamada — para a clínica ou para uma visita de um advogado — e usando todas as algemas, eles esvaziavam a passarela quando estávamos nela. Era um alojamento de prisão apenas no nome.

Vinte e cinco prisioneiros da CFR foram declarados elegíveis para se mudar para o alojamento. Dezesseis de nós decidiram ser transferidos. O Eagle 1 ficava no Camp D. Herman e eu ficamos alojados juntos pela primeira vez em 36 anos. Não demorou muito para nos ajustar. Confiávamos um no outro e nos conhecíamos bem. Herman disse que estar no alojamento aliviou o peso e a depressão que sentia na cela. Para mim, foi maravilhoso poder ver Herman e falar com ele todos os dias, mas com toda a segurança e as regras da CFR me senti como se ainda estivesse na cela, só que mais ampla.

Todos recebemos trabalhos, que eu teria gostado se tivéssemos as ferramentas adequadas para realizá-los. Herman e eu éramos auxiliares de jardinagem e nosso trabalho era cortar a grama ao redor do alojamento. Eles não nos deixaram usar os cortadores de grama motorizados que os auxiliares de jardinagem usavam em outros alojamentos. Tínhamos que usar antigos cortadores de grama manuais com lâminas cegas. Não havia como afiarmos as lâminas. A grama era tão espessa que os cabos dos cortadores de grama quebraram enquanto os empurrávamos. Perguntamos várias vezes por que não podíamos usar os cortadores de grama que os auxiliares usavam em outros alojamentos e nunca recebemos uma boa resposta.

Fazer exercícios no pátio era sempre um problema, porque nunca tínhamos o tempo que disseram que teríamos. Durante meses, não houve permissão para recreação alguma no pátio — nenhuma cesta de basquete ou pesos. Tivemos que fazer vários pedidos para conseguir uma cadeira de rodas para um preso que pesava mais de 180kg e tinha dificuldades para andar. Ele não conseguia ir e voltar do refeitório no tempo previsto. Primeiro, perguntamos se poderíamos levar uma bandeja de comida para que ele não perdesse as refeições e, quando as autoridades negaram, pedimos uma cadeira de rodas. Por fim, conseguimos a cadeira de rodas e nos revezávamos empurrando-o até o refeitório.

O ponto alto do meu dia era sair do alojamento sem algemas para ir ao refeitório tomar o café da manhã. Por um tempo, nosso alojamento era o primeiro a tomar café da manhã, enquanto ainda estava escuro, e eu podia olhar para cima e ver as estrelas. Há muitos anos eu não conseguia ver as estrelas no céu. Dentro do refeitório, voltávamos à realidade. A sala ficava vazia, exceto pelos prisioneiros da CFR.

Em abril de 2008, o diretor do FBI Robert Mueller deu um retorno ao congressista Conyers sobre nossos arquivos do FBI. Ele disse que haviam sido destruídos recentemente em uma limpeza "de rotina" de arquivos departamentais. Fomos informados de que nenhum registro desses arquivos foi preservado. Nesse mesmo mês, os representantes do estado da Louisiana Cedric Richmond, Avon Honey (Baton Rouge) e Elbert Guillory (Opelousas) foram com King ao gabinete do governador Bobby Jindal para entregar uma petição online da ColorofChange.org assinada por 25 mil pessoas, pedindo uma investigação de nossas condenações e prisão em confinamento solitário. O governador Jindal se recusou a encontrá-los, mas o deputado Richmond deixou uma mensagem para ele, pedindo publicamente que o governador reexaminasse nosso caso e pedindo que nos concedesse o perdão. "O estado está muito silente nesta questão", disse Richmond aos repórteres, "então precisamos de uma ação oficial do governo. Em algum momento, teremos que nos posicionar como um estado". Ele anunciou que a câmara legislativa estadual realizaria audiências sobre o caso. (Em 2011, Richmond entraria para a Câmara dos Representantes dos EUA. Ele serviria ao lado do congressista Conyers no Comitê Judiciário da Câmara dos Representantes dos EUA e, por fim, seria eleito presidente do Congressional Black Caucus. Ele continuaria a falar ativamente em nosso favor até que eu saísse da prisão, e ele ainda está tentando aprovar uma legislação que limite o uso do confinamento solitário.)

Em maio de 2008, uma câmara julgadora composta de três desembargadores do Tribunal de Segunda Instância da Primeira Região proferiu sua decisão na ação de Herman. Um deles, o desembargador Jewel "Duke" Welch, decidiu que, com base nas evidências a respeito de Hezekiah Brown, Herman deveria ter um novo julgamento. Infelizmente, seu voto não foi endossado pelos outros dois desembargadores, que negaram provimento à petição de Herman. Herman agora apelaria para a Suprema Corte Estadual da Louisiana. Enquanto isso, recebi notícias promissoras naquele mês. A juíza auxiliar Christine Noland revisou minha petição de habeas e recomendou que o juiz James Brady devolvesse meu caso ao tribunal estadual para um terceiro julgamento, porque eu não havia recebido aconselhamento jurídico eficaz durante meu julgamento de 1998. Entre outras deficiências, ela reconheceu especificamente que meu advogado de defesa foi constitucionalmente ineficaz por não se opor à leitura do depoimento do especialista forense sobre as manchas de sangue nas roupas "perdidas" que supostamente foram usadas por mim e por não ter investigado mais além. A perícia forense moderna, observou ela, poderia ter determinado quem usou as roupas e de quem era o sangue nelas.

Em junho, o telejornal *Nightly News* da NBC fez uma matéria sobre nós; desde meu julgamento em 1998, nossos apoiadores vinham tentando fazer com que jornais da rede nacional noticiassem nossa história. "Vamos entender uma coisa aqui", surgiu a voz de Herman por telefone no noticiário, "a SPCA fecharia esta prisão se mandassem cães para cá. Não passa de uma punição cruel e incomum". Teenie Rogers foi entrevistada para a matéria da NBC e também concedeu uma entrevista ao *Los Angeles Times*.

Com o passar dos meses no alojamento da CFR, lembrei-me da extraordinária desenvoltura de Herman. Dizem que a necessidade é a mãe da invenção, e isso não é mais verdadeiro do que na prisão, mas Herman ia além do normal. Uma vez o vi encher sua caneta favorita com tinta tirada de outra caneta. De alguma forma ele juntou as duas canetas e as girou em um barbante até que toda a tinta de uma caneta fosse para a outra. Ele costurou pedaços de meias brancas grossas de atletismo nos tornozelos de suas meias comuns para proteger sua pele de assaduras quando ele caminhava com grilhões. Fez luvas com mangas cortadas de um moletom, contornando os dedos de sua própria mão nas mangas e cortando-as com uma lâmina de barbear, depois costurando-as com linha retirada de um lençol desfiado.

Ficávamos frustrados porque não conseguíamos falar com os detentos da prisão principal. O único momento que ficávamos na mesma área com outros presos fora da CFR era quando estávamos na sala de visitas, e os presos não tinham permissão para falar uns com os outros lá. Discutimos maneiras de entrar em contato com eles. "A única forma de realizar mudanças é entrar nos grupos de 'gângsteres' e 'quadrilhas' e muni-los de novos métodos de pensamento", diria Herman, citando Mumia Abu-Jamal. "Se nossos jovens irmãos estão perdidos, então é nosso dever encontrá-los!", disse Mumia.

Enquanto estávamos no alojamento da CFR, podíamos ir ao pátio todos os dias, e Herman e eu às vezes estávamos lá ao mesmo tempo. Jamais admitiríamos ou diríamos em voz alta, mas a punição de 23 horas por dia na cela tinha prejudicado nossa saúde. Não éramos tão rápidos quanto costumávamos ser. Estávamos na casa dos 60 anos agora. Minhas costas travavam de vez em quando e, nesses dias, eu não conseguia correr. Houve momentos em que de repente me sentia cansado e fraco e imaginei que fosse por causa do diabetes. Eu estava tomando medicamentos mais fortes para a hipertensão agora. Herman tinha suas próprias dores e estava ficando surdo. Ele pedia que as pessoas falassem mais alto, dizendo: "Meus ouvidos estão tampando." Depois de meses esperando, finalmente foi enviado ao hospital em Baton Rouge para fazer um teste de audição. Os médicos disseram que ele teve uma grave perda auditiva e prescreveram dois aparelhos auditivos. A penitenciária lhe deu apenas um. Ele disse que isso criou um desequilíbrio em sua cabeça.

Em 8 de julho de 2008, recebi uma mensagem para ligar para um de meus advogados, Nick Trenticosta. Quando seu advogado liga para você na prisão, parte de você se prepara para receber más notícias. Poderia ser uma morte na família. Retornei sua ligação. Nick estava feliz. Ele me disse que minha condenação fora anulada pelo juiz Brady, que decidiu seguir a recomendação da juíza auxiliar Noland de deferimento do pedido de revisão criminal. Ele anulou minha condenação com base na assistência ineficaz do advogado e também concluiu que os promotores haviam ilegalmente deixado de entregar provas em seu poder que teriam ajudado em minha defesa. O estado pediu imediatamente que o juiz Brady reconsiderasse sua decisão.

No dia 25 de setembro, após negar o pedido de reconsideração da decisão feito pelo estado, o juiz Brady julgou o mérito, concedendo-me o habeas corpus. O estado teria trinta dias para me julgar novamente ou retirar as acusações contra mim. Nick me deu a notícia pelo telefone. Ele disse: "Albert, parece que você está bêbado." Eu falei: "Estou bêbado; bêbado de justiça." Nick fez várias tentativas de se encontrar com o procurador-geral Buddy Caldwell, mas Caldwell se recusou. "Pedimos ao procurador-geral que faça a coisa certa", disse Nick aos repórteres. "Que aja como um servidor público sensato em busca da justiça... e permita que o Sr. Woodfox vá para casa hoje." Caldwell conversou com repórteres, dizendo que apelaria da decisão do juiz Brady até a Suprema Corte dos Estados Unidos, se necessário. "Eu me oponho a deixá-lo sair com todas as minhas forças", falou aos jornalistas, "porque ele é um homem muito perigoso". Meus advogados entraram com uma petição para me libertar sob fiança enquanto aguardávamos o recurso de Caldwell, e uma audiência para essa petição foi marcada. Na audiência de fiança em outubro, a filha do meu irmão Michael, minha sobrinha Rheneisha Robertson (diretora de uma organização de saúde sem fins lucrativos), e seu marido, o ex-jogador de futebol americano profissional Bernard Robertson, declararam em juízo que eu poderia morar com a família deles em um condomínio fechado fora de Nova Orleans. Michael depôs sobre meu caráter.

Nick disse ao juiz como minha saúde já debilitada, após mais de trinta anos de confinamento solitário, seria prejudicada pela minha permanência na prisão e citou meu histórico de conduta excepcional. A assistente da procuradoria-geral Dana Cummings argumentou contra a fiança, dizendo que o estado seria "irreparavelmente prejudicado" se eu fosse libertado. Ela enfatizou minha ficha criminal e que fui "condenado por assassinato duas vezes". O juiz Brady a lembrou de que minhas duas condenações por assassinato foram anuladas. Ele lhe perguntou de que forma o estado seria "irreparavelmente prejudicado" se eu fosse libertado sob fiança. Cummings respondeu: "Se ele sair e matar uma de nossas testemunhas, seremos irreparavelmente prejudicados." Burl Cain afirmou que eu era um perigo para a comunidade, "porque ele não é um prisioneiro reabilitado. Será um predador quando surgir a oportunidade". Do lado externo do fórum, Buddy Caldwell me pintou como um monstro. Ele disse à imprensa que eu era um estuprador condenado e um criminoso sexual em série — tudo mentira.

Enquanto o juiz examinava a apelação do estado contra minha vitória, minha sobrinha foi aterrorizada por aceitar me acolher. Soubemos que a procuradoria-geral entrou em contato com a associação de proprietários do condomínio onde ela morava e espalhou mentiras sobre mim. De alguma forma, estranhos entraram em seu condomínio fechado e passaram dirigindo devagar em frente à sua casa diversas vezes. Alguns vizinhos receberam em suas caixas de correio panfletos afirmando que eu era um estuprador. "Buddy Caldwell... embarcou em uma campanha de amedrontamento público que lembra o tipo de histeria incitativa que antes era usada para provocar linchamentos", escreveu Ira Glasser, ex-diretor-executivo da ACLU. "Ele enviou e-mails para vizinhos chamando Woodfox de assassino condenado e estuprador violento; e os vizinhos foram encorajados a assinar petições se opondo à sua libertação."

Um dia, Michael me contou que Rheneisha estava em casa com seu filho doente quando a campainha tocou. Ela abriu a porta e havia um bando de repórteres querendo conversar. Ela não sabia o que fazer; queria voltar para perto do filho, que estava em outro cômodo da casa, mas não queria fechar a porta na cara dos repórteres ou dizer algo que pudesse me prejudicar. Os vizinhos pararam de cumprimentá-la. Pedi aos meus advogados que informassem ao juiz que eu queria que o nome dela fosse removido como a pessoa com quem eu ficaria depois de sair sob fiança. Eu estava preocupado com a segurança e a reputação da família da minha sobrinha. Eu não queria ser a causa do atrito entre ela e seus vizinhos. Meus advogados informaram ao juiz Brady que estavam procurando outro lugar para mim.

Eu me senti mal quando ouvi pela primeira vez sobre as falsas acusações de estupro que Buddy Caldwell estava espalhando sobre mim. Arrisquei minha vida evitando que homens fossem estuprados na prisão. Agora eu estava sendo falsamente acusado de ser um estuprador. Liguei para meus apoiadores mais próximos e meus advogados e falei que queria me defender das falsas acusações.

Ninguém queria que eu falasse publicamente sobre as acusações de estupro feitas por Buddy Caldwell — nem meus advogados, nem minha família, nem meus amigos e conselheiros mais próximos. Todos tinham um motivo diferente e me imploraram para não falar nada. Alguns achavam que eu não deveria descer ao nível de Buddy Caldwell. Outros achavam que eu pareceria culpado por me defender, ou temiam que uma "guerra de palavras" na imprensa faria as acusações de Caldwell parecerem legítimas. Alguns achavam que, como as acusações de estupro eram falsas, elas "esfriariam". Eu sabia que isso não aconteceria. Se você quiser manchar a reputação de um afro-americano, tudo o que basta fazer é dizer a palavra "estupro". É um alerta que não deixa de ser escutado. Eu queria que nossos apoiadores soubessem que eu era inocente dessas acusações. Por todas as pessoas em todo este país, em todo o planeta que se uniram à causa dos Três de Angola, que lutaram pela minha liberdade, eu precisava que elas me ouvissem dizer que nunca estuprei ninguém. Meu comitê de apoio e advogados me pediram para deixá-los negar em meu lugar.

Buddy Caldwell baseou essas falsas acusações de estupro em velhas folhas de antecedentes criminais criadas para "limpeza de registros" na noite em que fui preso por assalto à mão armada em 1969. Nunca houve qualquer acusação real, denúncia, indiciamento ou processo contra mim por estupro, nunca. Caldwell mentiu quando disse que havia testemunhas e provas. Não havia como ele me processar por estupro. Eu era inocente. Eu sabia que tinha camaradas que divulgariam minha declaração ao público quando eu estivesse pronto, mesmo que fossem contra.

O gabinete do procurador-geral apresentou mais de trezentas páginas de provas e memorandos em juízo para se opor à minha fiança, documentos que afirmavam falsamente que eu era um "agressor sexual condenado" e sugeriam erroneamente que tinha uma série de "acusações de estupro qualificado e assalto à mão armada" do final dos anos 1960. O estado da Louisiana alegou que eu nunca fui processado pelos estupros porque já havia sido sentenciado a cinquenta anos por assalto à mão armada. Mentira, porque fui preso pelo assalto à mão armada na mesma noite em que me usaram para encerrar crimes em aberto. Naquela época, o estupro na Louisiana era passível de pena de morte. O estado já teria me processado por estupro se pudesse. Mas o estado da Louisiana me acusou e me processou por assalto à mão armada, não estupro, porque não havia evidência alguma, nenhuma testemunha ocular, nenhuma declaração de vítima que apoiasse as acusações de estupro. E, no entanto, Caldwell declarou em juízo: "Nenhuma comunidade deveria ser tão ameaçada por este criminoso profissional assumido que ainda tem acusações de estupro qualificado pendentes, viáveis e não processadas."

Os advogados Chris Aberle e Nick Trenticosta responderam com um memorando próprio, apontando as "inúmeras declarações falsas, descaracterizações e tênues acusações não comprovadas baseadas em boatos claramente inacreditáveis" no caso do estado. Eles apontaram que cinco das seis acusações de estupro em meu registro de prisão foram inventadas quando a polícia me prendeu em 13 de fevereiro de 1969 por assalto à mão armada, quando me usaram para encerrar casos em aberto. Meus advogados também deixaram claro que nunca fui processado por nenhuma dessas acusações, exceto por assalto à mão armada.

> O estado primeiro afirma que o Sr. Woodfox foi preso seis vezes por estupro qualificado em 1967 e 1969. Posteriormente em seu memorando, o estado pretende listar todos os crimes cometidos pelo Sr. Woodfox e inclui seis casos de estupro qualificado para deixar este juízo com a falsa impressão de que o Sr. Woodfox foi condenado por esses crimes. O que o estado não deixa claro é que a única fonte de informação a respeito de cinco das seis denúncias de estupro é sua menção como meras acusações em três registros de prisão, cada um gerado depois da prisão do Sr. Woodfox em 13 de fevereiro de 1969 por roubo, pelo qual ele foi finalmente acusado e considerado culpado.
>
> O Sr. Woodfox afirma, com base em informações e convicções, que durante aquele período da história a polícia de Nova Orleans acusava rotineiramente os presos de crimes não resolvidos na esperança de que o réu pudesse estar conectado ao crime. Tal prática explicaria por que esses cinco crimes capitais aparecem nos registros de prisão, embora o estado nunca tenha acusado o Sr. Woodfox de um único desses estupros qualificados. Deve-se supor que a decisão do estado de não processar o Sr. Woodfox por nenhum desses crimes surgiu da falta de qualquer prova que o ligasse a qualquer deles.

O estado também enganou grosseiramente este juízo em relação à sexta acusação de estupro, supostamente ocorrido em 1967. Na página 15 de seu memorando, em meio ao que pretende ser uma lista de todos os crimes que o Sr. Woodfox cometeu, o procurador-geral declara que em 20/11/67, o Sr. Woodfox cometeu o "estupro qualificado de J.C.". Após essa entrada, o estado alega outro crime. Especificamente, em 28/02/1968, o Sr. Woodfox cometeu agressão qualificada, crime pelo qual se declarou culpado e recebeu pena de quinze meses. De acordo com o estado, o Sr. Woodfox admitiu que "ele e a namorada brigaram". O que o estado oculta deste juízo é que o delito de agressão descrito pelo procurador-geral é o mesmo crime originalmente denominado "estupro qualificado de J.C.". Embora o procurador-geral esteja de posse de um documento do FBI que deixa isso claro, ele optou por não incluí-lo nas evidências de seu memorando. Se o estado não conseguiu demonstrar que o Sr. Woodfox cometeu estupro qualificado há quarenta anos, certamente não pode fazê-lo agora. Assim sendo, as reiteradas tentativas do procurador-geral de designar o Sr. Woodfox como um estuprador em série e um criminoso sexual são infundadas e grosseiramente injustas. Tais argumentos e alegações não cabem no presente processo.

Outra declaração falsa e absurda feita pelo estado da Louisiana que Nick e Chris abordaram em nosso memorando foi que eu estava de alguma forma ligado a uma conspiração para assassinar o ex-diretor C. Murray Henderson e "outros oficiais de Angola" para que não pudessem depor no meu julgamento de 1998. Tudo o que posso dizer é que precisávamos de Henderson no meu julgamento. Precisávamos colocar Henderson no banco de testemunhas para perguntar a ele sobre o pagamento que fez a Hezekiah Brown por suas mentiras contra nós em 1973 — sobre as cartas que escreveu para solicitar a concessão de perdão a Hezekiah Brown, sobre como mandara entregar pacotes de cigarros a Brown semanalmente, como disse ao detento Leonard Turner que ele perderia a liberdade condicional se não depusesse contra nós. A "evidência" que eles tinham de que eu estava supostamente conectado a esse complô para matar o ex-diretor era um memorando não autenticado e não assinado, baseado em alegações de declarações de terceiros, obtido por um informante confidencial não identificado. Em outra acusação falsa, o diretor Burl Cain fez uma alegação durante um depoimento de que também ameacei a vida do irmão de Brent

Miller e do promotor John Sinquefield, mas ele acabou tendo que admitir que isso não era verdade, pois ele não tinha conhecimento direto para apoiar suas alegações. É claro que não havia verdade no que ele disse, portanto, evidência ou prova alguma.

Caldwell continuou a me caluniar na imprensa enquanto meus advogados tentavam me libertar sob fiança. Herman foi poupado das mentiras de Caldwell — por ora — porque seu caso ainda estava na justiça estadual. Minha condenação tinha acabado de ser anulada, então eu era o alvo da campanha de Caldwell para destruir minha reputação e obter uma justificativa para me manter preso. Ele disse à National Public Radio naquele outono que eu era "o homem mais perigoso dos Estados Unidos", enquanto se esquivava de perguntas sobre a fraqueza do caso do estado da Louisiana contra mim. Em uma série de três partes sobre o nosso caso, Laura Sullivan, a repórter da NPR, perguntou a Caldwell sobre a impressão digital ensanguentada que foi deixada na cena do crime do assassinato de Miller e que nunca foi identificada. Caldwell respondeu: "Uma impressão digital pode surgir de qualquer lugar. Não vamos nos deixar enganar por isso."

No sábado, dia 1º de novembro de 2008, eu estava lendo no meu beliche quando Herman soube que havia um artigo sobre mim no *Advocate* de Baton Rouge daquele dia. Como os jornais não eram entregues no alojamento da CFR nos fins de semana, liguei para um amigo e pedi que lesse para mim. Era um artigo de primeira página citando o procurador-geral Caldwell, afirmando que se eu fosse libertado ele "daria prosseguimento a seis casos de estupro qualificado e seis acusações de assalto à mão armada de 1967 a 1969" contra mim.

"Se o deixarmos sair, provavelmente nunca mais o veremos", disse Caldwell no artigo. "O cara é um estuprador em série." Nick me defendeu no artigo. "É uma mentira deslavada", disse ele ao jornal. "Ele nunca foi acusado formalmente por esses seis estupros. Não havia um caso contra ele. Isso é ofensivo para a prática da justiça." Chris Aberle chamou isso de "um comentário ridiculamente absurdo", acrescentando: "Se eles tinham evidências... por que não as forneceram muito tempo atrás?" Para piorar a situação, no final do artigo Caldwell declarou: "Albert nunca esteve isolado. Ele tinha uma TV. Ele tinha todos os luxos que se pode ter na prisão."

Sentei no meu beliche e escrevi uma declaração de quatro páginas negando as acusações do procurador-geral. Liguei para Noelle Hanrahan, da Prison Radio, e pedi a ela que me gravasse lendo meu depoimento e o transmitisse. Queria que meus apoiadores soubessem como eu estava me sentindo e o que estava pensando, em minhas próprias palavras. Parte dessa declaração dizia:

> O gabinete do procurador-geral decidiu lançar uma campanha de difamação que lembra o programa de contraespionagem do governo federal (COINTELPRO) para se opor ao meu direito constitucional de ser libertado sob fiança... As técnicas e táticas usadas pela COINTELPRO eram mentiras, farsas, omissão de informações e assassinato de reputação. Essas técnicas e táticas foram usadas para causar caos e desunião entre membros de qualquer organização ou grupo visado pelo governo... Pouco depois da minha audiência de fiança em 14 de outubro de 2008, uma campanha de difamação foi iniciada. Primeiro, espalharam mentiras sobre mim no bairro de minha sobrinha. Alguém entrou em contato com a associação de proprietários do condomínio em que minha sobrinha reside e disse que minha sobrinha estava levando um assassino e estuprador para sua comunidade, o que a colocou no meio de um alvoroço entre seus vizinhos.

Sobre as acusações de estupro, escrevi:

> Convido-o [o gabinete do procurador-geral] a divulgar as provas. Diga ao público o que você tem contra mim. Ele diz que sou um estuprador em série. Beleza, nos mostre o que você tem. Testemunhas? DNA? Vamos ver. Onde estão as provas? Ele não tem nada. Não há como ele levar essas acusações a juízo... então ele expôs suas acusações à mídia.

Depois de ler a declaração, Noelle me entrevistou. "Minha principal preocupação agora é a segurança de minha sobrinha e de sua família", disse a ela. "Estou muito angustiado que o relacionamento dela com os vizinhos possa ser destruído por causa dessa campanha de difamação do gabinete do procurador-geral, e o que acontece é que essas pessoas em posições de poder e autoridade violam a Constituição, infringem as leis e têm imunidade de processo. E então seguem suas vidas, e todas as pessoas cujas vidas são destruídas por eles, por

suas ações ilegais, são deixadas à própria sorte." Eu continuei: "O procurador-
-geral declarou que dois júris 'se pronunciaram' e eu fui condenado duas vezes
por essa acusação de assassinato. O que ele deixou de dizer é que, se o estado
da Louisiana tivesse obedecido à Constituição dos Estados Unidos e às leis
do estado da Louisiana para me indiciar e me condenar, esse caso não teria
sido anulado duas vezes. Eles conseguiram me condenar porque usaram táticas inconstitucionais — com a discriminação contra os negros em meus júris,
com a designação de advogados incompetentes, com a omissão de provas que
poderiam ter apontado os verdadeiros assassinos de Brent Miller. Todos dizem
que meus julgamentos foram anulados por uma 'tecnicalidade'", falei. "A Constituição não é uma tecnicalidade." Enviei pelo correio uma cópia da declaração
que escrevi para minha amiga e camarada Gail Shaw em Sacramento e lhe pedi
publicasse online, o que ela fez.

Alguém no escritório de Buddy Caldwell deve ter decidido que não era
bom para mim viver pacificamente em um alojamento em Angola enquanto
Caldwell andava por aí dizendo a todos o quanto eu era perigoso. (Mais tarde,
descobriríamos que os funcionários da prisão começaram a conspirar com o gabinete do procurador-geral para encontrar razões para nos tirar do alojamento.)
Um dia, naquele outono, dois guardas apareceram no alojamento e disseram a
mim e a Herman que havíamos violado a norma disciplinar "30C". A 30C era
uma acusação generalizada que representava qualquer coisa que não estivesse
especificamente explicitada no livro de normas disciplinares. Eles nos colocaram na masmorra. George Kendall e sua equipe entraram em cena, entrando
com um pedido para descobrir o motivo de termos sido colocados na masmorra
e pleiteando nossa libertação.

Eu ainda estava na masmorra na terça-feira, dia 25 de novembro de 2008,
quando Nick me ligou com notícias surpreendentes. O juiz James Brady decidiu que eu tinha o direito à fiança enquanto aguardava a apelação do estado,
mediante a aprovação do juízo para meu plano de residência. Se eu conseguisse
encontrar uma moradia adequada, poderia ir para casa. O juiz Brady disse que
não encontrou provas de que eu era um perigo para a sociedade, citando minha
idade e meu "histórico de conduta exemplar" nos últimos vinte anos. Também
mencionou minha saúde debilitada, me descrevendo como "frágil e doente". Eu
odiava isso, mas tinha que admitir que era verdade. O juiz Brady pediu minha

libertação imediata enquanto aguardávamos a decisão do recurso contra a concessão de meu habeas corpus.

O estado entrou com um recurso de emergência perante o Tribunal de Segunda Instância da Quinta Região, pedindo que a decisão do juiz Brady de me conceder a fiança fosse suspensa até que uma audiência junto à câmara julgadora composta de três desembargadores pudesse ser realizada. A procuradora-geral adjunta Mary Hunley, citando minhas condenações criminais por "assalto à mão armada, fuga qualificada, agressão qualificada, roubo e furto de carro", declarou em juízo: "É evidente que, se ele for libertado, este criminoso profissional será considerado um perigo e um provável fugitivo." Incrivelmente, ela não falou nada sobre estupro. Uma câmara julgadora do Tribunal de Segunda Instância da Quinta Região impediu minha libertação por mais uma semana e, então, negou a fiança definitivamente.

Eu estava na masmorra há cerca de um mês quando finalmente recebi um relatório de investigação que me informou por que eu havia sido transferido para lá em primeiro lugar. Fui removido do alojamento, colocado na masmorra e enviado de volta à CFR com base na acusação de "abuso de privilégios de telefone". Eu tinha participado de dez ligações de audioconferência, que geralmente são proibidas na prisão, mas são muito comuns. Seis delas foram com nossos advogados, e tínhamos autorização para realizá-las. As outras quatro foram com Noelle Hanrahan, da Prison Radio — as ligações que fiz para dar meu depoimento refutando as acusações de estupro. Também fui acusado de "deturpação deliberada de informações em minha lista de chamadas", porque descrevi Noelle como uma "amiga" e não como jornalista. Claro que não era uma deturpação: eu a considerava uma amiga. Além disso, não havia nenhum lugar no formulário que pedisse ou fornecesse um espaço para anotar as profissões de seus amigos. Por fim, fui acusado de divulgar um "comunicado de imprensa não autorizado" ao falar com ela, e os funcionários da prisão alegaram que eu estava fazendo declarações provocativas que causariam problemas de segurança na prisão. Herman também foi acusado de violações disciplinares forjadas relacionadas ao uso indevido de privilégios de telefone.

Chris Aberle e Nick Trenticosta continuaram a me defender na imprensa. Nick disse a repórteres que as acusações do procurador-geral Caldwell eram "acusações difamatórias, uma ladainha de ofensas que não existem". Mas a verdade não impediu Buddy Caldwell, que continuou a dizer ao *Advocate* que me julgaria por estupro se eu fosse libertado. "Essas acusações ainda são viáveis", disse Caldwell ao jornal. "Temos testemunhas vivas por aí. Se vamos errar, vamos errar mantendo-o preso." De forma imprudente e insensível, ele fez essas alegações sabendo que nunca teria como sustentá-las.

Em novembro de 2008, fui novamente inquirido para nosso julgamento civil. O procurador do estado, Richard Curry, me questionou.

P: Sr. Woodfox, de que fatos o senhor está ciente que apoiariam sua alegação de que esteve confinado por 28 a 36 anos e que outras ações adversas são realizadas contra você pela percepção de suas crenças e afiliações políticas?

R: Bem, o fato é que estive detido na CFR por aproximadamente 35 anos, com exceção dos três anos em que estive na cidade de Amite, na Penitenciária Distrital de Tangipahoa. Tive a oportunidade de ver todos os presos com péssimos históricos disciplinares serem liberados da CFR. Basicamente, somos avaliados na CFR apenas por nossa conduta. Eu vi caras saindo da masmorra ou chegando do Camp J e alguns meses depois serem liberados da CFR.

P: Parte do que você está argumentando, creio eu, é que você permaneceu na CFR todo esse tempo por causa de suas convicções políticas?

R: Sim.

P: Que fatos você tem para apoiar essa afirmação?

R: O fato de eu ainda estar na CFR há uns 35 anos ou mais, de ter um histórico de conduta excelente, de que não há absolutamente nada que eu possa fazer para ser libertado da CFR, enquanto tive a chance de observar outros prisioneiros da ala com péssimos históricos de conduta que foram libertados de lá.

P: E você também está afirmando que permaneceu na CFR em parte por causa de seus pontos de vista e opiniões políticas, correto?

R: Sim.

P: E em quais fatos você baseia essa alegação?

R: Novamente, o fato de que nada que eu possa fazer me permitirá ser libertado da CFR, bem como as próprias declarações do diretor Cain.

P: E você também alega que permaneceu na CFR porque se valeu de seu direito fundamental de acesso à justiça. Em que fato você baseia essa declaração ou afirmação?

R: O fato de eu estar detido na CFR há trinta e poucos anos, o fato de ter um histórico de conduta excelente, o fato de não ter me envolvido em nenhum incidente, como outros presos que foram libertados da CFR.

P: Você também alega que permaneceu na CFR em parte por causa de sua raça, correto?

R: Sim, a parte racial veio em uma declaração feita pelo próprio diretor Cain em seu depoimento, quando destacou especificamente o "Panterismo Negro". Todos os membros do Partido dos Panteras Negras eram afro-americanos, a filosofia do Partido dos Panteras Negras era basicamente ajudar os afro-americanos.

P: Você está afirmando que o diretor Cain é racista?

R: Não conheço o diretor Cain o suficiente para dizer que ele é racista.

P: Você está alegando que ele o mantém preso porque você é negro?

R: Com base em suas declarações, sim.

Em dezembro, uma exposição de arte chamada *The House That Herman Built* estreou no Contemporary Arts Center em Nova Orleans. A artista Jackie Sumell escrevera para Herman anos antes, perguntando como seria a casa dos seus sonhos. Depois de várias cartas, esboços, telefonemas e visitas, ele respondeu a ela. Ela criou uma exposição de arte acerca de sua visão que incluía plantas, desenhos arquitetônicos, modelos e um tour virtual computadorizado da casa que Herman queria construir. Ela incorporou seus desenhos, trechos de suas cartas e as flores de papel que ele costumava fazer. Também construiu uma réplica em madeira de uma cela de prisão de 2m x 3m. A instalação circularia pelos Estados Unidos para cidades como Filadélfia, São Francisco e Augusta, na Geórgia, e ao redor do mundo, pela Polônia, Reino Unido, Alemanha e França. Ela ajudou a aumentar a conscientização sobre os horrores e abusos do confinamento solitário entre muitas pessoas que nunca teriam sido expostas à questão. Os visitantes de galerias de arte e museus que entraram naquela cela de madeira tiveram a oportunidade de imaginar a vida em confinamento solitário. O cineasta Angad Singh Bhalla fez um documentário chamado *Herman's House*, que fala sobre a colaboração de Herman com Jackie.

Herman tinha um jardim repleto de rosas e delfínios no jardim da frente de sua casa dos sonhos. Também tinha uma varanda que contornava a casa e uma estufa no terreno para que, como explicou a Jackie, "nunca ficasse longe de cultivar coisas". Havia seis fornos de micro-ondas em sua enorme cozinha para hospedar todos os seus convidados. Retratos de John Brown, Harriet Tubman e outros abolicionistas pendurados na sala de estar. A janela panorâmica era à prova de balas. A piscina tinha uma enorme pantera negra pintada no fundo. O quarto de Herman tinha uma saída de emergência que levava a um bunker de sobrevivência. A casa, disse ele a Jackie, seria feita de madeira para que, caso fosse atacada, pudesse ser totalmente queimada.

Capítulo 47

Nunca Distante

De volta às nossas celas da CFR, ainda éramos um problema para Buddy Caldwell. A exposição sobre nosso caso estava aumentando. George Kendall disse a mim e a Herman para nos prepararmos para uma separação definitiva. Aparentemente, Caldwell abordou Burl Cain e pediu para que nos transferisse para penitenciárias diferentes. Ouvimos dizer que Cain concordou porque, em parte, a publicidade sobre o A3 estava prejudicando o nome de Angola. Primeiro transferiram Herman, em março de 2009, para o Elayn Hunt Correctional Center em St. Gabriel, cerca de 19km a sudeste de Baton Rouge, criando uma CFR novinha em folha para alojar Herman (e acrescentaram outros prisioneiros para enchê-la).

Herman e eu estávamos acostumados a ficar separados. Exceto pelo total de nove meses que passamos juntos em Angola, no alojamento e na CFR, não tínhamos sido alojados juntos. Ficamos próximos compartilhando livros, fotos, música e correspondência constante, passados de um para o outro ao longo dos anos pelas mãos de atendentes, presos com privilégios e às vezes até guardas da prisão. Demos um ao outro sacolas de aniversário cheias de zuzus (lanches) e itens do armazém da penitenciária. Quando um de nós estava no pátio, o outro gritava da janela se estivesse na sua hora fora da cela.

Mas o extraordinário, misterioso e inexplicável fortalecimento de nossa amizade foi baseado em outra coisa. Em celas diferentes, em blocos diferentes, às vezes em prédios diferentes, e agora em penitenciárias diferentes, nossos carcereiros nunca conseguiram ser um obstáculo entre nós. Herman estava lá para mim e eu para ele. Se eu precisasse dele, ele estava lá. Não física, mas instantaneamente. Não sou religioso, não creio em Deus. Mas acredito no espírito humano e que os seres humanos têm uma capacidade maior do que imaginamos. Por trás da dor, das traições, da brutalidade e das decepções, Herman, King e eu existíamos em algum lugar, ilesos e unidos. Depois que fomos transferidos para prisões diferentes, Hooks e eu escrevíamos um ao outro pelo menos uma vez por semana, às vezes mais. Eu me ajustei. Ele também. É o que fazíamos de melhor.

Mais tarde naquele ano, em 9 de outubro de 2009, a Suprema Corte Estadual da Louisiana negou sumariamente o pedido de revisão de Herman. Ele teria que recorrer a um tribunal federal. A essa altura, George Kendall e sua equipe haviam assumido o caso criminal de Herman, assim como o meu. George, Corrine Irish, Carine Williams e Sam Spital já estavam trabalhando no primeiro recurso federal de Herman, sua petição de habeas corpus.

Havia seis alegações no writ, incluindo que o estado não corrigiu o falso testemunho apresentado contra Herman, observando, por exemplo, a declaração de Howard Baker retratando seu depoimento de 1974, admitindo que ele mentiu quando disse que viu sangue em Herman e afirmando que seria impossível para o Herman, ou qualquer pessoa, queimar roupas na fábrica de placas porque não havia uma fornalha lá. O estado também ocultou provas que possibilitariam a impugnação de testemunhas e informações exculpatórias da defesa de Herman, não divulgando, por exemplo, uma declaração de 20 de abril de 1972 dada por um preso chamado Charles Evans. George alegou no *writ*:

> De acordo com a declaração, Evans estava alojado em Pine 2, ao lado de Pine 1. Evans afirmou que, em 17 de abril de 1972, ele foi acordado às 7h51 e viu [um] "grande grupo de pessoas em pé entre o Pine 1 e o Pine 2. Eu ouvi alguém [na] multidão dizer que era um homem livre que estava brigando. Vi um velho que conheço como 'Hezekiah' parado na porta de Pine 1". Evans afirmou ainda que viu "um homem livre correndo em direção a Pine vindo do alojamento Walnut". Infelizmente, os funcionários da prisão não registraram mais detalhes das lembranças de Evans. O que está claro, entretanto, é que a memória de Charles Evans sobre os acontecimentos na manhã de 17 de abril de 1972 era inconsistente com a teoria do Estado sobre o caso e enfraqueceu a credibilidade de suas testemunhas. Certamente, o depoimento de Evans teria sido uma valiosa prova para a impugnação de testemunhas para o Sr. Wallace, na medida

em que teria posto em dúvida o depoimento de todos os quatro detentos que testemunharam contra ele, cada um dos quais — negando às vezes até mesmo a presença um do outro — alegou que poucas pessoas estavam presentes na cena do crime.

Além disso, se o advogado de defesa tivesse recebido a declaração do Sr. Evans, ele poderia ter investigado mais, entrevistado o Sr. Evans e buscado os nomes dos outros prisioneiros que faziam parte dessa "multidão" presente no momento do assassinato. Alguém na multidão poderia ter informações sobre quem realmente matou Brent Miller.

Outra alegação no habeas corpus de Herman era que ele fora "inadmissivelmente condenado" por causa da seleção discriminatória do grande júri que o indiciou. Sua primeira acusação de grande júri, em 1972, foi anulada porque excluía negros e mulheres. Quando Herman foi indicado novamente, em 1973, seu segundo grande júri também excluiu negros e mulheres. Ele entrou com uma petição para anular essa acusação também. Em uma audiência no dia 7 de janeiro de 1974, pouco antes de seu julgamento, o juiz negou provimento à petição. A equipe de George reexaminou o depoimento daquela audiência de 1974 e a lei vigente à época e descobriu que as mulheres eram sistematicamente excluídas dos júris. De acordo com o Artigo 402 do Código de Processo Penal da Louisiana na época: "Uma mulher não deve ser selecionada para o serviço do júri, a menos que tenha previamente apresentado ao secretário do tribunal do distrito em que reside uma declaração por escrito de seu desejo de prestar serviço como jurada." Ruth P. Daniels, membro da Comissão do Júri do Distrito de West Feliciana da época, declarou que as listas de eleitores registrados compiladas e enviadas à comissão do júri incluíam apenas eleitores do sexo masculino porque "nenhuma [mulher] jamais havia solicitado a atuar como jurada".

"A recusa do tribunal de anular a segunda acusação requer a reversão da condenação do Sr. Wallace", escreveu George, "porque a exclusão sistemática de mulheres cidadãs do serviço do grande júri violou a cláusula de proteção igualitária da Décima Quarta Emenda". Em 4 de dezembro de 2009, o pedido de habeas corpus de Herman foi apresentado na Comarca Distrital de Middle District da Louisiana perante o juiz Brian A. Jackson.

Em 2010, King e uma de nossas apoiadoras de longa data do A3 na Inglaterra, Nina Kowalska, se encontraram com Tessa Murphy, que chefiava a equipe de pesquisa dos Estados Unidos para a Anistia Internacional, para discutir nosso caso. Eu soube mais tarde que Nina praticamente disse aos presentes na reunião da Anistia que ela não iria embora até que eles aceitassem nosso caso. Mas não precisou chegar a isso. A Anistia queria examinar a questão do confinamento em solitária nos Estados Unidos e emitiu um comunicado à imprensa, afirmando que nosso encarceramento em confinamento solitário era uma violação dos direitos humanos e pedindo nossa libertação da solitária.

Em junho daquele ano recebi um golpe esmagador. Perdi o habeas corpus concedido pelo juízo distrital. Uma câmara julgadora nitidamente dividida composta de três desembargadores do Tribunal de Segunda Instância da Quinta Região dos EUA reverteu a decisão do juiz Brady, restabelecendo minha condenação. A segunda instância decidiu que Brady "errou" ao concluir que eu tive um advogado ineficaz em meu segundo julgamento e sustentou que, embora meu julgamento "não tivesse sido perfeito", eu não tinha como provar que teria um resultado diferente com outro advogado. O tribunal usou a Lei Antiterrorismo e Pena de Morte Efetiva do presidente Bill Clinton como a principal razão para restabelecer minha condenação. Esse estatuto exige que os tribunais federais respeitem as decisões dos tribunais estaduais, desde que essas decisões não sejam "irracionais" ou "contrárias à lei federal claramente estabelecida".

Fiquei deprimido. Tentei parecer otimista para meu irmão Michael, meus advogados e meus amigos. Essa notícia foi tão difícil para eles quanto para mim. Tantas pessoas trabalharam e lutaram tanto por mim — meus advogados Chris Aberle e Nick Trenticosta, que redigiram minha petição de habeas e trabalharam no recurso; George Kendall e sua equipe, que se juntaram ao meu pedido de habeas corpus em 2008 enquanto trabalhavam em nossa ação civil; todos os meus amigos e nossos apoiadores, que estavam aumentando a conscientização nas ruas e em Washington; meu irmão, que mantinha meu ânimo na sala de visitas da prisão. Eu não conseguia acreditar nos sacrifícios que eles fizeram por mim, no seu comprometimento comigo, não podia deixar transparecer a dor que eu sentia. Voltei à autodisciplina para combater a depressão. Mantive minha rotina. Ia para o pátio quando tinha permissão, embora a emoção de estar lá não existisse mais. Não sentia mais prazer naquele pátio. Só saía para me forçar a fazer exercícios. Herman me escreveu perguntando como eu estava. Respondi: "Essa doeu, mas vou ficar bem. Só estou demorando um pouco mais para recuperar o fôlego. É estranho reorganizar minhas esperanças, sonhos, planos e expectativas, mas vou conseguir."

Houve uma bênção salvadora na decisão do Tribunal da Quinta Região. O tribunal de segunda instância enviou meu caso de volta ao juiz Brady para uma decisão em relação à minha última alegação: que a discriminação racial influenciou a seleção do primeiro jurado do meu grande júri em 1993. Essa seria minha última chance de sair da prisão. Os tribunais já haviam decidido todas as outras questões que eu poderia pleitear. Um prisioneiro só pode ir ao tribunal federal por questões já discutidas em seu recurso original. Se os tribunais decidissem que essa alegação não justificava um pedido de revisão criminal, eu morreria na prisão. Eu teria uma audiência probatória sobre esse assunto.

Eu me obriguei a não desanimar, a não perder as esperanças, de alguma forma encontrei a determinação para continuar lutando. Mas eu não estava isento de cicatrizes por esse vai e vem, com minhas esperanças sendo infladas e destruídas repetidas vezes. Enquanto isso, nossa ação civil alegando que nossos anos em confinamento solitário constituíram punição cruel e incomum progredia; fomos informados de que logo poderíamos ter uma data de julgamento. O psicólogo Craig Haney voltou à prisão para entrevistar a mim e a Herman mais uma vez. Ele notou uma "mudança drástica e nítida" em nossas "aparências e comportamentos". Ele escreveu que eu parecia "deprimido, derrotado e sombrio". Herman, escreveu ele, estava "hesitante... com a voz trêmula". Herman disse a Haney que estava preocupado de ter chegado ao "ponto final" e com medo de "não conseguir suportá-lo". "Herman começou a me dizer que se sentia triste, mas estava tentando permanecer forte", escreveu Haney. "Então começou a chorar. Depois de recuperar a compostura, falou sobre a dor estampada em cada homem nas celas ao seu redor. Ele me disse que eles 'davam muito problema', mas também que entendia que não era culpa deles."

No dia 1º de novembro de 2010, foi a minha vez de sair de Angola. Fui levado ao David Wade Correctional Center, quatro horas de carro ao norte, em Homer, Louisiana. Eu estava agora na prisão mais ao norte do estado; é a Sibéria da Louisiana. Herman estava no extremo sul. Não havia CFR em Wade, então eles criaram uma, enchendo-a com doze prisioneiros de Angola que foram transferidos comigo. Nunca tive a impressão de que os outros prisioneiros me culpavam. Eles sabiam que eu não tinha controle sobre essa transferência e que nada fizera para causá-la.

Eu tinha ouvido falar de Wade. Foi construída como uma "prisão de punição" para o "pior dos piores" em 1980. As autoridades de Angola nos disseram que a transferência não era uma punição, mas era impossível enxergá-la como qualquer outra coisa além disso. Eu agora estava a seis horas de carro de Nova Orleans, a base do meu apoio. Seria impossível alguém ir de Nova Orleans me visitar e voltar no mesmo dia. Eu sabia que ficaria muito isolado em Wade.

No dia em que chegamos, os guardas estavam imediatamente em cima de nós, falando com rispidez e sendo desnecessariamente rudes. "Você tem cinco minutos para tirar esse chiclete da boca", gritou um deles para um prisioneiro quando saímos da van. O homem ao meu lado olhou para as mãos, algemadas à cintura com uma caixa preta sobre elas, obviamente levando um segundo para descobrir como remover o chiclete de sua boca sem as mãos. O guarda gritou com ele novamente. Nem todos os guardas em Wade falavam de maneira rude e degradante, mas a maioria dos agentes penitenciários de lá dominava a arte de tratar os prisioneiros da maneira mais humilhante possível. Eles faziam isso porque podiam. Não havia ninguém para demonstrar outra forma de tratamento. Também tive a impressão de que fomos jogados em suas mãos sem aviso, de que já estavam sobrecarregados e direcionaram sua raiva e frustração para nós.

Parecia que haviam esvaziado as celas do novo bloco da CFR um dia antes de chegarmos lá. Eu conseguia sentir o cheiro do desinfetante usado para limpá-las. Tive que dizer aos guardas que deveríamos viver sob as mesmas normas e ter os mesmos privilégios que tínhamos na CFR em Angola. Eles não sabiam nada sobre normas e privilégios da CFR. Eles me informaram as regras locais: em Wade, não havia visitas com contato. Não havia micro-ondas para os prisioneiros usarem. Nada de gelo. Tínhamos pátio apenas três vezes por semana e não podíamos permanecer no bloco nos dias de pátio. Isso significava que, se não fôssemos para o pátio, teríamos que voltar direto para as nossas celas após o banho. Em Angola, havia cinco TVs no bloco; cada TV era compartilhada por três detentos e podiam ser programadas separadamente com base no que eles queriam assistir. Em Wade, as quatro TVs eram programadas igualmente, então todos os prisioneiros do bloco tinham que assistir ao mesmo programa. Isso significaria fazer com que doze homens concordassem com a programação da TV a cada hora do dia. Havia menos tempo de televisão, o que era uma grande perda para os caras que organizavam o dia inteiro em torno do que passaria na programação. Quando saí de Angola, as TVs tinham um chip, então o som saía dos rádios nas celas. Em Wade, as TVs ficavam no último volume; o barulho era ensurdecedor. Quando saí de Angola, podíamos receber um telefone nas celas para fazer uma ligação. Para usar o telefone em Wade, tínhamos que ficar de pé e algemados no final do bloco, perto da parede de vidro da cabine de controle.

A porta da cela se fechou atrás de mim. Era uma malha de aço em vez de barras, então os prisioneiros não podiam passar nada pelas portas nem segurar os espelhos para ver o fim do bloco. Não havia espaço sob a porta para passar nada. As aberturas de passagem de alimentos tinham abas articuladas e podiam ser trancadas por fora. Não havia fendas nas portas das celas para colocar algemas em nossos tornozelos ou pulsos, então sempre que saíamos do bloco tínhamos que colocar as mãos pelas aberturas para alimentos a fim de colocar as algemas, nos afastar da porta enquanto os guardas a abriam, virar para o fundo das celas e nos ajoelhar no chão para que pudessem colocar os grilhões nas pernas. Aos 63 anos, eu tinha artrite degenerativa nos joelhos. Eu sabia que seria doloroso me ajoelhar no chão de concreto. Sentei no meu beliche. Se eu tivesse me permitido sentir uma conexão emocional com a minha realidade naquele momento, teria enlouquecido. Mas eu não sentia mais os altos e baixos que as pessoas na sociedade sentem. Eu vivia cada emoção de uma forma entorpecida.

No dia seguinte, o diretor e seu assistente, um tenente-coronel encarregado da Ala Sul, onde eu estava alojado, me chamaram. Fui algemado e levado para vê-los em uma pequena sala. Eles começaram a me questionar sobre estar na CFR e em Angola e eu percebi que eles estavam dando voltas em vez de me falar o que realmente queriam, então eu os interrompi. "Olha, suponho que vocês me chamaram aqui para tentar descobrir meu estado de espírito. A maioria das regras não se aplica a mim porque não participo de jogos de prisão ou essas besteiras. Se seus oficiais me respeitarem, eu os respeitarei. Se me desrespeitarem, vou desrespeitá-los. Se você encostar um dedo em mim, terá que me matar porque eu lutarei com todas as minhas forças até ficar inconsciente ou morrer. Fora isso, você nem saberá que estou aqui." Eles se entreolharam. O diretor disse: "Ficamos felizes em saber que você não será um problema."

Enquanto era conduzido de volta ao meu bloco, eu sabia que seria um problema. Os prisioneiros de Wade eram tratados como lixo. Não tínhamos os privilégios de CFR que deveríamos ter de acordo com as regras do próprio estado. Assim que meus pertences foram entregues, peguei meus materiais de escrita e escrevi para o diretor, listando os privilégios que tínhamos na CFR e perguntando quando poderíamos esperar tê-los, começando pelas visitas com contato.

O único privilégio que o diretor forneceu rapidamente foram as visitas com contato; pudemos tê-las em poucas semanas. Para todo o resto, demorou de três a seis meses de pressão apenas para obter uma versão resumida do que tínhamos em Angola. Os outros prisioneiros trabalharam comigo. Todos sabíamos que o que eles estavam fazendo era errado. Agindo por consenso, consegui que as petições fossem assinadas, escrevi para o diretor, preenchi ARPs. Em todo o tempo, os guardas regularmente nos xingavam e falavam conosco de forma desrespeitosa, tudo isso sem provocação e sem necessidade. Mesmo na caminhada de nossa cela até o chuveiro, éramos importunados. Os guardas gritavam: "Rápido. Entre no chuveiro, continue andando." Se houvesse um evento esportivo na TV e os prisioneiros no bloco fizessem muito barulho na torcida, um guarda gritava: "Abaixem a porra do barulho antes que eu desça e coloque alguns de vocês, seus filhos da puta, na masmorra."

Por fim, conseguimos gelo. No dia em que colocaram um micro-ondas no final do bloco, foi uma novidade tão grande que os guardas de toda a prisão vieram dar uma olhada nele. Um deles disse: "Nunca pensei que viveria para ver o dia em que eles teriam um micro-ondas em um bloco em David Wade." Não podíamos usar o micro-ondas sozinhos; os alimentos tinham que ser entregues no centro da guarda no final do bloco e depois eram devolvidos para nós.

Os funcionários da prisão não mudariam algumas coisas, não importa o quanto eu protestasse e lutasse. Eles se recusaram a nos dar uma cortina de chuveiro. O chuveiro ficava bem em frente ao centro de controle. Tínhamos que ficar nus no chuveiro, totalmente à vista de onde os guardas ficavam sentados, incluindo as do sexo feminino. Wade também não era tão limpa quanto Angola. Havia mais insetos e roedores; eles pulverizaram apenas os corredores, não as celas. Não varriam ou limpavam com esfregões com tanta frequência. Quando a equipe médica precisava fazer exames laboratoriais ou outros exames, eles nos buscavam no meio da noite — a qualquer momento entre 1h e 3h. Tínhamos menos acesso a material jurídico. Isso não me afetou diretamente, porque tinha a sorte de ter advogados que me ajudavam. Mas era uma grande perda para os outros prisioneiros da CFR em Wade.

Finalmente conseguimos que Wade concordasse em nos deixar ficar no bloco em vez de ir para o pátio na nossa hora de soltura se quiséssemos, mas eles colocaram uma linha no corredor com fita amarela, a um terço de distância da parede, e disseram que tínhamos que ficar naquele terço do bloco durante esse tempo e que não podíamos cruzar a linha. Isso era um pé no saco. Era difícil fazer exercícios ou dar coisas para as pessoas do outro lado da linha amarela. Se eu estivesse esquentando uma xícara de café ou entregando um livro para alguém em uma cela, tinha que manter os pés atrás da linha amarela e me inclinar sobre ela. Eles usaram a linha amarela como punição para todo o bloco porque um dos prisioneiros programou um canal pornô na DirecTV usando o controle remoto e a segurança não conseguiu pegá-lo por algumas horas. Punir a todos pelas ações de alguns, ou mesmo de apenas um prisioneiro, é a política em todas as penitenciárias. Sempre fomos forçados a viver no nível do menor denominador comum. Essa filosofia acabaria arruinando nossas visitas com contato em Wade. Quando recebemos as primeiras visitas com contato, não precisamos usar algemas. Então, um prisioneiro aparentemente ameaçou outro, dizendo que ia bater nele e em sua família na sala de visitas. Depois disso, todos fomos forçados a usar algemas e grilhões durante as visitas. Essa foi a solução de Wade para o problema.

Alguns meses depois de minha chegada, o diretor, Jerry Goodwin, me chamou. Fui levado para a sala onde o conselho de revisão se reunia. "Tenho uma coisa que quero falar com você", disse ele. "Se não quiser falar sobre isso, tudo bem. De qualquer forma, estou lhe dizendo agora que esta conversa nunca aconteceu. Vou negar que tenha acontecido." Ele parou. "Agora, se você ainda quiser ouvir, me diga." "Bem, sim", falei. "O que foi?" Ele disse: "Conversei com Buddy Caldwell em uma das reuniões de orçamento e ele me disse para lhe dizer para ser esperto, e que se você quiser depor contra Herman Wallace, é melhor fazer um acordo agora." Falei que pensaria no assunto. Assim que voltei para o meu bloco, liguei para George Kendall para pedir que me visitasse para que eu pudesse contar a ele o que o diretor Goodwin me disse. Não deu em nada. Não havia nada que pudéssemos fazer. A oferta de Caldwell veio de um terceiro, o que deu a ele negação plausível.

Logo depois disso, eu estava lendo quando uma equipe de trabalhadores subiu ao bloco e começou a lubrificar e martelar as dobradiças das abas de metal enferrujado que cobriam as aberturas para alimentos. Perguntei ao guarda de plantão o que eles estavam fazendo e fui informado de que eles deveriam começar a trancar as passagens de comida na CFR após cada refeição. Quando terminaram, trancaram todas as aberturas e saíram do bloco. Quando a refeição chegava, as aberturas eram destrancadas e a bandeja, passada para nós. Depois de comermos, as bandejas eram recolhidas e as aberturas, trancadas novamente. Não podíamos passar um livro, jornal ou qualquer outra coisa quando alguém estava em sua hora de soltura com as aberturas trancadas. Não era possível abrir para ver o rosto da pessoa falando conosco. Não havia nenhuma razão do ponto de vista penal para isso. E não estava acontecendo em nenhum outro bloco de celas. Essa foi uma ação punitiva criada para a CFR do David Wade Correctional Center. Aumentou nosso isolamento. Fez com que a cela parecesse mais confinante e demorei para me ajustar a isso. Escrevi ao diretor para protestar contra a ação. Quando contei aos meus advogados, eles entraram em ação. Demorou mais de seis meses, mas, com a ajuda dos meus advogados, conseguimos que mantivessem as passagens para alimentos destrancadas.

Eu ainda estava tendo ataques claustrofóbicos, mas isso não era novidade. Sempre começava da mesma maneira. Senti que o ar ao meu redor estava me pressionando e a cela ficava cada vez menor. Se fosse tarde da noite ou de manhã cedo e todos estivessem trancados em suas celas, eu ficava nu. Não conseguia suportar a sensação das roupas no corpo; minha camiseta e cueca pareciam cinco vezes menores. Se o guarda descesse o bloco para uma contagem, eu ficaria sentado no vaso sanitário até ele passar, porque não queria que ele soubesse. Tentávamos transmitir uma certa imagem, como o poema de Herman, de homens de aço. Escondíamos nossos pontos fracos da segurança. Às vezes, ouvir ópera ajudava. Se conseguisse achar no rádio, eu me sentava no beliche, fechava os olhos e imaginava as paredes voltando à distância normal de mim. Na maior parte do tempo, não havia ópera no rádio. De qualquer forma, caminhar sempre era a melhor solução para os ataques. Eu andava pela cela, de um lado para o outro. No verão, um rastro de suor surgia embaixo de mim e formava uma faixa no meio do chão da cela, de uma ponta à outra.

2011–2016

Sinto minha alma tão vasta quanto o mundo, verdadeiramente uma alma tão profunda quanto o mais profundo dos rios; meu peito tem o poder de se expandir ao infinito. Eu fui feito para doar.

— Frantz Fanon

Capítulo 48

Tortura

Em abril de 2011, a Coalizão Internacional para a Libertação dos Três de Angola e o Projeto Prisional Nacional da ACLU realizaram uma reunião no Congresso sobre os abusos do confinamento solitário, a pedido dos congressistas John Conyers, Cedric Richmond e Robert "Bobby" Scott. Tory Pegram foi coorganizador do programa e moderador do painel de discussão com Robert King; Laura Rovner, professora associada de direito da Civil Rights Clinic da Faculdade de Direito da Universidade de Denver; David Fathi, diretor do National Prison Project; e Michael Randle, gerente do programa do Judge Nancy R. McDonnell Community Based Correction Facility. Houve a exibição de um documentário sobre nós chamado *In the Land of the Free*, dirigido por Vadim Jean e produzido pela Mob Film Company, lançado no ano anterior. (Esse filme seria atualizado com novas informações e entrevistas e renomeado *Cruel and Unusual* anos depois.) King e nossa advogada Carine Williams falaram depois da exibição.

Naquela primavera, recebi a notícia de que meu amigo de infância Ernest Johnson morrera de uma doença. Foi um choque, porque ele tinha a minha idade, 64 anos. Em 2 de junho de 2011, o ex-Pantera Geronimo Ji-Jaga Pratt morreu de infarto. Ele tinha 63 anos. Não havia lugar na minha cela para essas perdas dolorosas. Eu ainda estava de luto por Althea Francois, membro fundadora de nosso comitê de apoio, que havia morrido um ano e meio antes, após uma longa doença, no Natal. Althea, como uma jovem membro do Partido dos Panteras Negras nos anos 1970, me visitou pela primeira vez em Angola depois que fui acusado de matar Brent Miller. Em 1999, nos reunimos na sala de visitas da prisão. Uma guerreira gentil, mas determinada, Althea foi uma ativista da comunidade negra durante toda a sua vida. Nos meses após o furacão Katrina devastar Nova Orleans, ela trabalhou para estabelecer o Office of the Independent Police Monitor da cidade para descobrir e expor o papel da polícia de Nova Orleans nas mortes pós-Katrina. Herman e King também ficaram arrasados com a morte de Althea, é claro. Quando o jornal *San Francisco Bay View* pediu a King algumas palavras sobre ela, ele falou da natureza generosa de Althea, invocando uma passagem da Bíblia, Mateus 25: 35-36: "Pois eu tive fome, e vocês me deram de comer; tive sede, e vocês me deram de beber... estive preso, e vocês me visitaram." Eu estava acostumado a estar separado das pessoas que amava, mas a separação pela morte era diferente. Althea Francois, Ernest Johnson, Geronimo Ji-Jaga Pratt, Anita Roddick, Michael Augustine; um de meus primeiros apoiadores, Opal Joyner; minha irmã, Violetta Mable Augustine; minha mãe, Ruby Mable. Se um dia eu saísse da prisão, uma parte de mim sempre os procuraria.

Comecei a ter inchaço nas pernas e tornozelos. Como de costume, tentei correr para que passasse, mas não adiantou. A certa altura, meus tornozelos estavam tão inchados que os guardas não conseguiam colocar os grilhões nas minhas pernas — tiveram que usar duas algemas de plástico juntas para cada um dos meus tornozelos e prender a corrente entre meus tornozelos a elas. Por fim, consultei um médico e recebi uma receita de diuréticos e o inchaço diminuiu, mas sempre que as contenções de tornozelo ficavam muito apertadas, eles inchavam como balões.

Depois de 39 anos, eu ainda estava sendo incomodado por meus livros e correspondências. Qualquer coisa que eu recebia que mencionasse o Partido dos Panteras Negras era confiscada por "pregar o ódio racial". "Dá um tempo", escrevi a Herman, descrevendo a aporrinhação mesquinha. "Estou cansado dessa merda." Um dos meus apoiadores me enviou o livro *The New Jim Crow*, de Michelle Alexander, e felizmente ele chegou. Eu o compartilhei com os prisioneiros do meu bloco, dizendo o quanto ele era poderoso. Havia questões no livro que costumávamos discutir na década de 1970.

Mantive muito contato com Herman em Hunt e Zulu em Angola por meio de cartas, escrevendo com frequência. Embora, como escrevi para Hooks: "É difícil escrever para você e para o Zulu, o que posso dizer sobre viver na barriga da besta. Vocês dois estão vivendo meu inferno."

Em 18 de outubro de 2011, as Nações Unidas divulgaram uma declaração contra o confinamento solitário:

> Um especialista em tortura das Nações Unidas solicitou hoje que todos os países proíbam o confinamento solitário de prisioneiros, exceto em circunstâncias muito excepcionais e pelo menor período de tempo possível, com uma proibição absoluta no caso de adolescentes e pessoas com deficiência mental.
>
> "Segregação, isolamento, separação, cela, confinamento, supermáxima, xilindró, Secure Housing Unit (SHU)... seja qual for o nome, o confinamento solitário deve ser proibido pelos Estados como punição ou técnica de extorsão", disse o Relator Especial da ONU sobre tortura, Juan E. Méndez, ao terceiro comitê da Assembleia Geral, que trata de assuntos sociais, humanitários e culturais, afirmando que a prática pode equivaler à tortura.
>
> "O confinamento solitário é uma medida severa e contrária à reabilitação, objetivo do sistema penitenciário", frisou ao apresentar seu primeiro relatório provisório sobre a prática, qualificando-a de caráter global e objeto de abusos generalizados.
>
> O confinamento solitário indefinido e prolongado por mais de quinze dias também deve ficar sujeito a uma proibição absoluta, acrescentou ele, citando estudos científicos que estabeleceram que algum dano mental duradouro é causado após alguns dias de isolamento social.
>
> "Considerando a severa dor mental ou o sofrimento que o confinamento solitário pode causar, ele pode equivaler à tortura ou ao tratamento ou punição cruel e desumano ou degradante quando usado como punição, durante a detenção pré-julgamento, indefinidamente ou por um período prolongado, para pessoas com problemas mentais ou menores de idade."

Capítulo 49

Quarenta Anos

O dia 17 de abril de 2012 marcou os quarenta anos desde que Herman e eu fomos colocados pela primeira vez na CFR. Nosso comitê de apoio e a Anistia Internacional realizaram o protesto anual de aniversário contra o confinamento solitário; nesse ano foi na escadaria do capitólio estadual. Sob uma faixa que dizia SOLITÁRIA É TORTURA, declarações minhas e de Herman foram lidas em voz alta e vários outros falaram. "Para mim, este dia é agridoce", disse King, "amargo com uma profunda tristeza por termos que sinalizar este dia, mas doce, vendo nossos anos de esforço e luta culminando neste dia. A maré está mudando e a hora de mudar é agora. O vento está a nosso favor e precisamos seguir em frente". "Sinceramente", eu havia escrito, "não tenho certeza de que dano foi feito a mim, mas sei que o sentimento de dor me permite saber que estou vivo. Se eu me afundasse na dor que sofri e parasse para pensar sobre como quarenta anos trancado em uma jaula 23 horas por dia me afetaram, a loucura conquistaria a vitória que buscou por quarenta anos".

Ativistas da Anistia entraram em contato com o governador Bobby Jindal para tentar conseguir uma reunião. Eles queriam lhe entregar uma petição exigindo que Herman e eu fôssemos libertados do confinamento solitário; havia sido assinada por mais de 67 mil pessoas de 125 países pelo mundo. O governador se recusou a se reunir com representantes da Anistia e com King, encaminhando-os ao Departamento de Segurança Pública e Correções da Louisiana. O secretário James M. Le Blanc negou que as condições de trancafiamento 23 horas por dia fossem desumanas e disse que Herman e eu éramos mantidos na CFR porque éramos um perigo para os funcionários da penitenciária, para outros detentos e para visitantes.

Em 13 de maio de 2012, o *Times-Picayune* de Nova Orleans relatou que a Louisiana era a "capital prisional do mundo", encarcerando mais de seu povo, per capita, do que qualquer outro estado. "O primeiro entre os norte-americanos significa o primeiro no mundo", disse a redatora Cindy Chang. "A taxa de encarceramento da Louisiana é quase cinco vezes a do Irã, treze vezes a da China e vinte vezes a da Alemanha." Chang relatou que, na época do artigo, um a cada 86 adultos na Louisiana estava encarcerado, quase o dobro da média nacional. Entre os homens negros de Nova Orleans, um a cada quatorze estava atrás das grades. Ela relatou as duras leis de condenação do estado: "Na Louisiana, um assaltante de carro reincidente pode pegar 24 anos sem direito à liberdade condicional. Três condenações por drogas podem ser o suficiente para colocá-lo na Penitenciária do Estado da Louisiana em Angola pelo resto de sua vida." O "motor escondido atrás da máquina de prisões bem lubrificada do estado", relatou ela, "é dinheiro vivo. A maioria dos presidiários da Louisiana está alojada em instalações com fins lucrativos, que devem ser supridas com um fluxo constante de seres humanos ou a indústria de US$ 182 milhões irá à falência". Mais tarde naquele mês, três dias antes de comparecer a uma audiência probatória em Baton Rouge sobre meu habeas corpus, a Anistia Internacional iniciou uma nova petição online, perguntando ao secretário Le Blanc, que disse que eu era um perigo para mim mesmo e para os outros: "Onde está a prova?" "Em 17 de abril de 2012, você emitiu uma declaração de que Albert Woodfox e Herman Wallace são mantidos separados de outros presos para proteger funcionários da penitenciária, outros detentos e visitantes", dizia a petição. "Onde está a prova para apoiar essa declaração? Os registros mostram que nenhum dos dois cometeu qualquer infração disciplinar grave por décadas. Os registros de saúde mental da penitenciária indicam que os homens não representam nenhuma ameaça para si próprios ou para os outros... Onde está a prova?" Cerca de mil pessoas que assinaram a petição também enviaram um e-mail diretamente ao secretário Le Blanc, pedindo que apresentasse provas que sustentassem sua alegação de que eu era um perigo para os funcionários da prisão, outros detentos e visitantes.

Minha audiência de prova ocorreu no Fórum Distrital Federal, no centro de Baton Rouge. Durante a audiência, fui detido no Centro Correcional Elayn Hunt, onde Herman estava, mas não o vi. Quando cheguei, fui imediatamente colocado na masmorra. Eu reclamei, observando que não tinha relatórios disciplinares recentes em minha ficha e que nunca compareci ao conselho de reclassificação ou o comitê disciplinar em Hunt. Fui informado de que a decisão veio "de cima". Eles confiscaram minhas meias e nunca me deram meus artigos de toalete ou as roupas que levei comigo de Wade. Os outros prisioneiros no bloco eram barulhentos, gritavam, gemiam, falavam sozinhos dia e noite — era sua maneira de lidar com a pressão. Meus advogados tentaram intervir, mas os funcionários da prisão não me tiraram da masmorra. Não consegui dormir. Pela manhã, compareceria ao fórum.

O risco era muito alto nessa audiência probatória, minha vida estava em jogo. Por causa da Lei Antiterrorismo e Pena de Morte Efetiva, os presos que apresentam pedidos de habeas corpus só têm permissão para levantar questões que foram originalmente preservadas em seu pedido de revisão criminal, e apenas aquelas questões que não foram previamente julgadas. Eu tinha duas reivindicações restantes quando cheguei ao juiz James Brady no fórum federal em 2006. Ele já havia decidido sobre uma delas: em 2008, ele anulou minha condenação com base na assistência ineficaz do advogado. O Tribunal de Segunda Instância da Quinta Região reverteu a decisão. Agora eu estava perante o juiz Brady com minha última alegação: que minha acusação de 1993 pelo grande júri do Distrito de West Feliciana foi maculada pela discriminação porque o juiz, que escolheu a dedo o primeiro jurado do grande júri, selecionava quase exclusivamente brancos em um distrito formado por uma população com mais de 40% de pessoas negras. George Kendall, Sam Spital, Corrine Irish e Carine Williams fizeram muitas pesquisas para se preparar para essa audiência, para provar a sub-representação consistente de afro-americanos servindo como jurados no distrito e para desmascarar o caso do estado, que era de que as seleções do juiz eram "neutras em relação à raça".

A audiência durou três dias, de 29 a 31 de maio de 2012. Todos os dias, antes de sair da cela, eu pedia minhas meias para usar sob os grilhões e meu pedido era negado. Sem elas, meus tornozelos ficavam com cortes e hematomas. No fórum, o estado não poupou despesas na tentativa de derrotar nosso pedido, tentando provar que a seleção do júri feita pelo juiz de West Feliciana não discriminou negros, apresentando uma testemunha após a outra afirmando que fatores objetivos, como educação, supostamente tornavam "neutras" as nomeações dos primeiros jurados do grande júri no distrito de West Feliciana, mesmo que escolhidos a dedo pelos juízes. A equipe de George refutou isso, identificando afro-americanos no painel de possíveis jurados e mostrando que seu emprego e educação eram comparáveis às qualificações dos primeiros jurados brancos selecionados.

No final da audiência, a decisão estava nas mãos do juiz Brady. Se ele concordasse conosco, eu teria um novo julgamento. Se concordasse com o estado, não. O juiz Brady pediu a cada lado que apresentasse um resumo final três semanas depois da disponibilização da transcrição da audiência — o que ainda levaria cerca de três semanas para acontecer — e submetesse uma refutação final desses resumos vinte dias depois. Ao todo, não levaria mais de oito semanas para apresentar tudo ao juiz. O estado arrastou o processo, como de costume, com pedidos de prorrogações antes de enviar os resumos. A decisão só chegaria dali a nove meses.

Quando a audiência terminou, eu esperava ser transportado de volta para Wade. Em vez disso, fui mantido na masmorra em Hunt por mais nove dias. Foi torturante. Eu não deveria estar na masmorra, não tinha infringido regra alguma. As temperaturas lá fora estavam na casa dos 32°C e era muito mais quente na cela. Havia apenas um ventilador para o bloco todo. Eu não tinha privilégios de telefone, armazém, pátio, televisão, gelo e nenhuma visita, exceto por meus advogados. Eu não podia ligar para o meu irmão. Recebia comida que ainda estava congelada. Só podia sair da minha cela durante quinze minutos por dia para tomar banho. Tinha que usar grilhões nas pernas até o chuveiro. Só fui transferido de volta para Wade quando meus advogados ameaçaram os oficiais da Hunt por descumprimento de ordem judicial. (Mais tarde, processamos os funcionários da penitenciária por ignorar todos os procedimentos de transferência, classificação e disciplinares necessários para justificar o meu alojamento na masmorra enquanto eu estava lá para minha audiência. Minha amiga, a advogada de Nova Orleans, Emily Posner, entrou com o processo, junto com o advogado Sam Dalton; ele acabou sendo anexado à nossa ação civil contra punições cruéis e incomuns.)

Quando voltei para Wade, havia centenas de cartas me esperando. A Anistia havia lançado uma campanha "Write for Rights" para mim e Herman, pedindo aos membros que escrevessem para nós. Sentei no meu beliche e abri as cartas e cartões de pessoas do mundo todo e fiquei profundamente comovido ao ler suas palavras. Muitos enviaram belas fotos da natureza nos cartões que escolheram para mim.

QUARENTA ANOS

George e sua equipe levaram meses se preparando para a audiência probatória. Agora que tudo havia acabado, podiam voltar a se concentrar em nossa ação civil e, esperávamos, nos tirar do confinamento solitário para sempre. O juiz que estava cuidando do caso, o juiz Ralph Tyson, havia morrido em 2011, e nossa ação civil foi, coincidentemente, encaminhada ao juiz James Brady, o mesmo que foi designado para meu pedido de habeas corpus. O juiz Tyson estava segurando uma série de petições pré-julgamento relacionadas ao nosso caso civil por mais de dois anos; sem decisões não poderíamos seguir em frente. O juiz Brady decidiu sobre elas em poucas semanas. Uma delas estava relacionada a uma ordem emitida em fevereiro de 2010 pela juíza Docia Dalby, concedendo aos meus advogados acesso a e-mails trocados pelo diretor de Angola Burl Cain e pelo gabinete do procurador-geral Buddy Caldwell, que provavam que eles conspiraram para inventar um motivo que lhes permitisse transferir Herman e eu do dormitório da CFR de volta para celas individuais da CFR em 2008.

Em outubro, King recebeu o título de doutor honorário em direito pela Anglia Ruskin University em Cambridge, na Inglaterra. Como sempre, ele fez comentários sobre mim e Herman: "Minha evolução começou na prisão — na Penitenciária Estadual Angola, na Louisiana — em uma antiga fazenda escravocrata de 7 mil hectares", disse ele. "Minha experiência de 29 anos em confinamento solitário em uma cela de 2m x 3m me ensinou a diferença entre legalidade e moralidade. Isso me fez perceber que, apesar do fato de a 13ª Emenda supostamente abolir a escravidão, ela nunca foi realmente abolida. Aprendi que uma pessoa pode ser inocente de um crime, mas condenada legalmente, e que essa pessoa seria designada como escravizada legal — como foi em 1864, quando a Constituição decretou que, se você fosse negro, era seu destino ser escravizado. A escravidão moderna está bem viva nos Estados Unidos, mas assumiu uma forma diferente — da fazenda à prisão... Um caso em questão são meus dois camaradas, Albert Woodfox e Herman Wallace, que agora estão cumprindo seu 40º ano em confinamento solitário, e dezenas de milhares de outros que também foram injustamente condenados, mas permanecem presos nos Estados Unidos como escravizados."

Quatro meses depois, em 26 de fevereiro de 2013, o juiz da Comarca Distrital, James Brady, anulou novamente minha condenação, desta vez sobre a questão da discriminação racial na escolha do primeiro jurado do grande júri. O juiz Brady viu além de toda a baboseira "científica" que os promotores estaduais gastaram uma fortuna criando em sua tentativa de provar que não havia discriminação racial na escolha do primeiro jurado do meu grande júri de 1993 em West Feliciana. Eu teria um novo julgamento. Fiquei em êxtase. Em sua decisão de 34 páginas, ele decidiu que o estado falhou em demonstrar que "critérios objetivos e neutros em relação à raça" — como educação e emprego — foram usados no processo de seleção. Brady concordou que o juiz do distrito de West Feliciana que selecionava os primeiros jurados do grande júri favorecia a nomeação de brancos para essa função. Ele também concedeu novamente um pedido de liberdade sob fiança enquanto aguardava meu recurso. O estado imediatamente apelou ao Tribunal de Segunda Instância da Quinta Região, pedindo que anulasse a decisão de Brady e suspendesse a ordem do juiz Brady para me libertar sob fiança, porque alegava que eu era "um perigo para o público e um provável fugitivo". O estado argumentou que uma suspensão não me prejudicaria substancialmente, porque "ele já está encarcerado há várias décadas".

Trinta mil pessoas assinaram uma petição online da Anistia Internacional pedindo minha libertação imediata após a decisão do juiz Brady. Em resposta, o procurador-geral Buddy Caldwell jogou mais uma vez sua "carta de estupro", respondendo a esses peticionários com as mesmas acusações de estupro que fez contra mim em 2008. Ele escreveu que eu era culpado de matar Brent Miller, dizendo: "Não há falhas [nas] evidências" que condenaram a mim e a Herman, e que nunca fomos mantidos em confinamento solitário. "Ao contrário da crença popular", escreveu ele, "Woodfox e Wallace nunca foram mantidos em confinamento solitário enquanto estiveram no sistema penal da Louisiana... Sempre puderam se comunicar livremente com outros presidiários e funcionários da prisão com a frequência que quisessem. Eles têm televisores nos blocos, a que assistem através das portas das celas. Em suas celas, podem ter rádios e fones de ouvido, material de leitura e escrita, selos, jornais, revistas e livros... Podem se exercitar no corredor, falar ao telefone, tomar banho e visitar os outros dez a quatorze detentos do bloco. Pelo menos três vezes por semana, podem sair para o pátio para se exercitar e aproveitar o sol, se quiserem".

Nas semanas seguintes, o chefe de justiça aposentado da Suprema Corte da Louisiana, Pascal Calogero Jr., a NAACP Legal Defense and Education Funds de Nova York e de Nova Orleans, e a organização sem fins lucrativos Promise of Justice Initiative protocolaram dossiês como "amicus curiae" em apoio a um novo julgamento. O ex-chefe de justiça Calogero escreveu sobre como os primeiros jurados do grande júri podem influenciar os demais. "Embora o estado tenha percorrido um longo caminho na erradicação da discriminação racial em todo o processo de seleção do primeiro jurado do grande júri, não devemos fechar os olhos para as condenações maculadas pelo antigo sistema." Eu discordei que o estado "percorreu um longo caminho na erradicação da discriminação racial" em qualquer parte do sistema judicial, e ainda acredito que a discriminação racial e de gênero são muito prevalentes no sistema judicial de hoje nos Estados Unidos, mas fiquei extremamente grato pelo apoio de Calogero.

Em uma tarde de maio, eu estava em Wade me preparando para ir ao pátio quando o guarda que veio me escoltar disse que precisava fazer uma revista pessoal em mim. Eu lhe disse que era contra os regulamentos do Departamento de Correções sobre revistar prisioneiros em regime de segurança máxima, a menos que houvesse uma causa provável. Eu sabia disso de cor, porque foi uma decisão tomada quando processei o estado sobre essa questão em 1978. "Ir para o pátio não é a causa provável", falei. Ele me disse que estava obedecendo às ordens do coronel; era uma nova regra em Wade. "Eu tenho que realizar uma revista pessoal", repetiu. Entreguei-lhe meu macacão, minhas meias e meus tênis. Ele os revistou e devolveu tudo. Ele me disse para abaixar as calças. "Levante os braços, abra a boca, levante a língua, levante os genitais, vire-se, curve-se, afaste as nádegas."

Escrevi para o diretor Goodwin, disse que as revistas pessoais eram inconstitucionais e contei sobre a decisão da 19ª Vara Distrital de 1978 sobre o processo que movi, que afirmava que os prisioneiros só poderiam ser revistados sob certas condições. Pedi a ele que parasse com as revistas pessoais ilegais. Enviei cópias para meus advogados. Ele nunca me respondeu.

Falei com os homens do meu bloco, dizendo que não tínhamos de aceitar as revistas pessoais, porque a penitenciária estava infringindo a lei. Pedi que se juntassem a mim na luta contra as revistas pessoais; nenhum deles queria se envolver. Ninguém ficou do meu lado. Meus advogados me imploraram para não resistir fisicamente às revistas. "Vamos levar isso ao juízo", disseram eles. Alguns sargentos e guardas não realizavam as revistas pessoais; não gostavam disso. Outros agiam como se tivessem o maior prazer em humilhar alguém. Houve dias em que fui revistado até seis vezes, antes e depois de sair da minha cela, mesmo quando estava apenas saindo para caminhar até a guarita — escoltado e sempre à vista de pelo menos um guarda — para atender um telefonema do meu advogado. Ter que se curvar para que um oficial de segurança possa verificar seu ânus dá uma sensação terrível de estar sendo violado. É uma das coisas mais humilhantes que podem ser feitas a alguém. Até os tribunais reconheceram isso. Como a decisão do meu processo original declarou: "A revista visual de cavidades corporais era um procedimento humilhante" e "só deve ser usada esporadicamente". Alguns dias eu nem saía da minha cela para evitar ser revistado.

Naquele verão, George Kendall pediu que eu e Herman nos encontrássemos com o psicólogo Craig Haney mais uma vez para que ele pudesse terminar seu relatório sobre nós, que seria usado por nossa defesa na ação civil para mostrar o impacto que o confinamento solitário teve sobre nós. Eu disse a ele que às vezes me sentia vazio. Estava perdendo o interesse nas coisas. Falei: "Você não conhece os horrores de lutar por sua sanidade." A pressão de estar trancado na cela exigia toda a minha força de vontade mental, emocional e física para sobreviver.

Capítulo 50

Homem de Aço

Talvez minha alma seja de concreto

Talvez seja de vento

Talvez seja de fogo

Talvez seja o espírito do povo — o espírito de meus ancestrais,

O que quer que meus sentinelas desejem que minha alma represente,

O homem de aço será livre eternamente.

— Herman Wallace

Herman não estava bem. Ele tinha se queixado de dores de estômago e foi ao hospital da prisão várias vezes. Ele me escreveu que os médicos de Hunt lhe disseram que ele estava com candidíase estomacal ou algum fungo no estômago e que estavam tratando-o de uma infecção fúngica. Fiquei aliviado por ele finalmente conseguir assistência médica. Em junho de 2013, George Kendall e Carine Williams apareceram em Wade para uma visita inesperada. George me disse que pediram à nossa especialista médica, a Dra. Brie Williams, para atualizar seu relatório sobre nosso estado de saúde. Ao revisar os registros médicos recentes de Herman, ela ficou muito preocupada e pediu aos profissionais de saúde da penitenciária que o examinassem melhor e permitissem que ela o examinasse. Os advogados conseguiram permissão para levar Herman a um hospital em Baton Rouge. "Albert", disse George, "Herman não está com aftas ou fungo estomacal. Ele tem câncer de fígado avançado. Os médicos acham que ele só tem três ou quatro meses de vida". Comecei a dizer algo, mas não conseguia falar. O sorriso de Herman brilhou em minha mente. Ele estava na passarela em Angola.

A Dra. Williams não precisou de uma tomografia computadorizada para examinar Herman, continuou George. Ela conseguiu ver e sentir o tumor em seu fígado assim que levantou sua camisa; era protuberante no formato e no tamanho de uma bola de brinquedo. Após o diagnóstico, disse Carine, as autoridades penitenciárias planejavam colocar Herman de volta na cela. Mesmo morrendo, George e Carine tiveram que lutar para impedir que os funcionários de Hunt confinassem Herman novamente. Eles conseguiram. Quando foi mandado de volta do hospital para a prisão, Herman foi colocado em uma sala de isolamento na unidade hospitalar.

George prometeu que fariam tudo o que pudessem para tirá-lo do isolamento e colocá-lo no dormitório do hospital. Ele me disse que estavam entrando com um recurso em caráter de urgência do pedido de habeas corpus de Herman (que estava parado sem qualquer atenção do tribunal há quatro anos, desde dezembro de 2009). Eles me disseram que estavam trabalhando para que os funcionários da penitenciária permitissem que eu, Herman e King nos reuníssemos com eles para discutir nossa ação civil, porque o estado se recusava a permitir que nos encontrássemos. "Você verá Herman de novo", Carine me prometeu. Depois que eles foram embora, liguei para o meu irmão. Michael recebeu a notícia como uma bomba. Ele chorou porque amava Herman. Chorou porque sabia o que significaria para mim perder Herman. Nós achávamos que éramos invencíveis.

George e Carine negociaram com o estado para reduzir a classificação de Herman de segurança máxima para média, ameaçando recorrer ao judiciário se necessário. Por causa de suas ações, Herman foi retirado do isolamento e alojado em um dormitório de hospital da prisão com um salão onde não teria que usar grilhões nas pernas. Eles também conseguiram persuadir o juízo a ordenar que a prisão permitisse que nos reuníssemos com nossos advogados. Por isso, Herman, King e eu nos veríamos novamente.

HOMEM DE AÇO

No dia 10 de julho, a Anistia Internacional lançou uma campanha dirigida ao governador da Louisiana, Bobby Jindal, pedindo a libertação imediata de Herman por motivos humanitários. "Após décadas de condições cruéis e uma condenação que continua a ser contestada em juízo, ele deve ser libertado imediatamente para sua família para que possa ser cuidado humanamente durante seus últimos meses", escreveu Tessa Murphy da Anistia. Mais uma vez, o governador Jindal se escondeu, recusando-se a falar com representantes da Anistia e encaminhando perguntas sobre Herman ao Departamento de Segurança Pública e Correções da Louisiana.

A Dra. Brie Williams disse a George que, entre a rápida perda de peso de Herman, seu histórico médico, o exame de sangue e o tumor que se projetava de seu abdômen, não havia como qualquer médico não ter percebido o diagnóstico de câncer de fígado de Herman. Ainda assim, Pam Laborde, porta-voz do Departamento de Correções, insistiu que a prisão "fornece assistência médica adequada aos detentos". (Em maio de 2015, um grupo de prisioneiros em Angola entraria com uma ação coletiva em nome de milhares de homens encarcerados lá, alegando que a assistência médica precária da penitenciária violava a proibição da 8ª Emenda contra punições cruéis e incomuns. Seus advogados, oriundos de quatro organizações — o Advocacy Center da Louisiana, a ACLU da Louisiana, a Promise of Justice Initiative e a Cohen Milstein Sellers & Toll PLLC —, entrevistaram centenas de homens para construir seu caso, documentando "uma história de horror médica após a outra", escreveram os jornalistas James Ridgeway e Katie Rose Quandt para o *In These Times*. Um prisioneiro solicitou assistência médica repetidas vezes, a partir de 2010, por dores extremas na lateral do corpo. Disseram que ele estava com gases. Nos cinco anos seguintes, Ridgeway e Quandt escreveram, o prisioneiro "desenvolveu dormência nos pés, pernas e pontas dos dedos, perdeu o apetite e perdeu quase 45kg. Quando finalmente fez uma tomografia computadorizada em 2015, foi diagnosticado com câncer em estágio 4 nos rins e pulmões".

Angola costumava contratar médicos com licenças suspensas, prática condenada pela Comissão Nacional de Saúde Correcional e pelo American College of Correctional Physicians. Entre 2011 e 2016, quando o artigo foi publicado, Ridgeway e Quandt escreveram: "Quatorze médicos foram contratados por Angola. Doze chegaram depois de receberem sanções disciplinares do conselho médico do estado por má conduta." O diretor médico de Angola em 2016, eles escreveram: "Cumpriu uma sentença de prisão de dois anos e teve sua licença suspensa de outubro de 2009 a outubro de 2014 por comprar metanfetamina com a intenção de distribuir em 2006 (ele foi contratado por Angola em setembro de 2010). O conselho médico estadual observou que [ele] foi diagnosticado com dependência de anfetamina, cocaína e cannabis, além de transtorno de adaptação e transtorno de personalidade com características antissociais, narcisistas e evasivas." Não é de surpreender que a taxa de mortalidade de prisioneiros em Angola, escreveram eles, ofusca a média nacional nas prisões estaduais.

Em 12 de julho, dois dias depois que a Anistia tentou se encontrar com o governador, o deputado John Conyers escreveu uma carta sobre a situação de Herman para a Divisão de Direitos Civis do Departamento de Justiça dos Estados Unidos, coassinada pelo membro de alto escalão do Comitê Judiciário da Câmara dos EUA, o deputado Jerrold Nadler (NY); o membro de alto escalão do Subcomitê de Constituição e Justiça Civil, o deputado Bobby Scott (VA); e o membro de alto escalão do Subcomitê de Crime, Terrorismo, Segurança Nacional e Investigações, o deputado Cedric Richmond (LA). A carta pedia uma investigação do Departamento de Segurança Pública e Correções da Louisiana por seu "péssimo histórico em proteger os direitos de seus prisioneiros", do qual a "trágica história dos Três de Angola é um caso em questão".

Sobre Herman, os congressistas escreveram: "Ouvimos dizer que ele perdeu mais de 22kg em 6 meses. Apesar da drástica perda de peso, e aos 72 anos, a penitenciária não fez nada para tratá-lo ou diagnosticá-lo até que foi enviado para um pronto-socorro no dia 14 de junho. Dado o estágio final de seu diagnóstico, suas opções de tratamento agora são limitadas. Ele está frágil e doente, mas ainda está sendo tratado como se fosse uma ameaça à segurança, e ouvimos que ele permanece em condições de confinamento. Isso é inescrupuloso."

Nossos advogados entraram com uma petição em juízo para obter fiança para Herman. Sua amiga e apoiadora do A3, Ashley Wennerstrom, e o marido disseram que levariam Herman para sua casa se ele fosse libertado sob fiança, jurando garantir que ele cumprisse quaisquer restrições impostas a ele pelo juízo, fosse monitoramento eletrônico, fosse toque de recolher. Eles moravam a uma quadra de sua casa da infância. Nick Trenticosta, amigo e advogado de Herman, que o conhecia há dezessete anos, também prometeu ao juízo que se colocaria à disposição para monitorá-lo pessoalmente e garantir que cumprisse as ordens judiciais se fosse libertado sob fiança. A fiança foi negada.

Minha primeira reunião com Herman, King e nossos advogados ocorreu no dia 31 de julho. Os oficiais de transporte de Wade me levaram em uma viagem de carro de cinco horas até Hunt e me acompanharam até a sala de reuniões. Herman entrou na sala balançando os braços, sorrindo, usando a boina inclinada sobre a cabeça. Ele estava muito magro, mas relaxado e animado. Falou para não nos preocuparmos com o câncer. Agora, com o tratamento adequado, ele o venceria. Eu queria acreditar nele. E admito que, olhando em seus olhos, pensei que se alguém pudesse vencer o câncer seria Herman. Conversamos sobre sua quimioterapia, que o deixou debilitado. Ele disse que conseguia aguentar a dor, mas que o ar-condicionado do hospital da prisão o afetou. Ele estava acostumado a ficar em uma cela escaldante na CFR. Ele sempre estava com frio no hospital. Conversamos sobre estratégias jurídicas em nossos processos civis e criminais. Falamos sobre eventos mundiais, as últimas notícias. Quando os guardas trancaram minhas algemas de transporte para me levar de volta a Wade, de alguma forma me senti esperançoso. Quando cheguei a Wade, voltei para a realidade. Herman e eu trocamos cartas.

"Eu sabia como você enfrentaria isso", escrevi. "Como você disse, somos amigos/camaradas a vida toda... Não consigo falar com ninguém sobre isso agora, a dor e o medo são muito verdadeiros agora. Michael recebeu muito mal a notícia... Quanto a mim, não vou mentir, estou tão cheio de dor e medo que tenho dificuldades em atividades do dia a dia. Não perca seu tempo, é o que é. Fique forte, camarada. Nunca distante."

Em nossa próxima reunião, menos de um mês depois, Herman estava em uma cadeira de rodas. Foi uma visão devastadora. Ele havia perdido ainda mais peso. Depois de conversarmos sobre nossos processos judiciais, King e eu nos obrigamos a nos comportar como nos velhos tempos. Conversamos sobre o Black Lives Matter, o movimento pelos direitos civis que estava apenas começando a crescer com a injustiça em torno do assassinato de Trayvon Martin, o adolescente negro que foi baleado e morto em plena luz do dia enquanto caminhava para a casa de seu pai depois de comprar doces em uma loja. O assassino de Trayvon, George Zimmerman, acabara de ser absolvido de assassinato por um júri da Flórida. Herman falou sobre como tínhamos que proteger esse movimento. Mas ele também estava confuso, falando sobre o passado como se fosse o presente, falando sobre os jogos da LSU que aconteceram anos antes. Foi então que percebi a gravidade do câncer, pois estava afetando sua percepção de tempo.

Em agosto de 2013, meus advogados Katherine Kimpel e Sheridan England, trabalhando com George Kendall e sua equipe, entraram com um pedido de liminar contra as revistas pessoais em Wade, observando: "Os acusados agora revistam o Requerente Woodfox e inspecionam seu ânus... mesmo com algemas nos pulsos, tornozelos e correntes na cintura quando está fora de sua cela; sob observação constante ou escolta; e que geralmente não tenha contato com outros indivíduos além dos funcionários correcionais. Os acusados continuam com essa prática, apesar de estarem informados de que essas revistas pessoais são ilegais e tendo previamente assentido, por meio de um acordo de consentimento, em não conduzir tais revistas."

No início de setembro, Herman divulgou esta declaração:

> No sábado, 31 de agosto, fui transferido para o LSU Hospital para uma avaliação. Fui informado de que os tratamentos de quimioterapia falharam e estavam piorando as coisas e então todo o tratamento foi interrompido. Os oncologistas me informaram de que nada pode ser feito por mim medicamente dentro do atendimento-padrão que estão autorizados a fornecer. Eles recomendaram que eu seja internado sob cuidados paliativos para tornar meus dias restantes o mais confortável possível. Eles me deram dois meses de vida.
>
> Quero que o mundo saiba que sou um homem inocente e que Albert Woodfox também é inocente. Somos apenas dois dos milhares de prisioneiros condenados injustamente mantidos em cativeiro no Gulag norte-americano. Lamentamos pela família de Brent Miller e das muitas outras vítimas de assassinato que nunca conseguirão um ponto final na perda de seus entes queridos devido ao sistema de justiça criminal injusto deste país. Lamentamos a perda das famílias daqueles injustamente acusados, que também sofrem a perda de seus entes queridos.
>
> Apenas um punhado de prisioneiros em todo o mundo suportou a mesma quantidade de anos de difícil confinamento solitário pelos quais Albert e eu passamos. O Estado pode ter roubado minha vida, mas meu

espírito continuará a lutar junto com Albert e os muitos camaradas que se juntaram a nós ao longo do caminho aqui na barriga da besta.

Em 1970, jurei dedicar minha vida como servo do povo e, embora esteja sem forças, continuo ao seu serviço. Quero agradecer a todos vocês, meus dedicados apoiadores, por estarem comigo até o fim.

* * *

Em setembro de 2013, Herman foi questionado novamente, desta vez em vídeo, para que pudesse ser mostrado aos jurados quando nosso processo civil contra punições cruéis e incomuns finalmente fosse a julgamento. Nossos advogados queriam que os jurados vissem com seus próprios olhos quem era Herman. O estado era contra; na minha opinião, os advogados do Estado teriam preferido continuar a caluniá-lo na terceira pessoa. Não havia juiz no depoimento. Quaisquer objeções feitas por qualquer uma das partes durante o questionamento foram feitas para registro, para fins de litígios futuros. Àquela altura, Herman sentia muitas dores, mesmo tomando analgésicos fortes. Ele respondeu as perguntas deitado de lado no leito do hospital da penitenciária. Falar exigiu muito esforço e energia. Ele queria ir até o fim, apesar de seu sofrimento e exaustão. Nossa advogada Carine Williams tentou deixá-lo o mais confortável possível, ajudando-o a tomar goles de água e cobrindo-o com cobertores. Ela insistiu que uma enfermeira ficasse ao lado dele durante o questionamento e os alertasse se achasse que alguma parte do processo fosse esforço demais. Ele vomitou entre algumas das perguntas. Nossos advogados verificaram repetidas vezes se ele queria interromper o depoimento, e os promotores do estado da Louisiana estavam definitivamente dispostos a encerrá-lo. Quando se ofereceram para desistir de questioná-lo, ele insistiu em fazê-lo. "Vamos lá. Vamos", falou.

Os advogados Richard Curry e Ashley Bynum representaram o estado. A maioria de suas perguntas se concentrava no envolvimento de Herman com o Partido dos Panteras Negras, as condições na CFR e o fato de que Herman esteve um dia alojado em Pine 1 e conheceu Brent Miller. Eles o pressionaram para saber se ele se dava bem com Miller ou não. (O estado sempre divulgou a história de que Herman e Brent Miller tiveram uma discussão no alojamento

Pine 1 quando Herman ficava lá, antes de ser transferido para o Pine 3. Herman teria me contado se isso tivesse acontecido.)

No segundo dia de interrogatório, Curry perguntou: "Sr. Wallace, você sente algum remorso hoje por ter matado Brent Miller?"

Herman não hesitou em responder: "Sou totalmente inocente de qualquer assassinato, quanto mais o daquele homem", disse ele.

O advogado Sheridan England questionou Herman pelo nosso lado.

P: O Sr. Curry fez várias perguntas ontem e hoje sobre o assassinato de Brent Miller. Você se lembra dessas perguntas?

R: Sim, lembro.

P: Você está no seu leito de morte, não é verdade?

R: Como é que é?

P: Os médicos disseram que você não tem muito mais tempo de vida; não é verdade?

R: Sim.

P: E você está em seu leito de morte, é isso que você acha?

R: Sim.

Curry: Protesto.

P: Você acha que vai sobreviver tempo suficiente para testemunhar no julgamento?

R: Não.

P: Você é capaz de dizer com a consciência limpa, enquanto se prepara para encontrar seu Criador, que não assassinou Brent Miller?

Curry: Protesto.

R: Sim.

P: Vou lhe perguntar, Sr. Wallace, porque sabe que não estará por perto para dizer isso diretamente ao júri, mas gostaria que olhasse diretamente para a câmara e respondesse à pergunta, com a consciência limpa enquanto se prepara para encontrar o Criador, você pode olhar para a câmara e afirmar com sinceridade que não matou Brent Miller?

Curry: Protesto.

R: Sim, eu posso.

P: Você é capaz de olhar nos olhos do Sr. Curry e afirmar sinceramente que não matou Brent Miller?

R: Sim.

Curry: Protesto.

P: Você é capaz de olhar nos olhos da Sra. Bynum e afirmar sinceramente que não matou Brent Miller?

Curry: Protesto.

R: Sim. Sim, consigo com um leve movimento da cabeça.

P: E se o júri estivesse aqui hoje, você seria capaz de olhar cada um deles nos olhos e afirmar que não assassinou Brent Miller?

Curry: Protesto. É terrivelmente repetitivo para um homem moribundo.

R: Sim.

P: O Sr. Curry perguntou a você pelo menos treze vezes se você conhecia ou não Brent Miller. Você se lembra dessas treze perguntas diferentes?

R: Eu me lembro.

Curry: Protesto.

P: E eu entendi corretamente que conhecia de nome o Sr. Miller, mas que você não o conhecia pessoalmente?

R: Verdade.

P: Certo. E creio que o Sr. Curry fez algumas perguntas sobre o incêndio em uma prisão. [Isso se referia a um protesto de prisioneiros do qual Herman havia participado na Prisão Distrital de Orleans antes de ser enviado para Angola.] Você se lembra dessas perguntas?

R: Sim.

P: Você pode me descrever o que você fez naquele incidente, se é que fez alguma coisa?

R: Nós, naquele incidente, estávamos fazendo uma manifestação basicamente por causa das condições na prisão. Havia muitas pessoas fora da prisão e elas queriam saber o que estava acontecendo. E essa foi uma oportunidade para fazermos uma manifestação. Não foi muito [do] que você está falando de incendiar a prisão... com todos nós dentro dela.

Foi uma ideia que culminou nisso... Foi uma vitória para forçar o xerife daquela época a fazer mudanças! Era isso que a gente queria.

P: E houve alguma mudança?

R: Queríamos — realmente queríamos mudanças naquela prisão. E as mudanças aconteceram com o próprio xerife negociando conosco. Então ele começou a concordar que o que estava acontecendo pararia.

P: Eu gostaria de ler uma parte deste artigo e gostaria de perguntar se você escreveu esta declaração. Estou lendo da página 133, citação: "Sempre tentei ajudá-los", os detentos, "a superar seu comportamento destrutivo, reunindo-os e fazendo-os perceber que ser gentis uns com os outros é a melhor solução para tornar a vida de todos nós mais tolerável". Você escreveu essa declaração, Sr. Wallace?

Curry: Protesto.

R: Sim. Sim.

P: E você ainda mantém a afirmação de que tentou ajudar indivíduos a superar o comportamento destrutivo, unindo-os?

R: Sim.

P: E acredito que o Sr. Curry lhe fez uma série de perguntas sobre o Panterismo Negro ou seu envolvimento com os Panteras Negras. Você se lembra dessas perguntas?

R: Aham.

P: Seria justo dizer que, como parte de seu envolvimento, você estava tentando ajudar os presos a superar seu comportamento destrutivo, reunindo-os?

Curry: Protesto.

R: Sim.

P: Em algum momento durante seu envolvimento com os Panteras Negras, você tentou organizar protestos violentos para matar alguém?

R: Nunca.

Curry: Protesto.

P: Você sabe se algum membro dos Panteras Negras com quem você esteve pessoalmente envolvido planejou ferir ou matar alguém?

R: Nunca.

Curry: Protesto.

No final do depoimento, Sheridan England perguntou a Herman:

P: Ontem lhe fizeram uma série de perguntas sobre como era para você na CFR. Você se lembra dessas perguntas?

R: Sim.

P: Acredito que o Sr. Curry lhe fez uma série de perguntas sobre se você se ofereceu para voltar para a CFR e coisas dessa natureza. Você se lembra dessas perguntas?

R: Sim.

P: Você pode, por favor, descrever novamente como a CFR o afetou enquanto esteve lá?

R: A CFR, você está me fazendo uma pergunta que, quando penso na CFR, isso me leva a uma caverna. Isso me leva a um lugar onde... onde não quero estar.

P: É difícil para você falar sobre seu tempo na CFR, Sr. Wallace?

Curry: Protesto.

R: Ah, sim. É, bastante.

P: E por quê?

R: Como acabei de dizer. A CFR é um lugar onde... é como uma máquina de matar, mental e fisicamente. Não é um lugar onde eu possa sentar e isolar meus pensamentos, e não há nada que eu possa fazer a respeito.

Os funcionários da prisão da Louisiana queriam cancelar meu próximo encontro com Herman e King em Hunt. Eles disseram que Herman estava doente demais para ser transferido do quarto do hospital da penitenciária para uma sala de visitas e expressaram algumas preocupações inventadas com a segurança. George Kendall e Carine Williams recusaram. Não querendo que a questão fosse levada a juízo, o diretor de Wade finalmente disse que se eu concordasse em usar a caixa preta sobre minhas algemas o tempo todo, eles permitiriam que a visita conjunta advogado-cliente ocorresse no quarto do hospital da prisão de Herman. A caixa preta geralmente é usada apenas durante o transporte. É usada com uma corrente de cintura, corrente nas pernas e grilhões nas pernas e cobre o orifício da fechadura dessas restrições de modo que não possa ser arrombada. Uma corrente passa por ela e é usada para apertar os pulsos de um prisioneiro contra seu abdômen. Como a caixa preta impede a circulação nas mãos, pode ser extremamente doloroso usá-la por apenas uma ou duas horas. Mantê-la durante toda a visita advogado-cliente significava que eu a usaria por quinze horas ou mais: na viagem de dez horas de ida e volta para Hunt, bem como durante a reunião. Os funcionários da prisão obviamente não achavam que eu aceitaria as condições. O que eles não sabiam é que só a morte teria me impedido de ver Herman novamente. Não me importava se minhas mãos caíssem. No dia 1º de outubro de 2013, colocaram a caixa preta em mim e eu fui levado à prisão de Hunt para ver Herman.

Enquanto eu estava na van, Carine Williams levava King e a advogada Katherine Kimpel de Nova Orleans até a prisão para nosso encontro quando George ligou para o celular dela com notícias: o titular da Comarca de Middle District na Louisiana, Brian A. Jackson, proferiu sua decisão naquela manhã quanto ao recurso pendente de Herman em relação ao habeas corpus. George leu a decisão por telefone, pulando grande parte da análise legal para chegar à decisão: a decisão do juiz Jackson concedeu integralmente o *writ* porque, em violação da 14ª Emenda, as mulheres foram erroneamente excluídas do grande júri do distrito de West Feliciana que o indiciou em 1973. O juiz Jackson havia tomado a atitude incomum de não apenas conceder o habeas corpus, mas também ordenar a libertação imediata de Herman.

Nós nos reunimos em volta de Herman em sua cama de hospital antes de contar a ele. Ele estava encolhido como uma bola e extremamente fraco. Havia parado de ingerir alimentos e líquidos há dias. Sentei-me ao lado de sua cama de hospital e só consegui esticar um pouco os braços com minhas mãos dentro da caixa. Coloquei minhas mãos em seu braço. King sentou-se à minha frente do outro lado da cama. A princípio, quando Carine disse a ele que o habeas corpus havia sido concedido, Herman achou que ela disse que eu é que tinha recebido. Ele sorriu e apontou para mim, balançando a cabeça. Quando esclarecemos que era a condenação *dele* que havia sido anulada, ele demorou um momento para processar. "Herman, é o seu caso", disse Carine. Ele olhou para ela e disse: "Minha condenação?" Herman tinha muita dificuldade para falar. Com esforço, ele disse: "Se ele soubesse", fazendo uma pausa. "Se o juiz Jackson soubesse como era aquela cela", disse ele.

Carine se levantou para retornar a ligação de George para que pudessem discutir os próximos passos. Quando ela abriu a porta para sair da sala, alguém disse que George estava na linha para falar com ela. Eles precisavam agir rapidamente, antes que o estado apelasse da decisão do juiz. Para pressionar a prisão a cumprir a ordem do juiz Jackson, George providenciou uma ambulância particular para buscar Herman. Depois de desligar o telefone, Carine foi direto ao escritório do diretor Howard Prince para informar que uma ambulância estava a caminho e pedir que processasse a libertação de Herman. O diretor soube da ordem judicial por meio dos promotores estaduais, mas se recusou a ver Carine. Seu assistente disse a ela que, como ele não tinha uma cópia da decisão, não poderia saber se o que estava sendo informado (pelos próprios promotores estaduais) sobre a decisão era realmente verdade. Carine foi informada de que o diretor não libertaria Herman antes que visse uma cópia da decisão ordenando a liberação.

Carine entrou em seu carro e dirigiu até encontrar uma biblioteca local que lhe permitia acessar o banco de dados eletrônico do tribunal. Ela imprimiu cópias da decisão do juiz Jackson. Quando ela voltou, a ambulância estava estacionada no acostamento, a alguma distância dos portões de segurança da prisão. O diretor também estava do lado de fora em sua caminhonete, estacionada nos portões de segurança, com as janelas fechadas e o motor ligado. Carine foi até ele para dizer que tinha uma cópia da decisão para ele. O diretor não abria a janela para falar com ela. Ela colocou o documento virado para baixo em seu para-brisa para que ele pudesse vê-lo e falou com ele através do vidro, dizendo que o juiz havia ordenado a libertação imediata de Herman e que ele estaria desrespeitando uma ordem de um juiz federal se não a cumprisse. Ela então voltou para a prisão e deixou uma cópia da ordem com a secretária do diretor e levou outra cópia para a sala para nós. Ela a ergueu para mostrar a Herman. "Herman, aqui está a ordem", disse ela. "Você está livre." Herman fingiu estar olhando pela sala e disse: "Garota, ainda sei onde estou. Não estou livre."

Eu não falei muito. Minha comunicação com Herman foi quase totalmente silenciosa. Eu não sabia quanto tempo ele ainda tinha. Silenciosamente disse a ele o quanto eu o amava, e que quando não estivéssemos mais ao seu lado, os ancestrais estariam. Meu coração estava partido. Penso nessas horas que passei com Herman e King juntos na mesma sala. Foi uma coincidência surreal estarmos os três todos juntos no dia em que Herman recebeu essa importante notícia. Que pudemos compartilhar essa vitória com ele. Que ele iria para casa. Minhas memórias daquele dia são sempre um lembrete do quanto nossos advogados fizeram muito além do esperado para nos ajudar e nunca nos deixaram na mão. Da mesma forma que nossos apoiadores fizeram de tudo por nós, e muito mais. Não sei como tivemos tanta sorte. Herman perguntou se podíamos orar. Todos demos as mãos. Carine fez uma oração, depois Katherine fez outra. Eu olhei para King. Lágrimas rolavam por seu rosto.

Na decisão de Herman, o juiz Jackson escreveu: "Os autos deixam claro que o grande júri do Sr. Wallace foi indevidamente escolhido em violação da garantia da 14ª Emenda de 'proteção igual das leis'... e que os tribunais da Louisiana, quando tiveram a oportunidade de corrigir esse erro, falharam em fazê-lo... Nossa constituição exige esse resultado mesmo quando, como aqui, significa reverter a condenação do Sr. Wallace quase quarenta anos depois de ter sido proferida."

Nossa visita terminou conforme o programado, por volta das 15h. King foi embora. Carine e Katherine ficaram com Herman. Os oficiais de transporte que me levariam de volta para Wade me conduziram a um quarto no bloco do hospital por um tempo, como um favor, para que eu pudesse estar presente quando Herman fosse embora. Muitos caras do hospital estavam torcendo por ele. Um deles me perguntou: "Se o Sr. Herman for para casa agora, como você se sente?" Eu disse: "Bem, estou em paz. Aconteça o que acontecer daqui em diante, estou em paz." Depois de cerca de uma hora, o tenente que me acompanhava disse que precisávamos pegar a estrada. Ninguém estava se mexendo para preparar a soltura de Herman. Achei que estavam adiando sua libertação, protelando para dar tempo de Buddy Caldwell apresentar uma petição para suspender a decisão do juiz Jackson. Isso acabou sendo verdade — o estado da Louisiana entrou com um pedido liminar de suspensão da decisão. Quando nos afastamos do terreno da prisão, vi a ambulância no acostamento, esperando por Herman. Mais tarde, soube que o diretor havia ido embora da penitenciária; boatos que tinha ido jantar, achando que, se não estivesse lá, não teria que libertar Herman.

George e Carine acharam que o juiz Jackson e seus assessores poderiam encerrar seus expedientes em breve e ligaram para ver se o juiz poderia ficar até tarde para que eles pudessem apresentar uma resposta ao pedido de suspensão. Eles não obtiveram resposta, mas logo em seguida o juiz Jackson emitiu outra ordem. Essa decisão negou o pedido de suspensão da Louisiana e ordenou que a penitenciária libertasse Herman imediatamente ou fosse condenada por descumprimento de ordem judicial. O diretor Prince voltou para a prisão. Ele sabia que, se não o fizesse, poderia estar na frente da bancada do juiz no dia seguinte, possivelmente algemado.

Um dia Herman sonhou em ir embora de Angola. Ele o descreveu no filme *Herman's House*. "Eu chego ao portão da frente", diz ele, "e tem um monte de gente lá fora e você não vai acreditar nisso, mas" — Herman ri — "eu saía dançando. Eu dançava *jitterbug*. E fazia todos os tipos de loucuras e coisas bestas, sabe. E as pessoas só riam e aplaudiam até eu sair por aquele portão. E... Eu olho e há vários irmãos na janela acenando e fazendo o sinal com o punho, sabe".

Carine me disse que o sol estava se pondo quando Herman foi removido da prisão em uma maca e colocado na ambulância. Estava consciente, mas muito fraco. Depois que foi colocado na ambulância, ele perguntou: "Todo mundo está sorrindo?" Muitos de seus amigos se reuniram do lado de fora da prisão e o chamavam, gritando palavras de apoio. A noiva de Herman, Maria Hinds, e a amiga Ashley Wennerstrom estavam na ambulância com ele. Carine e Katherine dirigiram atrás da ambulância, seguindo-a para a sala de emergência de um hospital de Nova Orleans. Depois que chegaram, Carine caminhou até Herman que estava deitado em uma cama de hospital. Ele olhou para ela e sorriu. "Agora estou livre", disse ele.

Naquela noite, George divulgou um comunicado: "Esta noite, Herman Wallace deixou os muros das penitenciárias da Louisiana e poderá receber os cuidados médicos que seu câncer de fígado avançado requer. Foi necessária a ordem de um juiz federal para corrigir as claras violações constitucionais presentes no julgamento do Sr. Wallace de 1974 e lhe concedesse a revisão criminal. O estado da Louisiana teve muitas oportunidades de lidar com essa injustiça e falhou total e repetidamente em fazê-lo."

No caminho de volta para Wade, minhas mãos estavam dormentes e doloridas por causa da caixa preta. Eu também estava dormente e com dor. Eu estava exultante com a saída de Herman, mas o milagre que desejava agora era sua vida. No dia seguinte, ele foi levado do hospital para a casa de Ashley Wennerstrom e seu marido para cuidados paliativos. Liguei para lá e falei com vários velhos amigos e camaradas que se reuniram. Eles me disseram que Herman estava descansando, alternando entre consciência e inconsciência, mas ele sabia onde estava. Sabia que estava na casa de Ashley. Sabia que sua família, apoiadores, advogados e amigos estavam ao seu redor, indo e vindo. Eles tocaram música para ele, se revezavam lendo para ele e o abraçando. Ashley comprou flores para ele cheirar.

No dia seguinte, 3 de outubro, o procurador distrital Samuel D'Aquilla fez com que Herman fosse denunciado mais uma vez por um grande júri do distrito de West Feliciana pelo assassinato de Brent Miller. O procurador distrital de East Baton Rouge, Hillar C. Moore III, pediu ao Tribunal de Segunda Instância da Quinta Região que mandasse Herman de volta à prisão. A vingança do estado da Louisiana contra nós já me era incompreensível há muito tempo, mas esse movimento ultrapassou os limites da sanidade. Herman estava morrendo. Ninguém nunca lhe disse que fora denunciado outra vez. Se ele soubesse, não há dúvidas em minha mente que teria começado a se preparar mentalmente do jeito que fazia para cada batalha, sem hesitação.

Em 4 de outubro, acordei por volta das 4h com uma vontade muito forte de ligar para Ashley. Quando consegui falar com ela, fui informado de que Herman havia morrido durante a noite. Ele foi dormir e nunca mais acordou. Ele tinha 71 anos. Sentei no meu beliche e escrevi uma declaração para nossos apoiadores.

> O velho decidiu nos deixar. Tenho certeza de que foi uma escolha muito difícil para ele: a quem servirei? Os ancestrais que me chamaram para casa, ou a humanidade que tanto amo?
>
> "Velho" era meu termo carinhoso para ele — tinha a ver com a idade de tudo —, seu coração e sua alma. Herman "Hooks" Wallace não era um ser humano perfeito e, como todos os homens, tinha defeitos e fraquezas, mas também tinha caráter. Conseguia me deixar tão bravo a ponto de querer arrancar sua cabeça. Então, derretia meu coração com uma palavra ou um ato de bondade para com outro ser humano.

HOMEM DE AÇO

Em 1º de outubro, sentado em um quarto de hospital com a outra parte do meu coração, Robert King, tentei desejar um milagre e um milagre foi concedido, não o milagre da vida que eu queria para Herman, mas o milagre da liberdade. Após 42 anos de luta incansável contra o mal, ele era um homem livre.

Tive a oportunidade de me despedir de meu camarada de luta, meu mentor de vida, meu companheiro Pantera e, acima de tudo, meu amigo. Herman me ensinou que um homem pode tropeçar, até mesmo cair, desde que se levante. Que não há problema em ter medo, mas devemos nos preservar a coragem. Perder uma batalha não é perder uma guerra.

O maior orgulho de Herman Wallace foi ingressar no Partido dos Panteras Negras pela Autodefesa. Ele acreditava no dever, na honra e na dedicação. Ele nunca violou a fé do partido, de seus camaradas ou do povo. Quando me inclinei para beijar sua testa, meu coração disse adeus — eu o amo para sempre. Minha alma disse: separado, mas nunca distante; nunca e sempre tocando e tocado. Ele foi o melhor de nós. Enquanto nos lembrarmos dele, ele viverá.

Em Washington, D.C., naquele dia, o deputado John Conyers leu um tributo a Herman no plenário que entraria para o livro de Registro do Congresso.

Senhor Presidente, nos levantamos para comemorar e celebrar a vida e as contribuições de Herman Wallace, um dos mais corajosos defensores da justiça e dos direitos humanos que já conhecemos. Apelidado de "Muhammad Ali da Justiça", o Sr. Wallace era um membro dos "Três de Angola" da Louisiana que passou 41 anos em confinamento solitário. O Sr. [Cedric] Richmond e eu tivemos a oportunidade de visitar o Sr. Wallace na Penitenciária Estadual da Louisiana em Angola, justificadamente chamada de "Alcatraz do Sul" há vários anos. Fiquei impressionado com sua coragem, determinação e dignidade. Recebemos a notícia de que o Sr. Wallace faleceu no início desta manhã, apenas três dias depois de ser libertado de acordo com a decisão de um juiz federal de que ele não havia recebido um julgamento justo em 1974...

Sr. Presidente, foi com grande pesar que soubemos do falecimento do Sr. Wallace no início desta manhã, nove dias antes de seu 72º aniversário.

A luta pessoal do Sr. Wallace contra a injustiça e a situação desumana que é o confinamento solitário de longo prazo terminou para ele. No entanto, a luta maior contra essa injustiça deve continuar e seu legado perdurará por meio de uma ação civil movida em conjunto com seus companheiros dos Três de Angola, Albert Woodfox e Robert King. Esse processo visa definir e abolir o confinamento solitário de longo prazo como punição cruel e incomum.

Sr. Presidente, pedimos aos meus colegas que se juntem a mim para homenagear o Sr. Wallace por sua luta de muitas décadas pelo tratamento humano dos prisioneiros. Todos nós temos uma dívida de gratidão com o Sr. Wallace.

Três dias depois, o relator especial das Nações Unidas sobre tortura, Juan E. Méndez, pediu que os Estados Unidos encerrassem imediatamente o confinamento solitário indefinido imposto a mim. "Este é um caso triste e não acabou", disse ele. "O coacusado, Sr. Woodfox, permanece em confinamento solitário enquanto aguarda um recurso ao tribunal federal e está sendo mantido em isolamento... Manter Albert Woodfox em confinamento solitário por mais de quatro décadas é claramente uma tortura e deve ser interrompido imediatamente."

Herman foi enterrado em 12 de outubro. Amigos e entes queridos me visitaram e me contaram sobre o serviço fúnebre e o funeral de Herman, realizado em um centro comunitário em Treme, a uma quadra de onde eu cresci. As pessoas me enviaram fotos. Alguém fizera uma tapeçaria azul-clara com uma grande pantera negra que foi estendida sobre o caixão de Herman. Seis ex-Panteras carregaram o caixão, incluindo King e Malik Rahim, todos usando camisas azuis e gravatas pretas — as cores dos Panteras — e boinas pretas. Havia desenhos e pinturas de Herman, eu e King nas paredes. A irmã de Herman cantou. Muitos amigos e familiares falaram, relembrando o espírito de Herman, seu comprometimento, seu humor, sua coragem, seu coração. Como nunca desistiu. Carine ergueu o telefone e tocou uma gravação de uma das canções favoritas de Herman: Etta James cantando "At Last".

Olhei as fotos do funeral e a cerimônia memorial de Herman várias vezes nas semanas seguintes. Disse a mim mesmo e a todos: "Não pense no que perdemos, lembrem-se do que tivemos." No dia em que Herman morreu, senti uma grande dor e uma sensação de perda que ainda está comigo e a levarei comigo para o túmulo.

Duas semanas depois da morte de Herman, a Anistia Internacional tentou entregar mais uma petição ao governador Bobby Jindal. Esta solicitava que o estado desistisse do recurso para me manter na prisão. Cinquenta mil pessoas a assinaram. O governador não estava no gabinete, por isso foi entregue à sua equipe.

Foi estranho: desta vez, em vez de exigir nossa liberdade, a Anistia estava exigindo a minha liberdade. Nunca me senti tão sozinho. Antes de entregar a petição, nossos apoiadores deram uma entrevista coletiva nos degraus do capitólio estadual. Eles haviam espalhado páginas de calendário nas escadas para representar o tempo que passei em confinamento solitário e seguravam cartazes que diziam LEMBREM-SE DE HERMAN WALLACE e LIBERTEM ALBERT WOODFOX. Malik falou, exigindo que os legisladores estaduais se envolvessem na luta pelo fim do meu confinamento solitário, chamando isso de uma questão de direitos humanos. King falou, dizendo que nunca pararíamos de pressionar por justiça. Billie Mizell leu uma declaração para Teenie Rogers: "Cada vez que vejo as evidências neste caso, lembro que não há nenhuma prova de que os homens acusados pela morte de Brent foram os que realmente o mataram. É fácil ser dominado pela vingança e pela raiva, mas quando eu olho para os fatos, eles simplesmente não batem." Rogers disse que não planejava assinar a petição da Anistia, mas depois que Herman foi novamente indiciado em seu leito de morte, ela mudou de ideia. "Não é algo de que eu queira fazer parte, e não acho que seja algo que Brent faria", disse Rogers. "Se o estado tivesse um caso forte, eu poderia pensar diferente. Mas ainda não vi nada que me prove que esses homens assassinaram Brent."

Meu irmão Michael leu a declaração que dei a ele: "Em dias bons, tenho permissão para, no máximo, uma hora de exercício em uma gaiola do lado de fora. Não tenho palavras para expressar os anos de tortura mental, emocional e física que suportei. Peço que, por um momento, você se imagine parado à beira do nada, olhando para o vazio. A dor e o sofrimento que esse isolamento causa vão além da mera descrição."

No mês seguinte, eu estava em um fórum federal, depondo sobre as revistas pessoais e as inspeções visuais de cavidades que ainda ocorriam em Wade. Meu advogado, Sheridan England, me perguntou como me sentia sendo revistado todos os dias. Eu lhe disse que as inspeções visuais da cavidade anal eram humilhantes e estressantes. Elas faziam com que eu me sentisse desesperançado e impotente.

Richard Curry, representando as autoridades penitenciárias da Louisiana, argumentou que as revistas pessoais eram necessárias nas prisões de segurança máxima para evitar que os presos tivessem contrabando, como drogas ou lâminas de barbear. "Você não foi considerado culpado por estar de posse de uma chave de algema?", Curry me perguntou. "Não", respondi. Curry me mostrou uma ordem disciplinar emitida 36 anos antes em Angola, em 1977, declarando que uma chave de algema tinha sido encontrada na minha cela. Eu disse a ele que, se tivesse uma chave de algema em minha cela em 1977, é porque ela fora plantada lá. Especialmente naquela época, muitos guardas me odiavam. "Você nunca foi declarado inocente dessa acusação", rebateu Curry. Observei que nenhum contrabando foi encontrado comigo ou em minha cela desde que eu estive em Wade. O diretor de Wade confirmou.

De volta à minha cela, eu estava me sentindo desequilibrado. Era dezembro. Não vemos a maioria dos anos passar quando ficamos presos 23 horas por dia. Alguns anos se destacam por serem piores que outros. O ano em que minha mãe morreu. O ano em que perdi minha irmã. Aquele ano, 2013, foi um desses anos. Herman se fora. As revistas degradantes continuavam. Eu estava sendo caluniado na imprensa pelo gabinete do procurador-geral — mais uma vez. O estado da Louisiana, que já havia gasto milhões de dólares para defender minha condenação injusta e me manter na prisão, agora estava gastando recursos consideráveis para lutar para restaurar minha condenação — de novo. Lembrei-me de uma lição valiosa que aprendi e reaprendi muitas vezes antes. Sempre que você achar que não consegue dar mais um passo, o espírito humano continua, mesmo quando você não quer.

Capítulo 51

Os Fins da Justiça

Será que a perda de Herman finalmente faria a sanidade triunfar contra mim? Seria este o ano da justiça e da liberdade ou outro ano com mais do mesmo? Meu habeas corpus seria analisado por uma câmara julgadora composta de três dos mais conservadores desembargadores do Tribunal de Segunda Instância da Quinta Região. Dois deles foram nomeados pelo presidente Ronald Reagan. O terceiro, pelo presidente George W. Bush. Eu não tinha muita esperança de justiça e liberdade. Mas sentia o apoio do povo. Eu recebia cartas de milhares de pessoas por meio da Anistia Internacional, e isso me deu forças. Queria responder a cada pessoa que escreveu para mim, mas não era fisicamente possível. Em janeiro de 2014, divulguei um comunicado que foi distribuído pela Anistia. "Às muitas pessoas ao redor do mundo que nos acolheram em suas vidas e em seus corações, que nos disseram 'Eu conheço vocês e o que vocês deram a este mundo', que dedicaram um tempo a escrever para mim e para os funcionários do estado da Louisiana, vocês não têm ideia da fonte de força e coragem que têm sido em meus momentos mais sombrios. Para mim, é impossível responder pessoalmente às milhares de cartas e cartões que me encorajam a permanecer forte, não desistir, não perder as esperanças e continuar a lutar. Obrigado. A mensagem foi ouvida. Espero que esta carta o faça sentir que estou entrando em contato com você pessoalmente e dizendo, na solidariedade e na luta: Todo Poder ao Povo!"

Em 31 de janeiro de 2014, oito meses após o início das revistas pessoais em Wade, minha advogada Katherine Kimpel me ligou para dizer que o juiz James Brady havia emitido uma liminar contra elas. Em sua decisão, ele escreveu que as revistas de rotina não se mostraram necessárias ou justificadas para fins de segurança "como é exigido constitucionalmente por tais políticas. Portanto", escreveu ele, "a dignidade humana de Woodfox [conforme] protegida por seus direitos da 4ª Emenda" supera o "interesse penológico legítimo. Nesta circunstância".

O estado recorreu imediatamente, não alegando que as revistas eram legítimas, mas alegando que o juiz Brady, um juiz federal, não tinha jurisdição para fazer cumprir um decreto de consentimento emitido pelo estado. O estado da Louisiana argumentou que meu caso só poderia ser ouvido na 19ª Vara Distrital de Baton Rouge. Durante o processo de apelação, fui poupado de revistas pessoais, mas todos os outros prisioneiros da CFR em Wade ainda estavam sendo revistados. Alguns funcionários da administração tentaram jogar para os outros prisioneiros que eu estava recebendo tratamento especial, como se eu tivesse orquestrado a coisa toda. A maioria dos caras percebeu a mentira. Lembrei a todos que havia pedido que se juntassem a mim na luta contra as revistas pessoais, mas eles não quiseram se envolver.

Em seguida, o Tribunal de Segunda Instância da Quinta Região reverteu a liminar do juiz Brady, não porque o tribunal concordou com as revistas pessoais, mas com o fundamento de que a questão deveria ser julgada em um tribunal estadual. Oficialmente, os agentes penitenciários de Wade poderiam começar a me revistar novamente, mas a maioria não o fez. Meus advogados entraram imediatamente com pedido de liminar na 19ª Vara Distrital.

Durante o inverno e a primavera de 2014, King estava em mais uma turnê do A3. Ele falou sobre confinamento solitário nas audiências legislativas do estado da Califórnia em Sacramento; sobre o impacto do confinamento solitário em uma reunião científica em Chicago; no Toronto Black Film Festival; no Rutland Institute for Ethics Presidential Colloquium da Universidade Clemson na Carolina do Sul; e na Universidade Estadual do Centro de Connecticut. A cada parada, ele falava sobre os horrores do confinamento solitário e sobre nossos casos. Eu estava preocupado com ele — ele havia desistido de sua vida por mim e por Herman. Ele atendeu todas as ligações a cobrar que fizemos, passou parte de cada semana em teleconferências com nossos advogados, com Marina Drummer, com Tory Pegram, com apoiadores individuais e membros de nosso conselho consultivo; ele atendeu as ligações de todos os repórteres que o contataram e deu entrevistas a qualquer pessoa que pudesse dar publicidade para nosso caso. Eu sabia que as viagens eram exaustivas, que ele às vezes era parado pelos seguranças do aeroporto. Ele nunca reclamou.

Em maio de 2014, o deputado Cedric Richmond apresentou o Projeto de Lei 618, denominado Solitary Confinement Study and Reform Act [Lei de Reforma e Estudo sobre o Confinamento Solitário], de 2014, para estudar e reformar o uso do confinamento solitário nas prisões, cadeias e centros de detenção juvenil dos Estados Unidos. Em julho, ele foi encaminhado ao Subcommittee on Crime, Terrorism, Homeland Secutiry, and Investigations. Essa foi a última ação tomada naquele projeto de lei. (No início de maio de 2018, o deputado Richmond apresentou o PL 5710, o Solitary Confinement Study and Reform Act de 2018. Mais tarde naquele mês, ele foi encaminhado ao Subcommittee on Crime, Terrorism, Homeland Secutiry, and Investigations.)

Em julho de 2014, a Anistia Internacional divulgou um relatório de 54 páginas sobre confinamento solitário nas prisões federais dos EUA, que começava: "Os EUA estão praticamente sozinhos no mundo no encarceramento de milhares de prisioneiros em confinamento solitário de prazo indefinido ou de longo prazo, definido pelo Relator Especial da ONU sobre Tortura e Outros Tratamentos ou Penas Cruéis, Desumanos ou Degradantes como 'isolamento físico e social de indivíduos confinados em suas celas de 22 a 24 horas por dia'. Acredita-se que mais de quarenta estados norte-americanos operem unidades ou prisões de 'segurança máxima', alojando coletivamente pelo menos 25 mil prisioneiros. Esse número não inclui os milhares de outros prisioneiros cumprindo períodos mais curtos em celas de punição ou segregação administrativa — estimados em aproximadamente 80 mil em qualquer dia."

Naquele outono, recebi notícias inacreditáveis. Em novembro, a câmara julgadora composta de desembargadores conservadores do Tribunal de Segunda Instância da Quinta Região, que examinou minha alegação de que o preconceito racial maculou a seleção do primeiro jurado do grande júri que presidiu em meu caso, decidiu a meu favor. Foi uma decisão unânime. Todos os três desembargadores do Tribunal de Segunda Instância da Quinta Região concordaram com a decisão do juiz Brady. O desembargador Patrick Higginbotham proferiu um voto veemente para a câmara (que incluía seus colegas de tribunal E. Grady Jolly e Leslie Southwick).

Começamos com uma observação importante. A afirmação de Woodfox não se trata apenas da seleção do *primeiro jurado* do grande júri. Trata-se também da seleção do próprio grande júri. O sistema de grande júri usado para a nova acusação de Woodfox foi o mesmo questionado em *Campbell v. Louisiana*. Como a Suprema Corte explicou, o sistema da Louisiana de seleção de primeiro jurado do grande júri, naquela época, era diferente da maioria dos outros sistemas. Na maioria dos sistemas: "O título de 'primeiro jurado' é concedido a um dos jurados existentes, sem qualquer alteração na composição do grande júri." Mas, de acordo com o sistema da Louisiana em questão: "O juiz seleciona[va] o primeiro jurado no *venire* para o grande júri antes que os [onze] membros restantes do grande júri [fossem] escolhidos por sorteio." O primeiro jurado tinha o mesmo poder de voto que todos os outros jurados. Assim, para todos os efeitos, o juiz escolhia um membro do grande júri. Portanto, esse é um caso que alega discriminação na seleção dos jurados, uma importante contestação constitucional. Por bem mais de um século, a Suprema Corte sustentou que uma condenação criminal de um afro-americano não pode se enquadrar na Cláusula de Proteção Igualitária da 14ª Emenda se for baseada em uma acusação de um grande júri do qual os afro-americanos foram excluídos com base na raça.

O estado apelou da decisão, pedindo o que é chamado de revisão "en banc" para que pudesse apresentar seu caso perante cada desembargador do Tribunal de Segunda Instância da Quinta Região, o tribunal completo, e se a maioria dos desembargadores ativos no Tribunal da Quinta Região concordasse em fazer uma nova audiência, a decisão da câmara de três desembargadores seria anulada, e todo o tribunal deliberaria e decidiria meu destino. Nenhum desembargador convocou uma nova audiência. O estado perdeu essa rodada. Resoluto, o estado da Louisiana apelou para a Suprema Corte dos Estados Unidos e perdeu novamente. A decisão do juiz Brady seria válida. Eu teria um novo julgamento.

Em 11 de fevereiro de 2015 — sete anos após minha condenação ser revogada pelo juiz Brady pela primeira vez e dois anos depois de ser revogada pela segunda vez —, o Tribunal de Segunda Instância da Quinta Região proferiu uma ordem para o juiz Brady emitir o mandado final do habeas corpus. No dia seguinte, o estado levou meu caso mais uma vez perante um grande júri de West Feliciana. Fui novamente indiciado pelo assassinato de Brent Miller.

Mais tarde, eu leria a declaração do meu mandado de prisão, escrita por um investigador do gabinete do procurador-geral, que repassava as falsas alegações de estupro e roubo de Buddy Caldwell como se fossem fatos. Tudo o que está em negrito nesta declaração de prisão é mentira:

Entre 4 de janeiro e 13 de fevereiro de 1969, Woodfox se envolveu em uma onda de crimes muito violentos cometendo sete assaltos à mão armada e cinco estupros qualificados. [Não é verdade.] **Enquanto os promotores trabalhavam nesses casos** [Promotores nunca foram designados para esses casos.], **o primeiro caso que levaram a julgamento** [O único caso levado a julgamento.] **terminou com** Woodfox sendo condenado por assalto à mão armada (do Tony's Green Room) em 31 de julho de 1969... **Woodfox foi reencarcerado na Penitenciária Distrital de Orleans para aguardar novos comparecimentos em juízo** [Não é verdade. Fui levado para a Penitenciária Distrital de Orleans para aguardar a sentença pela condenação por roubo à mão armada.] **de outros casos pendentes de assalto à mão armada e estupro.** [Não havia outros casos pendentes de assalto à mão armada ou estupro.] **Woodfox possivelmente enfrentaria cinco sentenças de pena de morte pelas acusações de estupros qualificados que estavam pendentes na época.** [Não é verdade. Não havia acusações pendentes. O juiz retirou todas as acusações, exceto a de assalto à mão armada. Eu não estava enfrentando nenhuma acusação de estupro.]

A declaração juramentada, que só posso presumir que foi lida para o grande júri que me indiciou, prosseguia:

Os promotores acreditavam que Woodfox não tinha nada a perder ao cometer este assassinato hediondo [Obviamente, não é verdade.]**, já que ele acreditava que estava enfrentando a possibilidade de cinco diferentes sentenças de pena de morte** [Não é verdade.] **pelos estupros qualificados que cometeu apenas três anos antes.** [Tudo mentira. Calúnia.]

E:

[A] O parecer da Suprema Corte dos Estados Unidos foi publicado em 29 de junho de 1972, tornando a pena de morte inconstitucional,

impossibilitando efetivamente que os promotores julgassem Albert Woodfox pela pena de morte [O que impossibilitou esse julgamento foi que não havia acusações, indiciamentos ou denúncias contra mim.] pelo assassinato de Miller ou **pelos cinco estupros qualificados que ele cometeu** [Porque eu não cometi esses crimes.] **durante a onda de crimes em Nova Orleans durante janeiro e fevereiro de 1969.** [Não houve onda de crimes e o juiz Brady percebeu as mentiras. Depois de examinar essas acusações e não encontrar nada que as sustentasse, ele me concedeu o direito de apelar em liberdade sob fiança. Que, em decorrência de recurso estadual, foi suspensa pelo Tribunal de Segunda Instância da Quinta Região.]

A declaração de prisão passou a atribuir a Chester Jackson uma história totalmente nova sobre os eventos que levaram ao assassinato de Miller — diferente do depoimento de Jackson no julgamento de Herman e diferente do que Jackson dissera em seu depoimento original tomado em 1972. A declaração juramentada afirmava que eu mostrei "uma carta" a Jackson na noite anterior ao assassinato (a mesma que o diretor Henderson descreveria no dia seguinte ao assassinato de Miller, uma carta da qual o vice-diretor não tinha conhecimento e que nunca foi apresentada no meu julgamento ou no de Herman).

"Mediante informação e crença", a declaração juramentada me acusava de escrever a carta assumindo o crédito por incendiar o guarda na cabine, que foi assinada pelo "Exército de Vanguarda". "O Partido dos Panteras Negras", afirmava erroneamente a declaração juramentada, era "também conhecido como Exército de Vanguarda". A declaração também alegava que Leonard "Specs" Turner "sem hesitação" abriu o caso para os investigadores, dizendo aos oficiais da prisão que eu assassinei Brent Miller com Herman e Chester Jackson; "armados com a declaração de Turner" (uma "verdade" da qual o homem que tomou a declaração não conseguiu se lembrar em meu julgamento), os investigadores então "entrevistaram novamente" Hezekiah Brown. "Ao ouvir os detalhes, Brown confirmou que as informações fornecidas por Turner eram verdadeiras." Leonard Turner nunca foi chamado para depor em meu primeiro julgamento, e em meu segundo julgamento ele negou ter feito a declaração não assinada e sem data apresentada como sua. O ex-capitão que supostamente tomou a declaração de Turner depôs não se lembrar de tê-la tomado ou do que a declaração dizia, o que seria extremamente improvável se a declaração fosse real, porque teria resolvido o caso para os investigadores.

Na época, eu não tinha conhecimento dessas novas acusações falsas contra mim. Tudo que eu sabia era que tinha sido indiciado novamente pelo assassinato de Brent Miller. Fui transferido do David Wade Correctional Center para uma penitenciária no distrito de West Feliciana. Aconteceu tão rápido que não tive tempo de dar minhas coisas para outros prisioneiros no bloco de Wade.

* * *

A Penitenciária Distrital de West Feliciana é pequena. Havia quatro celas solitárias no meu andar. A primeira era uma cela para bêbados, onde as pessoas eram colocadas até ficarem sóbrias. Eu estava na segunda. As outras duas celas do outro lado eram usadas para manter prisioneiros por curtos períodos, algumas semanas no máximo. As celas tinham portas sólidas de aço. Só conseguia falar com alguém se me curvasse e falasse pela abertura de passagem de alimentos. Havia uma pequena TV na cela e uma janela que não abria com vista para o pátio. Qualquer alívio que a janela pudesse ter me fornecido era neutralizado pela porta de aço. Ainda tinha ataques de claustrofobia. Quando comecei a receber correspondências em meu novo endereço, recebi dezenas de cartões de aniversário. Eu tinha feito 68 anos.

Como eu não estava mais sob custódia do estado, meu processo de revistas pessoais se tornou irrelevante. George Kendall queria continuar litigando para os prisioneiros da CFR em Wade e tentou encontrar outro prisioneiro que me substituísse como demandante, mas ninguém quis. Enquanto isso, George também examinava meu caso criminal. Ainda esperávamos que a ordem de soltura incondicional do juiz Brady se mantivesse válida no Tribunal de Segunda Instância da Quinta Região. Entretanto, para o caso de perdermos, George trouxe dois novos advogados para se juntarem à minha equipe jurídica para se concentrar em minha defesa no julgamento, Billy Sothern e Robert McDuff. Eles começaram a reinvestigar o assassinato de Brent Miller e agiram rapidamente para me defender em juízo, entrando com um pedido de anulação da última acusação, e me libertar sob fiança de apelação. Enquanto isso, Buddy Caldwell continuava sua antiética e provocadora campanha de mentiras, me acusando publicamente de ser estuprador (ainda sem me indiciar formalmente).

"Os fatos do caso permanecem sólidos", disse Caldwell a repórteres. "Apesar da tentativa derradeira de Woodfox de obter uma carta de 'saída livre da prisão' nas questões de seleção do grande júri, a prova de sua culpa em cometer o assassinato é incontestável."

Com o passar das semanas, me senti sem energias. Parei de sair da minha cela na hora livre. O guarda vinha e me perguntava se eu queria ir ao pátio e eu dizia: "Nah, hoje não." Na minha cela, eu assistia à CNN. Estivera assistindo ao noticiário sobre tiroteios policiais contra negros desarmados e acompanhando o movimento Black Lives Matter. Doía ver os organizadores do Black Lives Matter pintados como racistas. Doía ver pessoas negras precisando afirmar o óbvio: que éramos importantes. Pensei nos trabalhadores negros do saneamento que entraram em greve em Memphis em 1968; trabalhadores negros usavam cartazes que diziam EU SOU UM HOMEM. Cinquenta anos depois, e a humanidade do negro ainda está em questão?

Não fazia sentido para mim. O 1% de norte-americanos do topo possui mais riqueza do que os 90% da base de toda a população norte-americana de todas as raças, combinadas. No entanto, o povo acredita que pessoas de outras raças, religiões, preferências sexuais e culturas são o problema. Um sistema econômico injusto só pode ser perpetuado se nós, a maioria da população, estivermos em conflito uns com os outros. O Black Lives Matter foi formado para fazer campanha *contra* a violência e o racismo sistêmico contra os negros. Como isso seria racista? Quando vemos organizações como Black Lives Matter sob ataque por serem "racistas", estamos vendo as intenções de um sistema econômico injusto em jogo — um sistema que busca separar grupos de pessoas dentro da maioria para beneficiar o 1% do topo. Se não pudermos permitir a diversidade, se não conseguirmos aceitar nossas diferenças, se não nos enxergarmos como iguais, se todas as raças não começarem a funcionar em pé de igualdade com todas as outras raças neste mundo, nunca seremos capazes de nos unir, o que significa que nunca seremos capazes de exigir justiça econômica para todos. Não seremos capazes de avançar como espécie. O capitalismo não pode ser "consertado" ou projetado para ser justo ou imparcial; ele deve ser destruído. A própria natureza de uma economia capitalista impede a unidade e fomenta a luta de classes. Sob o capitalismo, há divisão no trabalho e divisão entre os próprios trabalhadores, porque são ensinados a cuidar do individual, e não de seus colegas de trabalho. Não há distribuição igualitária da riqueza da nação sob um sistema capitalista. Temos que nos unir e cuidar uns dos outros. Em 1968, Martin Luther King falou diante de uma multidão de várias raças que se reuniu para apoiar os trabalhadores negros de saneamento em greve, honrando a unidade do grupo. "Você está demonstrando que podemos nos unir." King disse: "Você está demonstrando que estamos todos atados em uma única malha do destino, e que se um negro sofre, se um negro cai, todos nós caímos."

Não tinha energia na cadeia distrital, mas sempre saía da minha cela para encontrar um visitante que fosse me ver, embora fosse necessário muito esforço para me manter positivo no decorrer da visita. As visitas me mantinham conectado com o mundo, e eu adorava as pessoas que apareciam. A sala onde nos encontrávamos era antiquada. Eu tinha que me sentar em uma cabine e olhar por uma janela para ver meu visitante. Eu abaixava a cabeça para a tela de arame abaixo da janela para falar e ouvir o que estava sendo dito. Na maioria das vezes eles me mantinham algemado, mas às vezes não. Dependia do funcionário de plantão. Meus visitantes mais regulares eram velhos amigos: Maria Hinds, a professora Rebecca Hensley e Jackie Sumell. Michael vinha todos os meses. Ele me implorava para ir para o pátio. Eu disse que iria, mas não tive vontade. George e meus outros advogados também se envolveram no caso, me pressionando para sair da cela por uma hora e me exercitar. Quando ia ao pátio, não tinha vontade de correr. Às vezes eu caminhava. Às vezes tinha um agente penitenciário de serviço atualizado sobre os acontecimentos, e conversávamos sobre política ou o que quer que estivesse no noticiário. Quase todos os guardas da prisão trabalharam em Angola e, às vezes, falávamos de lá.

George marcou uma visita advogado-cliente comigo e King na prisão de West Feliciana para falar sobre nossa ação civil. Eu estava ansioso por isso. King era minha força estabilizadora. Quando ele chegou, disseram que ele não poderia entrar na sala de visitas da penitenciária a menos que o revistassem. Ele permitiu a revista pessoal. Ele não nos contou nada até o final da reunião. Ele queria ignorar porque sabia que, se não se submetesse à revista, essa seria nossa última visita. Eu queria ver King. Precisava vê-lo. Mas não à custa de sua dignidade. "Eu não quero que você seja revistado de novo", disse a ele. George disse que lutaríamos em juízo. Falei a King: "Se não conseguirmos impedir as revistas pessoais, não volte."

Encontrei minha filha pessoalmente pela segunda vez desde que ela era um bebê na prisão de West Feliciana. Ela levou meu neto e três de meus bisnetos para me visitar. Era estranho olhar para meus bisnetos sabendo que eram uma terceira geração separada de mim, que não importava o que o sistema fizesse comigo, meu legado ainda avançava. Gostei muito da visita; foi mais um passo na criação de um vínculo com minha família e apoiou meu esforço contínuo para preservar minha humanidade.

* * *

Em junho, o juiz James Brady emitiu meu mandado de habeas corpus. Para garantir justiça, e minha liberdade, ele foi além de todas as minhas expectativas, emitindo o que é chamado de "mandado excepcional", um mandado extremamente raro e incondicional que ordena que o estado liberte um peticionário de habeas corpus da prisão e o proíbe de julgá-lo novamente.

"A Suprema Corte há muito instrui que o remédio do habeas corpus deve ser aplicado com vistas aos 'fins da justiça'", escreveu o juiz Brady. "O Tribunal de Segunda Instância da Quinta Região identificou duas categorias de casos raros e extraordinários em que 'lei e justiça' exigem a dispensa permanente de um peticionário: ou as circunstâncias do caso envolvem uma 'violação constitucional [que] não pode ser sanada por outro julgamento' ou 'outras circunstâncias excepcionais [devem] existir de tal forma que a realização de um novo julgamento seria injusta'." O juiz Brady listou cinco circunstâncias "excepcionais" que justificavam sua decisão: "A idade do Sr. Woodfox e seus problemas de saúde, sua capacidade limitada de apresentar uma defesa em um terceiro julgamento à luz da indisponibilidade de testemunhas, a falta de confiança que este juízo tem de o Estado fornecer um terceiro julgamento justo, o preconceito sofrido pelo Sr. Woodfox ao passar mais de quarenta anos em confinamento solitário e, finalmente, o próprio fato de que o Sr. Woodfox já foi julgado duas vezes e acabaria enfrentando seu terceiro julgamento por um crime que ocorreu há mais de quarenta anos."

Brady concordou com minha afirmação de que a conduta do estado demonstrou extremo preconceito contra mim. "Além disso, o Sr. Woodfox cumpriu mais de quarenta anos em confinamento solitário", escreveu ele. "Este juízo concorda com o Sr. Woodfox que o tempo envolvido aqui resulta em preconceito extremo. O Estado subestima a extensão do preconceito sofrido pelo Sr. Woodfox... Ao analisar um habeas corpus o juízo deve considerar todas as circunstâncias envolvidas para a concessão do *writ*. O preconceito de uma acusação obtida de forma inconstitucional é apenas uma das circunstâncias relevantes."

Brady também citou a evidência da minha inocência em favor de um remédio jurídico "extraordinário" e observou que o Tribunal de Segunda Instância da Quinta Região havia reconhecido antes que não constatou as "evidências assombrosas" que o estado alegou ter contra mim. "Havia uma abundância de evidências físicas disponíveis na cena do crime em 1972", escreveu Brady, "mas nenhuma evidência física incriminou o Sr. Woodfox". Ele citou as seguintes indicações de minha inocência que foram levantadas em minha ordem judicial: "(1) uma declaração da principal testemunha do estado, Leonard Turner, admitindo que o Sr. Woodfox não estava envolvido no assassinato de Miller; (2) declarações de duas mulheres com quem Chester Jackson... falou sobre a real inocência de Woodfox após sua libertação; (3) uma reanálise científica confiável da impressão ensanguentada no local, exculpando Woodfox; (4) provas que abalam gravemente a credibilidade dos três detentos testemunhas do estado; e (5) um exame de polígrafo indicando que Woodfox negou sinceramente seu envolvimento no crime."

Ele notou as dificuldades de meu contínuo confinamento solitário, mesmo depois de eu ter "demonstrado uma habilidade de conviver pacificamente com os outros", escrevendo: "O Sr. Woodfox permanece nas condições extraordinárias de confinamento solitário há aproximadamente quarenta anos, e ainda hoje não há condenação válida alguma para mantê-lo na prisão, muito menos em confinamento solitário. No ano passado, uma câmara do Tribunal de Segunda Instância da Quinta Região proferiu uma decisão unânime observando: 'Considerando a duração do confinamento solitário, a severidade das restrições e sua natureza efetivamente indefinida, está claro que a detenção contínua de Woodfox na CFR constitui um 'sofrimento atípico e significativo do detento em relação aos incidentes comuns da vida na prisão' de acordo com qualquer possível padrão considerado'." Em conclusão, Brady escreveu: "A única solução justa é um mandado incondicional de habeas corpus impedindo um novo julgamento... e liberar o Sr. Woodfox da custódia imediatamente."

O estado imediatamente apelou da decisão do juiz Brady para o Tribunal de Segunda Instância da Quinta Região. Uma câmara de três desembargadores daquele tribunal emitiu uma suspensão temporária que me manteria na prisão por mais quatro dias até que uma decisão definitiva fosse tomada. O deputado Cedric Richmond (da Câmara de Representantes dos EUA) divulgou um comunicado pedindo minha libertação. Sobre Buddy Caldwell, ele disse: "Esta é obviamente uma vingança pessoal e tem sido um desperdício de dinheiro dos contribuintes há décadas. O estado está fazendo grandes cortes na educação e na saúde, mas gastou milhões de dólares neste esforço frívolo, e o valor aumenta a cada dia."

Quatro dias depois, em 12 de junho, Carine Williams foi à penitenciária me visitar como advogada e me fazer companhia enquanto esperávamos para saber se eu seria libertado da prisão naquele dia ou não. Estávamos em uma sala no térreo que tinha uma janela que dava para o estacionamento. Havia alguns repórteres e uma equipe de filmagem do lado de fora. A visita começou por volta das 10h e a decisão do tribunal estava prevista para antes das 13h. Ficamos conversando sentados juntos à mesa. Ambos olhávamos o relógio na parede. Quanto mais tarde, mais esperançosos ficávamos. Se fossem decidir contra mim, por que esperariam até o último minuto?

Na minha cela naquela manhã, fiz uma lista do que faria quando saísse da prisão. Eu nunca tinha feito isso antes. "Visitar o túmulo de mamãe. Passar um tempo com minha filha. Aprender a viver em sociedade." À medida que o ponteiro se aproximava do horário, vi pela janela, por cima do ombro de Carine, que um dos repórteres que estava com os outros estava indo embora. Ele entrou no carro e foi embora. Eu soube então que o Tribunal de Segunda Instância da Quinta Região não concederia minha liberdade. Não tive coragem de contar a Carine. Pensei em todo o trabalho árduo que ela havia realizado, junto com meus outros advogados, e senti uma onda de tristeza tomar conta de mim. Alguns dos momentos mais difíceis para mim na prisão foram como este, quando não foi apenas uma perda para mim, mas para todos que trabalharam tanto por mim e se preocupavam comigo. Os guardas levaram um telefone sem fio para ela, que tocou pouco depois. George estava na linha. Ele lhe deu a notícia: o Tribunal de Segunda Instância da Quinta Região decidiu manter a suspensão e me manter na prisão enquanto aguardávamos o recurso do mandado excepcional do juiz Brady. Carine e eu resolvemos manter um semblante corajoso um para o outro. Nós nos despedimos. Carine saiu da penitenciária para dar declarações aos repórteres. Fui levado de volta para minha cela.

Em seu mandado excepcional, o juiz Brady escreveu que eu não conseguiria obter um julgamento justo em parte alguma do estado da Louisiana. Minha declaração de prisão era prova disso. Naquele verão, tivemos mais corroborações. A primeira jurada do grande júri que me indiciou em fevereiro manifestou sua preocupação em relação à audiência do grande júri; ela tinha dúvidas sobre o processo. Uma republicana branca, cristã e conservadora de longa data, Deidre Howard, higienista dental há 41 anos, não sabia nada sobre mim antes de os promotores montarem o caso contra mim. Ela confiava no procurador-geral adjunto Kurt Wall, no procurador-geral adjunto especial Tony Clayton e no procurador distrital de West Feliciana, Samuel D'Aquilla, a quem conhecia pessoalmente. Os promotores disseram aos jurados que minha condenação fora anulada por uma "tecnicalidade" e defenderam minha acusação. O grande júri me indiciou. Deidre assinou a acusação, entregou-a ao juiz e foi liberada. Ela acreditava que eu era culpado. Mas algo parecia errado. Um dia ela estava trabalhando como higienista dental e no outro estava decidindo o destino da vida de um homem. Ela se sentia despreparada para fazer o que acabara de fazer.

Ela conversou com sua irmã gêmea, Donna, afirmando que nunca mais queria ficar naquela situação. Ela havia jurado não revelar detalhes do que acontecera na sala do grande júri, mas, quando minha acusação foi publicada no jornal no dia seguinte, Donna soube que aquele era o caso de Deidre. Nas semanas seguintes, Deidre teve dificuldades para dormir. Preocupada com sua irmã, Donna e seu marido digitaram meu nome em um mecanismo de busca online e descobriram que eu poderia ser inocente e que fui mantido em confinamento solitário por quarenta anos. Na visita seguinte de Deidre a Donna, sua irmã disse a ela: "O mundo inteiro tem tentado libertá-lo." Os joelhos de Deidre Howard cederam e ela caiu no chão. Ela se sentiu traída e usada, porque confiava na honestidade do gabinete do procurador-geral e agora sabia que não havia sido informada de toda a história. Ela sentiu que o peso do mundo recaía sobre suas costas. Sua primeira reação foi tentar reverter a decisão, que, ela soube mais tarde, não poderia ser revertida.

Deidre contratou um advogado porque não tinha certeza de como proceder com uma reclamação sobre o grande júri e ainda cumprir o sigilo que jurou à época. Ela escreveu uma carta pessoal ao juiz William Carmichael da 20ª Vara

Distrital, que supervisionou a audiência do grande júri e seria o juiz do meu terceiro julgamento. Seu advogado enviou sua carta aos juízes Carmichael e Brady, com uma carta própria, declarando que sua cliente "tinha sérias dúvidas sobre esse processo desde a data da decisão do grande júri". O juiz Carmichael informou meus advogados sobre isso e decretou o sigilo da carta. Quando Deidre não obteve resposta, escreveu ao procurador-geral adjunto especial, Tony Clayton; e ao procurador distrital de West Feliciana, Samuel D'Aquilla. "Na minha opinião, depois de ler tudo que consigo colocar as mãos, artigos, livros, transcrições de julgamentos, entrevistas visuais e de áudio", escreveu ela, "acredito que o Sr. Woodfox é inocente do assassinato". Como não recebeu resposta alguma, ela escreveu ao procurador-geral adjunto Kurt Wall. Quando não teve resposta, ela escreveu para o procurador-geral Buddy Caldwell e, depois de não receber resposta, Deidre escreveu para o governador Bobby Jindal. "Eu gostaria de poder voltar no tempo e reviver aquela manhã, mas infelizmente não posso", escreveu ela. "Eu decidi que poderia chorar e sofrer ou tomar uma atitude, porque, assim como o suplício dele, o meu também continua... Por favor, o senhor pode fazer algo a respeito? Quando a poeira baixar, um dia este caso será um dos capítulos mais sombrios da história do nosso estado." Mais tarde, ela diria que ficava pensando: "Como o estado da Louisiana manteve um homem em uma cela por mais de quarenta anos por causa da palavra de uma testemunha ocular que recebeu cigarros de graça por anos? Ninguém se perguntou por quê?"

Com a falta de respostas a Deidre, sua irmã Donna escreveu uma carta muito franca, descrevendo a experiência de Deidre e "implorando por ajuda" a todos os membros da legislatura da Louisiana, membros da mídia e outros em posições influentes que ela achava que poderiam ajudar. Antes que tudo acabasse, ela havia enviado mais de quinhentas cartas.

Em junho de 2015, mais uma vez solicitei a fiança pré-julgamento. Como sempre, o estado reagiu, começando com táticas protelatórias. Primeiro, os promotores alegaram que meu caso era importante e, portanto, meu direito à fiança era limitado. Meus advogados Robert McDuff e Billy Sothern tiveram que citar a jurisprudência que deixava claro, sem sombra de dúvida, que meu caso não era capital e que, portanto, eu tinha direito à fiança. No final, porém, eu não a receberia.

A primeira vez que ouvi falar de Deidre Howard foi em julho. A essa altura, como sua correspondência havia sido considerada sigilosa, eu não sabia seu nome. Mas Billy me disse que apresentaria uma petição para ter permissão de ler uma carta com decreto de sigilo escrita por uma mulher que fora a primeira jurada do meu grande júri. Ele me disse que a mulher levantou questões sobre os procedimentos do grande júri. Em setembro, meus advogados puderam ver a carta e apresentaram uma nova petição para anular minha denúncia com base em má conduta do Ministério Público. Essa petição acabou sendo denegada. Ainda assim, a integridade e coragem que Deidre Howard demonstrou ao se dispor a falar sobre sua experiência, mesmo no início, antes que soubesse se eu era inocente ou culpado, foram muito nobres e raras. Sou grato até hoje. Mais tarde, Deidre diria que levou meses para conseguir processar tudo o que aconteceu. "Como cidadã, fui ensinada a respeitar as autoridades", disse ela. "Eu não estava preparada para duvidar deles. Uma cidadã que vem de [seu] próprio trabalho não entra no tribunal com a ideia de que os promotores não serão honestos ou que, conscientemente, deixariam de fora fatos que mudariam toda a história. Eu me senti completamente decepcionada, porque as regras que eu e a maioria dos cidadãos tentamos seguir não eram as mesmas pelas quais achei que os agentes oficiais viviam."

Capítulo 52

Teorias

Naquele verão, meus advogados de defesa criminal Billy Sothern e Rob McDuff entraram com uma petição para encerrar meu caso, pois as principais testemunhas de acusação haviam morrido desde meu julgamento em 1998. Com tão poucos ainda vivos, seria impossível exercer meu direito constitucional de confrontar testemunhas e interrogá-las sobre informações que havíamos descoberto desde 1998. (Muitos dos que lideraram a investigação também haviam morrido, o que significa que não podíamos questioná-los sobre os motivos de não terem investigado outras pistas reveladas nas anotações do policial ou o tênis ensanguentado que foi encontrado perto da cena do crime.) Essa petição foi negada.

Billy e Rob entraram com 33 petições pré-julgamento que seriam julgadas nos meses seguintes, a maioria delas buscando justiça, como pedir uma mudança de foro para que eu não fosse julgado em St. Francisville, no distrito de West Feliciana, onde eu tive dois ou possivelmente três grandes júris inconstitucionais; pedindo ao juízo que obrigasse o estado a permitir testes modernos de DNA em todas as evidências físicas remanescentes e comparar as impressões digitais da cena do crime às dos arquivos de impressão digital de Angola da década de 1970, bem como às do Sistema Integrado de Identificação de Impressão Digital (IAFIS), o banco de dados recentemente expandido do FBI; pedindo exames de sangue; e pedindo um júri unânime. Entraram com um processo para excluir o testemunho desacreditado e impugnar as testemunhas do estado Joseph Richey, Hezekiah Brown e Paul Fobb, todos falecidos.

Billy e Rob também reinvestigaram o assassinato de Brent Miller. Em parte, analisaram várias declarações que ex-prisioneiros deram aos nossos investigadores ao longo dos anos — declarações sobre quem matou Brent Miller. Sua investigação obteve outra declaração, gerando uma nova teoria.

O primeiro relato que obtivemos do assassinato de Brent Miller, porém, veio anos antes, de Billy Sinclair, que fora um editor de longa data da revista da prisão *The Angolite*. Em 2001, um de nossos advogados entrou em contato com Sinclair para perguntar se ele tinha ouvido algo sobre o assassinato; como editor da revista ele tinha muita liberdade em Angola e conhecia muitos detentos. Sinclair, que ainda estava preso na época, respondeu imediatamente, escrevendo ao meu advogado que ele acreditava que Herman e eu éramos inocentes, porque um prisioneiro chamado Irvin "Life" Breaux lhe disse em 1973 que ele matara Miller e que Herman e eu éramos inocentes. Sinclair não tinha nada a ganhar ao se dispor a falar. Eu nunca o conheci. Ele e Herman ficaram no mesmo bloco da CFR por seis meses em 1974. Ele disse que queria esclarecer as coisas, escrevendo: "Não conheço Woodfox, mas conheci Hooks. Eu o conheci em 1974, quando passei cerca de seis meses na CFR. Eu tinha um respeito enorme por ele. Ele é um de meia dúzia de presidiários que, nas últimas três décadas, deixaram uma impressão duradoura em mim por sua coragem, caráter e comprometimento."

Billy Sinclair prestou esta declaração juramentada aos meus advogados:

Em março ou abril de 1973, conheci e me tornei amigo íntimo de um presidiário afro-americano chamado Irvin "Life" Breaux. Eu o conheci por meio do Comitê de Reclamações de Prisioneiros, um comitê de reclamações formado por 36 presidiários criado na Penitenciária Estadual da Louisiana pelo ex-diretor penitenciário Elayn Hunt. Eu fazia parte do "Comitê Executivo" do Comitê de Reclamações de Prisioneiros e era um representante do Big Yard. Breaux era membro do comitê geral, representante dos blocos de celas de segurança máxima da Prisão Principal.

Reconhecido líder, Breaux foi colocado em regime de segurança máxima por supostas "atividades militantes negras" após o assassinato de um guarda prisional de Angola chamado Brent Miller em abril de 1972. Breaux e eu fazíamos parte de uma equipe com sete membros presidiários, com aprovação quase oficial para educar e encorajar a população carcerária geral do Complexo Prisional Principal com relação à necessidade e à inevitabilidade da integração racial da Penitenciária Estadual da Louisiana.

Na primavera e no verão de 1973, Angola experimentava uma onda terrível de violência de prisioneiros e estupros homossexuais. Breaux foi fundamental na criação de uma organização chamada Brotherhood, um grupo de presidiários afro-americanos comprometidos a salvar jovens presidiários do estupro homossexual e da escravidão. Foi por meio dos esforços de integração/do Brotherhood que Breaux e eu cultivamos e mantivemos um relacionamento pessoal muito próximo — um relacionamento alimentado por nossas crenças pessoais e políticas mútuas de que as condições ilegais, corruptas e cruéis prevalentes em Angola tinham que mudar.

Breaux era dominado por uma ideologia militante que concordava com a crença de que a violência era um meio aceitável e, em determinadas circunstâncias, preferível para provocar mudanças na penitenciária estadual. Eu era um "advogado detento" em ascensão que acreditava que uma ação legal concentrada oferecia a melhor oportunidade de produzir as mudanças que ambos desejávamos.

Breaux e eu discutimos e debatemos nossos objetivos comuns com frequência, mas métodos diferentes de atingir esses objetivos. Um forte vínculo de confiança mútua se desenvolveu entre nós e nos tornamos "camaradas na luta".

Foi durante essas discussões e debates que o assunto do assassinato de Brent Miller veio à tona, especialmente porque Breaux tinha sido um dos muitos presidiários afro-americanos que foram colocados em confinamento por "atividades militantes" após o assassinato de Miller. Nessas conversas, Breaux fez inicialmente uma referência ao envolvimento no assassinato de Miller, afirmando que os funcionários da prisão sabiam ou acreditavam que ele estava envolvido naquele crime.

Era de conhecimento geral em todo o sistema prisional que quatro presidiários conhecidos como "os Quatro de Angola" haviam sido presos e colocados na CFR como os responsáveis pelo assassinato de Brent Miller. Breaux insistiu comigo repetidas vezes que aqueles detentos eram "inocentes"; que haviam sido "incriminados" pelo Diretor de Custódia Hayden J. Dees. Ele desdenhava da ideia de que dois dos presos dos

Quatro de Angola, Chester "Noxzema" Jackson e Gilbert Montegut, pudessem mesmo ser chamados de "militantes negros" (termo de que Breaux particularmente se orgulhava).

Ele ficou especialmente indignado ao falar sobre como os outros dois presidiários dos Quatro de Angola, Albert Woodfox e Herman Wallace, haviam sido "incriminados" pelo diretor Dees.

Eu coloquei um crédito significativo no que Breaux me disse. Hayden J. Dees "governou" Angola naquela época; Angola lhe pertencia. Ele operava com fanatismo oficial contra "militantes negros" e o comunismo. Após uma das primeiras audiências disciplinares em Angola, na qual fui autorizado a participar como "advogado de detentos", Dees me abordou, furioso e irracional, e me acusou de ser "comunista".

Portanto, era natural para Breaux e eu — o "militante negro" e o "comunista branco" — discutirmos Dees e seu papel no caso dos "Quatro de Angola". Um dia Breaux me disse — e foi a primeira de várias vezes — que, na verdade, ele e outros haviam matado Brent Miller. Ele afirmou que, em abril de 1972, ele e outros estavam envolvidos em uma trama para matar doze conhecidos "alcaguetes" negros. A trama previa que todos os informantes fossem mortos simultaneamente em diferentes partes da prisão no dia em que Miller acabou sendo morto.

Breaux me contou que Brent Miller entrou no dormitório Pine enquanto ele e outros detentos separavam as armas que seriam distribuídas para ser usadas nos ataques aos alcaguetes. Ele descreveu uma cena confusa em que os presos inicialmente tentaram conter Miller, mas que ele foi esfaqueado ou cortado. Breaux disse que uma decisão coletiva e instantânea foi tomada pelos presos para matar Miller porque ele os havia reconhecido, e então "se livrar" das armas.

Nunca perguntei ou investiguei Breaux sobre esse incidente. A informação era sensível demais para saber e, francamente, não era um assunto sobre o qual eu queria falar. Mas certamente houve mais de uma conversa na qual ele me contou que havia matado Miller; que Dees e outros funcionários da penitenciária sabiam que ele estava envolvido; que não podiam acusá-lo do crime porque isso revelaria o fato de os "Quatro de Angola" terem sido incriminados; e que ele "seria morto" por seu papel e conhecimento sobre o assassinato de Brent Miller. Irvin "Life" Breaux foi esfaqueado até a morte na Penitenciária Estadual de Louisiana em 11 de agosto de 1973, por dois detentos chamados Gilbert Dixon e Willie Carney.

Em outra declaração, que Rob e Billy conseguiram com um investigador, um prisioneiro que era adolescente em 1972 jurou que estava em Pine 1 na manhã em que Brent Miller foi morto. Ele disse que dois "maricas" — namoradinhas — e seu detento cafetão, que os "possuía", estavam discutindo com um quarto prisioneiro, Leonard "Specs" Turner, quando Miller entrou. "Eles tinham facas e Miller viu", disse a testemunha. Ele disse que os informantes e seu cafetão atacaram Miller e começaram a esfaqueá-lo. "Albert Woodfox não estava lá", afirmou. "Nem Herman Wallace ou Gilbert Montegut. Chester Jackson não estava envolvido no esfaqueamento. Saí do dormitório, passei por Miller no chão e fui até a lavanderia. Foi quando trancaram tudo."

Outro prisioneiro disse a um de nossos investigadores que um prisioneiro pago pelo cafetão para proteger os alcaguetes em Pine 1 atacou Miller. Ele era um prisioneiro muito poderoso que dirigia operações de jogos de azar e drogas na passarela, conhecido como "mandachuva", e supostamente era muito próximo de alguns seguranças porque ganhava dinheiro para eles vendendo trabalhos em alojamentos e empregos para prisioneiros. Além disso, nesta versão, Chester Jackson supostamente ajudou o mandachuva, de quem ele seria um grande amigo, a matar Miller. Nesta versão, Irvin Breaux e alguns outros prisioneiros que não moravam em Pine 1 também estavam lá. (Será que tinham ido ao dormitório naquela manhã para matar os alcaguetes, mas em vez disso se envolveram na morte do guarda? Não sabemos.) O mandachuva, que teoricamente matou Miller nesta versão, teria confessado à namorada perto de sua morte. Ele disse que sentia muito que Herman e tenhamos levado a culpa pelo assassinato de Brent Miller, mas que não queria voltar à prisão. Outra suposta testemunha que foi entrevistada disse que viu prisioneiros que não viviam em Pine 1 caminharem em direção ao alojamento naquela manhã "preparados", ou seja, armados, e "usando capas de chuva com capuzes amarrados na frente do rosto", mas não viu o que aconteceu em seguida.

* * *

Não sei o que fazer com essas teorias. A maioria chegou até nós por meio de investigadores a partir de declarações não assinadas. Todo preso que alegou ter visto o assassinato de Brent Miller e que falou com um investigador — ou com qualquer pessoa — sobre o assunto tinha seus próprios interesses em jogo, protegendo a si mesmo ou sua reputação, alguém de quem gostava, ou possivelmente prejudicando alguém que odiava. Também recebemos uma declaração do irmão mais novo de Chester Jackson, Noel Murphy, que era prisioneiro na época do assassinato de Miller. Ele jurou que Jackson lhe disse que teria matado Miller, e que Herman e eu éramos inocentes, mas Jackson mentiu sobre mim e Herman para proteger Murphy, que tinha 20 anos na época, bem como para proteger seu enteado (que também estava em Angola). Contou também que Chester Jackson foi informado pelas autoridades que Murphy seria torturado junto com o enteado de Jackson se Jackson não mentisse sobre nós. Ele disse que o irmão havia prometido a sua mãe que cuidaria dele na prisão. Chester Jackson matou Brent Miller? Eu o vi no refeitório naquela manhã durante o café da manhã. Everett Jackson, que estava comigo durante o tempo em que Miller foi morto, também depôs que o viu no café da manhã. Outro detento afirmou em outra declaração ter visto Irvin Breaux no café da manhã. O assassinato aconteceu antes do que o legista disse? Aconteceu mais tarde? Não há como saber. O único valor que essas declarações têm para mim é a única linha consistente que as permeia: que Herman e eu não estávamos lá.

Billy Sinclair foi a primeira pessoa que teve qualquer conhecimento sobre nossa inocência a se apresentar. Como jornalista e editor da *Angolite*, tinha um profundo conhecimento de Angola e da sua administração e história. Ele era conhecido fora da prisão pelo trabalho que fazia na comunidade quando ainda estava preso. Em sua primeira carta ao meu advogado, Sinclair escreveu sobre um encontro que teve com Hezekiah Brown: "No início dos anos 1980, *The Angolite* fez uma reportagem sobre o infame 'Canil' de Angola... Brown foi designado ao Canil após seu depoimento contra Wallace/Woodfox. A penitenciária cuidou dele na época. Falei com ele brevemente no Canil — 'um preto tem que fazer o que precisar para sobreviver — os brancos mandam nesta prisão', ele me disse. Na linguagem de condenado, era sua maneira de dizer... que ele mentiu pelo estado em troca do alojamento vitalício no Canil."

Capítulo 53

A Luta Continua

No verão de 2015, enquanto Buddy Caldwell concorria ao cargo pela terceira vez, 18 membros da Câmara dos Representantes da Louisiana apresentaram um projeto de lei resolução (HR 208, 2015) pedindo ao procurador-geral que desistisse de seu recurso contra a decisão do juiz Brady de me libertar, impedindo mais processos contra mim. A resolução não foi aprovada, mas acredito que a cobertura do caso pela imprensa pode ter ajudado a expor as ações irracionais de Caldwell contra nós, incluindo o uso de dinheiro público para indiciar Herman Wallace em seu leito de morte. Em novembro, Buddy Caldwell perdeu as eleições e teve que deixar o cargo. Nos oito anos em que esteve lá, esse demagogo egoísta agiu como se estivesse obcecado por encontrar justiça para Brent Miller, mas se recusou a comparar a impressão digital ensanguentada deixada na cena do assassinato de Brent Miller com as de todos os prisioneiros que estavam na passarela naquela manhã. Ele não agregou integridade ao gabinete do procurador-geral ou ao estado da Louisiana. Em vez de processar casos com base no mérito das evidências, estava mais interessado em publicidade. Ele abusou de sua autoridade como procurador-geral e transformou nosso caso em uma vingança pessoal. Fiquei feliz que a maioria do povo da Louisiana viu além dele e votou para que deixasse o cargo. Ao contrário de uma decisão judicial, isso não poderia ser desfeito.

No dia 9 de novembro de 2015, em resposta à apelação do estado do mandado excepcional do juiz Brady, uma câmara de três desembargadores selecionados aleatoriamente no Tribunal de Segunda Instância da Quinta Região — diferente daquela que havia julgado meu caso anteriormente — concordou com o estado e determinou que o juiz Brady extrapolou sua competência quando negou ao estado o direito de me julgar outra vez. Não foi uma decisão unânime. A juíza Carolyn Dineen King escreveu que meu caso não "apresentava uma violação constitucional que não possa ser sanada em um novo julgamento" e que o juiz Brady errou ao presumir que a justiça estadual não me daria um novo julgamento justo. A juíza Priscilla Owen concordou. O tribunal anulou a ordem do juiz Brady para me libertar sem um novo julgamento. Eu iria a julgamento. Em um incisivo voto divergente, o desembargador James L. Dennis escreveu: "Se alguma vez um caso pudesse ser justificadamente considerado como apresentando 'circunstâncias excepcionais', impedindo uma nova acusação, esse era o caso."

"O habeas corpus é o instrumento fundamental para salvaguardar a liberdade individual contra ações estatais arbitrárias e ilegais", escreveu o desembargador Dennis. "Hoje, como em séculos anteriores, o mandado é um baluarte contra as condenações que violam a 'justiça fundamental'." Ele escreveu que compartilhava da falta de confiança do juiz Brady na justiça estadual de fornecer um terceiro julgamento justo. Escreveu: "Claramente, o dano injusto causado a Woodfox, não apenas como litigante, mas também como ser humano, por suas duas condenações inconstitucionais e suas ofensivas quatro décadas de confinamento solitário, não pode ser retificado pela solução usual de reversão e nova acusação."

O desembargador Dennis também apontou para as recentes alegações feitas pela primeira jurada do grande júri Deidre Howard de que os procedimentos no meu terceiro grande júri foram inadequados. "Recentemente, as alegações que surgiram de que o estado fez declarações provocadoras ao terceiro grande júri para obter uma terceira acusação criam uma incerteza ainda maior quanto à capacidade de Woodfox de obter um julgamento justo na terceira acusação do estado", escreveu ele, citando um suplemento que menciona a "'conduta injusta' do estado durante o processo [do grande júri] como um fator que pesa a favor da proibição de um novo julgamento". O desembargador Dennis prosseguiu dizendo que "essa miríade de preconceitos" poderia ser "mais fácil de engolir se houvesse forte evidência de sua culpa, mas a evidência contra ele é, na melhor das hipóteses, extremamente confusa. Embora houvesse uma abundância de evidências físicas disponíveis na cena do crime, nenhuma delas incriminava Woodfox, e surgiram outras evidências desde o primeiro julgamento que lançam ainda mais dúvidas sobre o caso do estado contra ele".

O tribunal devolveu o caso ao juiz Brady, com instruções de que ele teria que emitir um mandado ordinário condicional que exigiria que o estado me libertasse apenas se não conseguisse me julgar novamente dentro de um período razoável.

Em novembro, recebi a notícia de que um de nossos apoiadores mais dedicados, Leonard "Mwalimu" Johnson, um prisioneiro ativista de longa data e mentor de centenas de prisioneiros, havia morrido após uma longa doença. Ele tinha 78 anos. Mwalimu cresceu na pobreza. "A escolha era ficar sentado e morrer de fome ou ir além da lei", escreveria ele mais tarde. Ele foi preso por roubo nos anos 1960. Na prisão, quase morreu de pneumonia em uma cela vazia — onde os prisioneiros eram colocados nus, sem nada, exceto um buraco no chão. "Eu tinha que ficar lá deitado completamente nu", escreveu ele, "minha cela inundava, e eu recorria às minhas faculdades espirituais, mentais e físicas para sobreviver". Foi enviado para Angola em 1977 e lá passou os quinze anos seguintes. Ele documentou 62 casos de abusos cometidos por funcionários enquanto esteve lá, alguns dos quais resultaram na morte de prisioneiros. Depois de ser libertado, ele passou muitos anos trabalhando no Capital Post-Conviction Project da Louisiana. Nunca conheci Mwalimu pessoalmente, mas ele era querido em nosso comitê de apoio, uma luz inabalável em todos os protestos e eventos, sempre comprometido com a paz e a justiça. "Inicialmente, não conseguia pensar em perdão", escreveu ele em 2010, "mas aos poucos fui percebendo que a amargura só cria amargura. As experiências negativas são uma espécie de câncer, e minha escolha como ser humano é encorajar a propagação desse câncer ou contê-lo e aplicar uma solução. Eu opto por ser parte da solução, parte da cura".

O Dia de Ação de Graças estava chegando. Normalmente, os feriados não significavam nada para mim. A única diferença de um feriado na prisão era que às vezes havia um item de comida diferente na bandeja. Em Angola, certa vez distribuíram laranjas a prisioneiros da CFR no Natal. Esse Dia de Ação de Graças seria diferente. O diretor da penitenciária de West Feliciana disse aos prisioneiros que cada um de nós poderia receber dois pratos de comida de nossas famílias no Dia de Ação de Graças: um para o jantar e outro para a sobremesa. Seria minha primeira refeição caseira em mais de quarenta anos. Minha boa amiga, a professora Angela Bell, e meu irmão Michael prepararam meus pratos favoritos: caranguejo recheado, salsicha quente, peru, farofa de frutos do mar e creme de milho. Angie acrescentou fatias de tortas caseiras, bolo e biscoitos, embalando duas camadas de comida em dois dos maiores pratos que encontrou e que ainda poderiam ser considerados pratos. Ela dirigiu até a penitenciária de West Feliciana no dia de Ação de Graças para deixar os pratos. O que ela e Michael fizeram para cozinhar para mim e entregar a comida no Dia de Ação de Graças me emocionou muito. Os prisioneiros ao meu redor também ficaram gratos. Compartilhei os dois pratos com eles.

Em dezembro, George Kendall entrou com uma petição na Suprema Corte dos Estados Unidos, pedindo que restaurasse o mandado excepcional do juiz Brady. Essa seria uma das 10 mil petições que a Suprema Corte recebe todo ano, das quais cerca de 80 são recebidas e analisadas. George acreditava que a mais alta corte do país poderia ser convencida a ouvir meu caso — que ele sentia ter alimentado um debate nacional sobre confinamento solitário —, porque seis meses antes o juiz Anthony Kennedy pareceu convocar um questionamento constitucional ao uso de confinamento solitário. O caso era *Davis v. Ayala*, centrado em uma questão não relacionada — a exclusão de um advogado de defesa de parte de uma audiência da seleção do júri. O réu no caso, entretanto, havia sido mantido em confinamento solitário por quase vinte anos. Isso pareceu ressoar com o juiz Kennedy, que escreveu um parecer favorável sobre a questão, expondo a história e a brutalidade da solitária e citando o caso de Kalief Browder, um adolescente que passou mais de dois anos em confinamento solitário (e três anos no total) em Rikers Island enquanto era detido, sem condenação, por supostamente ter roubado uma mochila. Após sua libertação, Browder cometeu suicídio.

No encerramento, Kennedy escreveu: "Em um caso que apresentou a questão [do confinamento solitário], o judiciário pode ser solicitado, dentro de sua jurisdição e autoridade adequadas, a determinar se existem sistemas alternativos viáveis para confinamento de longo prazo e, se assim for, se um sistema correcional deve ser exigido para adotá-los." À luz do meu acordo, retiramos voluntariamente nossa petição de revisão pela Suprema Corte.

Capítulo 54

Um Pedido por Liberdade, Não Justiça

Em janeiro de 2016, eu estava aguardando dois julgamentos que seriam agendados pelos tribunais, um para nossa ação civil que questionava o uso de confinamento solitário e outro por um homicídio que não cometi. Eu estava ansioso por ambos. Acreditava que poderíamos provar que nossas décadas de confinamento solitário constituíam uma punição cruel e incomum e queria ser exonerado do assassinato de Brent Miller. Eu tinha os melhores advogados do mundo.

No início de 2016, porém, perdemos muitas petições pré-julgamento importantes para minha defesa criminal. O juiz William Carmichael não nos concedeu uma mudança de foro. Meu terceiro julgamento seria em St. Francisville, no distrito de West Feliciana. Billy Sothern e Rob McDuff apelaram da decisão do juiz em um tribunal superior, mas também perdemos a apelação.

O juiz apoiou a acusação e determinou que os depoimentos de certas testemunhas mortas — Joseph Richey, Hezekiah Brown e Paul Fobb — poderiam ser lidos para os jurados, o que significa que esses depoimentos críticos seriam feitos por atores lendo um roteiro. Em outro golpe contra a justiça, os tribunais decidiram que eu teria um júri não unânime, o que significa que apenas dez jurados teriam que concordar com um veredicto em vez de doze. Louisiana e Oregon são os únicos dois estados nos Estados Unidos onde os réus podem ser condenados sem unanimidade, um sistema criado para marginalizar os votos dos jurados negros quando os tribunais foram obrigados pela primeira vez por lei a permitir júris integrados. Como é mais fácil conseguir uma condenação com um júri não unânime, o sistema também foi estabelecido na Louisiana para ajudar a encher suas penitenciárias quando dependia de mão de obra de condenados para substituir o trabalho escravo durante a Reconstrução.

Por alguma razão incompreensível, o juiz Carmichael não nos permitiu comparar a impressão digital ensanguentada deixada na cena do assassinato de Brent Miller com às do banco de dados do Sistema Integrado de Identificação de Impressões Digitais (IAFIS, na sigla em inglês) do FBI. Ele decidiu que só poderíamos compará-la às dos arquivos de Angola — o que quer que tenha restado deles — de 1972. Não sabíamos em que condições estavam esses arquivos. O juiz concedeu nossa petição para testar o DNA de várias evidências físicas, mas os promotores estaduais alegaram ter perdido as roupas que disseram que eu estava usando, então eu não seria capaz de provar que as roupas que alegaram que eu usava não eram minhas. O estado também perdeu os tênis ensanguentados que os investigadores encontraram e esconderam da minha defesa, então também não pudemos testá-los.

No dia 11 de janeiro, o ex-membro da Câmara dos Representantes dos Estados Unidos, Jeff Landry, um republicano e membro do movimento Tea Party, foi empossado como procurador-geral da Louisiana.

Deidre Howard escreveu duas vezes ao novo procurador-geral. "Por favor, me escute", escreveu ela. "Estou exausta por minhas tentativas de ser ouvida... Meus amigos do trabalho que me veem exausta e estressada me dizem que fiz tudo o que posso. Eu apenas olho para eles e digo que isso nunca acabará para mim." Meus advogados foram se encontrar com Landry, esperando que ele pudesse examinar meu caso sem os vieses do escritório de Caldwell.

George Kendall e Carine Williams foram me visitar. Foram direto ao ponto. Dado um novo procurador-geral com quem trabalhar agora, eles me perguntaram se eu consideraria aceitar um acordo de sentença cumprida em vez de prosseguir com o novo julgamento. Eles não estavam me pedindo para me declarar culpado. Sabiam que eu não consideraria isso. Eu nunca pensei, mesmo em meus momentos mais solitários em mais de quarenta anos de confinamento solitário, que faria "qualquer coisa" para sair da CFR, ou da prisão. Ofereceram-me a chance de sair da CFR se desistisse de minhas convicções políticas, e recusei. Ofereceram-me a chance de mentir sobre Herman para me beneficiar, mas recusei. Antes de o procurador-geral Landry assumir o cargo, me ofereceram a chance de me declarar culpado pelo assassinato de Brent Miller, e recusei. Pediram-me para pensar em uma declaração "nolo contendere", que significa "sem contestação". Eles não sabiam se conseguiriam, mas com um apelo nolo contendere eu poderia manter minha inocência, mas minha convicção permaneceria. Se eu aceitasse o acordo, não estaria admitindo minha culpa, mas estaria implicitamente reconhecendo que o estado tinha provas suficientes para me condenar novamente no julgamento. Eu sabia que o estado não tinha provas de que eu matei Brent Miller, mas também sabia que ainda poderia ser condenado outra vez por seu assassinato.

Com um acordo com uma declaração nolo contendere, George disse, o resultado seria certo: liberdade. Um julgamento em St. Francisville, disse George, "é como uma viagem a Las Vegas. Não sabemos o resultado". George e Carine não me pressionaram. Eles sabiam que seria uma decisão difícil. Eu disse a eles que pensaria no caso. Antes de ir embora naquele dia, Carine me disse que acreditava que eu seria mais útil para as pessoas no mundo livre do que trancafiado na prisão. Quando conversei com Michael, ele me incentivou a aceitar o acordo. Ele me lembrou de que eu poderia começar um relacionamento com minha filha. Eu mal a conhecia. Ele sabia que isso me influenciava. "Você pode conhecer seus bisnetos", disse Michael. "Pode estar presente em suas vidas."

Billy e Rob, que estavam apelando de uma série de decisões do juiz Carmichael na Suprema Corte da Louisiana — incluindo a recusa do juiz de meu júri unânime —, também me visitaram. "Vamos lutar por você no tribunal", Billy me disse. "Faremos tudo o que pudermos para convencer o júri a considerá-lo inocente." Mas ele me pediu para pesar os resultados. "E se você for condenado?", ele perguntou. Nós dois sabíamos que isso significava prisão perpétua. "Se você aceitar o acordo", disse ele, "estará imediatamente livre". Ele me lembrou de que meu julgamento nem havia sido agendado ainda. Não havia garantia de que eu conseguiria um julgamento em 2016. "Você merece ser feliz, Albert", disse Billy. "Você merece ter uma vida fora da prisão de Angola."

Pensei na penúltima vez que vi Herman. Ficamos temporariamente sozinhos na sala de visitas do hospital da prisão, depois que nossos advogados foram embora. Ele estava sentado em uma cadeira de rodas, cheio de cobertores. Ele começou a falar sobre ser livre, sobre me libertar, sobre minha liberdade. A princípio, pensei que ele estava delirando de cansaço. Então ele disse: "Albert, ambos sabemos que eu estou morrendo, você não." Ele fez uma pausa. "E se eu disser...?" Eu o impedi: "Hooks, não faça isso." Ele disse: "Eles já me ofereceram um acordo. Você pode ser livre." Nossos olhares se encontraram. Eu queria socá-lo. Eu sabia que ele tinha uma boa intenção — um amor revolucionário, fraternal, de alma a alma. Éramos família. "Eu nunca vou lhe perdoar se você fizer algo assim", falei. Ele concordou com a cabeça e fechou os olhos. Ele sabia que eu não suportaria a culpa sabendo que ele mentiu por mim. Agora, eu estava me perguntando: eu conseguiria suportar mentir para aceitar um acordo?

Se fizesse um acordo, teria liberdade, mas nunca teria justiça. Meus advogados me lembraram de que se eu perdesse o julgamento não teria *nem* justiça *nem* liberdade. Eu tinha quase 69 anos. Demorou dezoito anos de batalha judicial para chegar a este ponto, um novo julgamento. Em sua decisão, até o juiz Brady perguntou se eu teria mais dezoito anos se fosse novamente condenado. Continuei pensando em Michael. Ele nunca me pediu nada, mas agora estava me pedindo para aceitar o acordo judicial. Pensei em minha mãe, que queria tanto me ver sair da prisão. Pensei na minha filha, que queria conhecer. Passei a vida ensinando homens a defender o que é certo. Eu estaria decepcionando-os? Eu tinha passado minha vida como um exemplo para todos ao meu redor. Eu andei de um lado para o outro, dormi e li naquela semana. Sempre me orgulhei de enfrentar decisões difíceis de cabeça erguida. Tomei uma decisão. Liguei para meus advogados e disse que faria um acordo pela liberdade.

Ao fazer a declaração nolo contendere, eu não seria inocente aos olhos da lei. Mas eu sabia que era inocente. A luta dentro de mim não desapareceu. Não há um dia em que eu não pense em ter faltado com minha palavra ao aceitar aquele acordo.

Sentei na minha cela e esperei uma semana. George, Billy e Rob tiveram que coordenar várias partes para concordar sobre os detalhes do acordo: o juiz, o gabinete do promotor, o procurador-geral, os advogados. Pelo que entendi, a família Miller tinha que estar envolvida; seus sentimentos tinham que ser considerados.

No final das contas, o acordo era aceitar a pena por homicídio culposo, e o estada da Louisiana anexou uma acusação de roubo a fim de igualar a punição ao tempo exato em que estive na prisão. Como parte do acordo, King e eu fizemos um acordo com o estado em nossa ação civil. (A família de Herman já havia resolvido anos antes, depois que ele morreu.) Uma data foi marcada. Por pura coincidência, era meu aniversário, 19 de fevereiro de 2016. Naquela manhã, eles me algemaram e me levaram para a 20ª Vara Distrital em St. Francisville. Eu fiquei perante o juiz William Carmichael. Quando ele me perguntou sobre minha declaração sem relação ao homicídio culposo e roubo, respondi: "Nolo contendere."

Após o comparecimento em juízo, fui levado de volta à minha cela e minhas algemas foram removidas. A porta foi fechada e trancada atrás de mim. Eu já tinha arrumado as roupas que George tinha levado para mim, mas não me troquei imediatamente. Sentei no meu beliche.

A família de Brent Miller estava no fórum naquela manhã. Seu irmão Stan se apresentou ao juiz Carmichael, falando em nome da família Miller. Descrevendo a dor de perder seu irmão, ele disse: "Um pedaço de nossos corações foi arrancado de nossos corpos." Eu entendi o quanto a família Miller se sentia traída. Senti uma empatia genuína por ele naquele momento, e então um lampejo de amargura. Eu estava sendo forçado a aceitar um acordo por algo que não fiz. A família Miller pressionou para que permanecêssemos na prisão, embora soubessem que nenhuma evidência física nos ligasse ao assassinato, nem mesmo a impressão digital ensanguentada deixada no local. Mesmo depois de ter sido revelado que havia tênis ensanguentados, prisioneiros vestindo roupas ensanguentadas e arranhões em um detento que nunca foram investigados e que o depoimento de um detento contra nós foi pago, e apesar de nenhum dos depoimentos das "testemunhas" ser compatível. Agora eu estava sendo forçado a escolher a liberdade em vez da integridade de minha palavra, que era tudo para mim. Minha palavra era um presente de minha mãe para mim. Por 44 anos, sobrevivi pela minha palavra. Minha palavra me manteve vivo nos momentos mais obscuros; ela me manteve seguro, são, humano. Agora eu estava faltando com minha palavra. Eu era inocente. Herman era inocente. Parte do meu coração também foi arrancada de mim.

Vesti as roupas que George me trouxe: jeans preto e um moletom preto. Dobrei meu macacão e o coloquei na cama. Eu deveria apresentar minha declaração, voltar, pegar minhas coisas e ir embora. Mas houve uma falha na papelada de alguma forma, então minha liberação foi adiada. Fiquei na janela da minha cela, olhei para fora e esperei. Havia duas vans de notícias estacionadas na calçada com antenas parabólicas em cima. De agora em diante, tudo era desconhecido.

A porta da minha cela se abriu e um guarda me perguntou se eu estava pronto. Ele não estava carregando algemas. Peguei as sacolas plásticas que continham meus pertences e o segui pelo corredor até um escritório. O agente penitenciário permitiu que meu irmão Michael entrasse enquanto George e eu esperávamos que a papelada chegasse pelo fax do DOC. Sentamos a uma pequena mesa e conversamos. Michael tinha apenas 8 anos quando começou a me visitar na prisão com minha mãe. Quando fez 18 anos, chegou sozinho e jurou que ficaria comigo até o fim. "Até que eu morra ou você morra", ele prometeu. Olhei para ele. Ele estava sorrindo. Minha fortaleza. Salvo em caso de desastre, meu irmão estava na sala de visitas todos os meses. Tivemos nossos confrontos fraternos ao longo dos anos. Se eu achasse que ele estava sendo irresponsável na rua ou tomando decisões erradas, eu lhe dizia. Ele nunca deixou que isso interferisse em nosso relacionamento. Havia uma luz em seus olhos.

Eu me voltei para George e perguntei: "Que horas são?" Estávamos esperando há mais de uma hora. George se levantou novamente para pressionar os funcionários da prisão. Então, a papelada chegou.

Michael e eu saímos juntos pela porta da penitenciária. Eu apertei os olhos por causa do sol. Meus joelhos dobraram. Ele reforçou o apoio para que eu não caísse. Muitos de meus amigos esperavam para comemorar minha libertação. Marina estava lá. Scott estava lá. Muitos de meus amigos e apoiadores locais de Nova Orleans apareceram. Tory viajou do outro lado do país para estar lá e segurou seu telefone para que Gordon Roddick, em uma chamada de vídeo, pudesse me ver sair da prisão. Eu ouvi seus gritos, sorri e levantei meu punho cerrado. Seus rostos eram um borrão. Entrei no carro do meu irmão. Michael, lutando contra as lágrimas, afivelou meu cinto de segurança. Ele me levou diretamente para o cemitério de Nova Orleans, onde nossa mãe está enterrada. Estava fechado. Eu queria pular o muro, mas Michael não me deixou. Naquela noite, ele me levou a um evento em nosso antigo bairro organizado por meu amigo de infância, o ativista Parnell Herbert. Era o mesmo lugar que eu costumava entrar escondido quando era criança, o Carver Theatre. O evento fora agendado há várias semanas, antes que qualquer um soubesse que eu seria libertado naquele dia.

Meu único medo ao sair da prisão era não ser aceito em minha comunidade, na comunidade afro-americana, no bairro de Treme, onde cresci e causei tantos danos e prejuízos. Parnell me chamou para o palco. Michael caminhou comigo. Em nosso caminho das cadeiras até o palco, as pessoas começaram a aplaudir, depois se levantaram e aplaudiram mais. King foi chamado ao palco, junto com Malik Rahim e outros. Havia um sentimento de união na sala que eu não sentia há muito tempo, um sentimento de unidade, de alívio e vitória para todos nós, um sentimento que todos compartilhávamos. Eu estava sendo recebido de volta em minha comunidade. Fiquei sem palavras, emocionado até às lágrimas. Levantei meu punho.

No dia seguinte, Michael e eu fomos ao Walmart e compramos quase todas as flores de lá. Apoiadores de longa data e amigos nos acompanharam. Levamos flores para o túmulo de minha mãe. Senti sua perda como se sua morte fosse recente, como se ela tivesse acabado de morrer. Foi mais doloroso do que qualquer coisa que experimentei na prisão. Eu disse a ela que agora estava livre e a amava. Fui ao túmulo de minha irmã Violetta, em um outro cemitério, e ao túmulo de seu marido Michael Augustine, meu amigo de infância mais antigo. Visitei o túmulo de Herman.

Naquela noite não consegui dormir. Não fui para a cama. Sentei-me em uma cadeira e cochilei de vez em quando. Era minha segunda noite fora da prisão. Olhei para o relógio no meu pulso. Michael tinha me dado no escritório da prisão. Quando George se levantou para falar com os funcionários da prisão sobre o atraso, me virei para Michael e perguntei: "Que horas são?" Ele tirou o relógio e o colocou no meu pulso, dizendo: "É sua hora agora."

Epílogo

Meu medo não era da morte em si, mas uma morte sem sentido.

— Huey Newton

Meu irmão Michael me levou para casa e eu morei com ele, sua esposa e filho em sua casa por quase um ano. Recebi a assistência médica de que precisava. Em minha mente, coração, alma e espírito, sempre me senti livre, então minhas atitudes e pensamentos não mudaram muito depois que fui libertado. Mas estar em meu corpo físico no mundo físico novamente era como ter nascido recentemente. Tive que aprender a usar minhas mãos de novas formas — para cintos de segurança, telefones celulares, fechar portas atrás de mim, apertar botões em um elevador, dirigir. Tive de reaprender a descer escadas, a andar sem grilhões, a me sentar sem estar algemado. Demorou cerca de um ano para meu corpo relaxar das posições que eu tinha me acostumado a manter enquanto estava contido. Eu me permiti comer quando estava com fome. Aos poucos, no decorrer de dois anos, desisti de lutar contra a sensação de prazer e do medo inconsciente de perder tudo o que amava.

Michael me disse que eu precisava criar novas memórias, e criei. Sempre sonhei em ir ao Parque Nacional de Yosemite depois de ver um especial da National Geographic anos antes na CFR. A convite dos velhos amigos e ex-Panteras Gail Shaw e B.J., voei para Sacramento. Scott Fleming foi de Oakland para nos encontrar e nós dirigimos para Yosemite juntos. Caminhamos até as cataratas que eu queria ver e passamos a noite no parque.

Tive o privilégio de palestrar para estudantes de direito em todo o país e de falar abertamente na Europa, no Canadá e aqui nos Estados Unidos contra os abusos do confinamento solitário. Tive a honra de conhecer Teenie Rogers, a viúva de Brent Miller, que teve a coragem e o caráter de falar abertamente contra nossas condenações. Conheci Deidre Howard, a primeira jurada que apresentou suas dúvidas sobre sua experiência no grande júri, provando que o juiz Brady estava correto em sua avaliação de que eu nunca teria um julgamento justo na justiça estadual da Louisiana. Deidre e sua irmã Donna estão tomando medidas para fazer a Louisiana criar um guia para jurados, explicando seus direitos.

É uma grande alegria conhecer minha filha e seus filhos. Meus bisnetos são minha esperança. A inocência, inteligência e felicidade em seus olhos me dão força. Eu quero continuar por eles, continuar falando, lutando. Espero deixar para eles um mundo melhor do que o que eu tive. Espero que eles consigam encontrar o espírito de minha mãe, sua tataravó, quando precisarem dela, como eu fiz.

Comprei uma casa. Ainda sou viciado em notícias e geralmente estou com o jornal ligado na TV. Até hoje só consigo dormir algumas horas de cada vez. Geralmente estou acordado por volta das 3h, quando costumava ter algum "tempo de silêncio" na prisão. Muitas pessoas me perguntam se eu acordo e acho que ainda estou na prisão. Sempre sei onde estou quando acordo. Mas às vezes entro em um cômodo da minha casa e não sei por que, e depois entro em todos os cômodos sem saber por que motivo. Ainda tenho ataques de claustrofobia. Agora tenho mais espaço para caminhar até acabarem. Para ter paz de espírito, eu limpo o chão da minha casa.

As pessoas me perguntam como os Estados Unidos mudaram em 44 anos. Vejo mudanças, mas no policiamento e no sistema judiciário a maioria delas é superficial. Em 2016, o ano em que fui libertado da prisão, um homem negro chamado Alton Sterling foi morto a tiros pela polícia enquanto era contido no chão por policiais na Louisiana; um homem negro chamado Philando Castile foi baleado e morto em uma blitz pela polícia quando tentava pegar sua carteira em Minnesota, enquanto sua namorada gritava: "Você disse a ele para pegar a carteira de identidade, senhor"; um terapeuta comportamental negro chamado Charles Kinsey, cuidando de um homem autista, foi baleado na perna pela polícia na Flórida enquanto estava deitado no chão com as mãos para cima (mais tarde, o chefe de polícia declarou que o policial estava mirando no homem autista que segurava um caminhão de brinquedo, que o policial achou ser uma

EPÍLOGO

arma); um homem negro desarmado chamado Terence Crutcher foi baleado e morto enquanto caminhava no meio da rua do lado de fora de seu veículo em Oklahoma, obviamente bêbado ou drogado. Isso foi apenas em 2016. Enquanto escrevo estas palavras, em março de 2018, um negro desarmado de 22 anos chamado Stephon Clark foi baleado vinte vezes — com oito tiros o acertando, principalmente nas costas — e morto por policiais no quintal de sua avó em Sacramento.

A oficial que matou Terence Crutcher foi absolvida e sua ficha foi eliminada. O oficial que matou Philando Castile foi absolvido. Negros representam 13,4% da população dos EUA, mas no ano em que fui libertado, de acordo com o *Washington Post*, 34% das pessoas desarmadas mortas pela polícia eram homens negros.

Em 2016, de acordo com a NAACP, os afro-americanos foram encarcerados cinco vezes mais que a taxa de brancos. A taxa de prisão de mulheres afro-americanas era o dobro das mulheres brancas. Ainda de acordo com a NAACP, em todo o país, as crianças afro-americanas representaram 32% de todas as crianças que foram presas, 42% de todas as crianças que foram detidas e 52% de todas as crianças que responderam a acusações criminais. Embora afro-americanos e latinos juntos constituam aproximadamente 32% da população dos Estados Unidos, eles representam 52% de todas as pessoas encarceradas.

O racismo hoje não é tão escancarado quanto era há 44 anos, mas ainda está aqui, subjacente, escondido. Temos que fazer mudanças mais profundas como sociedade. Sem raízes, nada cresce. O ódio sistêmico de um ser humano com base na cor de sua pele, textura de cabelo, herança cultural, gênero ou preferência sexual é inútil. Essas são coisas triviais; somos mais parecidos do que diferentes. Nunca avançaremos como espécie se nos vermos como inimigos com base na raça. Frantz Fanon escreveu: "Superioridade? Inferioridade? Por que não simplesmente tentar tocar o outro, sentir o outro, descobrir um ao outro?" Podemos mudar o foco de nossas inseguranças, medos e raiva de outras raças e trabalhar juntos para lidar com a distribuição injusta de riqueza neste planeta? Na década de 1970, Huey Newton escreveu: "Os jovens passam por escolas que não ensinam, depois são forçados a procurar empregos que não existem e, finalmente, ficam largados na rua observando as vidas glamourosas ao seu redor." Isso está acontecendo agora neste país, em 2018, com todas as crianças de todas as raças.

Tenho esperança para a humanidade. É minha esperança que um novo ser humano evolua para que dor e sofrimento desnecessários, pobreza, exploração, racismo e injustiça sejam coisas do passado. Estou emocionado de ver os jovens obedecendo ao chamado de sua própria humanidade, embora tantas vezes pareça ter um preço terrível. No ano da minha libertação, o quarterback Colin Kaepernick "se ajoelhou" durante o hino nacional antes dos jogos da National Football League para protestar e conscientizar sobre as mortes de negros nas mãos da polícia e outras injustiças sociais. À medida que seu protesto se espalhava pela NFL, os críticos subverteram a mensagem dos jogadores, ignorando o motivo do protesto — chamar a atenção para o problema real da violência policial contra os negros — e criticando severamente Kaepernick e os outros jogadores que se ajoelharam durante o hino nacional por "não respeitar os militares" e "não respeitar a bandeira". Kaepernick foi caluniado pelo candidato à presidência Donald Trump. Foi abandonado pela NFL, exilado do esporte que amava. Embora fosse considerado um dos quarterbacks mais talentosos da liga, nenhum time o contratou no ano seguinte. Ele colocou sua carreira em risco para usar sua plataforma para falar por aqueles que não estão sendo ouvidos. Seus esforços não foram em vão. Por causa de suas ações, se ajoelhar passou a significar algo diferente agora.

Outro ponto positivo para mim foi ver como o Black Lives Matter se espalhou: conheci jovens em Londres e Paris que me disseram que fazem parte do movimento Black Lives Matter em seus países e sei que o movimento se espalhou para o Brasil, a África do Sul e a Austrália, entre outros lugares do mundo. Nem consigo dizer o quanto fiquei orgulhoso de conhecer Alicia Garza, uma das fundadoras do Black Lives Matter, em um painel de debates.

Fiquei animado ao saber que, como resultado da ação civil que Herman, King e eu movemos, existe agora um conselho de fiscalização que reavalia as decisões tomadas pelo conselho de reclassificação em Angola. Os prisioneiros o chamam de "conselho Woodfox". No início de 2017, o Departamento de Segurança Pública e Correções da Louisiana fez parceria com o Vera Institute of Justice para um estudo de dois anos sobre as prisões da Louisiana, com o objetivo de reduzir o uso de confinamento solitário. O programa do Vera Institute, denominado Safe Alternatives to Segregation Initiative, já havia sido implementado em Nebraska, Óregon, Carolina do Norte, Nova York e Nova Jersey. Sou encorajado por outras ações. Em 2018, o grupo ativista de Nova Orleans

EPÍLOGO

VOTE (Voice of the Experienced), formado por ex-presidiários, lançou uma campanha "Stop Solitary" em conjunto com a ACLU e outros para acabar com o confinamento solitário na Louisiana. A ACLU oferece ferramentas online e contatos para ativistas de todos os estados participarem das campanhas do Stop Solitary. Em maio de 2018, após mais de quarenta anos como local punitivo de tortura na prisão de Angola, o Camp J foi fechado. Em seu auge, o Camp J abrigou quatrocentos prisioneiros em celas solitárias por mais de 23 horas por dia. Os funcionários da prisão citaram a deterioração da infraestrutura do prédio como o motivo do fechamento, em vez de admitir que o Camp J era uma forma de confinamento solitário e tratamento brutal. A infraestrutura do Camp J estava se deteriorando há décadas.

Herman queria que nosso sofrimento significasse alguma coisa, que não fosse em vão. Ele esperava que saber sobre sua vida, minha vida e a vida de King pudesse, de alguma forma, ajudar a mudar a forma como os prisioneiros são tratados; a forma como os oficiais de segurança são treinados; a forma como os departamentos de polícia tendenciosos, escritórios da procuradoria e tribunais operam. Quando King e eu estamos em público, Herman está conosco enquanto falamos contra o confinamento solitário. Ele está conosco enquanto educamos as pessoas sobre os prisioneiros políticos nos Estados Unidos. Uma das nossas maiores preocupações é que as pessoas não percebem que existem presos políticos nos Estados Unidos, homens que foram incriminados pela COINTELPRO e ações ilícitas semelhantes décadas atrás e ainda estão na prisão: Mumia Abu-Jamal, Sundiata Acoli, Mutulu Shakur, Jamil Abdullah Al-Amin, Leonard Peltier e muitos outros, todos que tiveram repetidamente a liberdade condicional, a liberdade e a justiça negadas.

Herman está conosco enquanto pedimos que as pessoas se reúnam e falem em uma só voz para exigir audiências no Congresso sobre a cláusula da 13ª Emenda que legaliza a escravidão dentro dos muros das penitenciárias. Ele está conosco quando pedimos às pessoas que entendam que existem condenações injustas neste país. Fomos a ponta do iceberg. O viés, o preconceito, o racismo, a preguiça e uma mentalidade agressiva de "necessidade de vencer" por parte dos promotores e outros assombram nossos "corredores de justiça". Cento e trinta e nove pessoas condenadas injustamente foram exoneradas e libertadas da prisão em 2017, de acordo com o Registro Nacional de Exonerações (NRE, na sigla em inglês). Em média, cada uma ficou presa por pouco mais de dez anos e meio. Funcionários do governo — definidos como policiais, promotores ou outros agentes do governo — abusaram de sua autoridade em mais da metade dos casos.

Herman está conosco quando falamos sobre questões de justiça criminal que têm impacto sobre os pobres. Em apenas um exemplo, a fiança para os pobres hoje é um problema tão grande quanto era quando eu estava nas Tumbas em 1970. Fianças excessivas para crimes menores mantêm as pessoas trancadas em prisões públicas e privadas. É um negócio. A grande maioria das pessoas detidas nas prisões municipais não foi condenada por um crime; muitas delas simplesmente não podem pagar fiança. Muitas vezes, as famílias das pessoas presas têm que escolher entre pagar a fiança ou comprar mantimentos. O custo para esses seres humanos que não podem pagar a fiança é incalculável: as pessoas perdem seus empregos; seus filhos são levados pela assistência social. Esse é apenas um exemplo.

Herman está conosco quando falamos sobre a abolição do confinamento solitário. As pessoas precisam ver a solitária pelo que ela é, moralmente repreensível. O confinamento solitário é imoral. Ainda existem mais de 80 mil homens, mulheres e crianças em confinamento solitário em prisões nos Estados Unidos, de acordo com o Bureau of Justice Statistics. Esse número não inclui cadeias municipais, instalações juvenis ou centros de detenção de imigrantes. "Abusamos da prática do confinamento solitário a ponto de se tornar uma tortura moderna", disse o deputado Cedric Richmond em 2015. "Muitos prisioneiros, incluindo doentes mentais graves e jovens, são trancados 23 horas por dia, muitas vezes com pouco ou nenhum devido processo legal e com custos elevados para o contribuinte... Em vez de ser reservado para o pior dos piores, o confinamento solitário muitas vezes é usado em demasia por razões 'administrativas', para evitar fornecer tratamento para os doentes mentais e reabilitação para aqueles que retornarão à sociedade."

Em maio de 2018, King e eu falamos na Universidade da Califórnia, em Santa Cruz, em uma conferência sobre os efeitos psicológicos e físicos do confinamento solitário. Craig Haney, o psicólogo que se reuniu conosco várias vezes em preparação para nossa ação civil, reuniu os especialistas mundiais da área para desenvolver princípios que limitariam o uso do confinamento solitário com base nas evidências científicas que mostram os efeitos físicos e mentais

EPÍLOGO

devastadores do isolamento e da solidão. Houve forte apoio na conferência para as "Regras de Nelson Mandela" das Nações Unidas, que proibiriam o confinamento solitário para jovens, mulheres grávidas, doentes mentais, idosos e fisicamente enfermos, e o limitaria a não mais de quinze dias contínuos para qualquer pessoa. King e eu pedimos aos reunidos que dessem um passo além, pedindo a proibição absoluta do confinamento solitário para todos.

Precisamos admitir, enfrentar e mudar o racismo no sistema de justiça norte-americano, que decide quem é parado pela polícia, quem é preso, quem é revistado, quem é acusado, quem é processado e quem não é, bem como ver quem recebe sentenças mais longas e por que, e exigir um sistema justo e igualitário. O racismo nos departamentos de polícia e nos tribunais não é segredo. Está comprovado. O racismo ocorre em todos os níveis do processo judicial, desde pessoas não brancas sendo desproporcionalmente abordadas pela polícia (discriminação racial) até o momento em que são condenadas.

A Comissão de Penas dos EUA descobriu que, entre 2012 e 2016 (a duração do estudo), os homens negros receberam sentenças 19,1% mais longas do que os brancos pelos mesmos crimes federais. Um estudo de 2014 publicado pela Escola de Direito da Universidade de Michigan descobriu que, com tudo o mais mantido igual, os presos negros tinham 75% mais probabilidade de enfrentar uma acusação de promotores com uma sentença de prisão mínima obrigatória do que os presos brancos, pelo mesmo crime.

Em 2018, os negros em Manhattan tinham quinze vezes mais probabilidade de serem presos por acusações de maconha de baixo nível do que os brancos, de acordo com uma investigação do *New York Times*. Naquele mesmo ano, o gabinete do procurador-geral do estado informou que os motoristas negros no Missouri tinham 85% mais probabilidade de serem parados pela polícia do que os brancos — um aumento de 10% em relação a 2017. Também em 2018, dois professores da Harvard Law School descobriram, ao examinar as práticas de condenação de 1.400 juízes federais ao longo de mais de quinze anos, que juízes nomeados por presidentes republicanos deram sentenças mais longas a réus negros. O estudo também mostrou que os homens brancos tinham maior probabilidade de ter suas sentenças reduzidas sob os critérios do juiz do que os homens negros, e que os homens brancos tiveram reduções maiores do que as dos negros.

* * *

Precisamos enfrentar as realidades do complexo industrial prisional. Os Estados Unidos têm a maior população carcerária per capita do mundo. Dinheiro é ganho com os prisioneiros. Eles são forçados a fazer compras nos armazéns da prisão. Eles (ou suas famílias) são obrigados a pagar taxas astronômicas a empresas externas para fazer ligações e, em alguns casos, são obrigados a fazer uma visita por meio de serviços de vídeo, que também custam dinheiro ao prisioneiro. Em algumas prisões, os presos são forçados a trabalhar em tempo integral fabricando produtos para empresas multinacionais por uma remuneração irrisória. A definição legal de "escravidão" é "o estado de uma pessoa sendo forçada a trabalhar sob o controle de outra". As penitenciárias dos Estados Unidos são contratadas por uma série de entidades governamentais e empresas privadas para a fabricação de seus produtos. Na maioria das prisões, os salários estão bem abaixo do nível de pobreza. Em alguns estados, os presos não são pagos. Esses presos trabalhadores não podem receber benefícios, não podem formar sindicatos, não podem negociar os termos de suas condições de trabalho. Explorar prisioneiros dessa forma é uma escravidão legalizada. De acordo com a 13ª Emenda, os prisioneiros são escravizados do estado e são tratados como tal.

Penitenciárias privadas, administradas por empresas com o objetivo de obter lucro, são perigosas. Quando o objetivo de uma prisão é lucrar, os seres humanos sofrem. Irregularidades são praticadas; regras são criadas para manter as pessoas na prisão por mais tempo; não há incentivo para reabilitar prisioneiros. Um relatório do Departamento de Justiça de 2016 publicado pela administração Obama descobriu que há mais violência em prisões de administração da iniciativa privada e menos assistência médica do que em instalações administradas pelo governo. Em 2016, o presidente Obama instruiu o Departamento de Justiça a reduzir o uso de prisões privadas. No ano seguinte, sob o governo do presidente Donald Trump, o procurador-geral Jeff Sessions rescindiu a ordem de Obama três semanas após ser empossado. A indústria de prisões privadas está crescendo.

EPÍLOGO

Se há algo que você pode fazer, pelo menos uma coisa, para garantir que a humanidade exista atrás das grades, faça. Se você não sabe por onde começar, siga Solitary Watch e Prison Legal News nas redes sociais para descobrir o que está acontecendo. Existem organizações que estão tentando mudar as prisões como as conhecemos, como o Critical Resistance e o Malcolm X Grassroots Movement. Como seres humanos, precisamos insistir no tratamento humano dos prisioneiros e em sua reabilitação e educação. Os prisioneiros com doenças mentais precisam de tratamento, não de drogas paralisantes e 23 horas por dia em uma cela. Os presos sem educação precisam de educação. A RAND Corporation publicou diversos estudos mostrando que educar prisioneiros que não têm habilidades acadêmicas e vocacionais básicas reduz o comportamento criminoso futuro. A pesquisa da RAND mostrou que cada dólar investido em educação correcional gera um retorno de quatro a cinco dólares na redução dos custos futuros da justiça criminal. Não desvie o olhar do que acontece nas prisões norte-americanas.

Em 3 de outubro de 2016, fui convidado a palestrar no Southern University Law Center. Depois, fui abordado pelo honorável juiz James Brady. Eu não o conhecia pessoalmente. Ele me apresentou à sua esposa com gentileza. Fiquei tão honrado por ele ter reservado um tempo de seu dia para estar lá. Agradeci por ter salvado minha vida. "Juiz Brady, estou honrado em apertar sua mão", eu disse a ele. "Quero agradecer a integridade que demonstrou durante meu caso e as decisões que tomou." Ele disse: "Bem, você tinha a lei do seu lado, e eu estava apenas cumprindo meu dever como juiz, seguindo a lei." Pouco mais de um ano depois, em 9 de dezembro de 2017, o juiz Brady morreu após uma doença de evolução rápida. "Ele acreditava na justiça para todos", dizia seu obituário, "independentemente de riqueza, poder ou posição. Ele acreditava que, príncipe ou mendigo, em sua corte, você era igual aos olhos da lei. Ele era, como amigos e familiares o chamavam, 'Atticus Finch de carne e osso'".

Se há uma moral na minha história, é que a salvação vem com a vontade de se tornar um ser humano melhor. Muitas vezes me perguntaram o que eu mudaria em minha vida. Minha resposta é sempre a mesma: "Nada." Tudo o que passei me tornou o homem que sou hoje. Eu tinha que ser uma pessoa melhor, uma pessoa mais sábia, mais disciplinada, para sobreviver. Eu paguei um preço muito alto. Herman e King também. Em sua autobiografia, *From the Bottom of the Heap* [sem publicação no Brasil], King escreveu: "Minha alma ainda chora por tudo o que testemunhei e passei. Ela lamenta continuamente." A agonia e a dor de tudo o que vimos e experimentamos nunca nos deixarão, sempre farão parte de nós.

Para aqueles de vocês que estão apenas entrando no mundo da luta social, sejam bem-vindos. Para aqueles de vocês que passaram anos lutando pelos direitos humanos e justiça social: não desistam. Olhem para mim e vejam como a força e a determinação do espírito humano desafiam todo o mal. Por 44 anos, desafiei o estado da Louisiana e o Departamento de Correções. Seu principal objetivo era destruir meu espírito. Eles não me arruinaram. Eu testemunhei os horrores da crueldade do homem para com o homem. Eu não perdi minha humanidade. Carrego as cicatrizes dos espancamentos, da solidão, do isolamento e da perseguição. Também fui marcado por toda a bondade que encontrei.

Índice

Símbolos

1% mais rico 388
21 Panteras 64

A

ação civil contra punições cruéis e incomuns 283
  adiamento 293
  frutos 298
Albert Woodfox
  mãe 1–8
    morte 224–227
  pai 14
alegação de Brady 271
Alicia Garza 418
Amite City, prisão 235
  imigrantes 236
  rotatividade 238
  transferência para 232
Angad Singh Bhalla 335
Angola, penitenciária 23–31
  ação judicial e controle federal 124
  cozinhar 182
  estupro 25, 84
  filial do Partido dos Panteras Negras 83–91
    reuniões 92
  homens livres 24
  masmorra 29
  mercado de escravizados sexuais 93
  mudanças 180
  programa de punição 258
  retorno 83, 255
  tratamento médico 187
  violência 29
  visitas
    Camp J 204
Anistia Internacional 267
  petição 353
Anita Roddick 284
  morte 299
Anne Butler 218
  cópias das entrevistas 231
apelação contra as condenações 216–221
apelo nolo contendere 409
A Revolution in Kindness, livro 288
ativistas 241
  divulgação sobre o julgamento 242

B

Black Lives Matter 365, 388
Black Power 70
Bobby Seale 67
Bob Lee 68
Brent Miller
  assassinato
    descrição no livro de Anne Butler 219
  morte 102
    incriminação 109
Buddy Caldwell
  campanha de mentiras 387
Burl Cain
  diretor de Angola 229
  escândalos 229

C

Camp J
  linha de trabalho 204
  programa de punição 169
capitalismo 388
Casa de Custódia de Manhattan, Tumbas 58
  protesto 73
cela
  inverno 184
  verão 183
centro de detenção juvenil 17
CFR
  normas de convivência 111
  primeiros anos 108
  torneios de xadrez 182
claustrofobia 346
C. Murray Henderson
  diretor de Angola 98
Coalizão Arco-íris 68
Coalizão Internacional para a Libertação dos Três de Angola 349
Coalizão Nacional para a Libertação dos Três de Angola 266
Colin Kaepernick 418
comitê de apoio 299
comportamentos suicidas 288
confiança, na prisão 200
confinamento
  início 107
confinamento solitário
  abolição 420
  emoções 177
  impacto 304
  Nações Unidas 351
  propósito 177
  rotina 179
  violação da Constituição, EUA 298
confisco de correspondências 286
conselho consultivo 300
conselho de revisão de confinamento da CFR 194
contenções químicas 303

Craig Haney 306

D

David Wade Correctional Center, penitenciária 341
  isolamento 346
  Jerry Goodwin, diretor 345
  revistas pessoais ilegais 359
Deidre Howard, jurada 393–395
depressão 306
Donald Guyton (Malik Rahim) 79
Dorothy Mae Taylor 82
  projetos de lei 119
doutrina não intervencionista 123

E

Eagle 1
  alojamento da CFR 321
ebonics 44
educação correcional 423
encarceramento de afro-americanos 417
equipe jurídica 300
escravidão legalizada 422
esquadrão antiestupro 94
estabilidade mental 179
estudo sobre direito 122
estupro, acusações 330
exercício físico 179

F

Flufenazina 303
Frantz Fanon 92
Frederick Douglass 211
Fred Hampton 68
Free the Angola 4 127
furacão Carla 15

G

George Jackson 87
George Kendall 293
George Orwell 71

ÍNDICE

George Zimmerman 365
greve de fome 257
guardas 195
  guardas detentos 152

H

habeas corpus 297
  perda 340
Harlem 57
Harry "Gi" Schafer 127
Herman's House, documentário 335
Herman Wallace 197
  Camp J 284
  câncer 362
  e o Partido dos Panteras Negras 198
heroína 46–47
Ho Chi Minh 164
Huey Newton 67

I

integração da prisão 152

J

Jackie Sumell 335
James Brady 323
Jesse Jackson 68
Jill Schafer 127
Jim Crow 66
John Carlos 70
julgamento 245
  apoio dos Panteras Negras 128
  testemunhas de acusação 129–134
    contradições 144–149
  testemunhas de defesa 136–141
Julie Cullen, promotora 245
júri não unânime 407
justiça econômica 388

K

Kathy Flynn Simino 261
Ku Klux Klan 221
  território 239

L

Lei Antiterrorismo e Pena de Morte Efetiva, EUA 297
Lei dos Direitos ao Voto, EUA 65
leis de vadiagem 199
leitura 163
Leontine "Teenie" Rogers
  viúva de Brent Miller 309
liberdade condicional 39
limpeza dos registros policiais 52
linguagem 71
Lloyd Hoyle
  vice-diretor de Angola 105
luto 225

M

Malcolm X 211
Malik Rahim 127, 241
mandado excepcional 390
Martin Luther King 389
Ministério Público
  má conduta 274
morte de pessoas desarmadas pela polícia 417
Muhammad Ali 71
Mumia Abu-Jamal 324

N

Nelson Mandela 201
  libertação 215

O

opressão 92
Organização dos Jovens Patriotas 68

P

Partido dos Panteras Negras 57
  encerramento 185
  FBI 69
  filial prisional 95
  história 67

prisão 63
Programa de 10 Pontos 71
pedido de revisão criminal 262
penitenciárias privadas 422
petição sobre o júri 122
polícia
  perseguição 14
policiamento e sistema judiciário
  mudanças 416
polígrafo 221
presos políticos 419
prisão
  plano de fuga 55
processo civil 266
Projeto Prisional Nacional da ACLU 349
publicidade sobre o A3 337

Q

Quatro de Angola
  comitê de apoio 128

R

racismo
  hoje 417
  institucional 65
    sistema judiciário 262
Ramsey Clark 254
reclamação formal
  condições da prisão 122
Regras de Nelson Mandela 421
resistência 89
revistas pessoais 167-174
  saqueio 193
Richard Wright 211
rixa entre as gangues 13
Robert King 113-115, 199
  condenação 151-155
  e o Partido dos Panteras Negras 200
  liberdade 279
Ronald Ailsworth (Faruq) 79

S

sanidade 306
Scott Fleming 241, 269
  revisão criminal 269, 286
sistema econômico injusto 388
Sixth Ward High Steppers 12
Solitary Confinement Study and Reform Act, projeto de lei 383
Stop Solitary, campanha 419
Stuart Grassian 304

T

taxa de encarceramento
  Louisiana 354
tempo de pátio 155
ter palavra 181
The House That Herman Built, exposição de arte 335
Tommie Smith 70
Toussaint Louverture 164
Trayvon Martin, assassinato 365
Três de Angola 266
  apoiadores 267
três strikes
  lei 53

U

Unidade de Tratamento (UT) 303

V

violação constitucional 123

W

Whitney Young 211
William Melvin Kelley 64
Write for Rights, campanha 356

Projetos corporativos e edições personalizadas dentro da sua estratégia de negócio. Já pensou nisso?

Coordenação de Eventos
Viviane Paiva
viviane@altabooks.com.br

Contato Comercial
vendas.corporativas@altabooks.com.br

A Alta Books tem criado experiências incríveis no meio corporativo. Com a crescente implementação da educação corporativa nas empresas, o livro entra como uma importante fonte de conhecimento. Com atendimento personalizado, conseguimos identificar as principais necessidades, e criar uma seleção de livros que podem ser utilizados de diversas maneiras, como por exemplo, para fortalecer relacionamento com suas equipes/ seus clientes. Você já utilizou o livro para alguma ação estratégica na sua empresa?

Entre em contato com nosso time para entender melhor as possibilidades de personalização e incentivo ao desenvolvimento pessoal e profissional.

PUBLIQUE
SEU LIVRO

Publique seu livro com a Alta Books. Para mais informações envie um e-mail para: autoria@altabooks.com.br

/altabooks   /alta-books   /altabooks   /altabooks

CONHEÇA OUTROS LIVROS DA **ALTA BOOKS**

Todas as imagens são meramente ilustrativas.

Este livro foi impresso nas oficinas gráficas da Editora Vozes Ltda.,
Rua Frei Luís, 100 – Petrópolis, RJ.